商业的目的是要创造幸福,而不仅仅是财富的堆积。

——B.C. 福布斯

福布斯富豪传

MEN WHO ARE MAKING AMERICA

【英】B.C.福布斯 著

孔 宁 译

辽宁人民出版社

图书在版编目（CIP）数据

福布斯富豪传/（英）B. C.福布斯著；孔宁译. —沈阳：辽宁人民出版社，2021.3（2022.12重印）
ISBN 978-7-205-09986-2

Ⅰ.①福… Ⅱ.①B…②孔… Ⅲ.①企业家—生平事迹—世界—通俗读物 Ⅳ.①K815.38-49

中国版本图书馆CIP数据核字（2020）第201322号

出版发行：辽宁人民出版社
　　　地址：沈阳市和平区十一纬路25号　邮编：110003
　　　电话：024-23284321（邮　购）024-23284324（发行部）
　　　传真：024-23284191（发行部）024-23284304（办公室）
　　　http://www.lnpph.com.cn

印　　　刷：辽宁新华印务有限公司
幅面尺寸：145mm×210mm
印　　张：17.5
字　　数：486千字
出版时间：2021年3月第1版
印刷时间：2022年12月第2次印刷
责任编辑：阎伟萍　孙　雯
装帧设计：留白文化
责任校对：吴艳杰
书　　号：ISBN 978-7-205-09986-2
定　　价：78.00元

B. C. 福布斯
（1880—1954）

作者简介

B.C. 福布斯（Bertie Charles Forbes, 1880.5.14—1954.5.6），苏格兰裔美国财经记者、出版家。《福布斯》杂志创刊人。

1880年，出生于苏格兰亚伯丁郡新鹿镇（New Deer）。

1897年，毕业于邓迪大学，后就职于邓迪当地的报社，从事记者和时事评论员的工作，直至1901年前往南非约翰内斯堡创办《兰德每日邮报》（Rand Daily Mail）。

1904年，移民美国纽约市，于当地的《商业杂志》（Journal Commerce）出版社担任财经记者和评论者。

1911年，加入赫斯特国际集团（Hearst），于其旗下报社担任专栏作家。

1913年，受聘于美国《纽约》杂志，直至1916年。

1917年，创办《福布斯》（Forbes）杂志，并担任总编辑，直至1954年逝世于纽约市。在美国经营杂志社期间，两位年长的儿子布鲁斯·查尔斯·福布斯（Bruce Charles Forbes, 1916—1964）与马尔科姆·福布斯（Malcolm Forbes, 1919—1990）也在经营上协助许多；两兄弟在福布斯本人去世后，接手经营父业。

福布斯是1942年美国"投资人联盟"（Investors League）发起人。20世纪初，他带着梦想和追求来到纽约，试图在这个生机勃勃的城市闯出一片自己的天空。凭着过人的精明和智慧，不久他就成为全美首屈一指的财经记者。

然而,他的理想还不仅于此。1917年,37岁的福布斯独立创办了美国第一本纯粹报道商业新闻的杂志,但他使用的报道方式却和那个时代截然不同。他反对当时盛行的堆砌枯燥的商业数字的方法,坚持关注掌控企业的人们。100多年来,《福布斯》杂志一直以"关注实践和实践者"为口号,倡导企业家精神和创新意识。正是由于其明确的定位和独特的深度报道,使《福布斯》成为今天美国主要商业杂志中唯一保持10年连续增长的刊物,其受众群在商业杂志中占据魁首,2003年达到500万人。《福布斯》为双周刊杂志,每期刊登60多篇对公司和公司经营者的评论性文章,其语言简练,内容均为原创。着重于描写企业精英的思维方式,秉承"以人为本"的理念,倡导"企业家精神"。《福布斯》杂志的口号为"永不停息",其前瞻性报道为企业高层决策者引导投资方向,提供商业机会,被誉为"美国经济的晴雨表"。

随着中国在全球经济中的地位日益重要,《福布斯》对中国的关注也不断加强。《福布斯》带着它的使命和定位来到中国。中文版秉承母刊倡导创业精神的一贯宗旨,为中国追求创业价值观和自由企业精神的高层企业决策者打造创富工具。《福布斯》与《财富》《商业周刊》《经济学人》齐名,是财经界四大杂志之一,影响范围遍及全球,杂志内推选的排行榜更成为经济潮流指标。

福布斯的代表著作有《金融、商业和商业生活》(*Finance, Business and the Business of Life*)、《福布斯富豪传》(*Men Who Are Making America*)、《福布斯箴言》(*Forbes Epigrams*)、《成功钥匙》(*Keys to Success*)、《美国西部巨人传》(*Men Who are Making the West*)、《美国汽车业的巨人们》(*Automotive Giants of America*)、《商业启示录》(*How to Get the Most out of Business*)、《101次不同寻常的经历》(*101 Unusual Experiences*)等。

其中《福布斯富豪传》从

1917年12月首版

1918年3月二版

1918年8月三版

1919年3月四版

1921年2月五版

1922年6月六版

……

截至2017年7月底,可查英文版版次已达343次,44种语言版本,被誉为"福布斯式"商业富豪史的经典代表作。

序

"我如何才能获得成功?"

这是每一个正常人都会问到的问题。

本书详实讲述了美国工商和金融界50位顶级人物登上成功之巅的心路历程。这50位非凡人物的选择依据,是一个面向全国商业领域提出的问题:谁是美国商界五十巨头,谁是缔造美国辉煌的人?除了几个因地理和环境因素所产生的个例之外,榜上之人全部为得票最高的人选。因此,对于"成功"二字,这些被冠以殊荣的商界精英们最有资格向人们娓娓道来,给你以启迪,给你以帮助。

那么,这50位在商业界备受推崇的人又是谁呢?

他们的过人之处又是什么呢?

他们仍然是风华正茂呢,还是大多数都已知天命?

他们中有多少人是出生在美国本土,又有几个人是出生在美国以外呢?

他们的父辈是属于平民阶层,还是中产阶级,还是很富有?

文后所附表格将以简洁的形式对以上问题做出回答。

我们将看到:

24人出身于平民阶层。

17人出身于中产阶级。

9人出身于富有家庭。

40人出生于美国本土。

4人出生于苏格兰。

4人出生于德国。

1人出生于英格兰。

1人出生于加拿大。

14人从商店店员做起。

5人从银行职员做起。

4人从杂货铺勤杂工做起。

本书推翻了人们的普遍看法：在美国，金融界和商业界的最高职位大多数都掌握在年轻人手中。因为在这些杰出人物中，只有4人年龄在50岁以下；他们中年龄为"5"字头的，只有少数几位会在类似的排名中入围；他们的平均年龄是61岁，而且70岁或70岁以上的多达12人。

这一点，对于那些还处在创业阶段，尚未获得显赫成就的人来说是一个鼓励。天道酬勤，有耕耘，必有收获。只是从耕耘到收获须经历一个必然的过程。

其实，这50位名人的生活轨迹能够带给我们的，就是这样一个道理：成功要具备的要素是耐心、坚持不懈、坚韧不拔和永不气馁。

通过对这些商界领袖进行个性剖析，我们不难得出这样一个结论：在美国这片土地上，家庭出身与教育背景、血统与宗教、先天与环境既不会成为成功的绊脚石，也不可能是通向成功的捷径。唯一重要的是一个人的优秀品质。在美国，人只按照优点来划分等级。如果美国不是以这一点作为传统的话，这50人中大部分的卑微出身恐怕会引发更多的议论。

在研究这些人的职业生涯过程中，最让我印象深刻的是这样一个事实：他们中大多数都为自己的成功付出了代价。他们工作比别人更为努力，时间更久一些；他们做研究和计划比别人更为勤快些；他们有更强的自律能力和克服困难的能力，因而能够在成功的道路上走得更远一些。

一个人怎样才能成就大事？

须具备哪些素质？

哪些是必由之路？

要想全面回答这几个问题，读者恐怕要看完整本人物特写，但在这里，我只想总体地评论一下，对于成功的衡量，往往是两个方面的。

第一方面是每个人都具备的普通成功要素。

第二方面是仅仅有天赋的人才可达到的成功。

从第一种意义上来讲，如果这些品质能够被挖掘出来，普通的人在经过恰当的锻炼和训练之后至少可以获得普通意义上的成功。

但是一般来讲，要想获得像本书中介绍的人物那样非同寻常的成功，第二类的品质是不可或缺的。这些品质贯穿于他们性格特征中，我来一一列举，它们分别是：完整、自律、诚恳、勤奋、冷静、自修、振奋、自强、脾气好、有勇气、坚韧不拔、自信、专注、沉稳、忠诚、有抱负、乐观、有礼貌。

他们具备更罕见、更胜一筹的品质，非常人所能及，比如说：远见卓识、治理有道、统筹大局，也就是说，他们具有选择、领导、激励他人的能力；精神和身体上的耐力；非同寻常的判断力和记忆力、为了自己认定值得的事情去冒风险的意志力、个人魅力、动力、想象力和理智。

正如莎士比亚所说："世人皆向往成功，唯有力求，方可得来想当然。"

我的观察和调查让我更加确信，百分之九十的成功都是受之无愧的成功。名誉、责任、财富（非继承性）总是寻找足够宽阔的肩膀来承担重任。尽管有时候这个道理十分浅显明白，但命运女神总是一成不变地按照这个准则安排一切。人终究会找到自己合适的位置。

没有人能够重复他人的丰功伟绩。没有人成为第二个洛克菲勒或爱迪生。

但话又说回来，本书里大量的人物特写证明了在这个充满机会的世界里，通常没有人会因为早期的先天残疾或家庭环境而遭受失败。

我之所以为那些杰出实干家们立传，主要原因就是要鼓励和帮助数以百万的年轻人。他们雄心勃勃、头脑清醒、充满活力、勤奋，他们正在用自己全部的精力、体力、脑力以及干劲,去闯出一番自己的天地来,成为有用的建设性公民,为后人留下宝贵财富。

我还要谈一下可能会出现的误会性批评,我要在这里做出明确解释,这本人物特写里所列人物只限定在金融界和商业界,并没有囊括其他行业国内国际的精英人物,比如说政界、科学界、教育界、艺术界、文学界和医疗界,等等。我也没有把铁路巨头列入名单,是因为我打算把他们写进另外一本传记中。

有人可能会提出反对意见,他们可能会说,很显然在这里金钱变成了衡量成功的唯一准绳。

按照常理来讲,一个能够建立实力雄厚的金融、工业、矿产或商业机构的人往往会赚很多钱,很多很多。在商业界,利润是对成就的唯一奖励。

但是,如果一个人的出发点就是赚钱,把赚钱作为唯一目标,为达到目的而不择手段,像迈达斯国王那样寻求点石成金的狭隘目标,是不可能实现的。

这些在商界呼风唤雨的人物中,大多数人经商的动机不是为了钱,而是为了得到获得成就的那种快乐;有所创造的那种快乐;让事情有所发展的那种快乐。

上天似乎早已注定,耕耘最多的人收获也最多。

成功总是以奉献的面目示人。

倘若金钱变成了成功的全部内容,这样的成功也就没有太大意义了。

本书中的人物(除了极个别的例外)之所以能被自己全国的同行看作是"缔造美国的巨人",看作是最佳楷模,是因为他们所具有的社会威望远远超过了他们银行账户的存款。

他们中的大多数为人们提供了大量的就业机会,让人们能够拥有足够的收入成为自信的市民,去和自己所爱的人结婚,建立起一个温馨的家。因此他们都是为社会做出贡献的人。如果没有这种级别的人物,如果这些人没有超常的组织能力,不能够稳健地经营企业,那么一个国家就无法立足于世界民族之林。一个现代化的国家要想保持繁荣和富强，首先国民素质要高，其次应该持有这样的对外贸易理念：只有那些放眼全球、充满智慧的金融商业界领头羊才能打开新局面，征服新领地。

美国在很大程度上要感谢那些空想家、梦想家，那些与世隔绝的知识分子；要感谢那些冷静理智的灵魂，他们的目光指向了更高层次的东西，没有淹没在物欲横流的现实中。但是在这个哲学领域中，还有人的成就更高。我们之所以能够在世界上拥有这样的地位并不是抽象思维的功劳。

我们区别于其他民族的显著之处在于，我们是靠事实获胜而不是靠雄辩；我们靠的是行动，而不是靠白日梦；靠具体的成就，而不是靠虚无的理论。世界可以和我们的政治家、哲学家、诗人、艺术家、作曲家、作家相媲美，但没有一个民族可以和我们数不清的实干家、我们的工业、运输、商业、金融和发明巨人相媲美。

希尔、哈里曼、摩根、爱迪生、卡内基、贝尔、韦尔、弗里克、加里、施瓦布、法雷尔、福特、威利斯、杜克、伊斯门、罗森沃尔德、佩特森、基思、伍尔沃斯、麦考密克斯、阿穆尔斯、威尔逊、戈瑟尔斯、古根海姆、哈蒙德、瑞安、尼科尔斯，他们都是美国20世纪的伟大人物，还有哪个国家的谁可以与他们相提并论？更别说是我们那些国际金融界的巨头们了。

守旧的英雄们往往是破坏者。

创新的英雄才是建设者。

我希望这本简明的、扼要的、笔墨不多的人物特写，能够真正改变人们普遍的观念："哦，有钱人可真幸运，可惜我们没那么好的运气！他们就是运气好！"其实他们也遇到过困难。在书中我专门详细地讲述了这些人物所遭遇过的一些困难，以及他们是如何战胜这些困难的。因为这样做会帮助许多人对成功和非成功之间的差别有更好的理解。整本书所写几乎都是这些名人早期的奋斗经历，这些艰难的奋斗历程足以使普通人望而却步，失去信心，因此，本书的副标题应为堪萨斯人的座右铭——"千锤百炼方成钢"。

　　这些文章曾以连载的形式刊登在《莱斯利周刊》上，引起了人们极大的兴趣，这样的结果真的很令人满意。实际上，这本期刊以编辑的身份评述道：自创刊以来，还没有哪个系列文章引起过全国上下范围如此之广、时间持续如此之久的关注。

　　鉴于广大读者的要求，我十分乐意地推出了这部书，将这些人物特写以永久形式发行。本书中增加了许多正宗的、原来的传记中所没有的内容。这些内容如果面对的是媒体，他们会很反感，不愿谈起。只有让他们相信，坦率、完整地讲述自己生活中的故事会鼓励他人，才有可能诱使他们叙述自己的人生经历。

　　如果我不敢确保这本书会起到鼓励他人的作用，我就不会去费这么大工夫写它了。事实将证明，为了准备这样一部金融界和商界巨头的纪实传奇系列，所花费的时间、体力、耐心以及为了完成编写任务所采用的交流方式都是值得的。有时，要花上半年或一整年的时间才可以让一个采访对象开口谈及自己的职业生涯。还有几个人，书中会提到，根本就没有机会进行面对面的采访，所有的信息都必须按照二手信息处理，比如说亨利·福特、乔治·F.贝克。

　　无论存在哪方面的可能，我都会让采访对象亲口讲述自己的故事。我知道，目前还没有一部书可以使那些有抱负的年轻人详尽了解我们国家最优秀的人物，听他们亲口教给世人最实用的智慧，这些智慧均来自于他们重大的亲身经历。

　　请原谅我用过长的篇幅来介绍这本书。

美国工商界50位巨人基本信息表

姓名	出生地	家庭经济状况	年龄（1917年时）	事业起点	取得成就领域
J.奥格登·阿尔	威斯康星密尔沃基	富有	54岁	包装企业	肉制品包装
乔治·费希尔·贝克	纽约特洛伊	贫穷	77岁	杂货店勤杂工	银行业
艾尔弗雷德·C.贝德福德	纽约布鲁克林	中层	53岁	商店职员	石油业
亚历山大·格雷厄姆·贝尔	苏格兰爱丁堡	贫穷	70岁	学校教师	电话
安德鲁·卡内基	苏格兰丹佛姆林	贫穷	82岁	纺纱工	钢铁行业
亨利·P.戴维森	宾夕法尼亚特洛伊	贫穷	50岁	流浪儿	银行业
罗伯特·多拉尔	苏格兰法尔克克	贫穷	74岁	厨房打杂工	木柴运输业
威廉·刘易斯·道格拉斯	麻省普利茅斯	贫穷	72岁	钉鞋	制鞋业
詹姆斯·布坎南·杜克	纽约杜伦	贫穷	56岁	香烟兜售	烟草业
T.科尔曼·杜邦	肯塔基路易斯维尔	中层	54岁	矿工	公共运输火药
乔治·伊斯门	纽约瓦特维尔	贫穷	63岁	保险职员	摄影业
托马斯·阿尔瓦·爱迪生	俄亥俄州米兰	贫穷	70岁	报社勤杂工	发明家
詹姆斯·A.法雷尔	康涅狄格纽黑文	中层	54岁	劳力工人	钢铁行业
亨利·福特	密歇根格林菲尔德	贫穷	54岁	机械师	汽车制造
詹姆斯·贝里克·福根	苏格兰圣安德鲁斯	中层	65岁	银行职员	银行业
亨利·C.弗里克	宾夕法尼亚奥弗顿	贫穷	67岁	杂货店店员	焦炭及钢铁业
艾尔伯特·亨利·加里	伊利诺伊州惠顿	中层	69岁	律师事务所职员	钢铁行业
威廉·A.加斯顿	麻省波士顿	中层	58岁	律师事务所职员	银行业
乔治·W.戈瑟尔斯	纽约布鲁克林	贫穷	59岁	流浪儿	工程行业
丹尼尔·古根海姆	宾夕法尼亚费城	富有	61岁	蕾丝销售	矿业
约翰·海斯·哈蒙	加州三藩市	中层	62岁	工程师	矿业
奥古斯特·赫克舍	德国汉堡	中层	69岁	煤矿	锌业及房地产
A.巴顿·赫伯恩	纽约科尔顿	中层	71岁	商店职员	银行业
塞缪尔·英萨尔	英国伦敦	贫穷	58岁	职员	电器行业
奥托·H.卡恩	德国曼海姆	富有	50岁	银行职员	银行业
迈纳·C.基恩	纽约布鲁克林	中层	69岁	商店职员	水果及中美洲
达尔文·P.金斯利	佛蒙特阿尔布格	贫穷	60岁	农业手工劳动	保险行业
塞勒斯·H.麦考密克	华盛顿特区	富有	58岁	收割机械	农业机械化
J.P.摩根	纽约	富有	50岁	银行职员	银行业
威廉·H.尼科尔斯	纽约布鲁克林	中层	65岁	化学家	化学及铜业
约翰·H.帕特森	俄亥俄州代顿	中层	72岁	收费站职员	收银机
乔治·W.珀金斯	伊利诺伊芝加哥	中层	55岁	办公室职员	银行业
乔治·M.雷诺兹	艾奥瓦州帕诺拉	中层	52岁	商店职员	银行业

续表

姓名	出生地	家庭经济状况	年龄（1917年时）	事业起点	取得成就领域
约翰·戴维森·洛克菲勒	纽约里奇福德	贫穷	78岁	办公职员	石油行业
朱利叶斯·罗森沃尔德	伊利诺伊州斯普林菲尔德	贫穷	55岁	制衣厂职员	邮购行业
约翰·D.瑞安	密歇根州汉考克	中层	53岁	商店职员	铜业
雅各布·亨利·希夫	德国法兰克福	中层	70岁	银行职员	银行业
查尔斯·米歇尔·施瓦布	宾夕法尼亚威廉斯堡	贫穷	55岁	杂货店勤杂工	钢铁行业
约翰·格雷夫·谢德	汉普郡阿尔斯特德	贫穷	67岁	杂货店勤杂工	商业
爱德华·C.西蒙斯	马里兰弗雷德里克	贫穷	78岁	商店勤杂工	五金行业
詹姆斯·斯派尔	纽约新约克郡	富有	56岁	银行职员	银行业
詹姆斯·斯蒂尔曼	德州布朗斯维尔	富有	67岁	职员	银行业
西奥多·牛顿·韦尔	俄亥俄州卡洛尔县	中层	72岁	电报发报员	电话
科尼利厄斯·范德比尔特三世	纽约新约克	富有	44岁	机械工程师	金融业
弗兰克·A.范德利普	伊利诺伊州奥罗拉	贫穷	53岁	机械师	银行业
保罗·M.沃尔格	德国汉堡	富有	49岁	职员	银行业
约翰·N.威利斯	纽约卡南代瓜	贫穷	44岁	洗衣工	汽车制造业
托马斯·E.威利逊	安大略省伦敦	贫穷	48岁	铁路职员	肉类包装
F.W.伍尔沃斯	纽约罗德曼	贫穷	65岁	农场打杂工	商业
约翰·D.阿奇博尔德	俄亥俄州里斯堡	贫穷	69岁	杂货店勤杂工	石油行业

译者序

当中国在悄然崛起之时，美国已走过了必经的沧桑。纵观美国这段历史，我们不难发现，成功不仅是一个态度问题，更是一个经年的积累、沉淀的过程。对一个人的发展是这样，对一个民族、一个国家的崛起同样如此。

没有大道理，更没有枯燥无聊的说教，50个人，50个传奇故事。平实而朴素的叙述风格，50位商业巨人真实的经历和故事，向读者昭示了诚信、乐观、坚忍、果敢、宽容这些品格才是获取成功人生的真正元素。而所谓成功的意义也远远超出了对财富的聚敛，对资源的占有和对金钱的崇拜。

表面上这是一本传记，但实际上却是美国社会经济发展史的缩影。

第一手的资料，纠正了以往人们对成功和富有的一些错误观念。

这不仅仅是一本励志的书，也不仅仅是一本简单的人物传记，这本书折射出了美国人民的根本价值观，也最好地诠释了"美国梦"的根本。此外，它还是一部美国商业的战争史。对中国新一代渴望拥有成功的年轻人来说，它是一本再好不过的人生指南：它或许可以去除些蔓延在当今时代里的浮华、焦躁以及为获取财富而急功近利的心态、不择手段的方式。对于中国知识分子和商界精英们来说，它或许有些许的借鉴意义：身为一个国家和民族发展中坚力量的知识分子和商界精英又该如何承担对社会的义务和责任？而对于中国这个正在迅速崛起的国家，它或许也会有些许的启迪：当一个国家、民族的经济迅猛崛起，我们的社会与媒体尚需敬畏哪些优秀的品格、恪守哪些传统的美德、弘扬哪些民族精神、传播哪些文化？因为只有这些才是一个国家和民族最终可以成功和富足的根本！该书即是普通人作为茶余饭后的消遣，一卷在手，也足以让读者掩卷沉思：当我们的生活水平超越了温饱的层面，我们该如何提升生活的质量？什么才是真正的成功和幸福？

　　名人也是人，但他们的亲身经历会让你明白，成功为什么会和他们有缘。没有人是完美的，但每个人都有自己的优点，将它发挥到极致的时刻，便是你成功之时。成功的人，首先是一个耐得住寂寞的人，是一个能够战胜自己的人。虽然有时候努力了也不一定成功，但不努力就一定不会成功。苦难往往是一笔财富，可有的人能够在逆境中卧薪尝胆，却在稍有建树后失去斗志。别说你痛苦，有的人根本顾不上体会痛苦；别说你怀才不遇，这世上比你有才的人不计其数；别抱怨世道不公，从长远来看这个世界还是公平的。别问为什么，一切有因必有果，当你明白自己为什么落后了，你就已经悄然进步了。

　　该书的作者花费10年的心血将这本书奉献给美国人民，译者则希望通过自己的绵薄之力用中文来还原原著的风采，将它本真的精髓呈献给亿万中国读者。

目 录

J. 奥格登·阿木尔 ················· 001
　　阿木尔公司，美国五大肉食加工包装企业之一，1867年，由菲利普·阿木尔兄弟创建于芝加哥。1901年菲利普去世后，J.奥格登·阿木尔接手公司出任总裁，被誉为当时最具创意的企业家。

乔治·费希尔·贝克 ················· 011
　　乔治·费希尔·贝克是美国杰出的金融家和慈善家，被业界誉为"银行业的翘楚""内心充满博爱的银行家"，投资铁路和银行收益巨大，曾是继洛克菲勒和福特之后美国资产第三的富豪。

艾尔弗雷德·C.贝德福德 ················· 021
　　艾尔弗雷德·C.贝德福德任职标准石油公司新泽西公司董事局主席期间，被誉为"开创标准石油公司新时代的另类总裁"。

亚历山大·格雷厄姆·贝尔 …………………… 032

亚历山大·格雷厄姆·贝尔，加拿大发明家和企业家。他获得了世界上第一台可用的电话机的专利权，创建了贝尔电话公司（AT&T 公司的前身）。2004 年，在加拿大广播公司举办的"最伟大的加拿大人"评选中，贝尔获选为"十大杰出加拿大人"。被誉为"最杰出的电学天才，全人类的福音传播人"。

安德鲁·卡内基 …………………………………… 042

安德鲁·卡内基，苏格兰裔美国实业家、慈善家、作家。卡内基钢铁公司的创办人，被誉为"傲视群雄的钢铁大王，博大仁爱的慈善家"。

亨利·P. 戴维森 …………………………………… 053

亨利·P. 戴维森，从一个银行职员做起，逐步升任自由国家银行总裁，创办银行信托公司，最后成为 J. P. 摩根的高级合伙人。

罗伯特·多拉尔 …………………………………… 065

罗伯特·多拉尔，苏格兰裔美国实业家、慈善家。造船业起家。因业务范围横跨太平洋，并在早期开展与中国的贸易往来，被誉为"中国人的偶像""美国的最大木材商"。

威廉·刘易斯·道格拉斯 ………………………… 074

威廉·刘易斯·道格拉斯，美国实业家、政治家，威廉·刘易斯·道格拉斯鞋业公司的创办人，并带领公司成为世界上最大的鞋业公司之一。被誉为世界上"最了不起的鞋匠"。

詹姆斯·布坎南·杜克 083

詹姆斯·布坎南·杜克,美国烟草公司的创办人,烟草业和电力实业家。是将烟草业引入现代工业制造和市场营销的关键人物。为杜克大学成立一项信托基金用于大学的建设,杜克大学因此得名。

T. 科尔曼·杜邦 093

T. 科尔曼·杜邦,美国工程师、实业家和政治家,杜邦公司的创办者之一,并出任公司总裁,将公司从军火商发展到世界第二大的化学公司。

乔治·伊斯门 101

乔治·伊斯门,美国发明家,柯达公司创办人以及胶卷发明人。被誉为"为人类留下美好记忆的光影世界的缔造者"。

托马斯·阿尔瓦·爱迪生 113

托马斯·阿尔瓦·爱迪生,美国科学家、发明家、企业家,拥有众多重要的发明专利,被传媒授予"门洛帕克的奇才"称号的他,是世界上第一个使用大量生产原则和其工业研究实验室来进行发明创造的人。他于1892年创立了今日美国的知名能源产品集团通用电气公司。1908年创立"Motion Picture Patents Company"(一般所知为 Edison Trust),一家由9个主要电影工作室组成的企业集团。

詹姆斯·A. 法雷尔 127

詹姆斯·A. 法雷尔,美国钢铁公司总裁,是世界上首位将一家公司发展为10亿美元规模的总裁,被誉为"美国钢铁出口贸易之父"。

亨利·福特 ……………………………………………… 139

亨利·福特,美国汽车工程师与企业家,福特汽车公司的建立者。亨利·福特是世界上第一位将装配线概念实际应用在工厂并大量生产而获得巨大成功者。亨利·福特不是汽车或是装配线的发明者,但他让汽车在美国真正普及化。这种新的生产方式使汽车成为一种大众产品,它不但改革了工业生产方式,而且对现代社会和美国文化产生巨大的影响。

詹姆斯·贝里克·福根 ………………………………… 151

詹姆斯·贝里克·福根,从芝加哥第一国民银行职员一直做到副总裁、董事局副主席、名誉主席,被誉为全美最有实践经验的银行家。

亨利·C. 弗里克 ………………………………………… 158

亨利·C. 弗里克,美国实业家、金融家,更是一位艺术资助人。H. C. 弗里克可乐生产公司的创办人,后任卡内基钢铁公司董事局主席。被誉为创建国际性大公司的实业家天才。

艾尔伯特·亨利·加里 ………………………………… 174

艾尔伯特·亨利·加里,律师、法官出身,更是一位实业家,大企业家的召集人,美国钢铁公司联合创办人之一。他曾召集摩根、卡内基和施瓦布成为合伙人。被誉为企业帝国的国王。

威廉·A. 加斯顿 ………………………………………… 185

威廉·A. 加斯顿,律师出身,临危受命的银行家,被誉为审时度势、勇敢作为的实干家。

乔治·W. 戈瑟尔斯 ……………………………… 197

乔治·W. 戈瑟尔斯,美国海军将军,土木工程师。因任巴拿马运河建设工程总监,并成功建成而闻名于世。被誉为西点军校毕业的高才生,开凿巴拿马运河的总指挥。

丹尼尔·古根海姆 ……………………………… 209

丹尼尔·古根海姆,美国矿业大王,古根海姆家族代表人物,慈善家。被誉为美国最大矿业企业的哲人。

约翰·海斯·哈蒙 ……………………………… 218

约翰·海斯·哈蒙,矿藏工程师、外交家、慈善家。被誉为金银帝国的创建人。

奥古斯特·赫克舍 ……………………………… 230

奥古斯特·赫克舍,德裔美籍资本家、慈善家,理查德·赫克舍联合公司的创始人、合伙人,赫克舍艺术博物馆的创办人。被誉为庞大商业帝国的统帅。

A. 巴顿·赫伯恩 ……………………………… 237

A. 巴顿·赫伯恩,不仅是银行家,更是教育家、作家、律师和捕猎能手。

塞缪尔·英萨尔 ……………………………… 245

塞缪尔·英萨尔,这位英裔富豪于19世纪末至20世纪初在美国芝加哥创办投资当时刚新兴的电力公用事业,为美国的电力基础设施建设和发展做出过极大贡献。

奥托·H. 卡恩 ·· 256

奥托·H. 卡恩，德裔美国投资银行家，而且还是慈善家、收藏家、艺术资助人。被誉为无人能超越的银行家，更是位大师级的艺术家。

迈纳·C. 基思 ·· 268

迈纳·C. 基思，美国的商业寡头，其公司领域涵盖铁路、农业、船运、贸易。被誉为半人半神的跨国企业寡头。

达尔文·P. 金斯利 ·· 277

达尔文·P. 金斯利，纽约人寿保险公司总裁，被誉为保险业王国的浪漫诗人。

塞勒斯·H. 麦考密克 ·· 287

塞勒斯·H. 麦考密克，国际收割机公司总裁，不靠自家背景起家的商业绅士和发明家。

J. P. 摩根 ·· 299

J. P. 摩根，金融家、银行家，曾垄断了世界的公司金融及工业并购。《华尔街日报》曾这样评价他："上帝在公元前4004年创造了这个世界，J. P. 摩根在1901年重新组织了这个世界。"

威廉·H. 尼科尔斯 ··· 311

威廉·H. 尼科尔斯，美国最大的化学公司——通用化学公司的创建人，更是一位化学家。

约翰·H. 帕特森 ·· *320*

约翰·H. 帕特森，实业家，著名 NCR 公司的创办人。收银机的发明制造者，视员工为家人的企业总裁。

乔治·W. 珀金斯 ·· *332*

乔治·W. 珀金斯，从小职员一直做到纽约人寿保险公司总裁，银行家、金融家。同时也是美国进步主义运动的领袖之一，主张福利国家建设和反托拉斯。

乔治·M. 雷诺兹 ·· *344*

乔治·M. 雷诺兹，芝加哥大陆商业国民银行总裁。出身农民，最后出任美国财务部部长。

约翰·戴维森·洛克菲勒 ··· *353*

约翰·戴维森·洛克菲勒，美国实业家，慈善家，因革新了石油工业和塑造了慈善事业现代化结构而闻名。1870 年创立标准石油，在全盛期垄断了全美 90% 的石油市场，成为历史上的第一位亿万富豪与全球首富。1914 年巅峰时，其财富总值达到美国 GDP 的 2.4%（9 亿美元，美国 GDP 365 亿美元），普遍被视为世界史上首富。

朱利叶斯·罗森沃尔德 ··· *370*

朱利叶斯·罗森沃尔德，西尔斯—罗巴克公司零售奇迹的缔造者。罗森沃尔德基金创办人，芝加哥科学与工业博物馆的创办人。

约翰·D.瑞安 ……………………………………… 381

约翰·D.瑞安，实业家，铜矿业寡头，阿那康德铜业公司的总裁、蒙大拿电力公司的创建者。

雅各布·亨利·希夫 ……………………………… 392

雅各布·亨利·希夫，德裔美籍银行家、慈善家。曾经以巨额贷款资助日本军队击败沙皇俄国，赢得日俄战争。被誉为乐善好施的金融家。

查尔斯·米歇尔·施瓦布 ………………………… 402

查尔斯·米歇尔·施瓦布，钢铁业巨头，在他任伯利恒钢铁公司总裁期间，将公司做到了全美第二大钢铁生产公司。

约翰·格雷夫·谢德 ……………………………… 412

约翰·格雷夫·谢德，马歇尔·菲尔德公司董事局主席及总裁，被誉为世界上最大的纺织及日用品批发零售商。

爱德华·C.西蒙斯 ………………………………… 422

爱德华·C.西蒙斯，西蒙斯五金公司总裁，是始终把帮助客户取得成功的五金公司传奇人物。

詹姆斯·斯派尔 …………………………………… 432

詹姆斯·斯派尔，叱咤风云的华尔街银行家，却一生热衷慈善事业。

詹姆斯·斯蒂尔曼 ………………………………… 442

詹姆斯·斯蒂尔曼，国家城市银行的董事局主席和总裁，花旗银行的缔造者，被誉为金钱之王。

西奥多·牛顿·韦尔 ………………………… 450

西奥多·牛顿·韦尔,美国电话电报公司总裁,韦尔视电话服务为一项公共设施服务,并由此将电话网络集合到贝尔系统之下,为电话惠及于民做出了巨大贡献。被誉为一生致力于电报电话业务的改革家。

科尼利厄斯·范德比尔特三世 …………… 459

科尼利厄斯·范德比尔特三世,范德比尔特家族的杰出代表。发明家、金融家、军官,建立美国强大海军的倡议人。

弗兰克·A. 范德利普 ……………………… 466

弗兰克·A. 范德利普,从农场男孩、车间学徒工到美国最大的国家银行总裁,更因美国联邦储备系统创建者之一而闻名。

保罗·M. 沃尔格 …………………………… 477

保罗·M. 沃尔格,德裔美籍银行家,联邦储备委员会于1914年成立后,沃尔格出任理事。1916年,升任委员会副主席。被认为是美联储的"总设计师"。

约翰·N. 威利斯 …………………………… 487

约翰·N. 威利斯,威利斯汽车公司的创始人,汽车业界的先锋。被誉为汽车销售王国的国王,资本运作的第一人。

托马斯·E. 威尔逊 ………………………… 497

托马斯·E. 威尔逊,威尔逊体育用品公司及威尔逊集团公司的创建者。任职威尔逊集团公司总裁期间,将公司的肉类包装业务做到了全美第三大的公司。

弗兰克·W. 伍尔沃斯 ······504

弗兰克·W. 伍尔沃斯，F. W. 伍尔沃斯公司的创办人，被誉为从"乡下佬"到世界上最大的零售商。

约翰·D. 阿奇博尔德 ······521

约翰·D. 阿奇博尔德，勤杂工出身的石油公司董事长，全美石油领域中，他旗下的石油公司最早引进了精炼油工艺。

J. 奥格登·阿木尔

阿木尔公司，美国五大肉食加工包装企业之一，1867年，由菲利普·阿木尔兄弟创建于芝加哥。1901年菲利普去世后，J.奥格登·阿木尔接手公司出任总裁，被誉为当时最具创意的企业家。

从思想观念上来讲，奥格登·阿木尔与他的父亲同属民主派，只是眼界比他的父亲更为宽阔。当菲利普·D.阿木尔16年前去世时，阿木尔公司的年业务量仅为1亿美元，现在阿木尔公司的年业务量为5亿美元。一切成就均来自于J.奥格登·阿木尔，他是公司的智囊、总指挥、首领、策划者、设计者和建造者。作为富商之子，他可不是个徒有外表的家伙，他是美国最有才干、最有创意的商人之一。

自从J.O.（他的同事这样称呼他）接手以来，他一直在扩大公司业务范围，创办了一系列附属企业，做起了除肉食加工以外的其他生意——阿木尔粮食公司比世界上任何一家粮食公司的规模都要大；阿木尔拥有世界第二大的皮革加工厂；阿木尔是世界上名列前茅的肥料生产商；在整个美国的铁路运输系统中，阿木尔拥有数量最大的冷柜运输和汽车业务。

在基督教与非基督教世界中，J.奥格登·阿木尔是头号商人。

同样，他的公司也是雇用员工最多的个体企业——拥有4万名员工。阿木尔公司不是上市公司，只是一个家族企业。

在我先前的印象里，阿木尔是一个傲气十足，难以与其他同行相处的贵族；是一个独善其身，不肯参与其他上流社会活动的独行侠；是一个只会利用他人的才智来管理家族企业的平庸商人。相信其他人也和我有同感。这样的印象都是拜那些八卦记者、那些利欲熏心的政客，还有那些漫天飞的报纸所赐。

人们对他竟然会有如此错误的概念，如此不公正的判断！

我非常坦率地将自己的想法告诉了阿木尔，并告诉他，经过仔细调查后，我发现这一切都是错误的。他听了以后，大声笑了起来，然后很直接地给出了解释。

他说："我并没有什么远大的社会志向，我只是想把阿木尔公司经营好，让千万个年轻人能够在这个世界上有立足之地，获得成功。我生意上的合伙人都是我的好朋友，谈得投机的人。如果不是因为和他们一起工作或相处感到愉快，我是不会也无法将工作继续下去的。如果没有了情感上的支持，工作将变得举步维艰。"

我第一次当面向他提到这些负面消息时，他只是轻描淡写地说了一句："就算你有1.3亿美元，那又怎样呢？"

事实上，阿木尔先生不屑混迹于美国上流社会的原因并非太过贵族化，而是太过民主化。

他提到了在企业经营中的情感因素。

于是我问道："您在经营过程中，允许自己掺杂一些感情因素在内吗？""掺杂感情因素在里边？"他用诧异的口吻将问题重复了一遍，"为什么不呢？我就是用感情来经营公司的。没有了情感的投入，一个公司是不会成功的，也不值得去经营。一个组织能够成功的关键原因是什么呢？难道不是员工对它的忠诚与热情吗？如果一个老板自己本身冷冰冰的，他又如何能够激起员工们的热情来呢？没有一个人能独自经营一个大公司，他必须依靠其他人来操作大部分具体的事务。"

"为了得到合适的人选我们总是尽早入手。阿木尔公司将办公行政人员的选择看得比其他事情更重要，因此更为挑剔一些。因为今天的办公行政人员很可能会成为日后的部门经理。我们就是按照这个原则做出选择。我们从不高薪聘请管理人员。正如宾夕法尼亚铁路公司的一个小小制动员最终成为总裁一样，我们公司里基层的年轻人也有可能有朝一日会升到最高领导层。"

这里，我先将话题扯开一下。听一个年轻人说，阿木尔先生有一天偶然谈起，他平生最乐意做的事情就是培养年轻人。

这个年轻人指着自己大声地对阿木尔说："阿木尔先生，您就不要再找了，你要的人就在眼前，给我一次机会吧！"

阿木尔先生果然给了他一次机会，这个年轻人就是今天阿木尔公司的副总裁，阿木尔的左膀右臂，最信任的同事，罗伯特·J.当汉姆，芝加哥银行部和企业部总裁。拥有王子般的收入，且年仅40岁！

我在采访过程中去过阿木尔公司的每个部门，我发现每个部门的行政总监都在40岁以下，而不是40岁以上。一个人到了该退休的年龄就应该拿着退休金享受生活。

阿木尔先生今年53周岁了，他生于1863年，所以我说他是54岁，可他并不接受我这样的说法。他微笑着向我抗议道："不要打击我嘛。以前我一直都觉得自己就是个年轻人，直到有一天早晨，因为某些特殊原因我迟到了。一般情况下，我会在8点前到达养殖场，可那天我到那儿时已经是8点半了。在我经过时，一个办公室里的小伙子看都没看我一眼，抬起头来看了看钟表，然后对另一个人说：'不知道这老头今天早上发生什么事了！'这'老头'二字就像一把利刃一样刺痛了我的心。"

在这个世上，出自阿木尔家族的格言警句以及各种各样的佳话已司空见惯，但到目前为止，我还没有看到过谁像老阿木尔那样公开地赞誉自己的儿子为"虎父无犬子"。

真的，他当之无愧。我们不妨看一看下面这几句话，全部是我和他面对面谈心时他一语道破的精华部分。

"做生意可以没有俱乐部,但不可以没有化学家和律师。"

"人最宝贵的能力是能够发现别人的能力。"

"人越是富有强大,就越要考虑到别人的感受,这样你才能获得更大的成功。"

"人只有正确给自己定位,才能更好地把握自己的未来。"

"在这世界上,金钱会毁掉一个年轻人,贫穷却能锻炼一个年轻人。"

"我认识很多人,没钱时很好,可一旦有了钱,人品就变质。"

"我从不焦虑,焦虑对一个人造成的伤害要远远大于努力工作带来的伤害。"

"这世上的确有运气存在。你也许走运得到了一份好工作,但是要长久拥有这份工作,绝不是靠运气。"

和其他有钱人子弟不一样的是,阿木尔是一名工人。连续几年来,他都在肉类食品加工厂工作,从最底层做起,每个工作日早晨8点钟上班,每周赚8美元的薪水。他从经营这所严酷的学校里学习做生意,因为他严格的父亲一定要他这样做。正如阿木尔在他很不错的一本书《装罐工的生活》中写到的那样:"对猪、牛、羊等牲畜的屠宰、加工处理、装罐可不是什么轻松体面的活。"

后来,当他成为总监时,他总是在早晨7点钟之前,在家里收到来自全国各个主要畜牧交易市场的报告单,分析一下国际国内的情形,然后再决定当日总的购买计划。

我想再顺便说一下另外一个插曲,关于这件事,阿木尔先生看了这篇文章也会感到吃惊,因为他还不知道我竟然把这件事也"挖掘"了出来。

英国的宣战给美国金融界带来莫大的恐慌,美国股票交易市场由于害怕大量抛售会导致股市崩盘,所以各大市场暂停交易。银行因要求非常时期通货、票据交换所证券以及财产转让从属权利而一片混乱。储蓄银行冻结了现金的支付。

一切似乎都摇摇欲坠。

不，不是一切，芝加哥期货交易市场——著名的谷类交易市场还开着。虽然也受到了这一爆炸性新闻的影响，但是，凭着每笔生意都成交，足以使这场风暴逊色许多。各家报纸纷纷头版头条报道了这件事，讲述了阿木尔谷物公司总裁乔治·E.马西是如何英雄般地拯救了这一天的。一开始，他坚决反对关闭交易市场，接着，当乱哄哄的市场开始失去控制，谷物的价格开始一路飙升时，他首先卖掉了100万蒲式耳大麦，接着又卖掉100万蒲式耳，每蒲式耳的成交价格都没有超过原价的二三美分。相比较之下，在明尼阿波利斯的交易市场上，每蒲式耳大麦的价格暴涨了8美分。马西一下子成了英雄。

当我问到那激动人心的一天的情况时，马西承认："是的，我那天的确去了期货交易市场，卖了二三百万蒲式耳大麦，从而阻止了市场的偏离。但是，那天一大早我就打电话给阿木尔先生，向他提出建议。我其实什么都没做，只是执行了他的命令而已。"

马西还讲述了另外一些迄今为止尚未对媒体吐露过的事情。

"阿木尔先生还告诉我：'如果有人需要帮助，不要袖手旁观，能关照就尽量关照一下。'我回答道：'您是在冒大风险，万一他们中有人破产了怎么办？'阿木尔先生又重复了一遍：'尽管放手去做吧，带那些信得过的人去银行贷款，帮他们渡过难关。'于是，我就这样做了。最后，那些在谷物交易中向银行贷款的人，没有一个破产的。当然，这也是阿木尔先生的主意，并不是我的主意。"

一个了解阿木尔本人更胜过那些阿木尔家族故事的作家说过："J.奥格登·阿木尔轻易不肯承认自己在革新、创造、经济、金融等各方面都超过了他的父亲，但事实的确如此。"

一个杰出的芝加哥商人告诉过我："J.O.已将父亲建起的产业扩大了四倍，是因为P.D.不及他儿子那样乐观，那样有远见，那样敢于冒险。在父亲身上就已经表现出的那份扩展能力在儿子身上更为突出。能够做到这一点是因为他对这个国家的发展抱有极大的信心。正如阿木尔亲口所说那样：'美国的发展使得我在做长期规划时，不再是井底之蛙。'"

小阿木尔不会赞同这样的分析，很少有人对自己的父亲如此尊崇。

其实，阿木尔先生的谦逊很大程度上造成了大多数人对他的误解。他躲避采访，当我在路上截住阿木尔先生的时候，他坦率地告诉我："我本来打算避开你。我已经告诉了当汉姆把你支走。"

报纸上，你永远不会看到阿木尔出现在公众面前做演讲。他解释说："因为我出生在富有家庭，所以我不想让人们觉得，我总是将自己的观点强加于人。我父亲有一次曾对我说：'你不能总想着自己是有钱人。'所以我一直在以我自己的方式，努力消除作为一个有钱人或有钱人之子而产生的与其他人的隔阂。"

对于公民委员会或其他重要问题为核心的委员会，阿木尔先生总是做出一些实际性的工作，而不是频频露面于镁光灯下。

他对社交不感兴趣。他总是把时间划分为工作和家庭两部分。他家里的一切由他的妻子也就是先前的洛丽塔·谢尔登小姐负责。他深爱着自己21岁的独生女儿。他的女儿曾经是个跛足，后来，阿木尔先生请来了著名的维也纳外科医生洛伦兹成功地实施了手术，使她得以康复。后来在阿木尔先生的资助下，美国有许多患有同样疾病的儿童都享受到了洛伦兹医生的医术，甚至远在太平洋海岸的儿童都享受到了这种帮助。

阿木尔先生和自己的母亲可谓母子情深。不管他工作多么繁重，他从不允许自己的母亲在没有自己陪伴的情况下离开芝加哥，而且母亲每到一处，他都坚持亲自去那里陪着母亲回家。菲利普·D. 阿木尔后来说："我的大多数修养与建树均来自我的妻子。"贝尔·奥格登（婚前的名字）将自己谦逊的美德传承给了自己的儿子——J. 奥格登。

每每提起父亲低微的出身以及早年的奋斗史，阿木尔总是发自内心地为父亲感到骄傲。他向我详细描述了他的父亲是如何在19岁时离开自己的故乡纽约斯多克桥一个小村庄，和其他三个同伴一道去加利福尼亚淘金的。那是在1851年，他们决定长途跋涉去加利福尼亚金矿去寻找人生中的第一笔财富。四个人中，有一个死掉了，另外两个返回去了，但是菲利浦·阿木尔却没有停下跋涉的脚步，终于在6个月后，成功到达了加利福尼亚海岸。他的第一份工作是挖沟，白天5美元，晚上10美元。通常他都是夜以继日地干，渐渐地，他得到了掘沟的长期合同，5年后，他积蓄了8000美元。带着这笔财富，他返回故乡，梦想着买一个农场，和自己心爱的女人结婚，可是，唉，她却早已嫁给了一个有名望的兽医。

在返回故乡的路上，密尔沃基留给了他深刻的印象。密尔沃基地处美洲大陆枢纽之地，来往车辆人流众多，因此，可以说是一个发展商业的理想之地。1859年，年轻的阿木尔（父）在那里和佛瑞德·B.迈尔斯合伙做起了加工生产和代理生意。那时候，每人仅拿出了500美元作为资本，现在，那张原始合同被小阿木尔当作最宝贵的财产之一，珍藏在自己的办公室里。那个时候，旅行的人以及其他一些人对腊肉和咸肉的需求量很大，年轻的阿木尔成为当时美国最大的肉类食品加工商约翰·普兰金盾的初级合作者，于是生意就转向了这个方向。后来，美国内战的爆发引发了对灌装肉类食品需求量的剧增。普兰金盾和阿木尔趁这个机会赚了一笔。

战后的芝加哥作为一个迅速发展的金融中心，已超越了密尔沃基。阿木尔带着他那与生俱来的远见卓识，于1870年和他的两个兄弟移居到了芝加哥，随后建立了阿木尔公司。阿木尔公司迄今为止仍然是一个家族企业，所有股权都归家族内部所有，它拥有一系列相关连锁企业，相当于经营着一个10亿美元的钢铁厂。

公司的创建者老阿木尔于1901年辞世，他的一生经历了美国历史上最辉煌、最鼓舞人心、最成功的阶段之一。次子小菲利普·D.阿木尔早在他去世的前一年就去世了。在长子奥格登是否有能力继承父业这一问题上，家族内部某些人曾抱有疑虑。说实话，阿木尔·皮埃尔一度也未曾想到，奥格登会将这份事业做得如此波澜壮阔，直到后来，奥格登用事实证明了他的父亲的判断是正确的。其实，早在他去世前的几年间，老阿木尔就满意地看到了奥格登已经成长为一名拔尖的企业家。其实，也就是从那个时候起，J.O.就已经在经营阿木尔公司了，并且做得很成功，这让老阿木尔的晚年生活过得幸福无比。

阿木尔先生带着一丝怀旧的口吻对我说："那时候，我觉得自己能够出生在阿木尔家族，能够继承这个家族的企业，真是这世上最幸运的年轻人。但是没过多久，我就改变了这种想法。因为，经营企业对我来说除了麻烦，一无所获。尤其是当美国政府对阿木尔公司和整个肉类食品包装行业实施了各种严格的审查后，情况更为糟糕。扪心自问，我一直都在诚实公正地经营着阿木尔公司，当然，我也不需要靠什么见不得人的勾当去赚钱。但是，这种审查却让我感到了莫大的羞辱与不快。一直以来，我都将父亲的名誉和业绩引以为荣，而且也在用心不断地努力维护它们。可是，还没等我们得到法庭颁发的《无疫健康证书》，美国肉类食品加工行业就已经遭到了诽谤，致使'美国生产'成为一个又一个国家的拒绝对象。"

阿木尔先生还补充道："这段经历让我明白，有钱人如果只管埋头享受自己的财富，而不去考虑财富所附带的责任，那他绝不是个聪明人。"

最后，阿木尔公司漂亮地挽回了由于政府干预所带来的行业性严重损失，公司的销售量比16年前翻了5倍，建起了大量的周边产品生产线。我们不妨看看以下数据：

阿木尔公司迄今为止已经在全球建立起了500家分公司。

光在阿根廷建立工厂就投资了350万美元。在40多个国家和城市设有办公处和长期办事处。每年仅国外市场的业务就约为1亿美元。去年，用于收购牲畜而付给农场主的现金总数约为3亿美元。

目前，阿木尔公司所经营的产品种类已多达3000种，同往年那个只卖肉类的普兰金盾—阿木尔公司已有了天壤之别。

阿木尔粮食公司，这个世界上最大的粮食公司已经在南芝加哥建起了一个存储量为1000万蒲式耳的谷仓，从而使阿木尔粮食公司的总仓储能力提升到2500万蒲式耳。

每年，阿木尔粮食公司都要卖掉价值几百万美元的原木，因为有成千上万的农场主发现，用成品原木来建谷仓、储存粮食要方便得多。

在最近的一个月期间，芝加哥阿木尔食品加工基地迎来了1.4万名参观者，在这里，从屠宰到加工包装，整个生产过程的每道工序全部是公开的，欢迎大家随时前来视察。

阿木尔公司去年的各部门平均利润率将近3%。

从牲畜围场到办公室，阿木尔先生在公司的每个部门都工作过。还没等他修完耶鲁大学谢菲尔德理科学院的全部课程，阿木尔就被父亲叫回去开始着手管理公司。自从阿木尔接管以来，他享受的假期还不如一个普通的职员多，每天的工作时间足以令任何一个工会负责人感到愤慨。

参观完阿木尔粮食公司后，阿木尔先生把我带到了一间屋子里。在这个看似小型磨坊和面包房的地方，一个化学分析专家正在给公司购买的每一批谷物做抽样测试，然后确认每批货里所含水分的百分比，再把谷物磨成粉，进一步分析面粉中所含的营养价值，再把其烘烤成面包。这样一来，顾客在购买的时候，就可以直接确切地了解到他们要购买的面包是由哪种谷物、什么颜色的谷物做成。有了这种科学测试过程，公司就可以首先卖掉那些水分含量高的粮食，因此每年可以节约几十万美元。在很多情况下，粮食中的水分意味着，如果不及时卖掉这批货，每蒲式耳谷物会蒙受一到两美分的损失。这就是做生意，"不是利用俱乐部而是利用化学家"。

我注意到，不论我们走到哪里，阿木尔先生都会不停地和雇员打招呼，喊他们的名字，对他们的关怀溢于言表。有几次，我单独和工人们谈起阿木尔先生，我发现，他们更多的是把阿木尔先生当成同事而不是老板。他们觉得，自己是和阿木尔先生一起工作，而不是为他工作。因此，我丝毫不怀疑他所说的话："在我的工作中，员工对公司的忠诚是最成功的地方。我周围的同事都那么优秀，如果不是这样，我就不会加倍认真经营阿木尔公司了。身边和我一起经营公司的人们让工作变成了乐趣。"一个行政人员告诉我，在他印象里，阿木尔先生最开心的时候，就是去参观由自己的员工经营的农场的时候，这个农场已经成为一个科学管理的大型企业。他说:"每当想到和公司有关系的人能够赚到、积累到一定的财富,最终有了这么一个企业时,阿木尔先生就会由衷地感到高兴。"

由于篇幅有限,在这里不能一一讲述阿木尔家族的福利行为。老阿木尔耗资几百万美元建起了阿木尔技术学院,每年都有几百名品学兼优的学生从这所学校里毕业,准备投入工作,这个时候很多公司和机构都纷纷来到这里和他们签订雇用合同。几年前,小阿木尔和他的母亲为学院捐赠了150万美元,不久前,阿木尔先生又捐赠了50万美元。经营这所学校每周要花费数千美元。

学校的来历要从著名的博爱主义者F. W. 岗萨罗斯博士在1892年所做的宣讲说起。那次宣讲的主题是"如果我有100万,我会用它做什么"。从那以后,岗萨罗斯博士就成为阿木尔技术学院的校长,实际上,阿木尔资助给他的是几百万,而不是100万。

畜牧场有专门的护理人员,他们不仅上门照顾生病的员工,而且还善于发现其他员工的家庭需要,并给予必要的关注。畜牧场的一个员工非常自豪地告诉我:"在冬天,如果有人报告说谁家没有煤了,不出半小时,运煤的马车就会在去往他家里的路上。""阿木尔先生就是这种人。"

当美国卷入欧洲战争时,阿木尔先生立刻提出来,所有的食品行业的交易都应由美国政府来控制。这种无私的态度引起了其他资本家强烈的批评,却也改变了他们的观点。阿木尔先生用实际行动向人们证明,包装工人也可以成为爱国者。

乔治·费希尔·贝克

乔治·费希尔·贝克是美国杰出的金融家和慈善家,被业界誉为"银行业的翘楚""内心充满博爱的银行家",投资铁路和银行收益巨大,曾是继洛克菲勒和福特之后美国资产第三的富豪。

"他是美国态度最坚决的人,却也是心地最善良的人。"

这是一位杰出的美国银行家对乔治·费希尔·贝克的描述。乔治·费希尔·贝克是J. P. 摩根后期最为亲密的合伙人,是迄今为止华尔街上最有实力的国民银行家,他是多家企业的董事长,所管理的公司数量为美国之最,他或许还是美国现世第三富有的人。

我个人就足可以证明贝克先生态度是何等的坚定,没有什么可以使之改变。至于其他同行业人士对他怎样评价,他毫不在意。

他告诉我:"我做什么是我的事,与公众无关。"当他站在华盛顿的证人席上,面对"普骄货币信托委员会"时,他也是这么说的,这种态度让委员会的调查人员大为恼火,并严厉责令他改掉。

如果每个金融家面对公众和舆论都采取贝克这种态度的话,那么再过一年，在美利坚合众国恐怕就要掀起一场革命了。

十几年前，民主自由的民众曾经让一些资本家吃过不少苦头，所以新一代资本家便从中吸取了一些教训，他们明白了一个道理：决不能看不起千千万万和他们同样有血有肉的普通人，是他们创造了共同的财富。银行行长只是在为公众理财，上市公司的股权掌握在广大投资者的手中，公众的意志足以让一个带有一半公共事业性质的公司元气大伤。大多数人对这些理念早已耳熟能详。然而，乔治·费希尔·贝克却一直恪守着自己长久以来奉行的一套东西，他是旧观念的带头人，这种旧观念就是——业务要保密。在他的一套理念中，公众舆论的力量尚未被列入考虑范围。

许多接受此次"美国五十大商界巨人"问卷调查的人，在投票的过程中还附带了代表自己观点的信件。一个大的出版商给出了这样一番评价："你会注意到，我并没有将乔治·贝克列入其中，因为我觉得他只是一台赚钱的机器而已。"

这也正是很多人对他的总体印象。那些人没有看到他真实的一面，那些人对他的了解只停留在工作方面，那些人从没听说过他做过什么慷慨的事，只把他看作一个控制着许多金融、工业、铁路实体，并从中牟取巨额利润的超级人物。这一切使他能够有足够的资本，通过股权购买，通过建立第一证券投资公司，通过每年分给其股东50%到70%或更多的股息，从而登上了纽约第一国民银行总裁的宝座。

就在几天前，一位优秀的银行家声称："贝克所赚到的利润让银行业中的其他人显得很小儿科。"

贝克先生是第一个有想法，并敢于从事被《国民银行法》所限制的业务的纽约银行家。他的方法很简单，就是注册几家公司（来经营被限制业务），这些公司的所有权实质上归银行所有，这些注册公司拥有的银行股份为交叉控股，也就是说，每个企业都拥有其他企业的一部分股权，没有对方的同意，谁也不能擅自转让股权。事实已经证明，这项革新可带来高额利润。

贝克先生的职业生涯似乎要比普通美国人的职业生涯更为高深莫测,我曾多次试图从行业及社交朋友那里打听贝克先生早期职业生涯的一些情况,但毫无进展。

一位资深人士这样说:"我曾多次碰到过贝克先生,有几次是去参加他的晚宴,有几次是他来参加我的晚宴。但是,对于他的历史,我了解到的也并不比一个陌生人多多少。他从来不会成为聚会上的中心,我是说,哪怕再小的社交集会上他也不会成为活跃人物。但是,他却很擅长另一件事情——听别人说。他是一个优秀的聆听者,他说得少,但总是在听。"

当我努力地让他相信,我和他谈话不是出于他,而是出于他的后代的原因后,他卸下了盔甲,语重心长地对公众谈起了他的一些生活片段。他的谈话内容总结起来就是:"总有一天,人们会明白这个道理的。"我记下了这些事,这些事是我唯一能够对他有所印象的参照物。

然而,所有和贝克先生共过事的人都会立刻表示,他是最公平的人,公众认为他唯一感兴趣的事情是将1.5亿美元变成2亿美元其实是对他的误解,他不善言谈的外表下却有着良好的个人修养,尽管在他捐给红十字会100万美元之前,只有一次有利于他的慈善家活动记录——送给康奈尔大学50万美元,可贝克先生平日里却常常做一些善事。

说起这50万美元的馈赠,背后还有一个令人触动的故事。在这里,我将这个故事写下来,因为这是我唯一能够收集到的可以从中看出他个性的一个故事。

一个朋友谈到"捐款"一事时说,当时就连报纸媒体都纷纷报道了这件事,他本来以为贝克先生一定会表现出极大的满意。

可没想到贝克先生却摇了摇头,将目光投向了远处,伤感地说道:"这一切来得太晚了。"

这位朋友知道,这位老先生一定有话要说,于是,他等待着。然后,贝克先生讲述了几年前发生的一件事。1907年的一天,在大恐慌刚刚得到控制,情况开始有所好转的时候,贝克先生悄然来到了一个有许多人出席的工会俱乐部会议上,此时的会议已经进入尾声。圈内的人士都知道,在金融风暴期间,贝克曾经做出过紧急援助,功不可没。所以,当大家看到贝克先生出现时,都纷纷报以热烈的掌声以示欢迎,掌声回响在会议室的上空,伴随着他走到自己的座位上。

然而就在那天,在他出席这个会议的那段时间里,贝克太太离开了人世。

"我没有及时回到家,把这些好消息告诉她。"贝克先生难过地说道。

贝克先生在1907年经济动荡期间所起到的中流砥柱作用却在1913年引起了"普骄委员会"律师塞缪尔·昂特迈耶的注意。以下是双方的谈话结果:

问:在此次华尔街金融风暴中,大家都认为摩根先生是一个统领全局的人物,你对此有何看法?

贝克:那要看站在谁的立场上说话,如果我们把摩根先生视为朋友,我们就会这样认为。

问:通常情况他不会这么引人瞩目吧?

贝克:我认为是的。

问:那么你和斯蒂尔曼就是他的左膀右臂了?

贝克:不,不是的先生,我不这样想。

问:那么谁应该是呢?

贝克:我不知道,应该是他公司的成员吧。

问:您也太谦虚了吧,贝克先生。

贝克:在大恐慌期间我想我和斯蒂尔曼起了些作用。

问:那么,你承认在大恐慌期间摩根先生是大将军,你和斯蒂尔曼是他的副官?

贝克:是的。

问:依你个人的判断,你是否认为摩根先生是当今金融界最为举足轻重的人物?他所拥有的影响力是不是已远远地胜过了其他人?

贝克：如果他再年轻几岁的话，他会是的。我不大了解他的过人之处。

问：除了你自己，没有人能做到这么多，对吧？

贝克：你也能做到，我们两个都要算进去。

问：不开玩笑，贝克先生，你觉得呢？

贝克：其实也没有什么特别巨大的影响力。

问：什么时候这种巨大的影响力就不复存在了？

贝克：当平息金融风暴的一系列活动停止时，这种力量也就没有了，在大恐慌时期，事情就是这样的。

谁也不知道乔治·费希尔·贝克是怎样一步一步爬上来，最终成为金融界大腕的。他的早期职业生涯像一个谜团，比斯芬克斯更为神秘，而且，贝克先生对此始终也像斯芬克斯一样缄默。对于他早期的职业生涯，我试图想要从几件事实上问起，但是，他一律拒绝给出任何进一步详细信息。我又提到，我也许能从最知情的人那里获取到一些有价值的信息，他的回答是："我对此一无所知。"看来的确如此，因为贝克先生坦白地告诉我："他从来没敢在我面前问起过这些事。"接着我又问了另一个朋友，这个朋友同贝克先生可以说是世交，可没想到他竟举起两只手大叫道："他以前的经历，就连上帝也别想从他嘴里得到半个字，如果我知道，我很高兴告诉你，可是我的确不知道，就算你问他也没有用。"

我又试图从《美国名人录》中找寻线索，但是我所能找到的就只有这些：

"乔治·费希尔·贝克，银行家，1840年3月27日出生于纽约特洛伊。1909年至今任纽约第一国民银行董事长（旧版本）。"这些就是这份出版物所能获取到的全部历史档案，最早的记录为1909年。至于在此之前的69年里他的一切经历，名人录中无从记载。

有关他的生平，流传着一些传言，或者说传奇、故事，你爱怎么称呼就怎么称呼它吧！据说乔治·费希尔·贝克在刚开始独立谋生时，是一个杂货店店员，每周仅能赚到2美元。后来，他又做过夜间看门的工作，每周5美元。他一直坚持自学直到有了足够的资格成为一名银行职员，接着被提升为某个银行的查账员。关于他的职业生涯，第一个可知、可靠的记载是1863年时，他和约翰·汤普森以及他的两个儿子在《国民银行法》的框架下，共同参与了纽约第一国民银行的建立。开始的时候，贝克只是个出纳员，但是4年之后他获得了总裁的职位。

据一位资深人士讲，年轻时的贝克曾大量买进美国战争债券，他几乎把银行的全部资金都押在了这次收购上。他的胆识赢得了摩根银行秘书的钦佩，他断言，第一国民银行一定会从各方面得到美国政府的好处。这些债券果然上涨了。目前，纽约第一国民银行所拥有的储蓄额是全纽约54家银行储蓄额的总和。

在纽约第一国民银行建立50周年纪念之际，每个股东都拿到了一份折叠式宣传材料，上面印有这样一段话："从建立之日起，第一国民银行就始终努力开辟新业务，加强同其他银行家之间的合作，继而成长为纽约以外多家国民银行的担保行及受托行。它在开业的第一年就调用了大部分储蓄额来积极支持美国战争债券的发行，并已经从这种对政府的信任和支持，以及这种经营的大胆与自信中获得了丰厚的回馈。在各大银行中，作为再融资财团的代表，第一国民银行从一开始就为美国经济安全做出了卓越的贡献，并大力支持了后来几届政府发行的各种债券，同时也促进了自身的发展。仅在1879年全年间，第一国民银行就经营了7.8亿美元的政府债券，在整个买卖过程中，没有出过任何差错，也没有蒙受过任何损失。"

贝克先生目前（1917年）是自由债券委员会的成员，因此，他的银行经营着比其他银行数量更多的债券业务。

第一国民银行的原始总资金为20万美元。对于后来的贝克来说，几十万美元简直是微不足道的一件事。当"普骄委员会"的询问人员问他是否从证券信托公司中获取到利润时，他的回答是不觉得从中赚过什么钱，就算有利润，数目也太小了，记不起来了。他所谓的"少量"利润，其金额竟然是在70万美元到80万美元之间！他的另一项理财项目收入为近

50万美元,可他却完全忘掉了,可见在他眼里区区几十万真的不算什么。

所有的金融学家都说,是贝克的智慧让第一国民银行成为一座名副其实的金矿。不,不只是金矿,金矿有枯竭的一天,而贝克先生的第一国民银行仍然像以前那样踏踏实实地充实自己的业务,他让利润的增加和岁月的增加成正比。去年(1916年)的股息率高达60%,总金额为600万美元,这还不算其下属证券公司分给股东的几百万美元红利。第一国民银行一下子就给投资者支付了2500%到3000%之间的巨额收益,其中包括1900%的股息。

1901年时,他们公告支付了一项950万美元的专门股息,这样一来,他们的总资本就提升到了1000万美元。在全部的10万股中,贝克持有2万股,他的儿子持有5050股,摩根公司持有4500股。

1908年公告支付的股息收益为126%。因为当时货币监理官规定,银行不能从事证券业务,他们把这些收益全部投入到了第一证券公司的组建中,开始着手经营证券业务。贝克先生把银行所得的利润全部转化成了股票,证券公司的股东在任何情况下都没有投票权,一切事务均有董事会成员管理,董事会成员由银行的管理人员组成。尽管贝克先生告诉"普骄委员会"的询问人员,每日的平均交易量没有超过100手,但这种组织的确可以任意投资看好的股票。

贝克先生所投资的股票中有5万股"摩根大通银行",5400股"国民商业银行",2500股"银行家信托公司",928股"自由国民银行",500股"明尼亚波利第一国民银行",以及少量的"纽约信托公司""阿斯特信托公司""布鲁克林信托公司"等。

贝克先生的影响力范围不仅仅扩大到了这些领域,而且还凭借其几个亿的资产成为担保信托公司、人寿保险公司的头号人物,更别说他在诸多铁路线上的投资了。他购买了大量铁路可转换债券,其中包括:拉克万那铁路、李海山谷铁路、新泽西中部铁路、雷丁铁路、伊利铁路、岩石岛铁路、南部铁路线、大北铁路、北太平洋铁路、纽约中央铁路、纽黑文铁路。

摩根成立了美国钢铁公司后,贝克作为他的朋友成为公司财务委员会的成员。除此以外,他也没有忘掉其他行业一些值得去关注的公司,某种程度上更可以说,是那些公司没有忘掉他,大部分公司都聘请他去做总监。一个和他共同负责铁路管理的人告诉我,贝克先生对物理和个人财产理财方面的了解和所记忆的知识令人叹为观止。他奔波于各地做业务视察,从没有错过一次。

贝克先生所管理和托管的企业虽然多得数不胜数,但是你要问起他来,他不会立刻就和你侃侃而谈。然而第二天,他还是回到了这个话题:

贝克:你的描述让公众感觉到我是个了不起的管理者,我觉得有点言过其实,所以在这里我要声明一下,我从来没有主动要求过这些东西,是他们找上门来的。

问:那你知道你到底管理着多少公司吗?

贝克:不知道,很多个。

问:究竟有多少?

贝克:不知道。

问:超过25个了吧?

贝克:可能吧。

问:有50个吗?

贝克:不清楚。我从来没数过。

贝克先生对自己所分的红利也好,拥有的头衔也罢,总是显得那么淡漠,下面的对话可见一斑。

问:你说摩根大通的总资产4年前就已增加到了500万美元,那么它的分红派息是多少呢?

贝克:我不记得了。

问:哦?你自己手中就持有2.3万股,怎么会说不上来呢?

贝克:那我要好好回忆一下,但是现在我正好记不起来了。

摩根发表了他注定将要收回的著名理论,在发放款项时,他更看重的是贷款申请人的人品,这比抵押品更重要。贝克先生先用他的实际行

动捍卫了这一理论,但随后又推翻了它。他有自己的看法:

问:股票抵押贷款的评估准则是什么?

贝克:既要考虑贷款申请人的情况,也要考虑到其他情况……最终得到贷款的原因或许是出于被抵押的股票,而不是出于申请人本身。

问:实际上,银行既要看所抵押的股票也要看贷款人,是吧?

贝克:通常是这样的。对于有些贷款申请,我们是不会接受的。

问:是不是有些人,即使有抵押物,也不会得到你们的贷款?

贝克:是的,先生。

第一证券公司引起了货币信托委员会的注意是件很正常的事情。有一次,委员会律师问贝克先生:"你认为组建第一证券公司是对银行法的规避吗?"

贝克先生回答道:"不是。"

这个子公司没过多久就开始给投资者分派了12%到17%的股息红利,在开始的前4年当中,盈利率为40%。从那以后公司利润逐年上涨。

昂特迈耶先生问道:"毫无疑问,你控制着第一证券公司的管理和日常事务。"

"我不喜欢别人的妄自猜测。"

问:对于你的控制没有人提出过异议吗?

贝克:没有,先生,我从来都不反对其他人来管理这个银行。

问:哦,那么还有谁控制过第一国民银行呢?

贝克:不,从没有人控制过它。

问:我明白了,银行是在自己控制着自己。

贝克:事实上是这样。我们是一个非常和谐的大家庭,我们不可能出现任何分歧,我为此而感到高兴。

问:哦,从几年来就有226%的增长来看,应该是这样的。

事情的发展是这样的,贝克先生当初是打算购买并控股大通银行,使它和第一国民银行能够融合在一起。但后来,随着第一国民银行的不断发展壮大,它可以独立于大通银行之外,所以合并并没有彻底进行下去。

从那以后，贝克先生辞掉几个董事会职位，但是他仍然还拥有40多个董事会职位，代理着几百万资金的运作。

尽管他已经78岁了，但他飞快的脚步、清晰的双目、挺直的腰板、充沛的精力令他就像只有60多岁一样。在他忙于经商的一生中，他几乎没有什么时间去从事体育活动，一直到70岁时，他才第一次加入了高尔夫俱乐部。从那以后他就迷上了高尔夫球，许多日子都流连在高尔夫球场上。现在，如果可能的话，他会和约翰·戴维森·洛克菲勒好好打上一场，这两个商界斗士在赛场上相逢，一决高下。在他开始打高尔夫球的同时，他点燃了有生以来的第一根烟，从此便与它结下了不解之缘。

即使是最地道的社会主义者也无法对贝克先生的生活方式提出质疑。他从不铺张浪费，对自己的财富也十分低调，在不如自己富有的人面前，他从不张扬。他的朋友说，他的家庭生活因简约和谐而美满。当然，他的独子小乔治·费希尔·贝克也追随其父效力于第一国民银行。他是个普通工作人员，但头脑聪明，工作努力，被人们公认为最有前途的年轻人。而且他还是个身材很棒的运动员，是纽约快艇俱乐部的主力队员。他的内在品质无懈可击，足以和他的父亲相媲美。在国家需要他的时刻，他会挺身而出为国效力，除了其他的义务以外，他还担当了美国海军后备快速战车筹备委员会主席。后来，他不顾大西洋上遍布的敌军潜艇，毅然以陆军中校的身份前往意大利红十字委员会。

乔治·费希尔·贝克的一些亲近的朋友每每谈起他，对他总是钦佩大于热爱。他们说，他本人并没有意识到自己在金融方面的巨大影响力，也从来没有想过要以此驾驭他人。他们说，他尽最大努力去发展美国的金融、铁路和工业，但这些大多是出于爱国的动机。他们总喜欢说起他简约的习惯和品位。他一点都不讲究排场，而且，最不喜欢在众人面前出风头。

虽然朋友们对贝克先生的印象与公众对他的那种铁石心肠、赚钱机器的印象大相径庭，但是，他做了一生的金融生意，还从来没有谁曾怀疑过他的诚实，哪怕是一点点。

艾尔弗雷德·C. 贝德福德

艾尔弗雷德·C. 贝德福德任职标准石油公司新泽西公司董事局主席期间，被誉为"开创标准石油公司新时代的另类总裁"。

那还是在美国总统切斯特·艾伦·阿瑟任职期间，一位年轻人正徘徊在百老汇大街上寻找工作机会。

33年之后的他，登上了有史以来最大的企业实体总裁之位，坐在百老汇大街最著名的办公大楼里。

他的名字叫艾尔弗雷德·C. 贝德福德，是新泽西标准石油公司新当选的总裁。新泽西标准石油公司是整个美国标准石油公司的母公司。我问他："您迈向成功的第一步是什么？是什么使您在行业中遥遥领先？什么是您获得事业成功的牢固基础？"

贝德福德先生回答道："当我刚找到工作时，还只是一个办公室勤杂工。那时候，我总是时刻牢记着，一定要让自己的能力得到发挥。在完成自己的工作之后，我常常主动地帮助出纳员数现金，帮助记账人清理账目，整理单证，将账簿放入保险箱，做一切我认为需要去做的小事情。

"没过了多久，公司来了一个财会专家，他要对公司的会计和账目进行重新组合，我就被任命为他的助手。我不仅仅将他需要的票据凭证及其他单据拿给他，我还请求他允许我帮他把一行行数字加起来，帮他做单证比对，以及一些单调乏味的统计工作。出于感激，这位会计就开始教我一些常见的记账方式，一些会计基本原理，以及记录和分析商务业务的基础知识。

"我勤勤恳恳地做着这些工作，晚上在家自学，没过多久，我就告别了办公室勤杂工的工作，成为一名记账员。公司让我负责的事情和承担的责任远远超过了一名普通的记账员要做的事。我之所以能够得到这第一次的升职，是因为我愿意并且付出了比别人期待更多的努力，同时也因为我已初步具备了一些经商能力。我的经历让我明白了一个道理：一般的办公室职员之所以难以得到提升，是因为在大多数情况下，他们总是机械死板地完成自己分内的任务。"

贝德福德走马上任，成为标准石油公司的总裁标志着一个旧时代的结束与新时代的来临。想当年，那一群满怀希望、思维敏捷的年轻人构思并创造了这个享誉全球，将光明带到每一个地方的公司，他们中，只有约翰·戴维森·洛克菲勒和他的兄弟威廉·洛克菲勒两个人最成功，其他的人现在都不再从事这一行业了。罗杰斯、弗拉格勒、佩恩、普拉特、麦吉、蒂尔福德、沃登、布鲁斯特、阿奇博尔德，他们都是有见识、充满着力量勇气和企业家精神的人，但现在，他们的时代过去了。

取代这些人的是新一代的年轻人，他们中的佼佼者有 A. C. 贝德福德、W. C. 蒂格尔、F. W. 韦勒、H. C. 福尔杰、H. L. 普拉特、W. M. 伯顿博士、W. S. 里姆。对于这第二代石油企业家来说，他们还没有从人们怀疑的目光中走出来，还没有拿出东西来证明自己有实力能够很好地从上一辈手里接过重任，领导石油工业。

但他们已经有了一个漂亮的开端。新的领导者带来了新的规则，以前弥漫于百老汇26号的那种神秘氛围，以及因此而产生的过分怀疑、焦躁、不安如今已不复存在。

"任何一个用正当方式博得我的注意力的人，我都会向他敞开大门。"

这是标准石油公司新总裁上任时发表的革命性的宣言。那些被派去对贝德福德的上任做专访的报界老手们，对百老汇26号过去一贯的做法深有体会，但这一次却被很大方地带领着参观了总裁的办公室，这使他们几乎无法相信自己的眼睛和感官。贝德福德先生甚至比那些一直很在乎公众印象的公司管理人员还要大方。

他们发现贝德福德先生是那种通情达理的人，是一个既聪明又善良的人。他开朗、坦率、容易相处，随时准备着和人们谈论在企业经营中可能会出现的问题，比如说劳资纠纷等问题。以后，在百老汇26号，人们再不会看到紧闭的房门和紧闭的双唇。贝德福德董事长是一个倡导公众印象原则的人。

从默默无闻到成功之巅，贝德福德先生独自经历了漫长的旅程，每一步都是靠自己。我希望他能够谈一下自己一路走来所学到的东西，给那些积极向上的年轻人一些指导和建议。

于是，他开口说道："嗯，我给每个年轻人的建议是这样的：首先做好你分内的事，要用心去做，努力地去做，要想去做，带着愉悦与热情去做，然后，再看看周围还有什么可做的。

"不要以时间去衡量你所从事的工作，要看看从早晨进了办公室到晚上办公室关门这段时间里，你都完成了哪些工作。如果到规定下班时间你还没有做好手头的工作，不要就这样离去。

"把自己的工作轨迹记录下来，多看，多研究，多思考。要善于钻研自己的本职工作，看看怎样才能使它更有效、更好地为人类服务。尽可能地培养高瞻远瞩的习惯，要有想象力和远见。

"然后规划好你的人生，为自己选好一条道路，计划并夯实每一个必要的脚印，这些脚印将朝着你的目标延伸。每一步要走得踏踏实实、次序分明。一次只做一件事。如果你眼下的工作是记账，你就要将记账研究透彻，然后再学习一些会计的基本知识，不要只把记账当成一种机械性的工作去做。从财会，再到学习金融，它会向你打开另外几扇门。也许你是从生产部门开始做起的，那么你就先掌握了这个部门的知识，再去学习其他相关部门的一些知识，然后你就会熟知整个生产过程。

"那么，你的下一步就是要考虑销路和市场，也就是如何能将产品推销出去，被人们所利用。充分研究你的产品的市场优势和劣势会使你成为一个真正的商人。这种生产和销售的双重知识会使你有资格登上行政管理的职位，打开通往高层管理的通道。而那些满足于在一个部门以老套的方式按部就班的人仍然还在原地踏步。"

我又问道："贝德福德先生，照这样说起来，您是不是觉得几乎每一个人都有成功的机会？"

"何止一个机会，有很多机会。"他信心十足地回答道，"每个人都会碰到很多机会，但是，当机会来临时，要看你是否能够看到它。我们常常听人们说，我曾有过机会，可我没能把握它。对于已经失去的机会，不要太在意，要看准以后的机会，并且能够抓住它。"

我又问道："在你看来，一个智商普通但是却很勤奋努力的人是否至少能达到一般的成功呢？"

"是的，我对那些自以为万事通的家伙、那些聪明却不踏实的人、那些突然间拔地而起的优秀人物没兴趣，因为他们没有扎实的基础，可能会像一根木棍那样倒下去。"他又强调说："做任何事情一定要自然而然，要用合理的方式去做，不管你是在同老板、客户还是在同竞争对手、雇工打交道，你都要这样，千万不要急功近利。"

"毕竟在很大程度上，巨大的成功是以一个大行业为基础，以点点滴滴的日常品行为内容，再加上因正直、公平地对待他人而获得的声望构成。"

很老套的建议，对吧？那些想要从中找到全新的伎俩，希望不付出努力就能将成功捕获的人在这里找不到任何安慰。这里有的是些亘古不变的对真实的肯定和对勤奋、诚实这种真正美德的肯定。

我对成功的人研究越深，我就越相信，凡是能够获得成功的人，都经历了共同的跋涉，都洒下了汗水，都努力克服了横在面前的一道道障碍，不管面对多么大的困惑，都没有失去自己前进的方向。我坚信，成功与平庸之间相差的那个砝码就是更为充沛的精力、多出一两个小时的劳动再加上比别人多一两码的远见。

从工作开始之日起,艾尔弗雷德·C.贝德福德就没有忽略过任何微小的额外劳动。他的成长过程可以说是幸运的。他的父亲是一个英国人,多年来一直在英国伦敦担任美国一家手表公司驻欧洲办事处代表,但是,他们的家仍然在布鲁克林(美国纽约)。艾尔弗雷德一开始在布鲁克林阿德菲大学接受教育,后来又去了瑞士洛桑,之所以选择这里,是因为其优秀的语言环境以及其他一些优势。他的母亲已经是84岁高龄了,是一位有学问、有才华的女士,通晓美术、文学、音乐和历史,她在对艾尔弗雷德和他的弟弟的学习管理上曾投入了大量的时间和精力。

"我从母亲那里继承了对文学和艺术的热爱,它让我看到了生命中更美好的东西。"这是一个儿子对母亲简单的赞美。

艾尔弗雷德在19岁时结束了他欧洲的学习生涯,决定开始工作。他没有显著的才能,也没有什么特长。一个朋友让他在自己的部门做了一个存货管理勤杂工,这是一家位于百老汇大街,名叫E. S. 杰夫瑞的纺织品批发公司。由于这是一次能够去百老汇大街发展的机会,所以他答应了。

老天!还没过48小时,他就发现自己来错了地方,这里整个环境都令他感到不舒服。这个部门还有20个年轻人,他们全部都在接受负责人的培训。这个负责人是一个高层次的、衣着干净的、心胸宽阔的人,他发自内心地希望年轻人能够在生活中出人头地。然而,年轻的贝德福德却在这里看不到未来,前面的路似乎障碍重重。而且丝带之类的东西实在是无法激发起他的男子气概。

但他并没有辞掉这份工作。秋季贸易的准备工作迫使他每天早晨七八点就开始工作,一直要干到晚上11点以前。贝德福德没有开小差,认真做了自己该做的事。他迅速得到了提升,从最初级的存货管理勤杂工成为一名真正的存货管理员,公司后来又让他从事一些销售工作。再次提到那段往事,贝德福德先生这样评价道:"尽管成天和丝带打交道对我来说是件很不舒服的事，也是不适合我做的事，但是，在那里我却学到了顺序、系统和存货的价值，学到了如何恰当地整理存货以及一些基本的经商原理。经理是一个优秀的销售人员，有时我们会凑到他跟前听他说起他的'生意经'。他的销售技巧让我们吃惊得连嘴巴都合不拢。我们都认为他是个天才。"

然后，他停了下来。我耐心等待。

"在那里，我也学到了一个教训。"贝德福德先生接着说，"我们最重要的一个客户要来了，为了吸引这个客户，我们在准备工作上花了很大的精力，来展现我们的产品。部门里的每一样产品，从旧的、陈的到最新的，都被装点得完美无缺，摆放在那里。即使是那些死气沉沉的数字，看起来都闪着美丽的光。一切都被布置得如此巧妙，别具匠心，让人耳目一新。然后，采购来了，被征服了。两天后，他买走了经理建议的每样产品。这可真是打了漂亮的一仗，整个公司都传遍了这个消息，庆贺像雨点般洒向我们部门。

"又一个销售旺季到来了，但是却不见那个客户的踪影。因为他发现，前一个销售旺季他所采购的商品有很多是旧款式的、被淘汰的、卖不掉的产品。当他发现时，已经付出了代价，毫无疑问，这次采购让他赔了钱。人们都私下议论，这个客户肯定再也不会从他那里买一分钱的产品了。

"这件事情在我脑海里翻腾了很久，让我明白了一些道理，它让我明白，强行向客户推销他不情愿的东西无异于自掘坟墓，你必须对客户的利益负责，把客户的利益看得和自己的利益同样重要。你要坦率地、诚心诚意地向他提出建议，告诉他，你的这种建议很适合他，可以使他获得可观的利润。这样一来，你在给他激励的同时也获得了他的信任。同客户之间的这种关系一旦确立之后，你就牢牢地抓住了这个客户。你的生意如果沿着这条轨迹走下去，那么它就会日益壮大起来。"

当一个面粉公司提供给他一个更好的发展机会时，他写信向父亲征求意见。得到的答复是让他去咨询一下他父亲的好友查尔斯·普拉特。

经过调查后,普拉特的意见是:这个公司太小了,不可能有什么大的发展机会。在这之后没过多久(1882年),年轻的贝德福德接到通知去百老汇46号查尔斯·普拉特公司去应聘。那个时候正值查尔斯·普拉特和标准石油公司合并之际,贝德福德得到了一个职位。从此,贝德福德便与标准石油公司结下了不解之缘。

公司派给他的第一份工作是负责一个子公司账目中出的资产负债表。他从来没有记过账,因此尽管尽了全力还是无法达到账目平衡。会计员发现,这个新来的小伙子碰到了麻烦,就看了看这些数字。"把现金也加进去,看账目是不是还平不了。"他冷冷地说了一声。这样一来,账目就平了。贝德福德意识到,自己有很多东西要学,他似乎注定就要学习这方面的技术。

在这个地方待下去,他还真需要一些决心,因为这位老先生总是不厌其烦地告诉他,自己来到这里是多大的错误,在这里日复一日,年复一年,如今他都40岁了,可仍然只是个会计员。他告诉贝德福德:"我宁愿自己的儿子们饿死也不愿看着他们像你一样开始干上这一行。"然而,贝德福德和他们是截然不同的人。他看问题更透彻,他想问题更深远,他做事情更执着。在普拉特公司人员调整时,这位悲观的会计员被辞退了,取代他的是一位会计专家,开篇时提到过这一段。

大约也就是在这个时候,标准石油公司开始计划向远东地区扩展业务。公司的一个业务代表从印度寄来一封封长信,信里描述了那里的发展前景。这些信件需要被复制以便让其他的董事会成员参考,公司委托贝德福德为速记员朗读这些信件。读着读着,一幅画面渐渐在他脑海里形成了,他想象着这个行业的前景和未来,庆幸自己已经跨入这个行业,这一切让他感到兴奋不已。这才是一个男人应该做的大事业,丝带根本无法与之相比!

这位年轻朋友的能力、热情和可信度赢得了普拉特先生的极大信任,尽管一开始贝德福德在卑尔根化学公司并没有从事什么实质性的工作,但是,随着时间的推移,普拉特把越来越多的职责和机密任务交代给他，其中不仅包括生意上的事，还包括一些慈善方面的活动，这使普拉特这位崇高的、具有公益精神的优秀公民后来一直被人们所称颂。当公司创始人之子C. M. 普拉特继承了公司后，贝德福德成为他的助理。

这一切都为贝德福德日后成为标准石油公司总裁积累了宝贵的经验，埋下了伏笔。因为普拉特父子很热衷于企业经营多样化，所以他直接参与到了除石油以外的各种重要事务的管理中。他被任命为长岛铁路公司的财务总监、俄亥俄河流铁路公司的秘书，此外，还主管着多家公司，其中包括俄勒冈波特兰的一个电气照明公司、西弗吉尼亚的一个煤业公司以及水利工程、公用事业和铁路建设。每进行一次新领域的尝试，每积累一些新的经验，每担负起一个新的责任，都会让他获取到知识和经验，不断扩大商务界的朋友圈。

与此同时，贝德福德通过他管理的子公司——卑尔根化学公司同标准石油公司保持着联系，此时，他已经成为这家公司的经理。他坚信，总有一天，这种社交关系会成为一笔巨大的财富。他的想法应验了。

在1907年金融大恐慌爆发前的某一天，H. H. 罗杰斯找到了贝德福德先生，告诉他现在有一个加入标准石油公司董事会的机会，问他愿不愿意。这个建议实在是太出乎预料了，贝德福德顿时目瞪口呆。

"我不知道自己能为董事会做些什么，我现在对石油还不是很在行。"贝德福德先生赶忙声明。

"你已经积累了大量实用的、各个方面的经商经验，这正是我们所需要的。"罗杰斯用坚定的口吻解释道，"我们一致认为，像你这样的年轻人应该在董事会有一席之地。"

第二天，各大报纸刊登了短短的三行声明：从今日起，艾尔弗雷德·C. 贝德福德被推选为新泽西标准石油公司董事会成员。

艾尔弗雷德成为董事会成员可以说是打破了先例。在此之前，只有那些地道的经验老到的石油专家们才有资格成为标准石油公司的董事。董事会的每一个人都是了不起的人物，都堪称是工业史上具有代表性的人物。

贝德福德先生的升职引起了广泛的议论。它产生了革命性的影响,洛克菲勒集团向来以沉稳谨慎为风格,这次却做出了同以往完全不同的决定。

但是,罗杰斯先生和洛克菲勒兄弟,以及其他一些熟知情况的人却很明白他们在做什么。他们知道这样做不会有错。罗杰斯先生一直在为公司物色新一代的栋梁之材,当时在标准石油公司的6万名员工中,他认为贝德福德最有潜力,因此毫不迟疑地选中了他。

"对我来说,在当时那种金融危机的情况下,能够每天与这些人交往是无价之宝。"贝德福德先生最近评价道,"从他们身上,我汲取到了商业和金融方面的宝贵经验,那是他们几十年来在处理重大事件上积累起来的。对于一个相对还年轻的人来讲,这是无法想象的特权。"

作为董事会最年轻的成员,他总是不顾旅途劳顿,主动作为代表,去处理其他地方的一些重要的事情。英格兰、罗马尼亚、意大利、法国以及德国,都需要有人亲自去监管。他很快地从其他事务中退出来,专心从事石油的生产、精炼、运输和销售。

1908年,当政府启动诉讼程序要求解散标准石油公司时,贝德福德是应诉材料准备工作小组的成员之一。如果在此之前他还对标准公司的运作和经营细节一无所知的话,那么,在接下来的一两年之内,他一定会了解到全部。

1911年,美国最高法院做出了判决,命令标准公司的控股公司放弃所有子公司,它被分成了32个企业。尽管这是一个关系到千千万万老百姓的幸福,影响到铁路及加工生产行业,甚至影响到国外贸易的巨型企业,但整个分割过程还是以周全的方式进行的,并没有影响到公司的正常运作。贝德福德先生对此从来不敢邀功,他总是把这一切归功于公司的效率以及人事安排。但是,我们不难得出这样一条合乎逻辑的结论:是他的训练和领导能力直接导致了这一杰出的管理成果,因此,在按照法院判决书的规定执行这项巨大而复杂的任务时,才能表现出应有的条理性。

在经历过这么大的变故之后，原董事会的老资格成员除了约翰·D.阿奇博尔德外全部退休了，阿奇博尔德成了董事长。当时已经身为财务总监的贝德福德再次获得晋升，成为标准石油公司的副总裁。在阿奇博尔德先生去世之后，贝德福德于1916年12月26日被选举成为董事长。

报纸上刊登了他当选的消息，同时也登载了这样一段访谈摘要：

"商界尔虞我诈、互相拆台的日子已经一去不复返了。眼下，美国正铺开一条公平互利的国内国际贸易之路。

"在经历过前所未有的战争之后，会有更多的困难在前方等待着我们。同其他国家进行贸易是发展我们的经济的必要手段。欧洲将会发展迅速，我们也同样不能错过机会。

"一个来自欧洲的朋友最近向我们公司发出了挑战：'我们欧洲的石油公司将会赶超你们美国，成为世界石油的主导力量，因为我们的发展过程不会受到来自政府或公众的不必要干预。'要想在战后的全球商战中取得成功，我们的政府，我们的公众，以及我们的媒体就必须用公正、宽容的态度去对待那些为这一民族事业而努力的人们。

"我们向来都对工人们很好，我们没有装修工人宿舍，也没有为他们提供免费卫生洗浴设施，是因为我们认为这是城市生活自身的事情。大多数生活在城市里的人都应该有机会过着应有的生活，享受到休闲和娱乐，这一切都应该是作为一个市民的权利，而不应该是雇主给他的额外待遇。在我看来，足够的薪水以及独立的生活对于工人们来讲是最好的选择，一般来讲，他们也是这样想的。"

这里我要补充一点，贝德福德先生在行业领域里同样有着骄人的成就，他为天然气资源的发展做出了巨大的贡献，然而在公众面前他从不说起这些。当然，要说起来的话，这又是一个故事。

对于贝德福德先生工作以外的生活，在这里我就不详细说明了。我只能大概地提一下，他一直以来都倡导要建立一个耗资150万的基督教青年会。基督教青年会实际上是一个巨大的禁酒旅馆，可供500个人永久居住，同时也是一个宗教、教育、健身中心。他把大多数业余时间都投入到对年轻人的帮助上面。最近，贝德福德先生被国际基督教青年会任命为战事委员会委员。这个组织将制订一套综合的计划，以便在目前的战争中（第一次世界大战），在陆军和海军中展开我们的基督教青年会工作。

作为石油工业中的一个伟大人物，最能够证明贝德福德先生能力的是最近的一次选举，他被美国国防部任命为石油委员会主席。这个委员会由美国最杰出的石油界大亨组成，主要负责供应石油的节约和使用效率的提高等关键问题。

最近美国商会任命贝德福德先生为商会成员，让他负责非常棘手的战争薪资单的管理问题。这是一场我们已经卷入故而不得不继续斗争下去的战争，而且，必须付给军人相应的工资。这无疑又是一项至高的荣誉。在这个问题上，迫切需要采取明智行为，所以美国商会华盛顿的会员全部被召集起来，就这件事进行一次全国性调查，然后从最可靠的信息资源中找到支持，来确保战争中最沉重的问题在各个方面都得以妥善解决。

贝德福德先生认为，健康的体魄是成功的基石，也是塑造品德的途径，所以他一直都很注重健身与娱乐。他是个高尔夫爱好者，经常骑自行车，他在格伦科夫和长岛的郊区都有自己的住宅，他喜欢和家人外出郊游，当然他已经结婚并且有了两个儿子。

那么，我们是不是应该称他为美国命脉工业合格掌门人呢？

亚历山大·格雷厄姆·贝尔

亚历山大·格雷厄姆·贝尔，加拿大发明家和企业家。他获得了世界上第一台可用的电话机的专利权，创建了贝尔电话公司（AT&T公司的前身）。2004年，在加拿大广播公司举办的"最伟大的加拿大人"评选中，贝尔获选为"十大杰出加拿大人"。被誉为"最杰出的电学天才，全人类的福音传播人"。

收割机的发明将饥荒赶出了美国。继收割机之后，电话机的发明是美国为现代文明做出的又一大贡献。它的发明者亚历山大·格雷厄姆·贝尔终将会留名史册，但是就在今天，有一部分的美国人已经不记得他了。

就像人们嘲笑麦考密克的第一台简易收割机、富尔顿的第一艘汽船、菲尔德的第一个跨大西洋电缆铺设项目、摩斯的第一台电报机、古德伊尔的第一款橡胶产品、莱特的第一架飞机、爱迪生的电灯泡实验一样，贝尔的第一台电话机也同样遭到了人们的嘲笑。

和其他发明家不一样的是，贝尔博士发明电话机的动机既不是出于好奇，也不是出于生活所迫。他的父亲是一个学者及知名的科学家，他从小就受到了良好充足的教育。但是，他仍旧没能摆脱和其他发明家同样的命运。他同贫穷的斗争开始于青年时期而不是少年时代，这份斗争的艰苦性和长久性丝毫不比其他那些"另类人物"逊色。他努力想办法将这个被人嘲笑的"玩具"变成真正有用的东西，为此他付出了全部。有一段时间，他甚至偶尔会借一点儿饭钱，然后同自己并肩作战的，充满热情的西奥多·牛顿·韦尔分享这仅有的一点儿生活开支。

在1876年的费城世博会（美国独立百年博览会）上，人们第一次听说了"电话机"这个新名词。同年的1月20日，一位年轻人写好了申请专利的书面说明书和发明的权利要求书，详细说明了电话是电报的改良形式，并于2月14日在华盛顿填写了美国专利局的申请表格。这位年轻人就是亚历山大·格雷厄姆·贝尔。

第一次的通话内容记录如下："沃森先生，请来一下，我找你有点事。"这次通话发生于1876年3月10日，发明者贝尔先生在波士顿顶楼广播室打给一个叫作托马斯·A.沃森的同事，他当时在下面的一楼。沃森听到这句话后，立刻冲到楼上将这个好消息告诉了贝尔。差不多在事隔40年之后，1915年1月25日这天，贝尔先生将同样的内容又传递给沃森，只不过这次贝尔是在纽约，而沃森在三藩市。

贝尔博士亲口对我讲述了他发明电话的整个故事，我相信，这段陈述将具有历史性价值。

贝尔博士说道："作为一个默默无闻的年轻人，一直以来我都在尝试着发明一种多功能电报机，所以我去了华盛顿同德高望重的亨利教授探讨这方面的问题，他是电学方面的权威。我把自己酝酿了很长时间的想法告诉了亨利教授，我告诉他，我想通过电线来传输声音。他用赞成和鼓励的语气表达了自己对这个想法极大的兴趣，我无拘无束地和他尽情畅谈。他告诉我，我具有发明家的潜质，可是，我只能对他说，我现有的电学知识还无法将它实现。他告诉我：'那就去学。'

"现在回顾起来，那个时候是我生命中至关重要的一个阶段，我得到的是支持而不是打击。那个时候，我觉得自己无法成功的原因是自己缺乏电学方面的知识，现在我才意识到，如果那个时候我对电学很精通的话，恐怕今天就做不出电话机来了，因为电学专家们永远不会去尝试我所尝试的东西。我的长处就在于我终身都在对声音做研究，所以对声音的性质了解得多一些，比如说，说话时声音在空气中传播的振幅的图形，以及其他一些原理。我必须要在沃森先生的帮助之下才能进行工作，通过做实验学习一些电学的知识。恐怕没有一个电学专家会愚蠢到去做我们这种荒谬的实验。"

这就是电话发明的开始，让托马斯·A.沃森来为我们讲述一下前前后后所发生的事情吧。

"1874年时，我在波士顿一个简陋的工作室工作，那是一个供发明家们组装各种装置的工作室。有一天，这里来了一位年轻人。虽然我知道这里的每个发明家都充满了热情，但是这个年轻人身上似乎更有着无尽的工作劲头和自信心。他很快就引起了我的注意。他想制造这么一个东西：利用共振原理，通过一根金属线同步传送七八个词。这个计划刚开始看起来行得通，但就是无法实现。我们整整做了一个冬天的实验，还好我们刚开始没成功，要是成功了的话，可以直接说话的电话可能永远也不会从贝尔先生脑子里冒出来。一天晚上，贝尔对我说：'沃森，我想再告诉你另外一个想法，你肯定会大吃一惊。'接着，他告诉我，他可能会发明一种东西，让人们能够直接通过电报机对话。当时我就觉得这是自己听到过的最令人震撼的想法。1875年6月2日，我和贝尔正被他的谐波电报机搞得焦头烂额，我在一个房间给他发电报，他在另一个房间里等着接收。其中一个发报机的弹簧出了点问题，没有震动。这时，在另一端的贝尔突然听到了一声奇怪的声音。他立刻向我喊道：'你刚才怎么弄的？'

"也就在那个时候，他意识到了声音是可以通过电流传送的，刚才的那一声是人类第一次听到的通过电流传送的声音，电话也就是在那一刻诞生的。

"亚历山大·格雷厄姆·贝尔抓住并利用了这一具有重大意义的发

现：各种声音，包括人的声音都能够通过机械装置传送到人的耳朵里。贝尔立刻让我动手组装世界上的第一台可以对话的电话机。第二天我就做了一架小小的装置，但我发誓，那个时候我压根没想到自己做出的这个东西有多么重要。那个时候，用这台小小的设备，我可以通过一根电话线听到他的声音，偶尔还能听清楚几个字，可是也就只能到达这个程度了。虽然这台机器还有点简陋，但是贝尔的思路是对的。经过了10个月的改进，我们终于发明了能够清晰传递声音的电话机。

"1876年10月，波士顿大学和剑桥大学之间进行了历史上的第一次远距离通话。那天下班后，我们试着将两台通话装置分别连接在一根金属线的两端，就像电报机那样，可还是没什么作用。最后，我发现另外一条电路干扰着我们的对话，于是我切断这条电路，然后，我听到了贝尔的声音：'喂，沃森，喂，怎么了？'这就是第一段长距离通话的诞生。

"几乎是在40年之后，我和贝尔用最初的那台通话装置又进行了一次通话，只不过这次他在纽约而我在三藩市，我们之间相距4000英里。"

今天，贝尔电话网络每天要传送3000万通电话，拥有1000万用户，架设电话线总长度为2000万英里，是一个总资产为10亿美元的企业，拥有员工20万人。

在接下来的那段历史性的艰苦的日子里（第一次世界大战），电话作为军队备战的一个部分，充分显示了其无可估量的价值。

亚历山大·格雷厄姆·贝尔是注定要发明电话的人。他的父亲亚历山大·梅尔维尔·贝尔在发音和声音科学方面有很深的造诣，他是爱丁堡大学的一名讲师，主要研究发音与演讲技巧。格雷厄姆于1847年3月3日出生在那里。老贝尔希望耳聋的人能够通过一种"看得见的语言"开口说话，他在这方面做了大量的研究，他还是这门学科中标准音量的创始者。贝尔的祖父，亚历山大·贝尔也因治疗有语言障碍的人而闻名全国。贝尔的妈妈对他的成才也做出了自己的贡献，她教贝尔学习音乐，尤其是弹钢琴，这使他对声音有了更进一步的了解。

贝尔小的时候喜欢恶作剧，他的密友是一个磨坊主的儿子。有一天，他们俩正玩得开心，却被磨坊主抓了个正着，并且挨了一顿训斥。最后这个磨坊主说："听着，孩子们，你们就不能做些有用的事情？"贝尔便有礼貌地问他什么才是有用的事。磨坊主抓起一把大麦，然后说道："如果你能让这些大麦的壳脱掉，那么你就干了件有用的事。"贝尔开动脑筋，最后他发现只要用硬毛刷反复搓刷，就能把谷粒的壳去掉。紧接着他又有了一个主意，把谷粒放到一个转动的机器里，利用离心力和震荡力使谷粒在硬毛刷或粗糙的表面上不断摩擦，这样就可以将谷壳脱去。这个小家伙把自己的方案拿到磨坊主面前，磨坊主采纳了它，而且事实证明，这个方法很奏效。

又过了一段时间，头脑灵活充满创意的贝尔建立了一个名叫"男生艺术促进会"的组织，其中每个成员至少都称得上是"教授"。在赞助人阿纳托米"教授"和他父亲的资助下，这个社团收集了各种贝尔自己处理的小动物骨架、各种鸟蛋和各种植物等。这个社团发展得很好，知道它的人也越来越多，贝尔在他自己小阁楼里举行的演说也吸引了很多人参加。有一次，他准备为大家做一次特别现场演示，他拿着一头死掉的幼猪，打算在这些充满好奇的观众面前当场将它解剖。

贝尔"教授"带着骄傲与兴奋，用一把刀戳向幼猪的尸体。突然，这头死掉的动物发出了一声咆哮，太可怕了！结果，这群惊慌失措的孩子们在解剖者的带领下，纷纷向门口逃去。从那以后，这个小社团也就渐渐被人们淡忘了。

其实，小猪尸体发出的声音是由于遗留在体内的空气得到释放而产生的。

这个小"实验家"在训练一种梗狗"说话"方面，做得更成功也更有趣味。只要稍微摆弄一下梗狗的下颚，它就会发出"奥啊唔，嘎吗吗"的声音，好像在说"How are you, grandma？（你好吗，奶奶？）"

14岁时，贝尔以一个普通毕业生的身份毕业于爱丁堡皇家中学，之后他同自己的祖父在伦敦居住了一年。他的祖父是他唯一最亲近的人，也是他的好伙伴。在这里他潜心研究声音科学，学会了严肃思考，变得少年老成起来。回到家之后，他对父母感到很不满意，因为贝尔在祖父母那里拥有的自由在家里却得不到父母的允许。他联合了自己的弟弟，准备乘船离家出走。

"我已经整理好衣物，确定了自己出发去往利斯的时间，然后计划在利斯偷偷混上一艘船。"贝尔先生讲述道。

在最后一刻，他改变了主意，这对于整个世界来讲也许是件幸事。但他仍然渴望着能够独立，16岁时，他应聘前去苏格兰埃尔金的一家学院任教，并得到了准许。他的年薪为10英镑包食宿，同时，他还学习拉丁语和希腊语，以便使自己能够更好地胜任大学的教学工作。他发现，有几个学生年龄比他还大，但他对此毫不在意。

后来，他去爱丁堡大学进修人文课程，并取得了常驻硕士学位，回到埃尔金学院后，任教演讲技巧课和音乐课。当贝尔一家搬到伦敦时，亚历山大·格雷厄姆重新开始学习，先是在伦敦学院，后来又在伦敦大学学习。

早在21岁前，贝尔就教会了很多先天的聋哑儿童开口讲话，当他的父亲去美国做学术演讲时，他就会代替父亲做指导。他教有语言障碍的人如何发音，在中学和大学里做演讲，渐渐地追随了父亲的事业。他被人们视为一个极其有能力的年轻人，"青出于蓝胜于蓝"几个字已经不足以来形容他了。

命运总喜欢在关键时刻和人开玩笑，有一件事彻底地将这个年轻人送入了新的生活轨道。他的两个弟弟死于肺结核，为了谨慎起见，1870年，贝尔一家举家迁徙，远渡大西洋，定居于加拿大安大略布兰福德附近。他在聋哑儿童教学方面所取得的声望使他能够拥有机会成为波士顿大学声音生理学的讲师。贝尔教授于1872年搬到了波士顿，在那里，他将自己全部的经历都投入到了教学和对发音科学各个阶段的研究中。也正是在这段日子里，他对多功能发报机和后来的电话机产生了浓厚的兴趣。这是一项艰巨的任务，只要他的热情稍微少一些、信心稍微不足一些或是耐心稍微不够用一些，他恐怕就会在取得哪怕一点点成就之前，早已放弃了这一切。科学地研究人类的声音在空气中产生震动的特性，本身就不是一件容易的事情。他坚信，要想通过电流来传递语言，就必须在电流强度方面做一些变动，好让它能够和说话时声音所产生的电流相匹配。用更通俗的语言来讲就是：他必须发明一种能够持续传递电流的装置来取代间歇电流。这是贝尔经过多次实验后总结出的经验。最后在1876年年初，他终于研究出了这项名副其实的专利产品，正如前面提到的那样，那一年他年仅30岁。第二年，他去了欧洲，就他这项具有划时代意义的发明做了一系列演讲。

亚历山大·格雷厄姆·贝尔的发明对这个世界产生了巨大的影响，但这些影响并非来自他所取得的专利。因为，从发明之日起到取得专利的这段日子里，已经有无数台电话机被生产出来了。

从某种程度上来讲，世界欠聋人一部电话机。贝尔世家三代人为了帮助那些有语言障碍的人们而耕耘终身，他的父辈们以及他自己多年在声学方面的专业研究，使他对发声的每一阶段都了如指掌，也正因为如此，格雷厄姆·贝尔才能够解决各种问题并最终发明电话。

成功与名望的背后是一大堆麻烦、烦恼、障碍、反对与失望。他的发明设想遭到了欧洲和美国新闻界的嘲笑，甚至连一些技术类期刊一开始也并没有认真对待他的设想，研究经费方面也不是十分明确。

贝尔的岳父加德纳·G.哈伯德是唯一支持他，对这种新型设计深信不疑的人。他是一个有钱人，很有做生意的天赋。他带着十分的热情投入到这个项目的开发中来，并且在普及电话机的使用方面全力以赴。贝尔和哈伯德不仅面临着设计生产必要仪器和各种零件方面的基本问题，而且还屡次遭到实力强劲的西部联盟电报公司的打击和羞辱，其背后的原因是涉及电报公司经济利益的利害关系。爱迪生也曾效力于西部联盟电报公司，但当时他还只是一个名不见经传的年轻人，他发明的电报机为西部联盟电信服务的竞争力奠定了坚实的基础。

贝尔的名声最先在欧洲传播开来，但他的好运并没有因此而接连不断。原材料价格昂贵，客户也很难敲定，而且刚开始时的远距离电话线还无法到达令人满意的传输效果。正在这个时期，一个叫西奥多·牛顿·韦尔的年轻人带着他那用之不尽的精力和无法遏止的热情加入贝尔和哈伯德的队伍之中，他对电话价值的认可和对电话前景的看好丝毫不亚于它的发明者，同样，他也是个目光长远且极具商业头脑的人。

就像大多数伟大人物一样，亚历山大·格雷厄姆·贝尔是个十分谦虚的人。只要有机会，他就会向人们讲述其他人在发明电话的过程中所起到的作用。

他这样说："任何一项伟大的发明或技术的进步必然是许多人智慧的结晶和共同合作的成果。对于我后来的人，我可能起到了开辟道路的作用，但是如果说到电话发明的重要过程，以及以我的名字命名的整个系统，我感到，这一切应该是其他人的功劳而不是我个人的功劳。为什么这样说呢？因为我甚至不知道为什么在不使用电线的情况下，一个在华盛顿的人可以将电话打给一个待在法国埃菲尔铁塔上的人。

"回首往事，我仍然记得那些人的名字，他们在电话发明的初始阶段做出了贡献，但是却没有人会把他们同电话联系起来。然而，正是有了这些人的建议、支持和经济上的帮助，我们才能拥有今天的电话。"

贝尔因其划时代的成就而获得了法国政府颁发的沃尔特奖，奖金金额为5万法郎，他用这些钱外加自己大部分的积蓄建起了华盛顿沃尔特研究所，宣传和普及聋哑人的相关知识，让人们更多地了解聋哑人。这就是贝尔的做事方式。后来，他又耗资30万美元建立了聋哑人发声教学促进会，并且亲自担任会长。即便有很多次很多人劝他转变方向，用这些钱经商，去获取更大的利润，但他还是全身心地投入到给千千万万无声世界的人带来希望的崇高事业中。他还写了好几部书，其中包括《聋哑儿童的教育》《人类聋哑种类分类史备忘录》《发声机能演讲文集》。

他对聋哑人的兴趣还给他带来了浪漫的爱情。1877年，他同加德纳·哈伯德（史密森学会会长）的女儿梅布尔·加德纳·哈伯德结婚。梅布尔·加德纳·哈伯德幼年失聪，贝尔教授对聋哑人的研究和教学成果让她获得了巨大的进步。

就算亚历山大·格雷厄姆·贝尔没有发明电话，他的其他成就也足以使其成为名人。他发明了一种远程探测仪，可以使病人在免受痛苦的情况下探测到子弹的位置和形状；他和A. C.贝尔以及S. 泰恩特共同发明了留声机；他在感应平衡学方面也取得了成就，在科学界拥有很高的地位；20多年前，他向美国科学院报告了自己在电光电话方面的发现；在此之前，他在伦敦皇家科学院做了有关光在硒金属片中的运动的演讲。

27年前，贝尔建立了一个小小的基金会，促进了当时还是新鲜事物的航天研究的发展。他研究出了一种四面体风筝，成功地向空中拉起了400磅的物体，并做了停留。这一成果除了在负重重量方面外，在更深层次上超越了本杰明·富兰克林的风筝实验。贝尔在航天以及其他应用科学领域中也是一个先驱者，尽管科学界对他的贡献给出了很客观的评价，但是他在这些方面的成就却没有闻名全球。在很大程度上，是因为贝尔是电话发明者这一名誉已经盖过了他本人。

贝尔不仅仅是一个发明家，他还是个很好的园艺师。虽然他大多数时间住在华盛顿，但每年他有很长的一段时间要在诺娃斯高帝雅宽敞的别墅里度过。在这里，他的科学家精神也得到了充分的发挥。他把自己的科学知识应用到了对羊的培育上。他对羊的了解要远远多于苏格兰牧羊人。在他的著作中，对于绵羊这种微不足道的动物做出的阐述就像对待抽象的应用科学一样详细。

纵观美国的名人，贝尔是最具有影响力的人物之一，他用自己充满智慧的一生为美国做出了不可估量的贡献。他长长的白发和浓密的胡须、宽阔的前额、热情和蔼的目光无不表露出他的个性与独特，你立刻就会被他吸引。

对于他，我们不得不承认，他用自己的成就赢得了美国赋予他的荣耀。他担任史密森学会会长、国家地理协会的主席、美国电子工程处处长以及各种科学和哲学组织的实际及名誉成员。他是法国荣誉军团的官员，同时，他为人类文明的进步做出了巨大的贡献，因而收到了来自世界各地科学协会和大学的数不清的奖牌与学位。

去年3月，著名诗人埃德温·马克汉姆在纽约市民论坛上，就"公众服务贡献奖"的话题对"电话之父"贝尔给出了最中肯的描绘：

跨越空间　从此距离已无法将你我阻隔

听你的声音　你的笑脸就在我面前

我们虽天各一方　心却紧紧相连

每一个角落　都是心灵的家园

电缆是世界的忙碌神经

在空中穿梭　在城市间游走

以闪电般的速度

为你送去诚挚的话语

绕过草原　跨过高山和湖泊

整个世界都传递着爱的讯息

无论战场还是农场　都将彼此连接

无论是在阿尔卑斯山脉还是刚果

抑或是在埃及日本

都能找到它留下的踪迹

美国也许会骄傲地说，爱迪生和贝尔这两个最杰出的电学天才是属于她的。但是，她并不能这样说，因为爱迪生和贝尔应该属于全人类，因为全世界的每个家庭都会对他们带来的好处心怀感激。

安德鲁·卡内基

安德鲁·卡内基,苏格兰裔美国实业家、慈善家、作家。卡内基钢铁公司的创办人,被誉为"傲视群雄的钢铁大王,博大仁爱的慈善家"。

在美国所有的现代富翁当中,安德鲁·卡内基可能会是遗产最少的一个。他的遗产要比约翰·D. 洛克菲勒少将近10亿美元,比弗里克少约1亿美元,也要远远少于摩根、希尔、哈里曼、哈克尼斯兄弟、拉塞尔·赛奇、赫蒂·格林、约翰·雅各布·阿斯特所留下的遗产。

据我所知,卡内基已将 3.25 亿美元用于慈善公益活动,自己仅剩 3000 万美元。

卡内基在钢铁厂的原始投资为 25 万美元,27 年后,他将价值为 3 亿美元的卡内基钢铁公司的股份卖给了摩根钢铁公司,其中包括近 1 亿美元的优先股,9000 万美元的普通股。卡内基和斯科特拿走了卡内基钢铁公司 60% 的股份,将剩下的 40% 的股份留给了他的 40 位合伙人。

卡内基在《财富福音》一书中阐述了自己的基本信条:

"一个人生前可以拥有几十亿财产,任他支配,然而,死后就算全部将这些无法带走的身外之物留给后人，供他们使用，也不足以让世人为他落下哀悼的泪水，他既不会带着荣耀离去，更不会被人们久久称颂。那么，自然而然，人们很快就会将他忘记。世人对这些人的评判往往是：'死得不光彩的有钱人'。"

其他地方还记载着他这样一句话："我将留给后代一条道路，这条道路的意义丝毫不亚于万能的金钱。"

卡内基并没有儿子，只有一个女儿，出生于1897年。世界上最富有的继承人之一不会是她。

相对而言，卡内基会衰老而死，他今年82岁，身体虚弱。

美国现代历史上只有一个人可以和卡内基相提并论，他就是石油大王约翰·D.洛克菲勒。卡内基创造了一个"新的时代"，一个令人叹为观止的慈善活动时代。确切来讲，这还不算是一个新时代，因为在希腊和罗马最为昌盛的时期，统治者和富有的贵族就奉行过一些慷慨之举，他们为卡内基提供了效仿的原型。

没有哪个美国人受到的赞誉比他更多，也没什么人像他那样经受过雨点般的指责。他被一些人尊奉为闪耀着美德的圣人，同时又被另外一些人谴责为一个双手沾满血迹的暴君和一个苛刻的工头。有人把他的成功归结为智慧、远见和超人般的能力，还有人把他说成是一个虚夸自负的人，一个沾沾自喜、自鸣得意的典范，一个环境造就的宠儿。他唯一与众不同之处，就是自己写给自己，并刻在自己墓碑上的那几句话："躺在这里的，是一个将他人才能为自己所用的人。"

人们一边称他为财富共享的社会主义者，一边称他为无情的统治者，因为他从来不为任何个人提供帮助，哪怕这个人和他有着同样的商业头脑。

因为他没有固定的宗教信仰，因此，尽管他已经捐助过7000多个教堂，可是，在他的整个职业生涯中，"无神论者"这个绰号一直伴随着他。一个熟悉他的人说："听听教堂里的音乐和唱诗班，就成了他表达宗教信仰的唯一形式。"

一直以来，人们都在指责他，认为他和合伙人之间的争吵以及对合伙人的欺骗堪称是工业史上之最。然而，像施瓦布、科里这种充分享受到他的奖金与红利的人却给予了他这样的评价："从来没有人造就过这么多的百万富翁，也没有人如此慷慨地将自己的财富同别人分享。"

他被人们称为"苏格兰现代守护神"。然而，在第一次世界大战初期，他对待战争的那份和平态度却激起了人们的愤慨，就在他的故乡，人们将污水和泥浆泼向了他的雕像。

在这些众说纷纭的事情中，到底哪些才是真的？他就真的那么神秘吗？难道有两个卡内基吗？他到底是圣人还是恶魔？还是一个有着善恶两重性格的人？

其实，在我着手认真研究卡内基的生平之前，由于受到了自己几个苏格兰长辈的影响，对他并不抱有什么好感，苏格兰是卡内基的出生地。人们不喜欢他张扬的做事方式，有人对卡内基出资修建的大楼充满怨恨，因为大楼的外墙涂着"卡内基"几个大字，而纳税人却辛辛苦苦地负担着它。在苏格兰，无论是高地还是峡谷，城市还是村庄，都流传着卡内基的传闻，说他是那么的傲慢；同其他人发生争论时是那么没有耐心，哪怕面对的是行业的专家或技术人员；他的自信永远是那么过头；他对待家人永远是那么冷漠。

然而，我想说的是，我对卡内基的成见和误解却随着对他了解的加深而日益减少。我并非英雄崇拜者，但在我看来，卡内基身上所具备的优秀品质要远远多于他的"缺点"。就算在他早年时期有缺点，那也是出于事业上的原因，而不是出于狂妄自大。

卡内基在年轻的时候曾邀请威尔士王子去宾夕法尼亚铁路乘坐火车，此举唯一的目的就是希望日后能在业务上得到一些优惠，最后他得到了。当他出入于纽约社会名流云集的地区、华盛顿更高一层的政治和外交圈时，当他与欧洲皇室成员亲密共饮时，也并非想要成为报纸的社会专栏人物大出风头，他所想的是自己的账目上如何能将利润这一栏扩大。

到后来，一些杰出优秀的人物之所以追随卡内基公司，并不是出于卡内基的经济实力，而是因为他的人格魅力。他在四处周游的同时，用他那双充满智慧的眼睛观察着身边的一切。虽然他接受学校教育的时间不是很长，但是，他后来在一个家庭教师的指导下不断学习，从而弥补了这一缺憾，他成为一个真正有学问、知识渊博的人，所以，许多人都觉得，许多署名为卡内基的书都是由他本人撰写的，绝不是出自他人之手。他能够背得出半数莎士比亚的作品、伯恩斯的全部作品，而且对许多学科都有深刻的研究。在他的财富变得举世瞩目之前，他曾有很多英国好友，他们都是才华出众的人，他们是格拉德斯通、罗斯伯里、莫利、赫伯特·斯潘塞、马修·阿诺德和詹姆斯·布赖斯。

即便是拥有这样一家超级大公司，卡内基仍然保持着对生活的热爱。他很会讲故事，乐观开朗，对未来充满着无限的憧憬。他热爱生活，热爱这个世界，也热爱世人。他并没有完全沉浸在对钢铁的研究中，实际上，任何一个经营钢铁的人都比他更懂行。但是却没有谁能够比他更懂得经营之道，比如说，他能够抓住更大的订单，确保工人们更好的工作成果，或者是能找到更好的合作伙伴。就像约翰·戴维森·洛克菲勒一样，在经历了少年时代的拼搏之后，他过上了比任何同事都舒适的生活，而且比他们中的大多数人都长寿。

卡内基对待自己的搭档、管理人员以及那些胸怀大志、大有前途的年轻人就像是在使唤奴隶，这一点是众所周知的。但是，他对待自己的工人却好得出奇，而且很受工人们的爱戴。

分析一下卡内基和同行业其他巨头的冲突其实并不难。比如说，他和弗里克的失和就是必然的，原因是他们两个人有着截然不同的个性和经济背景。

卡内基嘲笑国王和君主制度，然而自己却建立起了一个君主立宪制的企业，并亲手为自己戴上了王冠。他的语言就像俄国沙皇和土耳其皇帝一样独断。他的宠臣在公司里位高权重，但是谁也休想和他的宝座沾上边。他建立了一套独特的奖金和分红制度，那些靠这种制度发达起来的有能力的人对这种制度的创始人可谓顶礼膜拜，因此也就理所当然地接受着他的傲慢、奴役和他的老练世故。

既然卡内基为乐队付了账，他就有权听他想听的曲子，整个公司也就心满意足地随着卡内基之曲翩翩起舞。

这些方法对于那些职位低于卡内基的人来说是可以的，但是那些和他平起平坐的人却根本无法忍受他的专横。

亨利·C. 弗里克在加入卡内基集团时，就已经是一个集财富与权力于一身的人。他预见到，在大型企业的管理方面，将会发生革命性的改变。他意识到，日后的工业、铁路和金融领域在利益上将会出现互相依存、息息相关的局面。他感觉到，那种独立的君主立宪制企业离消亡的日子已为期不远。他推崇更为民主的企业管理模式，认为管理控制公司的人应该具有政治家的胸襟和导演般的安排能力，而不是沙皇般的独断与专横。在国内，弗里克是他的对手之一，在才智和地位上都足以和他相抗衡。卡内基不承认自己有什么对手，也绝不可能和谁去分享他的地位与权力。弗里克很快就适应了这种新的经济秩序，而卡内基仍旧坚守着他的那一套东西——无论在哪里，卡内基都必须坐在象征最高权力的位置上。

然而，如果说卡内基以惨不忍睹的低价欺骗了他生意上一个又一个的入股合伙人，那恐怕就是大错特错了。大部分情况是这样的，在大萧条风暴袭来之际，很多人对钢铁行业失去了信心，而卡内基则正好相反，自从他第一次在英格兰看到贝西默酸性转炉时起，就从未对冶金行业失去过信心。对钢铁行业，他总是能够用睿智的目光拨开阴霾，看到行业在整个世界发展过程中起到的难以估量的重要性。在他眼里，钢炉里流出的，永远是滚烫的熔化的金子，而不是熔化的钢铁。

我们可以毫不夸张地说，没有哪个雇主可以这样慷慨地将利润同自己的同僚们分享，但权利绝不可以分享。

如果让我用一句复杂的句子来描述卡内基，我会这样说，年轻的卡内基具有惊人的工作能力和极其敏锐的机会嗅觉；他为父母争了光，成为父母的骄傲，并让自己的母亲能够拥有一个最美丽的梦想；通过高强度的学习和眼界的不断开阔，卡内基最终成为一个通晓多种文化的人；他在很早的时候就显示出了极好的理财技巧，而且他能够想办法完成更好的交易，这在当时是无人能比的；他关心自己的工人，用慷慨的利润分配系统激励着有才干的人为公司做出贡献，并最终达到成功；从性格上来讲，尽管他喜欢简单的做事方式，在某些方面也表现出民主的一面，但是，他太过于以个人意志为转移，甚至到达了傲慢的地步，这给他的一言一行蒙上了浓重的自负色彩；最后，他的挥金如土（大多数都是有意义的），为有钱人的生活方式开辟了先河，促使其他的百万富豪们也纷纷解囊，为人类利益做出了贡献，因此，他身先士卒为完善人类的手足之情树立了榜样。

现在，我们来快速追溯一下这位穷苦的移民织布工之子是如何一步一步成为世界钢铁大王的。

卡内基在1835年出生于丹佛姆林，父亲是一个手工纺织工人。卡内基没上过多少学，很小的时候就开始为家里挣生活费。10岁时，他就用积攒起来的钱买了一箱橘子，然后又把它卖给零售商，利润还不小！当时，苏格兰引进了蒸汽机带动的织布机，这迫使卡内基的父母带着卡内基和弟弟汤姆移民到了美国，那一年，他12岁。因为有亲戚已经在宾夕法尼亚阿勒格尼高原的斯莱伯镇定居下来，所以他们也在那里的贝尔福特居民区安了家。他的父亲在一家棉花种植厂的磨坊里找到了工作，小安德鲁被一家纱厂以每周1.2美元的工资雇用，成为一名纺纱工。他的妈妈为隔壁一个名叫菲比斯的鞋匠洗衣服、缝补鞋子。菲比斯有一个10岁的儿子，名叫哈里，这几个小移民很快就成了好朋友。

卡内基在几年前说过："那份工作给我带来了真正的满足感，而这种感觉并非来自于每周1.2美元的工资。"

他每天天不亮就开始工作，一直到晚上天黑才下班，午间只有40分钟的休息时间。然而，他觉得自己现在已经是一个可以养家的家庭成员了，这个内心深处的念头一直在安慰并支持着他。

后来，一个友好的苏格兰人让他在自己的纺纱厂里干活，每周付给他1.8美元，但这次，他的工作还包括烧锅炉。他回忆道："管理好锅炉里的水，让它驱动发动机是一项责任重大的工作，如果我出了什么差错，整个工厂都有可能被炸成碎片。我压力很大，这份压力导致了我精神上的一些问题，我从梦中醒来，发现自己整晚坐在床上，手里还拿着锅炉蒸汽压力计。但是，我从没有把自己的窘境告诉过我的家人，不，不能告诉他们，一定要让他们相信我在这里一切都好！"

再后来，一个同样来自丹佛姆林市的人给了小安德鲁一份每周3美元的工作，让他做匹兹堡的电报送信员。他担心自己对城市不了解，会在工作过程中迷路，于是，他狠下功夫记忆城市路线。没过多久，他闭着眼睛也能说出这座城市每个商业区每家公司的门牌号码。他每天很早就去了办公室，悄悄地练习发报技术。

一天早晨，费城方面强烈要求发一封"阵亡电报"，安德鲁在没有任何发报员在场的情况下，接受了发报机里传来的信息，然后又迅速把它发送了出去，这一切发生在电报公司开始营业之前。事后，他不但没有像他担心的那样，因为此番大胆的举动而遭到解雇，反而很快被提升为发报员，而且得到了每个月25美元，一年300美元的薪水。他还以每周一美元的酬劳做着一项额外的工作——抄录报纸上的消息。这让他有机会每晚接触到那些为早报写文章的记者们。

那个时候，托马斯·A. 斯科特是宾夕法尼亚铁路匹兹堡的主管，他常常去发报室和电报公司阿尔图纳地区的主管聊天，这位精力旺盛的年轻发报员引起了他的注意。后来，当铁路公司建立起自己的通信网络后，卡内基被挖了过去，以每个月30美元的工资成为一名办公人员兼发报员。

有一次，铁路全线瘫痪而一时又找不到当时的主管斯科特，情况十分危急。身为电报员的卡内基果断地冒用斯科特的名义发出电报，指示火车如何运行，从而避免了一场灾难。这在当时是绝对不符合制度的，但是卡内基却把它当作了一个典故，并引出了他最喜欢说的一句话，"打破规则是为了拯救规则的制定者"。后来，斯科特以每个月50美元的薪金把他聘为自己的私人秘书，从此，通往财富之路的大门打开了。

有一天斯科特突然问他："你能不能凑够500美元的投资金额？"尽管他毫无头绪，一时想不出到哪里去搞这么大一笔钱，但他还是回答道："是的，先生，应该可以的。"斯科特解释道："有一个人手上有10股阿丹姆斯快递公司的股票，可他去世了，这些股票现在以每股50美元的价格出售。"当时，为了省些房租，卡内基家里的储蓄全部都拿去买了房子，他聪明的母亲"神的使者"（安德鲁这样叫她）想出了一个办法解决了这个问题。第二天一大早，她就坐船前往俄亥俄州，用自己的房子做抵押，向一个叔叔借了钱，理由是："给孩子一个开端吧。"

他的第一笔股息像一个神秘的金色使者一样悄然来到他的账户上，这引起了卡内基的思索。这是个让钱生钱的好办法。此后没过多久，投资者伍德拉夫给卡内基展示了一款卧铺车厢，他立刻就对眼前这种车厢充满了热情，并同意买下一部分股权。当他再一次面临资金短缺的问题时，他大胆地去了当地银行，寻求贷款帮助。

银行家很痛快地答应了："哦，安迪，你的想法是对的，贷款没问题。"于是，安德鲁·卡内基有生以来第一次在贷款协议上写下了自己的名字，成为历史上最有名望的贷款人之一。

卡内基在投资理财道路上的每一个转折点上，几乎都得到了斯科特的帮助。南北战争时，斯科特被提升为宾夕法尼亚铁路的副总裁，卡内基自然而然就填补了他的空缺，成为匹兹堡地区的主管。战争期间，他们两个人在交通运输和通信交流领域均为国家做出了贡献。他们也是将军，在看不见硝烟的战场上发挥着作用。

卡内基那个时候才28岁，可是已经俨然是一个资本家了。木桥的烧毁给铁路运输带来了一场劫难，也引起了这位独具慧眼的苏格兰人的思索。

"为什么不能建一座铁桥呢？"他心里暗自琢磨。于是，他毫不迟疑，立刻组建了基斯东桥梁公司。这个有头脑的年轻人得到了支持，宾夕法尼亚铁路公司总裁J.埃德加·汤普森和副总裁科勒尼尔·斯科特以及其他一些铁路界的知名人物都成为该公司的股东。有了这样的影响力作为后盾，公司下了几笔大的订单，结果，4年后，股东得到了总额为100%的股息分红。后来，他又参与了一家成功的石油公司和几家金属公司的投资，其中包括克洛曼—米勒—菲普斯—卡内基公司及其子公司米尔斯联合钢铁公司。实际上，卡内基在商业和资本领域中投入了大量的精力和财力，到最后，他放弃了自己在铁路公司的职位。

他去英国进行了长达9个月的访问，将米尔斯钢铁联合公司留给自己的父母管理。此时，一场灾难正在悄然逼近。大萧条开始了，钢铁的价格日益下滑，米尔斯钢铁联合公司面临着倒闭。最富有的合作者米勒不得不给工人们加工资。许多工人拿到的不是工资而是当地杂货店的购物单。生铁不得不当作抵押品。紧接着，事情恶化到了最严重的地步，炼钢工人罢工，米勒退出。米勒以7.36万美元的价格将股权转让，而34年后，公司却发展成为行业龙头，这些股权将带来几百万美元的收益。

卡内基奔忙于他铁路界的朋友们之间，希望争取到更多的订单。尽管他对钢铁行业接下去的局势一无所知，但是，他仍然比当时的任何一名业务员拿到的订单都要多。他和他年轻的团队团结合作，最终渡过了难关。

关于卡内基，还有一件事情是鲜为人知的。他曾一度做过债券经纪人。1872年时，公司曾委派他向欧洲投放600万美元的宾夕法尼亚铁路分支路线债券，他获利15万美元，并用这笔钱偿还了债务。后来，他又做了一次，赚得了7.5万的佣金。在英格兰的时候，他目睹了贝西默酸性转炉的整个钢铁生产过程，看着铁一步一步转化为钢，他的脑海里充满了无限遐想。从那以后，钢铁注定会成为他的全部生活。他匆匆坐船回到美国，投资70万美元成立了卡内基—麦坎德利斯公司，建起了一个新的钢铁厂，他和威利·斯科特将钢铁厂以埃德加·汤普森的名字命名。因此，受到了这番吹捧后，这位宾夕法尼亚铁路公司总裁如何能够舍得拒绝这笔慷慨的回扣呢？

卡内基频繁地长期地活动于整个美国和欧洲，于是，"卡内基"这个名字开始走入了千家万户。一方面有关税这个有力的保护伞，另一方面有回扣的支持，钢铁公司的利润像滚雪球般快速地积累起来。1880年，钢轨的价格达到了每吨85美元，工厂24小时开工，公司的年利润超过了200万美元。

第二年，公司被重组为卡内基兄弟公司，总资产为5亿美元，其中属于卡内基的那一部分资产已超过了一半。从那时起一直到1888年这段时间里，公司每年的平均利润为40%，即200万美元。卡内基的财富已积累到了1500万美元。

随着合伙人的先后去世或退出，卡内基理所当然地将他们的股权全部收购。最后，公司的元老只剩下了卡内基和亨利·菲比斯，后来，他们两个人也发生了争吵，菲比斯一怒之下也离开了公司。竞争对手也是一样的结果，包括霍姆斯蒂德和杜凯森公司在内的大公司都被精明的卡内基排挤了出去，最后，卡内基毫无争议地变成了钢铁大王。

在宾夕法尼亚康奈尔斯维尔地区从事焦炭行业的弗里克于1882年加入卡内基兄弟公司，在接下来的几年里，亨利·C. 弗里克始终都是卡内基最信赖的合作伙伴。两人的合作一直持续到1899年，然后，两个人平分了公司。

卡内基对公司进行了重组，重组后的卡内基钢铁公司完全控制在他一个人手中。至于以后他如何将凯普丁·比尔·琼斯、施瓦布、科里、丁奇、莫里森之类的有实践经验的钢铁专家聚拢在自己身边，对他们的成就报以丰厚的红利和奖金；他如何宣布要建立新工厂，甚至建立自己的铁路，让宾夕法尼亚复苏，从而威胁到自己的竞争对手；他如何令最富有的人也吓了一跳；他如何将股权卖掉，从此退出钢铁界，这些早已是人们家喻户晓的故事，我在这里就不再重复了。

他的慈善行为包括：6000万美元建起2500多座图书馆、1.25亿建起了纽约卡内基公司、为各个大学捐助了1700万美元、为教会的孤儿捐献了600万美元、2200万美元建起了华盛顿卡内基大学、1600万美元建立了卡内基美国教学基金会、1300万美元建起了匹兹堡卡内基大学、1000万美元建起了卡内基技术学院、1000多万美元建立了卡内基英雄基金会、为国际和平捐出了1000万美元、400万美元建立了钢铁工人退休基金、200万美元建立了教会和平联盟、150万用于海牙和平宫的建立。

卡内基将以百万财富的给予者，而不是以百万财富的创造者被载入史册。

亨利·P. 戴维森

亨利·P. 戴维森,从一个银行职员做起,逐步升任自由国家银行总裁,创办银行信托公司,最后成为 J. P. 摩根的高级合伙人。

一天,纽约一家银行的副行长收到了这样一条消息:"今天下午3点钟,摩根先生要在他的图书馆见你。"

这位金融大亨到底为什么找他?他感到有点茫然。

和其他一些金融家一样,他在1907年的大恐慌时期曾见到过摩根先生。那个时候,几乎所有的金融家都在想着如何能够齐心协力度过时艰,但谁也没见过为首的摩根先生。到了第二年的春天,他同国会议员奥尔德里奇以及其他一些金融委员会成员才有机会一起在摩根先生伦敦的家里度过了一个星期天。从那时起到1908年秋收到这条消息前的这段时间里,他几乎不曾再和摩根先生有过任何联系。

下午3点,这位年轻的银行家带着疑惑,准时出现在著名的摩根图书馆门前。他摁响了门铃,然后被领了进去,走到摩根先生房间门口时,他几乎和摩根先生撞了个满怀。摩根先生挥了挥手,示意让这个满脸疑惑的年轻人坐下。

"1月1日马上要到了,你知道吗?"他问道。

年轻银行家有点丈二和尚摸不着头脑,只好说,是的。毕竟现在已经时值11月中旬。

"你准备好了吗?"摩根先生又问道。

"准备好什么?"这位诧异的来访者问道。

"准备好什么?"摩根先生将他的话又重复了一遍,"你是知道的,我希望你从1月1日起,加入我的公司。"

"可是摩根先生,您从来没有谈起过这件事。"

"我觉得,你应该能够从我对你的态度中感觉出来。"摩根先生说。

一阵沉默。

"摩根先生,您是不是从18层楼上摔下来过?"

这次该轮到摩根感到吃惊了。

"不,没有。"他的双眼紧紧盯着眼前这位年轻人,很认真地回答道。

"哦,我以前从来没想过这个问题,给我一两分钟时间,让我喘口气。"

摩根先生哈哈大笑了起来。

这就是亨利·P. 戴维森,在年仅40岁时,被美国最大的国际银行公司选中作为合作伙伴,并因此而名噪一时。

从这位年轻银行家的奋斗历程中,我们不难看出,正是他身上所具有的内在品质,铸就了他在银行界稳步攀爬的立足点。

他曾是康涅狄格州布里奇波特市一家小银行的职员,但没过多久就成为一名收款员。在这期间,他在报纸上看到一则消息,纽约一家新的银行正在筹备中。年轻的戴维森很想去纽约,他迫切希望能够去纽约,他甚至下定了决心,必须在这家新建立的银行里获得一个职位。

于是,这位年轻人登上了下午开往纽约的列车。他只带了一封信,这封信是他的一个部门负责人写给一位新出纳员的,他们互相认识。他呈上了那封信。

这位出纳员非常热情地接待了他,尽管这位年轻人在他这里没能得到任何工作，但出纳员诚挚的态度仍然让他带着微笑离开了。

年轻人从办公室里出来，坐上了回家的火车。他脸上的笑容消失了，事情似乎就这么过去了。

但他绝不会就这么轻而易举被击败。第二天，银行下班后，他又一次登上了开往纽约的火车。看到他的再次到来，出纳员有些意外，但他还是很愉快地和这位年轻人进行了第二次谈话。这一次，他解释道，银行不可能去雇用一个纽约市以外的人来做他们的付款员，他们需要的是一个具有纽约工作经验的人，一个在纽约有着人际网络的人。而付款员正好是戴维森要应聘的职位。面对银行家坦率而同情的语气，这位年轻人又一次带着微笑离开了。

在回家的路上，笑容再一次从他脸上消失。

他要再试一次！

第二天下午，他带着更为坚定的决心又一次踏上了去往纽约的行程。纽约，他向往已久的地方。

然而，这一次他只得到一句冷冰冰的回答："出纳员今天不在。"

"他住在哪里？"戴维森毫不气馁地问道。

半小时后，戴维森就出现在了出纳员的家中。仆人告诉他，他的主人今天穿戴整齐后，就去参加一个晚宴了。没关系，这位不速之客会一直等到他回来。

出纳员一进门就看到了戴维森，两个人同时发出了心照不宣的笑声，然后很快进入了正题。

他用无比热忱的语气说道："我就是那个你要找的付款员，我会成为你得力的助手。我知道，这样的话从我自己嘴里说出来有些难为情，但是，除了我，不会有其他人会告诉你这些事。请给我这次机会，相信我，你不会看错人的。"

这位年轻人的这份狂热、真诚和坚持留给了这位银行工作人员深刻的印象，他开始觉得，让这个年轻人来工作会是个明智的选择。

于是他问道："你的期望薪金是多少呢？"

"我的目标薪金是1500美元,但是,只要你肯雇用我,你愿意给多少就给多少,700或800美元我也可以接受,能生存就行。"

这一次,这位年轻人终于能够以阿斯特广场银行付款员的身份,来向这位出纳员道别了。这个消息实在是太令人激动了。为了祝贺一下自己,他来到了戏剧院。

"喂,你知道我是谁吗?"他立刻就向坐在他旁边的一个陌生人发问。那个人看了他一眼,说不知道。

"我是纽约银行的付款员!"

唉,可惜在这个陌生人看来,这并没有什么值得大惊小怪的,或者说,坐在他旁边的人会觉得他是一个神经兮兮的年轻人。

然而,他还不能高兴得太早。正当他刚刚辞掉原来的工作,打算在家休息几天后去纽约担任新职位时,他收到了那位出纳员写给他的信。信中说,他的推荐并没有得到部门负责人的同意,所以,如果戴维森肯放弃付款员的职位,愿意接受更低一些、薪金更少一些的职位的话,会减少一些麻烦。当然,他还补充道,如果戴维森坚持维护自己的权益,那么,部门负责人也只得同意。

戴维森先生立刻发电报过去:"我完全愿意接受更低的职位和薪水。"他不希望在尚未跨入银行的这段时期内,他的雇主对他产生什么看法。

这封电报也让这位出纳员顺理成章地觉得,自己对这个年轻人并没有看走眼。

为了节省一些车费,这位雄心勃勃的银行小职员曾一度骑着自行车上下班,每天往返于阿斯特广场的银行与104街之间,距离为10多英里。

亨利·波默罗伊·戴维森在很小的时候就知道了钱的来之不易,也经历过想要上大学时,凑不够学费的那种窘迫。他出生于1867年6月13日,7岁时便失去了母亲,他和其他的3个兄弟姐妹被分别寄养在阿姨和舅舅家里。15岁前,他在出生地——宾夕法尼亚州的小镇特洛伊读书,16岁时成了一名教员。也正是在那个时候,他才意识到知识的重要性，并且开始勤奋地学习。那时，他和外婆住在一起，有一天，外婆很感慨地说道："也许这个孩子值得培养，得为他做点什么。"因此，她安排他去格雷洛克专科学校去读书。这是一所位于麻省南威廉姆斯镇的寄宿学校，当时在这里读书的还有现任纽约担保信托公司的总裁查尔斯·H.萨宾。纽约担保信托公司是美国最大的信托公司。

萨宾先生告诉我："亨利·戴维森不论到了哪个班级，都是优秀的学生，而且是成绩最优秀的。但是他却不是个孤僻的人，他很受欢迎，因为他每天早晨都让一群同学看他晚上完成的作业以及其他一些问题的答案。他很愿意帮助别人解决麻烦事。"每个假期，他都会去农场工作，毕业后，他返回了特洛伊镇。这是一个仅有1200人的小镇，他的叔叔在镇上经营着一个银行，服务于当地人。他就在这家银行做了一名小职员，负责一些日常事务的处理。他立刻就带着热情投入到了这份工作中，连续两年来努力地工作着。然而，特洛伊毕竟是个小镇，无法给他一个辉煌的未来，他深深地遗憾自己没能够上大学。想要上大学的念头开始一天天地折磨着他，最后，当他终于取得上大学的资格时，他才意识到，他根本就没有上大学所需的费用。最后，他决定放弃。

他来到纽约，走遍大街小巷想要找到一份工作，但是却没能如愿。后来，他来到了康涅狄格州的布里奇波特，那里有他的一个老朋友。在这里，有两个工作机会供他选择，一个是银行的收款员，另一个是商店的职员，他选择了银行。

他总是一大早就开始工作，尽量在中午的时候将全部工作做完，这样，下午就可以抽出时间待在记账员旁边，学到一些记账的知识了。几个月后，他就已经能够帮助记账员做大部分的工作了。当记账员升职后，这个收款员自然而然就填补了记账员这个空缺。记账员戴维森立即着手开始指导新来的收款员，并开始教他如何记账。与此同时，身为记账员的戴维森开始学习出纳员的所有业务。当机会再次来临，戴维森理所当然地成为出纳员，而此时的收款员也已经经过了一定的训练，完全可以胜任记账员的工作了。到了新的工作岗位后，他仍然采取同样的方法。

戴维森先生说:"从那时起,我就明白了一个道理,你不仅要提前向那些在你之上的人学习新知识,而且还要把自己的知识教给那些在你之下的人。"

至于这位年轻的布里奇波特银行出纳员是如何踏入纽约门槛的,前面已经提到过了。他在纽约阿斯特广场银行作了6个月的收款员之后,被提升为银行付款员,这正是他当初的目标职位。

命运女神总是以令人难以捉摸的方式安排着一切。一件意外的事件彻底改变了戴维森的生活轨迹。有一天,一个丧心病狂的人用一把左轮手枪指着戴维森的头,拿出一张1000美元的支票来,说这张支票上有上帝的签名,要求戴维森将现金支付给他。戴维森冷静地接过支票,一边大声朗读着上面的金额,引起其他人的注意,一边为他点出1000美元现金。其他人很快就明白了发生了什么事,银行的侦探在枪口仍然指着戴维森的情形下控制了歹徒。

各大报纸纷纷刊登了这次戏剧性的事件及这位出纳员的临危不惧。自由国民银行的行长恰巧在那天开会,有人提到了这次持枪抢劫事件。"我认识那个年轻人,"行长杜蒙·克拉克说,"银行就需要像他这样的人。"

克拉克先生曾经见到过戴维森一两次。那时候,戴维森去看他的未婚妻凯特·特鲁比小姐,而克拉克的女儿恰好是凯特小姐的好朋友,当时,她们正在一起度假。

这样一来,戴维森马上被自由银行挖去,做了助理出纳员。不到一年的工夫,他就成为出纳员。三年后,他被选为银行副行长,又过了一年,他当上了行长。

他在短时间内的连连提升引起了人们的普遍注意。年仅32岁就凭着自己的才干,完全不靠关系被选为一家重要的国民银行的一行之主,这在纽约金融史上也是绝无仅有的。

戴维森尽量避免按照刻板的模式去工作,过去是这样,现在仍是这样,因为刻板的做事方式往往意味着穷途末路。他刚刚去了自由国民银行没多久,就想出了一些极具创意的经营模式。据说,他列出了一个股东名单,名单上的人多数为企业家,然后依次去拜访他们,并对他们说了一番话。他是这样说的:

"您现在是自由国民银行的股东,持股数额为××××。您一定希望手中的股票市值增加。那么,现在何不说服更多的人成为我们的合作伙伴呢?我们会给他们应有的权益——业绩与分红成正比。"

戴维森会反复去拜访那些比较懒散的股东,一直到几乎所有的股东都受到了他那份乐观和热情的感染。到后来这种劲头变得有点体育竞赛的味道,而这种股东之间的竞争无疑会使银行的潜在业务量最大化。

这样充满智慧的创新经营留给了银行老板深刻的印象,同时也让这个机构以令人激动的速度增长着。它很快就超过了自己位于新泽西中心——西街的总部,同时也变得更加自主、自立了。银行的办公地点搬到了百老汇139号,可是在旧的办公地址,租赁合同还有两年才到期。在这段时间里,戴维森先生宁愿将这个地方用一把锁锁起来,因为他担心如果别人在旧的办公地址开一家银行,会近水楼台先得月,抢走自己的老客户。然而空着的办公室对整座建筑来说是有害处的,所以,在房东的重压之下,戴维森先生不得不同意将办公楼转租出去。

然而,戴维森先生还是十分担忧,怕银行的老客户一时之间找不到百老汇139号。这对于银行来说是个很大的威胁。该怎么办呢?

突然,一个绝妙的主意从他的脑海里一闪而过,这个主意堪称是他一生中经营策略上的经典之作,他的声望以及影响力注定会由此而如日中天,这个主意同时还给他带来了巨大的财富,虽然那个时候,他的存款账户距离6位数还相差甚远。

"我们要组建一个信托公司,这样我们的资金就会很安全,我们至少要赚到6%的利润。我要把自由银行的旧办公楼租给一个像样子的机构,有了这笔钱,我们就能负担得起那些优秀的雇员。"这就是他制订出的计划。

所有听了他计划纲要的人,包括银行老板在内都对这项计划充满了热情,在公司正式开业前,他们将100万美元的总资产暂定为每股200美元。有人建议戴维森作为公司的创始人,应该比别的董事会成员持有更多的股份,然而,众所周知,戴维森先生并没有这样做,他将股份很均匀地分给了每个人。此举向人们证明了戴维森是一个非常公正的人,他的声望更高了。戴维森一手创办的这家金融公司取名为"银行家信托公司"。今天,这家信托公司已成为美国第二大的信托公司,储蓄总额达到了约3亿美元,并在华尔街拥有自己的摩天大楼和办公室。戴维森先生自然而然地就成为公司的执行委员会主席,一直至今。

信托公司办公大楼外矗立着一块匾,上面写着这样一段话:"银行家信托公司的每个部门经理都将铭记亨利·波默罗伊·戴维森,并感谢他为组织和创建该公司所做出的一切贡献,是他让公司成为一个永恒的家。"这段话正是写给这位公司创建人的。

相比之下,银行家信托公司和"普骄委员会"成员大不相同。后者的每个成员均来自于纽约金融界的巨头,它所追求的是一种寡头效应,而前者则是一个年轻人的企业。在这些充满热情的年轻人中,最为突出的是艾伯特·H.威金、盖茨·W.麦加拉、小本杰明·斯特朗和戴维森。他们并不是金融界久经沙场的老将,但是却被选为执行委员会成员,他们夜以继日地工作,用耐心、狂热与严格赢得了快速的成功。他们就是在这样的磨炼中拓宽了自己的发展道路。

第一国民银行的行长乔治·费希尔·贝克是一位经验丰富的金融界元老,他的影响力仅次于他的密友,也就是后来的J. P. 摩根。戴维森,这位足智多谋的年轻银行家拥有的才干没能逃过贝克先生的眼睛。1902年,他以第一国民银行副行长的待遇向戴维森发出邀请,希望戴维森能够成为他的得力助手。那一年,戴维森年仅35岁。

由于戴维森在1907年的大恐慌时期所做的工作极为突出,所以,他第一次引起了金融界顶级人物摩根的注意。在摩根的要求之下,在1907年10月和11月那段最为黑暗的日子里,全市上下举行的每一场重要会议均有戴维森在场。第二年的春天,参议员奥尔德里奇任命他为国家货币委员会的顾问，主要负责欧洲金融系统的调查工作。

莎士比亚曾说过："只有外面的世界才会让年轻人有所作为。"戴维森用他独一无二的闯世界的经历印证了这句话。首先，作为国家货币委员会的顾问，他访问了欧洲，会见了英国、法国、德国以及其他一些欧洲国家的财务部长和一些银行界的重要人物，并同他们讨论了金融、银行、外汇方面的一些基本问题。这对于一个还不到40岁的银行家来讲，是一种特权，只有才干极为稀缺的人才能拥有这种特权。他迅速抓住每一个机会来获取知识，让自己成为更加有用的人。其次，当"六国集团向中国发放贷款"的传言闹得沸沸扬扬时，当时负责美国财政部的塔夫脱和诺克斯要求一些美国银行家也加入其中，以便加强美国对东亚地区经济的影响力。这一策略在当时还具有特殊的意义，因为在必要的时候，中国需要挺直腰杆支持国务卿所提出的著名的对中国采取"开放政策"。亨利·戴维森当时已经加入了摩根集团，并被选派前往欧洲，代表美方的摩根、库恩—洛布公司、国民城市银行和第一国民银行5个银行进行谈判。不仅如此，英国、法国、德国、俄国和日本的代表都选举戴维森来做整个集团的主席。

漫长的谈判过程需要这位年轻人屡次前往欧洲，每一次都要在那里停留很长一段时间。在这期间，他对欧洲的金融状况有了更深层的了解。正是这种不可替代的经历，促使他成为一名真正意义上的国际银行家。

由于当时的威尔逊政府对"经济外交"持有反对态度，这场谈判最终化为泡影。但从那以后的几届政府的态度已经发生了很大的转变，现在，政府甚至担心这些银行家不再会对中国提供援助。

摩根先生选择戴维森先生做合作伙伴，其明智毋庸赘言。美国最伟大的银行家发现了自己最为得力的助手亨利·P.戴维森，这件事的前前后后在美国金融史上已传为佳话。

戴维森很大的一部分成就在于，他一直以来都努力用一种强大的友谊和合作精神，潜移默化地影响着整个银行业，他所具备的开朗和坦诚也鼓励着其他人，在同行以及公众交往时采取了类似的态度。他建立"银行家信托委员会"的初衷，就是要将银行家们以友好的方式联合在一起。在"信用信息交换"过程中所产生的进步就是这一"存在并释放活力"策略的最大成果。

上帝赐予了戴维森健美的体魄和生动的面孔，因而他深受雇员和其他银行家的喜爱。他不懂什么叫虚伪做作，即使在面对那些爱刨根问底的记者，面对他们连续提出的令人难堪的措手不及的问题的时候，他仍然不会掩饰自己。做事情的时候，他总是直奔主题。他不仅对自己充满信心，而且对自己所挑选的人也很有信心。他常常帮助一些机构物色重要办公人员，而且很乐意为自己做选择时的判断负起全部责任。他是一个勇敢的人，不惧怕面对任何困难，因为他的创造力、他的足智多谋和他处理问题时的灵活性会令大多数难题迎刃而解。

我问戴维森先生："您在追求成功的道路中，学到了什么？能否把所学到的东西传授给那些正在拼搏的年轻人呢？您是否胸怀远大的目标，并且不顾一切去达到它呢？"

"不！"他断然回答道，"不论我做什么，我都把它当作是世上最好的工作，我会尽全力去做好它。我从不精心计划未来。如果说我有自己的一套东西的话，那么首先就是做好自己的工作，其次，教会我的下属如何取代我，再次，学会如何登上比自己高一级的职位。

"年轻人往往会觉得自己的工作不重要，不会有人留意自己工作的方式。其实不然，用不了多久你就会看出来，这个年轻人到底是时刻准备着让自己的能力得到最大的发挥呢，还是就坐在那里等着别人告诉他该干什么。几个简单的美德，比如说积极的态度、充分的准备、敏锐的观察以及礼貌的态度能够带给年轻人的，要远远多于聪明本身。

"在这里我还要讲给那些你迫切想要帮助的年轻人一件事，这件事就发生在我做出纳员的时候，它可以说是一个教训。我想，此刻提起这件事不会显得不合时宜。有一天，一个客户送给我一支做工精良的金笔，我立刻走进办公室，询问了一下这个人在我们银行是否有贷款。我解释道，他要我接受这个礼物。银行立刻有所行动，没过多久，这个人果然破产了。我做了一件简单的事，却保全了银行一大笔资金。

"做任何事情一定要遵循简单直接的原则，因为生活本身就是简单的。如果有什么事情很复杂，那是因为我们自己让事情变得复杂化了。"

为了表达对戴维森先生卓越能力的敬意，最近，美国政府在威尔逊总统的提议下，任命他为红十字战争委员会主席。这可是全国任务最为艰巨的职位之一，因为红十字战争委员会担负着巨大而复杂的福利发放任务。引用威尔逊总统的话来讲，就是要缓解"这场为捍卫人道和民主的战争所带来的必然痛苦和压力"。

戴维森炉火纯青的领导才能很快就得到了证实。社会各界立刻重新组织了红十字会，并对其投入了重点的关注。全国上下都在进行着类似的活动，无数个小的红十字组织协调地运作，极大地激发了公众的兴趣，紧接着又发起了一次目标为一亿美元的募捐活动。这是一次空前的募捐活动，然而，由于此次运动非常成功，红十字战争委员会成功地筹集到了一亿美元。

戴维森有一个儿子，叫F.特鲁比·戴维森，他具有和父亲同样的潜质，组织了大学生空军队伍，并训练这支队伍，使其成为海岸巡逻空军纽约第一分队。此外，他还是海面飞行方面的专家，然而令人扼腕痛惜的是，他在1917年6月的一次飞行任务中，不幸意外遇难。

小亨利·P.戴维森在美国宣战前就一直是美国救护队的成员，在法国服役。战争开始后，他返回美国，加入了更具危险性的空军部队。他们兄弟俩均成为海军储备飞行作战部队活跃的人物。戴维森夫人是美国母亲的表率。在整个战争过程中，她用自己的勇敢和爱国的态度为全美国的母亲树立了榜样。她承担了训练大学生空军的全部费用，至今她每年夏天仍在自己的家中开展一次飞行训练营活动。

尽管戴维森先生并不是十分擅长体育运动，但他仍然抽出时间来进行锻炼和娱乐活动。他打网球、骑马、驾驶游艇。夏天时，他早晨驾着游艇去工作，晚上又驾着它回到自己在长岛美丽的家。在通常情况下，他会在家里度过属于自己的大部分时间,但自从美国参战以来,他就搬到了华盛顿,并在那里度过了全部的时光。许多年来,他一直担任新泽西州的恩格尔伍德医院的院长,并且做了大量的红十字会工作。他曾经在那里生活过。据他的朋友说,他在帮助年轻人自立方面也做了大量的工作。他获得了宾夕法尼亚大学的法学博士学位,这样一来,人们就可以给他冠以"博士"的头衔。他还是意大利皇家勋位中的骑士。

由于他在红十字会的杰出工作,最近,他被授予了"少将"军衔。

成功并没有让戴维森变得目空一切,从民主精神的角度来讲,他仍然是那个许多年前为了节约 10 美分车费,每天骑自行车穿过拥挤的街道去上班的那个戴维森。

罗伯特·多拉尔

罗伯特·多拉尔,苏格兰裔美国实业家、慈善家。造船业起家。因业务范围横跨太平洋,并在早期开展与中国的贸易往来,被誉为"中国人的偶像""美国的最大木材商"。

在加拿大一个偏远的伐木营地,一个厨房打杂的男孩"擅离职守"时,被营地经理逮了个正着。

"你在干什么?"营地经理质问道。

这个男孩吓了一跳,急忙将铺在面粉桶顶部的一张糙纸揉成了一团。

"我已经把自己的活干完了。"他抱歉地解释着。

"你刚才在干什么?"营地经理追问道。

"我只要一有空,就想学点东西。"他怯懦地解释道。

"学什么?"

"写写画画之类的东西。"

营地经理捡起那张被他揉成一团的纸,发现上面都是些图形和文字,他没有再说什么。

当黎元洪就任中华民国总统时，发生了很多重要的事，其中一件就是给这位曾经在厨房打杂的人发去一封电报，表明自己很希望和他建立友谊。他的前任袁世凯已经将勋章授予了这位曾在伐木营地干活的小伙子。中国的末代皇朝清政府也曾经授勋章给他。

今天，昔日的这位厨房小子已经成为中国政府最具影响力的顾问，几乎是中国人眼中的偶像。

他的名字叫罗伯特·多拉尔，是美国最大的木材生产商和出口商。他拥有两支汽船商队，一支用来做海岸贸易，另一支用来做海外贸易；他以个人的力量建立起了太平洋海岸和东亚地区最大的一条贸易枢纽；在促进东西方商业和文化交流方面，他的地位和所起到的作用与日俱增，并为美国的商业奇迹做出了不可磨灭的贡献。他还是个慈善家。

美国在确立"拉福莱特海员法"的过程中，遭到了以多拉尔船长为首的一些人的极力反对。"拉福莱特"法案的实施导致太平洋上的美国商船在竞争中处于劣势，还没等美国人彻底意识到问题的严重性，整个亚洲与美国之间的贸易主动权，就已经彻底落在了日本人手中。

当美国国会不顾商业界和海运界权威的一致反对，最终通过这套灾难性法案时，经验丰富的多拉尔船长感慨地说："子孙后代将会记住'拉福莱特'这个名字，是他亲手埋葬了美国的商业奇迹。"

鉴于这项法律的不切实际，最后，华盛顿方面不得不宣布，该法案的一部分内容将不予执行——事实上，根本就无法执行。

即使如此，该法案仍然带来了一系列打击性后果。它破坏了原有的一切基本原则，引发了人们的种种反抗，从而导致了太平洋海岸线上船只事故数量的急剧增加，最后，就连保险公司都拒绝接受海运投保。

法案为美国政治家的特点又添上了浓重的一笔！

对美国的商船的控制权已经无法满足华盛顿的政界精英们的胃口了，虽然美国当时只占到了世界海运吨位的1%，可是，他们仍然想要对剩下的99%的吨位指手画脚。当然，这样一来，他们就成了众矢之的，不得不缩回壳里去。如果美国还不具备坚硬的外壳，最终的结果将只能是被迫撤离太平洋海面，再没有船只为美国每年70亿美元的进出口贸易运送物资。威尔逊总统曾拜访过多拉尔船长，可不幸的是，美国当时正忙于第一次世界大战，根本就没有及时采纳多拉尔的正确建议。

多拉尔船长曾反复地告诫美国政府："我们这些船商们想要的，无非就是能够同其他国家的船商一样拥有一个同等的基础。政府为我们制定出公平的法律，我们将用商业奇迹予以回报，就像上个世纪那样，美国的海外贸易占了全国贸易总量的90%。而今天，我们的商船如果得不到来自国外的支持，根本就无法驶出港口。"

看，我们的海运政策已经荒谬到了什么程度！商船不得不插上英国国旗，或者雇用英国海员。最终的结果就是长英国的威风，灭美国的士气。

多拉尔船长告诉安德鲁·弗赛思，那个专门鼓吹推崇海员法案的家伙："你们也许能够逼我们离开美国，但你们绝不可能阻止我们做生意。"

虽然多拉尔船长是个爱国的美国人，但是，在这种荒谬的政策的逼迫之下，他也只得打着盟国的旗号，利用盟军的港口来经营他的海外船队。其实，他的船队曾经是从加利福尼亚出发，而现在，却不得不将总部设在加拿大温哥华和英国哥伦比亚。当然，这样一来，每吨货物上都要被征收一定的费用，而且，船上的货物只有通过美国铁路运输线，只有经美国铁路工人之手才能到达目的地。

罗伯特·多拉尔从一个小小的厨房打杂工开始奋斗，最后成为拥有一支船队的木材经营商。他被选为三藩市商会和商业交易协会主席；他被任命为对外贸易协会会长和美国一家资产为5000万美元的国际公司的总裁；中国政府授予他勋章，他在苏格兰的出生地已经成为自治县。是什么使他拥有今天的成就？他一路走来，付出了怎样的努力？

在所有的"美国五十巨人中"，罗伯特·多拉尔起点最为低微。73年前，他出生在苏格兰法尔科克的一个伐木公司办公楼上。12岁时，为了赚那么几个先令，他被迫辍学，去一家船运公司做了一个办公室勤杂工。一年后，他们举家移民来到了加拿大渥太华，还不到14岁的小罗伯特被派到200英里以外的一个伐木营地。即使在今天，伐木营地都不可能有一所周末学校，就更别说是60年前了。

在所有的工作中，厨房打杂是最不体面的。当食物不合那些饥饿的伐木工人的胃口时，负责送饭的人若只是遭到了一顿咒骂，那就算是万幸了。很显然，多拉尔做得最为出色，那些外表粗鲁的伐木工人中，大多数人还是很心疼他的。这些大老粗们能够利索地挥舞斧头，却奈何不了一支小小的铅笔，多拉尔就为那些不识字的伐木工人们读情书、写情书。

当营地经理海勒姆·鲁滨逊发现这个厨房打杂的年轻人努力学习加、减、乘、除和书写时，不但没有因为占用了工作时间而开除他，还为这个爱学习的小伙子提供一些书籍，并且确保他的这份"闲暇"时光一定要用于学习。

这个小伙子不仅仅学习书本知识和烹饪知识，他还学习如何伐木，如何辨别木材的好坏，更重要的是，他学会了如何同那些粗野的伐木工人相处。罗伯特还没有完全长成时，就已经按照男人而不是男孩的标准去做事了，当困难袭来时，他已经有足够的能力来站稳脚跟了。

有一天营地经理给了他一个任务："给你50个人，去一趟得梅因河下游。"这是有史以来第一条从得梅因河地区出发，经由绍迪耶尔瀑布，去往得梅因河下游运送锯材原木的线路，从那以后，数以百万根产于渥太华地区的原木都通过这条线路被源源不断地运送了出去。作为激励，他被任命为工长。

有两样东西是苏格兰孩子必学的，一样是读《圣经》，另一样是要节俭。

虽然刚开始每个月只有10美元的收入，可多拉尔仍把大部分在伐木营地上辛苦赚来的钱都存了起来。苏格兰人的另一个特点就是独立。苏格兰北部的人说他们是罗马帝国唯一没能征服的人民。

27岁时，他攒足了钱买了一个小的伐木场，满怀希望，抱着无限乐观的态度开始了经营。

遗憾的是，华尔街风暴颠覆了他所有的计划，将他一下子推入了破产的深渊。这倒不是因为他有什么"投机"的念头，而是因为"黑色星期五"带来的恐慌来势凶猛，他和许多比他更有实力的企业家一起成为这场风暴的受害者。

然而，他知道该如何承受打击。他不费吹灰之力就被聘为一个大型木材厂的经理。他把赚来的每一分钱都最大限度地存起来，不到4年的时间就还清了所有的债务。他对做人的"首要原则"以及它的来源（《圣经》马太福音）深信不疑。他的雇主视他为合作者，这一次，事情进行得有成效多了。在出口英国的市场份额中，他们加工的板材占了绝大部分。"多拉尔是一个不见事实不轻易下定论的人，他只相信事实。"他的一个经理告诉我，"在他面前，任何事情都必须一清二楚，他要亲眼看到事实的真相。有时候，为了搞清楚一件事情真实的一面，他不惜长途跋涉，去往几千甚至上万英里以外的地方，他是这世界上去过地方最多的人之一。他总是喜欢把事情搞得水落石出。他一贯坚持实践出真知，对于那些没有被事实证明了的理论，他很少认同。对商机的敏感使他总能够捕捉到新的机会，他是全美国最足智多谋的人。"

这也恰恰解释了他为什么会首先迁往木材更多更好的密歇根，随后又去了太平洋海岸。他在南加利福尼亚开始砍伐红木，却为木材的运输费感到头疼。他做了一番调查，发现如果自己有运输船只的话，成本会减少一半。于是他买了一条载重300吨的老爷船，纽斯博伊牌的，不到一年就把投资赚了回来。

这件事彻底激活了他骨子里的苏格兰精神。他在想，既然一艘船就能赚这么多，多买几艘船又何尝不可呢？按照这个思路，他做到了。著名的罗伯特·多拉尔汽船公司就这样诞生了。一支船队负责从阿拉斯加到巴拿马运河之间的运输，另一支船队则经营从太平洋海岸到东亚地区的线路，并且在上海、香港、天津、汉口、日本神户、彼得格勒、马尼拉、温哥华、西雅图和纽约均设有分支机构。

任何一座高楼大厦都不会在一夜之间建起来，它需要有坚实的基础，一个企业亦然。它需要远见卓识，需要有企业家精神，需要投入精力，需要灵活机智，需要耐心，需要坚持，需要绝对的公平交易，因为中国人最容易对有问题的做法感到愤恨。

当多拉尔船长第一次将木材运往东亚地区时，人们只要那种特别大的木料，这样一来就剩下了那些无法装船的小的木材。他知道，中国人并不直接使用这些大的木料，而是用手工锯子将它锯开。多拉尔就开始想办法劝说他的中国客户购买小块木料。之后，他又去了一次清政府，为自己的边角料寻得了一条销路。那个时候，回程的船还没有现成的运输物资，由于空船没有利润，所以他必须将贸易建立起来。于是他出去看看有什么可以做的生意。他去了菲律宾设法从那里进口红木和干椰子仁，他去了日本，发现从日本可以进口橡木、硫黄、焦炭和煤。而中国开采的一等生铁，保证刚运到就会被西方的铸造厂哄抢一空。

因此多拉尔汽船队总是满载而来，满载而归。自从第一次世界大战以来，运费就高得惊人，木材的利润已经不足以支持整个船队，因此，向外运输的货物中，有很大一部分是运往海参崴的日用品和军需物资。在返回的过程中，船队就开往中国、日本和菲律宾装载进口货物。

尽管多拉尔船队同印度、日本、菲律宾做生意，可他的主要客户还是来自中国。在中国，多拉尔船长所受到的尊重，是那些没去过中国的商人所无法理解的。

每次同那些要和中国人做生意的商人谈话时，多拉尔总是强调："永远别去欺骗中国人。"在儒家的信条中，诚实是最重要的，中国人就生活在这种严格的信条之下。在美国商会的一次会议上他说道："这么多年来，我们已经同中国做了几百万美元的生意，但是我们没有亏过一分钱，也没有一笔坏账。我希望其他国家，包括我们自己的国家也能够做到这一点。"

多拉尔船长总是一次次地登上开往中国的货船，亲自对待运货物进行检查。在他的命令下，曾经有成千上万船装好的货物又被卸在码头之上，其原因就是：那些并不是中国商家确切订购的专门物品。有的时候，铸造厂送来了质量等级更高的货物，但是，中国人只想要他们经过讨价还价之后的东西，如果货物和合同有所出入的话，他们会感到很不高兴。

他的其中一个合伙人告诉我："船长从不忽悠别人，但也休想让别人忽悠了。我记得有一次，一个客户提出索赔，理由是：他们收到的是劣等木材。当我们赶到现场时，货主已将两三百船的货物都一字排开，并且告诉我们，这就是整批货物的样货，因此，他想要我们给他做一下调整。剩下的木材已经被高高地垛了起来，每一垛都将近25英尺到30英尺高。货主指着那几船差一点的木材声称：'所有的货物都是这个样子。'船长说：'哦，是吗？我来看看。'货主大叫：'天哪！木材码得那么高，你根本就爬不上去。'但是，除了爬上去再没有别的办法可以看清楚那些木材，所以，船长三下五除二就爬上了木材垛的顶部，根本就看不到什么劣质木材！他都70多岁了，可身手仍然如猴子般敏捷。我早就说过，他是一个不看到事实不罢休的人。"

多拉尔船长组建了一流的客运及货运船队，多年来为拓展美国和东亚地区之间的贸易做出了巨大的贡献，他还勇敢地建议国会采纳一些更加合理的海运政策，他理应获得美国人民对他的感激之情。多拉尔先生在预防国内战争，促进美国和东亚地区之间的和平方面，比当今的任何一位政治家付出的努力都要多。当三藩市学校问题引发了潜在的美日战争时，多拉尔船长又成功地从美国各地的商会中选出一些商人，组成了一个赴日访问团。他在日本的知名度和所受到的尊重丝毫不亚于中国，日本天皇亲自接见了这个访问团的代表们，两国之间的友好互谅又重新建立了起来。从那以后两国的军事议程中，再没有了沙文主义的踪影。

两年之后，多拉尔船长又组织了一个有影响力的考察团前往中国。皇帝、朝廷官员、城市和各种民间商业组织接见了他们，他们不拘泥于繁文缛节，某种程度上，反映了中国在此之前或在此之后的对待外国来访者的态度。后来，在朋友的强烈要求之下，多拉尔船长允许这段难以忘怀的旅行日记（多拉尔6年来一直坚持写日记）在圈子里传读。他的日记让我更进一步了解了中国这个占世界人口三分之一的国家，这是任何一本我所读过的出版物都无法比拟的。日记里充满着智慧与幽默。1915年，作为对多拉尔中国之行的礼尚往来，在常承春的带领之下，中国代表也访问了美国。两国之间的互访不仅仅取得了商业方面的成效，促进了两国之间贸易的发展，而且还加深了两国之间的相互了解。

就像照片中看到的那样，多拉尔船长很有元老派头。他有一头银白色的头发，长着灰色的络腮胡。他工作异常勤奋，尤其是当一亿美国人中的大多数还在梦乡时，他早已开始了一天的工作。他把大量的时间和精力都花在了慈善事业和教会工作上，他尤其对在全世界推广世界青年基督教协会运动感兴趣。在苏格兰他出生的那个小镇也没有被忘记，他为故乡修建起了设备精良的公共游泳池。

我向多拉尔船长发问，他的一生阅历丰富，这一切能否让他说出，什么是有助于人们获得成功的素质？我还问道，要想让美国在世界商业大国中更进一步提高自己的地位，需要做到哪些事呢？

这个纵横于太平洋的了不起的老先生回答了我第一个问题：

"第一，要敬畏上帝，对他人公正诚实。第二，要不断地努力工作。第三，要节俭，把赚到的钱存起来。第四，不要喝酒，尽管这是一个竞争的时代，但千万不要把生意竞争和饮酒竞争混为一谈。你只能选其中的一件事来做。

"对外贸易是对第二个问题的回答。人必有一死，这是自然法则，那么就不要再人为地制定法则了，给我们商人自由，我们会发展对外贸易，请给我们吨位让我们销售自己的产品，允许我们这些船商和其他国家的船商在完全平等的条款、条件下经营，那么，我们的货船就会供货，在和平时期，我们就会创造许多吨位税；在战争时期，我们会为海军提供补贴，只要不是运输邮件，就用不着花国家一分钱。"

几个月前，一个70多岁的人去渥太华探望了80多岁的海勒姆·鲁滨逊。

来访者问他："你不记得我了吧？"

这个八旬老翁盯着他看了一会儿。

然后，抓住了他的手，大声叫了起来："谁说的？你是我的鲍勃·多拉尔，多年前厨房里干活的那个小鲍勃。"

这个百万富翁就是当初厨房里的那个勤杂工，他的到来给海勒姆带来了快乐。多亏了这位年迈的老伐木工当年发现了他对读书和写字的渴望，从而才能够让他在日后通往成功的道路上少了许多的艰辛。

威廉·刘易斯·道格拉斯

威廉·刘易斯·道格拉斯，美国实业家、政治家，威廉·刘易斯·道格拉斯鞋业公司的创办人，并带领公司成为世界上最大的鞋业公司之一。被誉为世界上"最了不起的鞋匠"。

按照别人走过的路子去追求财富，往往很难取得成功。大多数商界或金融界的成功人士，要么是开辟了一条崭新的道路，要么是在很大程度上把旧的道路拓宽或延伸到更远。

约翰·戴维森·洛克菲勒是首先想到并放开手脚去把许多小企业合并成为一个大公司的人，早期从事钢铁行业的 E. H. 加里亦然。亨利·福特、约翰·N. 威利斯、威廉·C. 杜兰特以及其他一些有远见卓识的企业家们，早在汽车工业还处在摇篮中的时候，就早已转入了这个行业，并把它发展成整个国家最为重要的一个行业之一。托马斯·阿尔瓦·爱迪生、亚历山大·格雷厄姆·贝尔和西奥多·牛顿·韦尔都是发明新事物的先驱者。弗兰克·W. 伍尔沃斯开创了一种新的营销模式，并坚持不懈地进行下去，从而获得了巨大的财富，同样的商人还有朱利叶斯·罗森沃尔德。

亨利·C. 弗里克致力于焦炭行业，从起步阶段一直把它做成一个支柱行业。乔治·伊斯门发现，摄影虽然是一件很有趣的事情，但操作起来却十分复杂，只能服务于少数人群。于是，他想办法简化了摄影过程，就这样，摄影进入了千家万户。约翰·H. 帕特森发明了类似于收银机之类的东西，威廉·H. 尼科尔下定决心要成为化学物品生产商，是因为他预见到这一行业将会有更多的科学家投入研究，因此能够带来比以往更大的利润。五金名人 B. C. 西蒙斯以及烟草大王詹姆斯·布坎南·杜克两个人都是将现有的工业朝着横向和纵向的方向拓展。迈纳·C. 基思则进入了美洲中部，通过自己的努力和劳动将酷热的荒芜之地改造成了热带种植园。弗兰克·A. 范德利浦建立了国民银行，并把它的发展推向了一个新的阶段，近日来，在国际金融和财政方面，他又酝酿着一套更为先进的运作方式。

本篇特写的主人公威廉·刘易斯·道格拉斯就用事实证明了，用勤勉与敬业精神对待某个行业要比行业本身更为重要。在他之前，还没有哪个美国人能成为制鞋行业的百万富翁。鞋匠往往是些穷人，做着一些零零散散的手工活。

31岁的道格拉斯，在经历了生活的重重磨难和风波之后，终于一鼓作气，成为世界上"最了不起的鞋匠"。

对于一个除了智慧和双手以外一无所有，还得负责妻子与3个孩子生活的年轻人来说，要实现这样的雄心抱负的确需要很大的勇气。他没有资金，没有影响力，没有任何商业经验，但他却知道如何做好鞋子，而且他有成功的欲望，就这样，他让可能性成为现实。

让我们先来看看这位年轻鞋匠的起点，再看看他今天的地位，几乎在世界上的任何国家，只要在信封上贴一张道格拉斯肖像，这封信就会被送到他手中。

1876年，一个年轻的鞋匠在麻省布拉克顿的一幢建筑里租了一间房子，他向银行借了875美元，购置了制鞋设备，雇用了5个工人。每天，他胳膊下都夹着几卷皮革，奔波于家里和波士顿之间。这些皮革他要亲自去挑选，他要亲手把这些皮革裁剪下来，然后做成他亲自设计的皮鞋。他要在晚上亲自为5个工人安排工作，然后亲自管理他们的工作。皮鞋做好之后，他还得亲自出去寻找客户。

每天，他在这些工作上所花的时间，几乎不会超过18个小时，如果他一天工作20小时，他就会觉得，自己比规定时间多花了2个小时。他的产量是一天生产48双皮鞋。尽管他很快就超过了他原来的规模，先后在1879年、1880年和1881年3次换成了更大的场地，最后他租了一个3层楼房，每天的出产量为1800双皮鞋，但他仍然对自己的生产速度感到不满意。为了达到他为自己所设定的目标——成为世界上最伟大的鞋匠，他必须走得更远，否则他可能就不会胜出。

他知道自己做出来的皮鞋是好皮鞋，他知道如果更多的人知道他的皮鞋，就会有更多的人买。他知道他能改进自己的生产设备来满足更多的需求，他也知道，要想实现这些理想，就必须让更多的人知道他的皮鞋。

他做了一件具有革命性的事情。1883年，他开始系统地、坚持不懈地、高强度地对自己的产品进行广告宣传。然而，在那个时候，人们并不把广告看作是一件严肃的事情。很多的广告都是彻头彻尾的欺骗，更多的是误导消费者，几乎没什么广告讲的是真话。因为当时还没有广告俱乐部协会来监管商人们对产品的肆意兜售，所以，夸张被人们看作是情理之中的事。实际上，那些花钱做广告的商家或个人往往遭到人们的质疑。是啊，如果产品质量很好的话，一定就会有销路，何必花上几千美元在报纸上浪费笔墨呢？

威廉·刘易斯·道格拉斯拥有自己值得骄傲的产品。为了表达他的这种自豪感，他在每一只自己工厂里出产的皮鞋上都贴上了自己的肖像。当然，他因此而招来了一番嘲笑。这种行为被人们指责为过分的个人虚荣心。他受到了人们辛辣的嘲讽，说他是更急于推销自己的形象，而不是推销自己的鞋子。

刚开始的结果是令人丧气的。他投入的金钱并没有收到他想要的效果。但是，威廉·刘易斯·道格拉斯是一个很有耐心的人，他不像大多数人那样，巴不得种子刚播种，就长出茁壮的禾苗来。他所做的一切并不是着眼于眼前，而是出于长远的打算，他希望有那么一天，每一双皮鞋上的道格拉斯肖像和名字会留给全世界穿着道格拉斯品牌的男女老少一个好印象。他能够忍受那些看不到他的志向、缺乏远见的人对他的嘲笑，他的信心从来没有因此被削弱过，他的坚定也从来没有因此而动摇过。他坚持走自己深思熟虑过的道路，每年至少要花掉25万美元来为大胆地贴上了自己肖像的皮鞋做广告宣传。

结果怎样呢？

当初那个论面积只有1800平方英尺，论资产还不到1000美元，论规模只有5个工人，论产量一天只有48双的小皮鞋厂，如今已经创造了生产和销售方面的奇迹。它的资产已经从1000美元增加到350万美元；它的生产场地已经从一间房子增加到了总面积为30多万平方英尺的一系列厂房；它的产量已经从每天几十双增加到了每年500多万双（相当于每天1.7万双），总价值超过了2000万美元。他的劳动力已经从原来的5个人变成了4000人的大军；作为原材料的皮革也不再被夹在他的胳膊下被带回来，因为工厂每年的动物皮革消耗量为186万张。业主也用不着亲自推销生产的全部产品了，因为每天负责运输的火车车皮加起来有6.5英里（约10公里）那么长。每年所需的辅助原材料包括100万码（约91万米）的布料和1.5万英里（2.4万公里）的麻线。如果把每年所生产的皮鞋都堆起来的话，就可以形成一座高达80万米的纪念碑。

威廉·刘易斯·道格拉斯成功地实现了自己的理想。他是全世界具备同时生产男鞋、女鞋和童鞋能力的最大的鞋业生产商。不仅如此，他还在国内外建起了上百家W. L.道格拉斯专卖店。

如今，道格拉斯肖像已经成为全世界最著名的商标之一，他所赚得的名誉与财富已经远远超过了当初落到他头上的冷嘲热讽。

那个曾经一天工作18个小时的有胆识的年轻人在成功的道路上站稳脚跟后，绝不允许自己仅仅成为一个会做皮鞋的赚钱工具。他对商业的巨大兴趣并没有影响他承担起一个市民应有的责任，他当选为自己所在城镇的市长，成为州代表、州议员，最后，成为马萨诸塞州的州长。这无疑是对他能力的最有力证明，因为，在这个一成不变的被共和党所控制的州，能以民主党的身份，并获得足够的选票当选的确不是件容易事。他所获得的其他荣誉还包括塔夫茨大学的法学博士荣誉学位。

他有着极为悲惨的童年生活。1845年8月22日，他出生在麻省普利茅斯的一个贫苦家庭，父亲去世时，他才年仅5岁，生活的重担全部压在了母亲的身上。他7岁时，由于母亲实在无法负担他的生活，被迫将小威廉·刘易斯寄养在一个叔叔家里几年。于是，在其他孩子开始读书的年龄，他开始工作。他的叔叔从来没想过能为这个孩子做点什么，而是一味地琢磨这个孩子能给他做点什么，这个年仅7岁的孩子被弄到一个废旧的阁楼上，开始了他的钉鞋生涯。

他是那么的瘦小，要想够得着工作台，还得踩着空箱子。他的工作还包括为两堆火搜集足够的木柴，好让它们不要灭掉。对于一个7岁大的孩子来说，这种工作真的很是吃力。再加之其他的一些待遇，生活几乎摧垮了他的精神，但好在并没摧垮。当淡季来临，没有什么鞋子可钉的时候，他得到允许可以去两英里以外的一所小学读书，每天几个小时。

整整4年来，他受尽了打骂和虐待，终于有一天，他无法忍受了，跑回去寻找自己的母亲。而母亲此时的情况也并无太大的改观，再加上他当时才11岁，还没到法定工作年龄，所以只好被母亲再一次以每个月5美元的工资安排到叔叔家里。就这样，在这种令人绝望的环境里，他没日没夜地苦干，又受了4年的罪。叔叔根本不承认他当初的承诺，因而4年来根本没给过他工资，他给过小威廉的钱全部加起来也就10美元，命运再一次捉弄了他。

包身工的日子终于结束了，这个年轻人在普利茅斯的一个纺纱厂找到了一份工作，每天33美分。可他却不慎摔断了腿，无法继续工作。但是，什么都无法摧垮他的意志和他用知识武装自己为生活而拼搏的精神。他刚刚能够拄着拐杖走路时，他就一瘸一拐地去两英里以外的学校学习，为了学到一些知识，他宁愿每天往返4英里。

虽然他是在一种压抑的环境之下长大，在这种环境下，受教育已经成了最次要的一件事，但这个孩子仍然能感觉到，没有文化将是一副重担，阻碍他的前进。他刚刚能够脱离双拐，就去了一个农场干活，这个农场同意他在冬天农闲时分尽可能多地去读书。

威廉·刘易斯·道格拉斯人生的前16年就这样过去了。和他同龄的孩子才刚刚开始为学校功课感到头疼时，他却早已体会了生活的艰辛，尝遍了人生的苦痛。他抱定了决心要脱离因没文化而只能干苦力的生活，这种无法征服、永不磨灭的坚定信念一直支持鼓励着他。16岁，他学到了很多在学校里学不到的东西，他学会了自强自立，明白了知识的宝贵之处。他有日积月累起来的勇气，他有深埋心底的志向。更重要的是，他学会了经商的基本知识。他讲卫生的习惯，他节俭的生活，他做学徒的努力工作，所有这一切都塑造了他钢铁般的意志，使他的身体能经受得住任何非同寻常的考验。

农场的冬天很快过去了。他又重新回到了自己的老本行。他在麻省的霍普金盾做了一段时间的廉价粗革高帮靴后，决定要去麻省的南艾宾顿，看看是否有机会在那里学做更精细一些的靴子。在火车上，他错把南布伦特里听成了南艾宾顿，他以为到站了，就下了车。他问了无数家大大小小的鞋店，但是没有一家想要收学徒工的。天马上要黑了，他没有足够的钱住店，所以决定走着去南韦茅斯，或许在那里可以找到一份工作。他动身了，可是此时天已经黑了，他意识到，就算他去了南韦茅斯也没有任何人可以投奔，他晚上还是没有地方过夜。于是，他又循着原路在夜色中返回了南布伦特里。

在这里，他总算是找到了一份钉靴子的工作，这是一份粗活。他起先是想去一个有名气的鞋匠安森·赛耶那里做学徒工。他在钉靴子的时候，赛耶在他旁边看了一会儿，然后马上同意他来做学徒工，工资为每周1.5美元包食宿。他一干就是3年，学会了如何做小牛皮皮靴。

那个时候，他和其他工人们一样，工作时间长，而且又苦又累，但是这一切都没能阻止他参加夜校的课程。他渴望知识，渴望能够弥补自己早年没有上学的缺憾。

出了西城，有一个叫泽弗奈亚·迈耶斯的鞋匠，他做的鞋子声名远播。年轻的道格拉斯找到了他，在他的专门指导之下，道格拉斯很快就掌握了为新款皮鞋设计、下料的手艺。没过多久，道格拉斯的手艺就引起了人们的注意。在这一行中，师徒两人几乎同样出名。一个当时在科罗拉多金城做生意，名叫艾尔弗雷德·斯塔德利的商人找到了道格拉斯，表示愿意和他合作，这个人曾经就住在麻省。道格拉斯马上意识到，他学习销售皮鞋的机会来了。于是，还不到21岁，他的名字就出现在了招牌上。旧款式的皮鞋似乎不大吸引前卫的年轻人，他索性就劝说以前的合作人去做广告。道格拉斯的第一份皮鞋广告出现在了1886年的一份报纸的头版上，它为后来的几千份规模更大的广告开辟了先河。

广告原文如下：

印第安人！

想要远离印第安人吗？那就不要赤脚走路！一双斯塔德利—道格拉斯皮靴（鞋）将帮你走出原始。款式多，品种全，做工精良。现金购买更优惠。

商店地址：科罗拉多金城第二大街，宝特维尔大厦对面

19世纪60年代后期，机器加工的皮鞋很快变成一种时尚，目光敏锐的道格拉斯立刻就看出来，这将为大规模生产皮鞋开辟无限的新领域。对于手工制鞋，从皮革的挑选，到设计、下料、制作，再到皮鞋的合成，他对每一方面都了如指掌。他也时刻没有忘记如何去尽可能地取悦顾客。道格拉斯看到了大批量生产皮鞋的可能性，也看到了只有机器加工才会让这种可能性变为现实。这将是一条铺满财富的大道。

1870年，这个注定要让布洛克顿镇享誉全球的人来到了镇上，随后又去了北布里奇沃特。他没费吹灰之力就在波特—索思沃斯公司找了一份差事,这是一家机器制鞋厂。他的能力和敬业使他很快获得了晋升。到了第5年年底,他就成为这个厂的部门负责人。

然后,他决定要干自己的一番事业,后面发生的事,文章开头简单讲述过了。

在提到有关他职业生涯和给年轻人的建议这两个问题时,道格拉斯先生说,回首往事,在他的职业生涯中遇到的最大困境就是在南布伦特里郊外的那个晚上,天那么黑,他被困在那里,身无分文,没有栖身之地,也没有工作。

俗话说,"当上了地主的长工往往比地主更坏。"这句话或许是对的,通常情况可能是这样,比起那些起点高一些的管理人员来,那些以前做苦工的、做工匠的一旦当上了工长、负责人、经理或者老板,就会对手下的人要求更多,压榨更多。通过超乎寻常的努力一步一步爬上来的人,大多会对那些和自己当年处境相同,却没自己当年勤奋的人没什么耐心。

威廉·刘易斯·道格拉斯却不是这样。实际上,他首先承认,若不是能够激励工人们的忠诚,他就不可能拥有今天这么大的企业。他仍然把自己看作是一个工人,把他的工人们看作是他的工友。只有当大家都满意了,事情才是令人满意的。他希望他的每个工人都不要经历他年轻时的种种磨难。

道格拉斯还是美国的《劳动仲裁法》之父,这一点鲜为人知。美国之所以能够在马萨诸塞州的带领之下,最终通过了《劳动仲裁法》和《劳动纠纷调停法》,使其在全国范围内得以实施,并建立了管理委员会,在很大程度上要归功于道格拉斯所做出的努力。早在1886年,他还是一个州议员的时候,他就引入了一项"旨在解决雇主和雇员之间纠纷的议案"。他预感到,只有通过这样一种方式,劳资双方才能和平共处。

那个时候,雇主通常只把工人们当作是可以利用的材料,对工人这种材料的使用和对其他材料的使用没有什么差别。劳动仲裁法所起到的,保持劳资双方和平、预防发生严重劳资纠纷的重要作用绝不是夸大其词。就算道格拉斯先生没有为公众做出这么大的贡献,他也照样比其他同等地位的人更应受到人们的爱戴。

他所带来的另外一些革新中，最重要的要算工资法的通过，这项法规迫使雇主给从事手工业劳动的工人每周发放一次工资。这条规定在今天看起来似乎有些多余，但是20多年前，是绝对有必要的。

道格拉斯的工人们待遇都很好。若干训练有素的护理人员和一个医生随时待命，为工人们提供免费医疗服务，也就是说，任何一个工人，在任何时候都可以让医护人员上门服务，不收取任何费用。道格拉斯先生还资助了布洛克盾医院一支外科手术队伍，为市里建起了日托中心，好让上班的妈妈们在白天工作时间把孩子留在这里。在其他一些事情上，他同样也做了一些大方慷慨的捐助。他非常喜欢用广告的方式来做生意，然而他却极其反对利用慈善事业来做广告。

除了身兼市议员、市长、州议员、州长（1905年）提高政府的口碑之外，道格拉斯先生还为商业界的行业规范做出了不可估量的贡献。他所做的一切并不单单出于为自己的企业形象考虑。这里我并不是指他生产出了人人都想买的皮鞋，而是指他率先将价格贴在每只皮鞋的商标上，明码标价且价格合理。这种简明、直接、价格一致的经营方式如今几乎被人们普遍接受，但是我们的父辈可以清清楚楚地记得，那个时候要想在零售商手里买到一件价格公道、质量可靠的东西是多么的困难。那个时候买东西要费尽口舌讨价还价，买东西就像押宝一样，客户往往不会是赢家。

道格拉斯从厂家直接到零售商的销售系统也标志着商业领域的一大进步。

那个从7岁就开始钉鞋子的人如今已经72岁了，他仍然在制鞋行业坚持不懈地努力着。

今天，只有他的鞋才能够在9000多个商店出售，也只有他的鞋才能让美国每两个家庭中就有一个人穿着。

毫无疑问，美国是一片在现实生活中酝酿传奇人物的土地，在这片土地上，是金子就一定会发光的。

詹姆斯·布坎南·杜克

詹姆斯·布坎南·杜克，美国烟草公司的创办人，烟草业和电力实业家。是将烟草业引入现代工业制造和市场营销的关键人物。为杜克大学成立一项信托基金用于大学的建设，杜克大学因此得名。

美国有许多商界巨子和工业大亨，但是美国只有三个行业大王。它们分别是石油大王约翰·戴维森·洛克菲勒、钢铁大王安德鲁·卡内基和烟草大王詹姆斯·布坎南·杜克。石油大王和钢铁大王的故事早已众所周知，但是这第三个大王的事业生涯，以及他从事这一行背后的原因，在这里将首次做出披露。

他们三个的奋斗道路都同样坎坷，都是一路披荆斩棘，冲锋陷阵。每个人都采取了同样的战术和战略——精力高度集中，对机会的把握永无止境，坚定的信念和信心，勇于承担责任，起步阶段的异常节俭。最重要的一点是，他们都对工作和成就有无限的热爱。

詹姆斯·布坎南·杜克在年仅14岁时，就成为自己家族一个小型烟草加工厂的经理。在此之前，他住在木屋里，经历了常人所无法忍受的贫穷。这个烟草公司后来成为全世界有史以来最大的烟草核心公司，它不仅控制着全美国的烟草业务,还对世界上其他国家的烟草行业起着决定作用。

杜克先生异常节俭,他态度坚决地节约每一分钱用来发展公司,所以,在他的收入达到了每年5万美元时,他仍然住在走廊隔成的小寝室里,在廉价餐馆吃着他的一日三餐!从他身上以及从其他类似的人身上,我们不难得出这样的结论:一个人巨大的成功背后必然蕴藏着他最初付出的巨大牺牲。

在烟草行业,年轻的杜克有意要去体验约翰·戴维森·洛克菲勒在石油行业所经历的一切。他成功地成为历史上最强大的烟草大王。

原因何在呢?杜克先生用最朴实的语言给出了解释:

"我在商业上获得了成功,并不是因为我生来就比没有成功的人更有能力,而是因为我更多地、更长时间地将自己投入到工作中去。我认识许多人,他们比我聪明,却一事无成,原因就在于他们不够勤奋,也不够坚持。

"我对自己很自信,我告诉自己:'约翰·戴维森·洛克菲勒在石油行业所能做到的,我也一定能在烟草行业做到。'从我少年时代接手这个企业那天起,我就做了这样的决定。我爱经商胜过一切。我从清早一直工作到夜晚,甚至为晚上不得不停止工作而感到遗憾,当白天来临,我就会为能够再一次开始工作而开心。任何一个智商正常的人,只要他愿意多干一些,就都能获得成功,不一定非得拥有比旁人更聪明的大脑。"

很久以前,施瓦布和摩根都梦想着能有一个钢铁联合公司,而詹姆斯·布坎南·杜克的梦想则是拥有一个庞大的烟草公司,用巨大的业务量保证足够的利润,从而能以较低的价格出售较好的商品。他把销量看作是行业降低成本、提高效率、获得成功的关键。早在1888年,他就开始为今天的成就奠定基础。在1890年,美国烟草公司就已经成功地获得了整个美国烟草市场份额的80%,其中囊括了烟卷、烟斗叶、嚼烟和鼻烟。随后在1911年,美国政府强制解散了所谓的烟草托拉斯。

此外,杜克先生还将业务范围扩展到了太平洋彼岸,并在英国发动了一场烟草战争。这场战争打得异常激烈，但同时也获得了巨大的成功，美国最终成立了英美烟草公司，从而在欧洲烟草市场上获得了同样的控制权。英美烟草公司在德国、英国、荷兰、丹麦、芬兰、比利时、澳大利亚、中国、印度、南非、加拿大、牙买加、埃及均设有工厂。

然而，美国政府的一系列干预行动导致了英美烟草公司的实际控制权最终落在英国手中。

"英国人在烟草贸易中哪怕只做到了美国人的一半，他也早就功成名就了。而在美国，你却可能会为此而受到起诉，会招来牢狱之灾。"杜克先生讲述着自己的看法，语气中透着几分苦不堪言的味道，"眼下，这一切大大地打击了许多美国人追求成功的积极性。"

"在我们的烟草加工基地北卡罗来纳州，1890年以前，最大的烟草种植业主的年收入也不过就是400万到600万美元之间，如今在北卡罗来纳州，烟草种植却能带给他们5000万到6000万的收入。我在实现这种可能性的过程中，做出了自己贡献，我并不认为这是一件可耻的事情。"

在这里我想加上一句，要说到贡献，杜克先生的贡献至少是其他人的10倍。他就像是一台发动机，为整个行业提供着源源不断的动力。杜克先生让一个不起眼的小烟草企业一步一步发展成为今天的美国烟草公司，这一过程具备小说家搞创作所需的珍贵素材——战争与毁灭、小木屋、穷苦、迫于生活的斗争、勇气和坚持、进步和巨大的胜利。

詹姆斯·布坎南·杜克是以美国南北战争前夕最后一个总统詹姆斯·布坎南而命名的。1861年美国内战爆发的时候，他还是一个住在纽约杜伦3英里外一个农场、年仅4岁、没有了母亲、蹒跚学步的孩子。战争进行了一年多的时候，他的父亲加入了南部联盟，并卖掉了所有的东西来为联盟提供资助。其中有一些东西将用烟草来支付，战争结束后一并结算。孩子们被送到了距离杜伦30英里的爷爷那里。1865年春天，老杜克回来了，可是购买农场的人却拿不出应付的钱，而此时，农场所有权已经归购买者所有，他经营着农场，占了所有的房子。杜克也毫无办法，只好暂时先为其他农场主干活，作为回报，他得到了一份土地。

小詹姆斯·布坎南·杜克和他的爸爸以及两个哥哥，整个冬天就住在农场上的一个木屋里，他没有母亲，母亲去世了。4个人就睡在木屋角落的一个稻草褥子上，只有他们的姐姐能够睡在农舍里的一张床上。

杜克一家遭受着苦难，几乎已经到了绝望的边缘。盟军的惠勒骑兵团、北部军的一个分队曾先后驻扎在杜伦附近，约翰斯顿投降于舍曼将军也是在杜伦，因此方圆几英里内所有能吃的东西都被士兵们一扫而光。那个时期，烤玉米是当地人的主要食物。第二年春天，他的父亲华盛顿·杜克重新获得了属于自己的土地，他从一个地区买入少量的烟草和其他货物，然后在北卡罗来纳州东部把它们卖掉，再将面粉和肉类带回来出售，勉强维持着一家人的生活。

就这样，农民们开始了种植烟草，那些在战前欠杜克钱的人，就以烟草这种商品来抵债。他一边自己种植，一边经营烟草生意，等儿子们长到一定年龄的时候，他们就来帮忙种植和经营。后来，生意有所发展，他们就开始收购其他烟农手里的烟草，并设法把这些烟草运往南卡罗来纳州、亚拉巴马州和其他一些地方。到1871年的时候，他的业务量已经达到了每年4万到5万磅。

每年秋天，新的学年来到时，只要农场上的活不是很紧，詹姆斯·布坎南·杜克都尽力去免费的学校读书。尽管他很聪明，功课对他来说也很容易，但是，烟草生意比读书更能够吸引他。到他14岁时，他管理和经营烟草生意方面的非凡才能就已经显现出来了。他踌躇满志，一门心思要做大生意。接下来，他就被安排在了杜克家族的一个小烟草加工厂做了主管。在这里，14岁的他成了20多个人的老板，他不断地向这些人中最优秀的人发出挑战，在工作中同他竞争。当然，那个时候还没有卷烟机器。

等到詹姆斯18岁时，他父亲的产业已经达到了1万或1.5万美元，此刻他正焦急地想要送这个前途无可限量的年轻人去上大学。然而，詹姆斯的回答却令他大吃一惊："我不想上大学，我想要在企业中入股，我想要工作赚钱。"

为了测试一下这个雄心勃勃的年轻人的勇气和斗志,父亲说,打算给他1000美元,让他在一段时间内另起炉灶。

小伙子立刻就开始为独立经营做准备。

然而,过了几天后,父亲同意给詹姆斯和其他几个兄弟每人六分之一的股份。合作促进了企业的繁荣,很快,一个卷烟厂已经无法满足需要了。他们在杜伦又建起了一个工厂。杜伦杜克烟草公司正在开辟着一个日益扩大的市场。

公司在1878年进行了一次重组。巴尔迪摩的乔治·W.沃茨和杜克的长兄布罗迪·L.杜克成为新合伙人。布罗迪在杜伦地区已经形成了自己一个固定的烟草业务圈。此时烟草公司的5个股东分别是W.杜克(父亲)、B.L.杜克、沃茨先生、詹姆斯·布坎南·杜克和B.N.杜克。杜克家族公司的资本总额已经达到了7万美元。詹姆斯·B.自己存了3000美元,他的父亲又借给他1.1万美元,总共加起来是1.4万美元,这些都是股东们筹集起来的。

再到后来,杜克企业就不再种植烟草了,全部的烟草都是从烟农手里收购来的,他们把所有的精力都放在了加工和销售烟叶上。公司又一次得到了迅速的发展。但是,他们的生产范围也只停留在烟丝上,这个志向远大的年轻股东,总想着怎样才能在新的产品上有所突破。

那个时候的盒装香烟还是新生事物,美国的年销售总量还不到2亿包。1883年杜克做出了一个划时代的决定,他决定要向盒装香烟领域进军。为了确保成功,公司最年轻的股东,当时年仅27岁的詹姆斯·布坎南·杜克被推选出来全权负责此事。他身上具有一种驱动力,充满着无限的活力,有耐力、有雄心和远见,其他人都一致投票给他,愿意服从他的领导。

刚开始取得的成功就已经超乎了他们的想象,业务多到让他们资金无法周转的地步,广告被应用得恰如其分。实际上,杜克公司是当时全美国最大的广告客户,每年在这方面的花费高达80万美元。

随着业务的进一步发展，公司不得不在杜伦建起一个大型的砖砌工厂，虽然杜伦地区的业务早在1875年就开始了，但真正的突飞猛进还不到一年的时间。同时，杜克公司还决定要向纽约挺进，在那里建起一个大型工厂，同时加工烟卷和烟斗叶。

詹姆斯·布坎南·杜克随后又开始在大都市建立自己的市场。公司的订单多得无暇应接。也就是在这段日子里，杜克先生住在走廊隔成的寝室里，一日三餐通常就在工厂附近的廉价餐馆里解决。他将节约下来的钱作为利润进行投资，从而使年利润从4.95万美元成为5万美元。不仅如此，他还不顾人们的反对，坚持要求他的股东们，不管是已婚的还是未婚的，任何人每年可以支取的薪金不得超过1000美元。他的企业如滚雪球般越来越大。为了促进信用以及其他一些商业行为，公司于1885年成为股份有限公司。这样一来，香烟的年产量迅速攀升到了10亿，相当于美国香烟总产量的40%，将一些历史更长、起步更早的公司远远甩到了后面。

然而，杜克父子有限公司的总裁W.杜克仍然不满意。他在烟草行业所取得的成就仍然无法同洛克菲勒在石油行业的成就相提并论。前面还有领地需要去征服。

为何不将几个主要的烟草公司接管过来，形成一个大的公司，然后发行股票，筹集资金，统治整个美国市场，顺便为开发欧洲市场打基础？

对于杜克而言，实现梦想从来不会是一件太久的事。计划最终成型了。这次计划极具创新意义，他整整花了两年的时间才让它初具成效。最终，他于1890年创建了美国烟草公司。该公司除了杜克企业外，还包括了其他4个大型烟草公司。

我在采访中问道："这么大手笔的一次兼并，您的主要目的是什么呢？"

他回答："我的目的在于销量和有条理的管理。一个企业要想成功，就必须以更低的价格提供更优质的服务，要想做到这一点，必须要有销量做保证。我们的目的就是要比别人的价格低、质量好，这一切都要依靠巨大的销量。我们不单纯是要和同行竞争，我们要促进烟草的消费量，并且廉价出售优质香烟。我想，如果我们能做到这一点，我知道我们做得到，多数人就会发现，还是购买我们的产品好。

"事情就是这样，在1911年被解散之前，美国烟草公司发展之快已经达到了3.25亿美元的年销售额，是整个烟草行业总额的80%。其他公司的产品也在全国零售商店销售，但是我们的产品更好、价格更低，自然就更受欢迎。

"还有另外一个原因。我们在香烟这一块拥有相当的地位，所以，我希望我们能够在烟草这一块做得更好。刚开始的时候，全国香烟的销售总额才仅仅800万美元，也就是20亿支，然而，人们在其他烟草上每年所花的钱却超过了1亿美元。"

那个刚开始建在杜克农场的原木厂房里的企业在1890年赚到了750万美元！

但是，这750万美元为美国烟草公司带来了更为重要的东西——詹姆斯·布坎南·杜克的服务和智慧。这些服务与决策是必不可少的。在通往"托拉斯"的道路上并非一帆风顺，英国生产商通过出口侵占了一部分美国市场，造成了很大的破坏。

1901年，詹姆斯·布坎南·杜克打点行装，登上了开往伦敦的船，他此行的任务就是要在英国本土给英国生产商还以颜色。

在此之前，他从未踏出过美国半步。他对英国以及英国人的偏见、现实一无所知。面对多年来固若金汤的英国同行，这场即将打响的战斗有没有让他感到胆寒？他才不怕呢，他有信心能够将这一切搞定。

10天之后，他通过电汇拿到了500万转账资金，这是他投入战斗取得胜利的武器。

"你是怎样在这么短的时间内做到这一切的？"我又问道。

杜克先生回答道："因为我只有这件事可做。"这样的回答似乎就是他取得的一切成就的背后一个全面彻底的答案。

我接着问道:"那么,你是怎样发起这场著名战斗的?"那段日子,我恰巧也在伦敦,目睹了整个英国对于美国烟草入侵英国市场的一片哗然和那份愤怒,媒体上充斥着对美国佬言辞激烈的报道。

杜克先生首先表明,他所做的一切没有什么了不起的,然后回答道:"我到了伦敦办事处后,对英国所有的大烟草生产商进行了调查研究,了解到他们的生产情况、公司规模,等等。两天后,我决定先从普莱耶公司或奥格登公司入手。

"我首先去了位于诺丁汉的普莱耶公司,直接向他们表明我的来意,然后征求他们的意见。他们觉得我是在异想天开,于是,我又去了位于利物浦的奥格登公司。经理愿意接受我开出的价格,没过几天,公司的总裁就同意了这桩买卖,但附加条件是他要一定数量的股份。

"到了这个时候,英国烟草生产商已完全进入了警戒状态,他们匆匆忙忙聚在一起,组成了一个'帝国烟草公司'的联合公司来对抗我们。他们出现在奥格登公司的股东会议上,表示愿意出更高的价格,并以此来破坏我的计划,然而,由于有合同在先,奥格登公司最终还是被我们收购了。"

紧接着,战斗正式打响。英国的每一个生产商都把矛头指向了美国人手里的奥格登公司,从批发商到零售商一致拒绝来自奥格登公司的产品,各大报纸的批评有如狂风暴雨般落在了奥格登公司身上,纷纷指责它将自己出售给美国人的叛徒行为,并敦促每个忠诚的英国人打垮放肆的美国人。

然而,詹姆斯·布坎南·杜克也有他自己的绝招。就算是到了奥格登的产品销量降了50%,英国人为他们的胜利而欢呼之时,他也从没有过片刻的退缩。他不断地推出促销方案,也正是在这场烟草大战的历史时期,所售出的每一包香烟,即使是最小的包装都会附带有慷慨的赠品,其中一些赠品几乎和香烟有着同样的成本。价格战已经到达了毁灭性的地步,几十万美元花在了广告上。

战争多持续一天,开销就多3000美元!

不到一年，杜克获胜了。

尽管他同意将自己所有英国的股份在数百万美元的利润基础上卖给英国联盟——帝国烟草公司，但他却伺机建起了英美烟草公司，并获得了英国联盟帝国烟草公司的出口控制权，这样一来，他就在国外烟草业务中占据了主导地位，一直至今。

然而就在此刻，美国政府却下令解散英美烟草公司。在整个股权分割过程中，有大量的股份不得不抛向市场，这些股份被英国人抢购一空，因此，英美烟草公司的股票在伦敦股市上要比纽约股市上的价格更高，最终导致的结果就是：英美烟草公司实质上成为一个英国公司，而不再是一个美国公司。如果英美烟草公司的主动权在美国人手中，公司在开拓海外市场的时候，自然就会偏向于推销美国产品，可是现在，中国、土耳其、印度以及其他烟草市场已经被打开，大把的利润自然而然就落到了英国人，而不是美国人口袋里。香烟的日销售额就高达约10亿美元。

杜克先生现在仍然是英美烟草公司的总裁。尽管他仍然持有美国烟草公司的大部分股权，但是，他早已经退出了对这个公司的管理。

尽管在此次烟草战争之前，杜克先生就决定要在国外度过他的后半生，但是，他仍然心系故土，尤其是美国的南方。为了促进自己的故乡及其姐妹州南卡罗来纳州工业的发展，他酝酿了一套庞大的方案。他建起了南方电力公司，为纱厂和其他工厂供电，这些需要用电的地方包括有轨电车、照明设备厂和其他一些需要用电的活动。

这个电力公司已经为75个镇共200多家纺纱厂提供了电力资源，这些电力带动了350万锭纺锤的旋转，同时还供应着一条全长125英里的铁路用电。南部的纺纱厂现在已经超过了新英格兰的产量，一部分应该归功于南方电力公司为他们提供了价格公道的电力来源。

尽管他一度为了给公司的发展提供足够的运作资金，而长期节约每一分钱，并督促其他有志向的年轻人也做到这一点，但是现在，他觉得自己已经有资格享受金钱所带来的舒适家庭生活了。他在新泽西州的萨默维尔购置了房产,并拥有1000英亩的草坪,他的府邸已经成了这个州的一道风景线。

虽然他很富有,但却从不乱花钱。他觉得花钱要比赚钱更需要三思而后行。他的理念是要朝着约翰·戴维森·洛克菲勒的方向发展,他相信洛克菲勒的慈善行为会让他名留史册,因为他是人类有史以来最伟大的乐善好施者。

T. 科尔曼·杜邦

T. 科尔曼·杜邦，美国工程师、实业家和政治家，杜邦公司的创办者之一，并出任公司总裁，将公司从军火商发展到世界第二大的化学公司。

我问 T. 科尔曼·杜邦："你是怎么想到要建一座世界上最大的建筑物的呢？" T. 科尔曼·杜邦是纽约著名的公平大厦的所有者，这座大厦的总价值为 3000 万美元，它为 1.5 万人提供了办公场所，拥有 2300 间办公室，可供出租的总面积为 122.5 万平方英尺。总共有 487 名工人在为大楼提供各种服务，有 59 条电梯在这幢高达 548 英尺的 40 层楼房里上上下下。这座楼房每周可为纽约贡献出 9000 美元的税金，每年的税金几乎达到了 50 万美元。

"原因嘛，我猜想有人已经了解到了，这个世界上任何建设性的事情对我都有吸引力。"杜邦将军回答道，"不管它是摩天大厦也好，狗窝也罢；不管是修建公路，还是铺设车行道；不论是建煤矿，还是建钢铁厂；不论是建一个火药厂还是在一片不毛之地建起一个农场。

"公平保险公司的人希望这里能够有一座大厦,我发现他们在纽约这个经济中心有这么大的一块场地,于是,我就有了一个想法,要在这里建起一座最大的商务办公楼,这可是世界上最适合盖商务楼的地方。那个时候的长期贷款的利息还算合理,而且我也能够申请到,再加上各方面基本情况良好,整个工期在资金方面也没问题,就这样,大楼开工了,最后的结果已经是不言而喻了。

"既然大厦已经竣工,杜邦公司工作也进行得很顺利,我也就不再为此操心了。我喜欢构想、计划、组织,使事情系统化,让项目成功地确立。接下来,我就想做其他的事情。不久前,我退出了杜邦公司。"

他虽然退出了杜邦集团,可他仍然经营着世界上最大的商务楼,他还控制着公平人寿保险公司近6个亿的资产、肯塔基一个重要的煤矿、特拉华和马里兰的大型农场。他还自己出资200万美元在特拉华建起了一条横跨全州的示范高速公路。他积极参与几个大型宾馆的投资建设,据说还是特拉华州共和党的领导人(他否认了此事)、特拉华共和党委员会的成员,其他的我就不清楚了。

我接下来的问题是:"你为什么要从摩根公司那里买下公平保险公司的股权?"

"大楼刚竣工之时,公平公司是最大的承租客户,他们同我打交道的方式真的是非常公平,所以我想,买一点儿公平保险公司的股票,让公司的业务多样化一些也不是什么坏事。我一贯坚持公司业务要多样化,公司的业务早在几年以前就应该多样化了。我一直以来都迫切希望能够有一个全面合理的合作计划,一个既对保险投资人公平合理,又能让公司管理者满意的计划。"

在美国人印象里,"杜邦"这个名字似乎是火药和富有的代名词。科尔曼·杜邦在真正拥有了属于自己的财富之后,开始管理杜邦公司(那时候杜邦公司的产品以火药为主),38岁那年,他退出了正如日中天的杜邦,选择了一种悠闲的生活。

我又尝试性地问道:"你又是怎样介入到杜邦火药公司的管理中的

呢？一定是个有趣的故事吧。"

"我当然会告诉你。"他用自己一贯直截了当的方式回答道，"公司的总裁尤金·杜邦去世后，家族中没有人愿意接替他的职位管理公司。一天我收到了表兄艾尔弗雷德·I.杜邦的一封信，要求我考虑一下管理公司的事。同艾尔弗雷德商量过后，我和其他几位来自老火药厂的家族成员认真讨论了这件事。可他们当中谁也不愿意积极投入，去担当起管理公司的重任。接着，我找到了皮埃尔·S.杜邦，他住在俄亥俄州的洛兰，后来来到了东部。我们把计划告诉了他，最后，老火药厂的成员、皮埃尔·S.杜邦、艾尔弗雷德·I.杜邦和我经过会议商定的结果是，我们三个年轻一点的堂兄弟共同管理这个公司。"

"当我们接管这个公司时，公司总部，也就是我们的办公所在地才有7个职员。然而，这个公司对其他生产火药的公司却抱有浓厚的兴趣。"

"公司现在有多少职员？"我问道。

"我离开时，总部办公室大概有1600到1700名员工，我想现在大概在2500到3000之间吧。"

在欧洲爆发那场不幸的战争之际，公司良好的管理所起到的作用充分体现了出来。顺便提一下，杜邦公司的发展规模要比原计划的多出了100倍。许多订单杜邦公司都做到了提前交货，虽然他们一次项目要雇用4万名工人，但却从来没有发生过罢工事件！

我问道："你们是怎么做的呢？"

他回答："我们所做的第一件事情就是将杜邦公司的几个分公司及其下属子公司合并为一个股份合作制公司，这样一来，每个部门既提高了效率，又节约了资金。重组后，公司实行系统调理的统一化管理，采取了最佳管理模式，建起了不同的部门，各部门均由部门经理负责，并且将经理的业绩同他的奖金挂钩。

"我对火药生产几乎一无所知，只在学校里学过普通化学课。我的堂兄弟们有这方面的知识和经验，可是，对于公司的管理，我却非常在行，我在好几个行业中都有管理经验，我可以对公司实行有效的管理。

"我们聘用的都是当时最优秀的人才,一共高薪聘请了6个人,可他们对我们而言仍然是最便宜的劳动力,因为他们的才智每年能够为公司带来巨大的财富。"

连续四五年来,科尔曼·杜邦一直都是起早摸黑地工作。他痴迷于火药,脑子里想的是火药,嘴里说的是火药,梦里梦到的是火药。3年后,公司一举获得了成功,从此一直以飞快的速度继续向前发展着。

公司实行的新型管理极具主动性,他们积极投资火药生产以外的一些副产品。如今,杜邦公司不仅仅是最大的火药制造商,而且还是最大的皮革替代品生产商——在去年全国所生产的150万辆汽车中,已经有60%用上了杜邦生产的Fabikoid(人造皮革)座套,其中一款产品的价格和你我脚上所穿的皮鞋价格相差无几。杜邦还生产大量的象牙和贝类替代产品,电影胶片是杜邦公司的主打产品之一,乙醚和麻醉剂这些可以使外科手术在无痛的情况下进行的奇迹般的化学物品,在杜邦公司的产量要比美国其他公司大得多(我面前有一个单子,上面列出了251种杜邦公司生产和销售的产品)。

然而,在公司业务蒸蒸日上之时,T.科尔曼·杜邦竟然选择了退出!这正是他的个性。他已经完成了自己的使命,公司运转正常,每项工作都实行了系统化和标准化管理,所以,他就用不着把注意力都放在公司了。

如果有人告诉你,在和平时代,杜邦公司生产的产品只有不到2%用于军事方面,你可能会感到非常意外。杜邦公司每年为美国政府提供了大部分所需军火,但是,这仅仅占到了杜邦公司每年火药总产量的1%多一点儿,其他将近99%的产品均用于开矿、铁路修建、公路建设、采石场、农业、体育、皮革替代品以及其他各种各样的用途。

科尔曼的性格决定了他必然能成就一番事业,他的朋友们一致看好他,都说他有朝一日能成为全国举足轻重的人物,类似于罗斯福那样的人。他身材高大,19岁时就长到了193厘米,体重105千克。他热爱各种体育运动——他是划船队中的主舵手、橄榄球队的队长、九人棒球队的队长,能以牛仔般的技术将马驯服,他一直以来都擅长射击,勤于游泳,是拔河比赛中的明星,在拳击和摔跤运动中也是常胜将军。

每每提及自己的大学生活,他总喜欢自嘲一番:"我要是学习也能像体育那么出色,那我肯定早就是教授了。"他从各方面注意保持体形,所以离开学校以后,他的体重还没增加5磅。他宽阔的肩膀就像杰斯·威拉德,他的肌肉健美而结实。

他是民主的化身。这种民主不是虚伪的、伪装的、冒牌的,也不是故意摆样子出来的。当初在肯塔基煤矿亲自赶骡子、扛锄头的时候,他就明白了什么是民主,几百万美元的进账他都亲自参与。美国的千万富翁中,没有人比他更平易近人。为他工作过的人崇拜他,他能和工人们打成一片,总是随时准备为他们伸出援手而不是去训斥他们。

他乐于助人。在电车上,他会替售票员卖几个街区的票来减轻他的工作量,遇到带孩子的老人,他会将他们护送下车。他认真做着这些事,仿佛自己就是那个靠着每周20美元生存的售票员一样。

科尔曼还是个踏踏实实做事情的人。美国人喜欢实干家,不喜欢空谈家。他从基层工作干起,不久后当上了肯塔基一个煤矿的矿长,他积极地促进中区市的发展,让它成为工人们愿意居住的地方。到后来他还担当了其他几个煤矿的矿长,至今仍然关注着它们。他在钢铁行业也很成功,铺建了城市有轨电车轨道,并成为其经营者。接下来,他又负责筹建了全美国最卓著、最有前景的企业——杜邦火药公司。一条共投资200万美元、横贯整个特拉华州的高速公路正在建设中,竣工之日,这条公路必然会造福于整个特拉华州人民。他还是麻省理工学院(他的母校)的理事会的一名积极成员,并为她的发展贡献了100万美元。他把自己的游船命名为"理工"号——他的"理工二代"游船已经在1915年打破了纪录。他投资农场,并获得了成功,他大量培育良种役马,拥有多群有血统证明的牛、羊和猪。在威尔明顿时期,他积极投入到国防事业中,建立起一支快速有效的民兵卫队。在他看来,每个市民应亲自保卫自己的家园,而不是把这一切都交给国家军队。在连续三届的特拉华州长任期中，他的军衔都为准将。

他并不是一名政客。但是，为了打破特拉华州连续12年来在国会没有议员席位的局面，他毅然踏入了政治圈，与多年来控制着特拉华州的"空谈家"阿迪克斯展开了角逐，一举将他击败，并将其赶出了政界。他当选为州议员，但却拒绝了参议员总统竞选活动，一直到后来始终如此。作为美国共和党委员会的成员，他曾在1908年支持了塔夫脱的竞选活动（共和党总统候选人），并一度担当这次竞选活动发言小组的负责人。1916年，他在特拉华的朋友们再度提出让他参加总统竞选活动，但是，这位将军却告诉他们，自己被他们高估了。

科尔曼·杜邦的父亲安东尼·比德曼·杜邦不是杜邦公司的成员。他的父亲在年轻时和自己的一个弟弟来到西部寻求财富，最后，他们定居于肯塔基州的路易斯维尔，1863年12月11日，科尔曼·杜邦就生于此。老杜邦兄弟俩在西肯塔基州涉足造纸业、煤矿业和市内电车轨道的铺设，也经历了一些起起落落。科尔曼·杜邦从小就对建筑感兴趣，长大后就读于著名的麻省理工学院，在那里接受了采矿工程学方面的正规训练。从理工学院毕业后，他来到了肯塔基州的中区市学习开采煤矿的实践活动，从最基本的东西学起。他肩上扛着锄头，亲自挖煤；他赶骡子喂马，在铁匠铺帮忙打铁，给骡子和马打掌，做木工活，当消防员，开机器修车，负责机械方面各种问题的处理。他过着矿工一样的生活，和他们打得火热；参加他们的婚礼和葬礼以及生活中其他一些大事。他是整个矿上最受欢迎的人，还被选为"劳动骑士团"的成员。"劳动骑士团"在当时就相当于今天的"矿工工会组织"。

他被提升为主管后，为夯实发展中心煤矿和炼钢公司使其成为实力强大的企业做出了贡献。中区市从一个只有一个综合商店、几座零散的农舍的小村庄，发展成了今天繁荣的工业城镇，7500个居民住在一排排整齐的标准住房里，他们大多是工人。主管杜邦作为社区里重要的人物，在中区市的改造工作中首当其冲。在他的带领下，工人们怀着无比的热情努力为提高自己的生活和工作环境而奋斗。正是他的这种人气和民主精神让他在整个中区市的发展过程中成为一个效率高的领导者。

他在取得这一切成就时，还不到30岁。30岁那年，他离开了肯塔基州去了宾夕法尼亚的约翰斯顿。

我问道："为什么你放弃了当时的一切，离开了自己扎根的土地？"

他回答道："在肯塔基西部，就算你是当地最大的煤矿公司的总裁，你的年薪也不过就是4000美元。我想要尝试一下，看自己是否还能够干得更好些，赚到更多的钱。我下决心要在美国最大的行业里闯荡一番。"

"阿瑟·J.默克塞姆和汤姆·L.约翰逊在宾夕法尼亚州约翰斯顿共同拥有一家钢铁厂。他们曾经都是我父亲工厂里的工人，每天50美分的工资，汤姆·L.约翰逊到后来成为克利夫兰市的市长。所以，我就在他们宾夕法尼亚约翰斯顿的钢铁厂当了一名经理。"当时的约翰逊公司变成了后来的洛兰钢铁公司，现在它是美国钢铁公司的一个子公司。

过了五六年之后，科尔曼·杜邦已跻身于市内电车轨道的铺设行业，业务规模也得到了进一步的扩大，比如说，他在约翰斯顿所购买铁轨后，再把它们运到新泽西、纽约、阿拉巴马投入使用。

"我并不喜欢工作。"这是他对自己的评价。

"什么？"他出乎预料的话让我不由得惊叫了一声，"你不喜欢工作，却做了这么多工作！"

"虽然每天我都希望能够在娱乐中度过，但是我一定要工作。我要么不工作，工作起来就非常投入，这是我必须做到的，因为对于我认为值得去做的事情，除了认真做以外别无选择。我不会只为了钱而投入很大的精力，除非没有这些钱生活就没办法继续下去。你总得为朋友考虑一下吧，对于一个大型的建设性项目来讲，没有资金将一事无成。"

正当他的事业发展到这个阶段之时，威尔明顿的杜邦公司让他去负责领导整个公司的管理，并带领着公司走向繁荣，时间已经证明了他所做的一切是何等的成功。

科尔曼·杜邦对于公路修建和养护有他自己的观念。在提高全民公路意识方面他所做的贡献是最大的，他让美国人民明白了不论是和平时代还是战争年代，良好的公路系统都是非常必要的。

他表明："我相信，在未来的25年里，用于公路修建的资金要比过去25年所投入的资金多很多。我从19岁就开始修路了，在那个时候我就觉得把路上的坑填起来要比把陷进去的马车抬出来要便宜、容易得多。

"要想对公路进行养护，就得制定相关的法规，要想让公路保持良好的路况，就必须得到养护。这需要花钱，要花很多钱。所以我希望能够通过这个首次推出的计划，来减少公路税收（现代人最大的痛苦之一）。我的计划就是让州、郡或个人，不管是谁出资修路，都应该在路边留出相应的宽度，比方说在250英尺中留50英尺出来用作管道或电话等商业活动。一条好的公路往往会带动周边地区的发展，让州、郡或个人将留出的那部分路段租出去，这样一来，所得到的收入很快就会远远大于用来养护公路的税收。

"我来举个例子，据我所知，大约在1791年的时候，纽约州通过了一条法律，拨款3万美元修建一条从纽约市的运河街一直向北延伸的一条石子路，能修多长就修多长。如果纽约州或纽约市那个时候就在百老汇街从运河街到塔里敦的道路两边留出了100英尺提供商业服务的话，如今年收入恐怕早已达到了一亿美元。

"这就是我在修建特拉华公路时所遵循的原则，我将把整条公路交给州政府，把建在周围的产业托管出去，这样一来，从中获取的收入就能源源不断地用于公路养护和其他方面。"

科尔曼·杜邦的妻子来自威尔明顿，是他的第二个堂妹，名叫爱丽丝·杜邦。他在肯塔基煤矿工作时，他们结婚了。他有三个女儿和两个儿子，其中两个女儿已经结婚，大儿子在麻省理工学院读大学，小儿子在希尔中学里读书。

乔治·伊斯门

乔治·伊斯门，美国发明家，柯达公司创办人以及胶卷发明人。被誉为"为人类留下美好记忆的光影世界的缔造者"。

柯达公司的诞生与成长是一个鲜为人知的故事。

这是一个关于贫穷与勇气、奋斗与坚持、希望与绝望的故事，故事里的人物命运多舛。一位寡居的母亲，拖着病弱的身体，全家经济状况极为拮据。危急之中，年纪尚轻的儿子毅然决定挑起母亲的重担，支撑起这个家。我们仿佛可以看到一个年轻人白天在公司做职员，晚上就在一个临时租用的小工厂里做实验。他整晚待在实验室里，只有在等待化学反应结果时才能打个盹，睡上个把小时，有时连续好几天他都不曾沾过床边。

随后而来的成功彻底结束了他职员的生活，让他拥有了一个简单的家。这位年轻的发明家甚至因此而声名鹊起，他的摄影感光板被人们公认为是有史以来最好的。于是，他开始专门生产这种产品。

接下来，他遭遇了严重的、莫名其妙的、不明原因的失败。他的公式，那条在摄影界轰动一时的化学方程式竟然存在着很大的问题！无数个不眠之夜的反复研究与实验似乎收效甚微。灾难就这样降临了，谁也不知道为什么，谁也帮不了他。他和他的工人们面临着灭顶之灾。

然而故事的结局却是：失败并没有让这个年轻人气馁，他的聪明才智最终带给他巨大的财富。这就是乔治·伊斯门的故事，是他让每个普通人都可以拿起相机进行拍摄，是他让美国成为全世界摄影材料的最大供货商。

当然，故事中自然也会讲述到这个曾经经受过贫穷洗礼的年轻人，在成为百万富翁之后如何利用这些财富。人们冠以他发明家、化学家、科学家、企业家、营销家、金融家这些称号，但是，除此之外，我们还应该再授予他另一个称号：公众福利家。晚年时期的乔治·伊斯门在如何合理地应用自己的财富方面所花的精力，丝毫不亚于在如何创造财富方面所花的精力。

在故事结尾时，我们还可以补充一点，从这个故事的主人公身上，你可以看出来什么是谦逊。当他连续几周露营在丛林的帐篷里，或者去大山里勘探时，他总是自己动手做饭；当他去南加利福尼亚州视察自己建在那里的大型标准农场，向农场的黑人传授现代化农业技术时，他亲自拿起工具和农具，手把手地教他们如何去做。

下面，我来将整个故事详细地讲给大家。

1854年7月12日，乔治·伊斯门出生于美国纽约的瓦特维尔，6岁时，举家搬到了纽约罗切斯特，不到一年，他的父亲去世了。他的父亲是商业学校的创始人，他去世之后，其所建立起来的一切在弟弟的管理之下持续了一段时间，但这一切并没有能够长时间支持他们的生活。

乔治是家里唯一的男孩，他还有两个妹妹。他14岁时被迫辍学，去了一个保险公司上班，每周的薪水为3美元。他的妈妈虽然身体有些残疾，但仍然是个能力出众的人，她精心操持着这个小家庭。

伊斯门先生一边回想着往事一边对我说："从那个时候起，我就对贫穷有一种莫名的恐惧，它像一场噩梦般日日夜夜萦绕在我心头。我每花一分钱都要十分小心，尽管我自食其力，还设法补贴家用，工作第一年的时候，我还是想办法积蓄了37.5美元，然后把它们存入了银行。"

他虽然还是个孩子，但他已经意识到，要想摆脱贫穷，过上出人头地的日子，努力工作是唯一的途径。他的收入很快就达到了每年600美元，这是这个小小的保险公司所能给出的最高工资。但是他的雇主深知这个男孩的价值所在，就推荐他去储蓄银行做了一名记账员，这样一来，他每年就可以赚到1000美元了。

他头脑灵活，双手灵巧敏捷，还喜欢摆弄各种工具。所有这一切加起来使他在工作之余成为一名业余机械师。很快，他就有了自己的一个小实验室，他把大多数时间都花在了这里，许许多多由他设计发明的机械装置就在这里诞生了。他渴望旅行，想看看这个世界上人们发明建造起来的新鲜事物，他对知识有着难以遏制的渴望。他想要去旅行的想法引发了另一个想法：他必须弄到一架照相机，把自己所看到的一切记录下来。

他花了5美元请罗切斯特当地的一名摄影师详细教会他如何摄影，以及随后实施的湿片处理过程（将化学物质涂抹在玻璃片上，然后等待影像的形成）。整个摄影过程所采用的方式留给他的印象是别扭、烦琐和令人不悦。

他在摄影领域所取得的第一个成就是发明了一套便携式摄影器材。对湿片处理过程的改进工作尚在进行之中，此时，他却得到了银行的提升。此次升职让他不得不将手头的实验工作暂时先放一放，因为新的职务意味着银行会将更关键、更繁重的工作交给他去处理。

紧接着有消息从英格兰传来，英国人发明了明胶干片处理技术，这条消息立刻引起了伊斯门的浓厚兴趣。尽管他除了从杂志上得来的一些消息以外，没有任何技术方面的信息来源，但他仍然决定要亲自投入实验。在经过了几次失败之后，他开始小有成效。几乎同样重要的是，他还感觉到这种产品适合进行批量生产。也就是说，干片可以生产和销售，而旧的湿片处理过程的局限性决定了人们只能销售摄影所必要的化学材料，买家必须亲自去拿这些原材料（硝酸银、火棉胶和一块玻璃），然后再把自己用黑帐子覆盖起来,将火棉胶涂在玻璃上,再把它浸泡在一个盛满硝酸银的大盆子中。专业摄影师以外的任何人几乎都不会仅仅为了拍张照片而去鼓捣这样的事情,因为就算是做了,往往也会以失败告终。然而,干片则不同,它可以大批量的生产和销售。

乔治·伊斯门感觉到了这种巨大的可能性。机会向他敞开了怀抱,他将成为一个干片制造商。

但是,他家庭的责任怎么办?现在(1879年),他在银行的年薪已经是1400美元,而且,他是他母亲的唯一支柱。新的探索充其量也不过是尝试一下,当时,国内外有许多人都在研究干片技术,所以他无法保证自己可以靠这个来谋生,穷日子,他过怕了。

然而,志向和直觉呼唤着他继续前进,他的谨慎机敏和他对事情良好的判断力最终使问题得到了解决。他以每个月几美元的价格租了间小工作室,雇了一个年轻人负责白天的日常事务,到了晚上他从银行下班后,就在实验室里亲自去做复杂的化学实验。通常他在银行的工作时间不会很长,但是,到了结算利息和清账的时候,加班是免不了的。每每到了这个时候,年轻的伊斯门整晚奋战在实验室里是稀松平常的事,他顾不上脱掉衣物,也没时间躺在床上,只能在化学反应发生的这段时间里打几个盹。星期六晚上,他回家睡觉,常常一觉就睡到了星期一早晨,星期天也就起来吃一两顿饭。

功夫不负有心人,他发明的伊斯门干片很快就有了名气,市场需求量很快就超过了他和助手的生产能力。

我问伊斯门先生:"您生产的干片性能优于其他类似产品,背后的秘密是什么呢?"

"我恰巧发现了一个很有用的化学公式,多少有些幸运的成分吧。"他谦虚地回答道,"即使是30年后的今天,配置适当的感光乳剂也得靠经验,也只有几个人可以办得到。化学家们至今仍无法完全明白影响感光性灵敏度的化学反应过程。比方说,在千分之一秒内胶片成像的原理与花上几秒钟在氯化银照相纸上成像的原理有什么不同,到现在还没有一个彻底的科学的明确界定。所获得感光度的大小也完全取决于个人的经验,到目前为止,也不过就那么十几个人有这种技术。那个时候,我正好抓住了机会将这几个因素很好地融合到一起。"

当初那个教他如何照相的摄影师欣然买下了自己的学生经过巨大改进后的技术。当这位摄影师在千岛群岛拍摄时,正好被当时最大的摄影器材经销商和进口商注意到。他拍照时不用黑帐篷,令这位经销商感到十分奇怪,就问他在做什么。得知这是一位住在罗切斯特的年轻人发明的一种拍摄效果很好的明胶干片后,他劝说伊斯门将产品的样品拿到纽约去。这家公司确认了伊斯门的产品是市场上最好的产品,他们以批发价购买了大量干片。伊斯门为这家公司保留了经营的优先权,他不会将产品以更高的价格卖给零售商。

伊斯门为自己的产品做了广告,从那天起,他的产品就开始变得供不应求。到年底时,伊斯门辞掉了银行的工作全身心投入干片的生产中,因为他原有的产量甚至无法达到批发商订单的一半,因此,批发商感到很不满意。伊斯门和客户之间有一个很有新意的协定,他们同意每个月从伊斯门手里购买最低数量的产品,包括冬天这个淡季在内,但是要在货到之后立刻付款。

"那个时候,我的资金并不是十分充足,"伊斯门回忆道,"我觉得这项约定很不错,但后来它几乎毁了我。"

伊斯门公司扩大了规模,1881年1月1日,从小寄养在伊斯门母亲家里的亨利·A.斯特朗(现为伊斯门柯达公司的副总裁)加入了伊斯门公司,成为第一个合伙人,公司也由原来的一个公司变成了联合公司。每个月的产量上升到了价值4000美元的干片。所有的这些产品都卖给了批发商,他们同意购买在冬天淡季时生产的全部产品。

然而,当春天来临时,客户们对伊斯门产品质量的投诉如潮水般涌来,收到的次品投诉与日俱增。公司同伊斯门做了沟通,他简直无法相信他生产的干片会出问题,然而,情况却变得很糟糕,他只得匆匆忙忙赶往纽约,为存货中丧失感光能力的干片样品做测试。伊斯门感到百思不得其解，他陷入了苦苦的思索。最后，他发现越早生产出来的干片感光能力就越差。这些干片在运来时，就那么一个个叠放起来，最新运来的，就最先被卖出去。想到这里，他立刻恍然大悟，他的产品存在一个严重的问题，这个问题直到今天才暴露出来，这个问题就是，时间会削弱他这种干片的感光度。

伊斯门毫不犹豫地同意了收回全部未售出干片。这次不幸事件几乎让他尚未成熟的事业毁于一旦，但是他坚信，在他伊斯门的字典里没有"失败"二字。通过增加干片的化学活性，伊斯门和他的合作伙伴们很快就收复了失地，用新产品替代了旧产品，公司再度繁荣起来。

然而就在当时，一切在一夜之间全都变了模样！

伊斯门再也无法生产出一张高质量的干片了。尽管他可以去努力，但他生产出的干片再也没有良好的感光度了。

伊斯门日日夜夜思考着、研究着、煎熬着，竭尽全力去弄清楚问题所在。但他丝毫无法改动他的化学方程式，可是，不改变的话就没办法继续用下去。能想到的办法他都尝试过了，但都是徒劳。他似乎失去了打开成功之门的钥匙。

他的工厂必须停工，生产这种不合格的干片没有任何意义。他该怎么办呢？关闭工厂，再重新找一份职员工作？

"在经历了接下来的一切之后，我生活中以后的麻烦事情根本就算不了什么。"伊斯门先生前几天对我讲起。但是，逆境永远无法将他压倒，逆境只能让他思路更开阔、更有勇气、更坚定、更坚持。

伊斯门突然之间从人们的视线中消失了。一周、两周、三周、四周过去了，工厂里一片沉寂。

终于有一天，伊斯门回来了，他带着智慧，口袋里揣着新的配方。他去了英格兰，他去了纽卡斯尔的莫森—斯旺公司，他们生产的干片是全英国最好的。他买下了他们的配方，并且连续两周在那里工作，以确保完全掌握操作过程的每一个阶段和细节。

刻不容缓，工厂又重新开工了。尽管这次生产出来的干片不像以前的那么好，但它却是美国市面上最好的，也可以和国外一流的产品相媲美。停工只给伊斯门公司带来了一些暂时性的动荡，客户的满意度又恢复到以前的水平了，一切均未改变，唯一改变的就是伊斯门这段日子以来，因过度操劳悄然而生的白发。

那么，他的干片究竟为什么会失去感光能力呢？伊斯门不把原因弄清楚是不会安心的。最后，他发现自己一直以来都在使用一种明胶来制作感光乳剂，而这种明胶所生成的感光乳剂在过了一段时间后会慢慢失去它的性能。可是，目前他所知道的其他明胶都无法替代原有的明胶，原因他无法解释。其他的方法他也尝试过了，但终究还是徒劳，其他方法对他的配方都不起作用。

从1879年到1880年间，伊斯门的工厂开始发展。在1881年与斯特朗的合作确立之后，他们搬到了一座自有的建筑里，1882年又增加了一座厂房。干片制造是公认的一个高利润行业，有无数的企业也投入了这一行，竞争导致降价，市场供大于求，到1884年时，前景就显露出了一片暗淡。

伊斯门并没有一筹莫展，他在考虑如何让事情有所改观。从一开始，他就是一个着迷于改进现有一切的人，这一次，他要着手寻找玻璃替代品。与生俱来的远见告诉他，摄影行业的前途与未来就在非专业摄影这一领域。如果他能够使摄影成为一件简单的事情，那么潜在的需求将是无可估量的。当时的威廉·H.沃克已经退出了干片生产行业，因为他似乎也看到了这个行业的穷途末路。于是，伊斯门在威廉·H.沃克的帮助下，开始了对摄影胶片的实验。这样一来，涉及的问题不仅仅是能否生产出令人满意的胶片，而且还必须设计出和它相配套的方便携带的照相机机身。在他们的共同努力之下，一款涂有感光明胶的柔韧材料终于诞生了，同时，他们也设计生产出了一种可以固定胶卷的装置。无数个技术和化学难题需要攻克，但是巨大的进步证明了1884年10月伊斯门干片胶片公司所进行的改组是正确的，该公司后来购买了斯特朗、伊斯门和沃克在欧洲的专利。

1885年3月，第一款纸质胶卷架被制造出来，沃克先生被派到英国开设分厂。虽然纸卷固定架早在伊斯门出生那一年就已经获得了专利，但是，带有负片（底片）的胶卷固定架却是一件真正具有商业价值的产品。

然而，这样的进步并没有让伊斯门感到满足。与其出售装入照相机的胶卷固定架和胶卷，为何不发明一种带有胶卷的照相机呢？这样一来，初学者不就也能照相了吗？伊斯门著名的口号"你只需按下快门，剩下的由我们来做！"就这样顺势而生了。

这款照相机被叫作"柯达"，它诞生于1888年6月。

我问伊斯门先生："您为什么给它取这么个名字呢，它有什么特殊含义吗？"

他回答道："它没有任何特殊含义，我们就是希望能让它有一个好听的、给人印象深刻的名字，一个不容易拼写错误或发音错误的词足矣。最重要的是，一个能够用作注册商标并在这方面经得起任何攻击的名字。在此之前，我们曾因为自己的产品有侵权或名字相类似而遭遇过很大的麻烦。"

第一款柯达产品是一台装有100张密封底片的相机，价格为25美元。当这100张底片用完之后，照相机可以退还到罗切斯特，或者交给当地的代理商，再由他们送到总公司。胶卷必须在暗室里被取出。

柯达相机为全世界打开了一扇摄影之门！

当然，1888年生产的柯达相机并不是今天的柯达相机。要想看到拍摄效果，100张底片必须全部拍完并且冲洗出来。纸质胶卷必须由专家来处理，而且，其他方面也有不尽如人意的地方。

伊斯门先生绞尽脑汁地寻找纸质胶卷的替代品。他向一名年轻的有才华的化学家简短地讲述了自己的想法，这位年轻人在经过反复实验后，研制出了一种蜂蜜状的物质——这种物质是火棉胶与甲醇发生化学反应后的产物。这并不是他们想要的结果，但是，伊斯门先生立刻注意到，这种物质可能用来替代纸，使胶片成为透明胶片，这是他的一个长远目标。一次次的实验表明，要想得到厚度统一的透明胶片，最好的方法就是将这些胶体均匀地涂抹在一块玻璃板上。他们立刻就造了一个100英尺长的台子，专门用来加工透明胶片。然后，这些胶片带可以切割成任何想要的长度。

爱迪生实验室立刻向伊斯门公司确认是否已经发明了透明胶片，如果确有其事的话，爱迪生先生希望能够立刻得到一些。

这种胶片使得电影的产生成为可能。事实上，爱迪生在维持他早年发明的电影机专利时，法官表明，这种机器最重要的部分要归功于胶片的发明。爱因斯坦先生后来也承认，电影的诞生最主要还是要靠透明胶片的发明。

顷刻之间，订单就多到了让伊斯门公司无暇应接的地步。许许多多的摄影业余爱好者，只要拥有自己的暗室，就可以自己冲洗照片。于是，带有不同胶卷的各种规格的柯达相机被生产出来，工厂又雇用了几百名工人。从那以后，享誉全球的柯达工业园正式开放。

接下来需要解决的一个问题是：如何能够不进暗室就能完成胶卷的重装和冲洗工作。

伊斯门先生设计出了几种特殊相机，这些相机所使用的胶卷两端均附有黑色的纸，这样一来，就可以在光照条件下重装胶卷。但是，另外一个发明家塞缪尔·N. 特纳却使用了一种今天每个人都很熟悉的方法，这种方法需要在照相机的背后开一个窗口，将整卷胶卷的背面都覆盖上一层黑色的纸，纸上写有每张照片的代码。伊斯门用4万美元购买了这项小发明，这在当时（1894年）可是不少的一笔钱。

1902年，胶片冲洗机的发明是技术进步道路上的另外一个里程碑。这是一个名叫阿瑟·W. 麦柯迪的年轻人的劳动成果，当时，他是亚历山大·格雷厄姆·贝尔的私人秘书。他埋头苦干了几个月，可仍然不见成效。绝望之中，他几乎就要放弃了。这时，他把自己设计的东西拿给伊斯门先生看，伊斯门为他指出了这个设计的问题所在。他的思路是对的，但是实际操作起来却有一个致命的缺点。伊斯门先生向他解释了其中的原理，建议他继续努力，成功后再来。麦柯迪直接就走进柯达公司的实验室，还没过24小时，他就将自己的成功之作交给了伊斯门。从那天起至今，他就再不用亲自动手去做什么事情了，因为他已成功地获取了柯达公司全体员工的忠诚，现在，他已退休，在不列颠哥伦比亚温哥华的家里享受生活。

1904年，直板胶片的完善似乎意味着柯达公司在摄影器材领域的发展暂时告一段落。

1914年，柯达公司又推出了一款全自动照相机。这之前的10年里，一直没有什么重大的进一步发展。当全自动照相机的发明者亨利·J.盖斯曼第一次找到伊斯门先生时，他的想法并不切合实际，但是，在他的缺点被指出来之后，他重新进行了设计，但却又一次被拒绝了。他一次又一次返回来，总是带着不减的热情。最后，他终于带着30万元的支票离开了，而且，不再另收专利的使用税。

伊斯门柯达公司的成长是全球的商业奇迹之一。从仅有一名助手开始，伊斯门员工大军已扩展到了1.3万人，另外，还有1万多人专门经营柯达产品，以此谋生或增加收入。位于罗切斯特的柯达工业园里一共有90座大楼，这些楼占地总面积为55英亩，其中有一座长740英尺的大楼。还有4个工厂也坐落于罗切斯特，工厂共有8500名工人。根据美国人口调查局的分类，这些工人代表了22个行业，229个不同的职业！

就在伊斯门开始在他的小车间里和衣而卧之前，美国全部的摄影材料均由国外进口。接下来的40年，尤其是后20年当中，伊斯门柯达公司让世界各地的财富涌入美国，给几万名工人发着工资，让柯达公司的股东得到了丰厚的投资回报。柯达统治着整个摄影界，在这里，美国发明天才、科学天才、化学天才的才智得到了充分的施展，更为重要的是，它是乔治·伊斯门智慧的证明。

伊斯门与生俱来的谦虚使他的成就没有得到更为普遍的承认。上一辈伟大的科学家洛德·凯尔文认为伊斯门是一位地位独特的化学家和科学发明家，并一直以公司顾问的身份同他合作。伊斯门之所以能够克服重重困难不断前进，人们对其产品的需求量之所以不断扩大，那些带有伊斯门商标的产品之所以能够享誉全球，所有这一切都归功于他难能可贵的精神——他集智慧勤奋于一身，不惜一切代价提供最佳服务的精神。他不仅在提高产品质量的实验上花费了几百万美元，而且还花钱请专家对出厂的每一件商品进行严格的质量检验。"精益求精"始终是他的座右铭。

就像其他一些获得了巨大成功的美国企业家们一样，伊斯门最终成为那些心胸狭隘的政客们的攻击目标，"反托拉斯"的那种疯狂令他们一个个兴奋不已，把企业做大做强就是犯罪。对美国人来说，生产出质量最好的产品，建立起在全世界拥有分公司的大企业被看作是一种犯罪。当美国政府宣布要拿伊斯门柯达开刀时，公司尽可能地主动在司法部感到不满意的方面做出调整，但是再怎么调整也挡不住政界的长时间争论。尽管国内外发生的一些事件已经对这种"反托拉斯"情绪起到了遏制作用，也表明了建立大企业联合会的必要性，但这场争论一直持续至今。

当然，全体的伊斯门人也在尽可能地使公司在不引起争端的情况下成为行业佼佼者。就像石油行业的约翰·戴维森·洛克菲勒、烟草行业的詹姆斯·布坎南·杜克、电讯行业的西奥多·牛顿·韦尔以及其他一些行业巨人一样，伊斯门同对手竞争也是使尽浑身解数的，同时，也采取了一些与眼下盛行的《谢尔曼法》格格不入的方法，但是，这些方法在当时是很常见的、普遍被人们接受的，而且也是绝对合法的，甚至被后来的司法部长所接受。

乔治·伊斯门把金钱看得很淡，除非是用这些钱去实现有价值的目标。他的生活很简朴，他没有孩子，终身未婚，在某种程度上，罗切斯特就像是他的孩子。他送给罗切斯特的礼物有：给罗切斯特大学和综合医院大笔的捐赠，给哈尼曼医院、顺势疗法医院、慈善之家、儿童医院、基督教青年协会和城市公园的捐款。他为孩子们提供的牙科诊所大概是全美国最好的，他在市政建设上也投入大量的金钱和精力，其中一项计划就是建立市政研究局。他出资盖起了罗切斯特商会大楼，带头组织了罗切斯特艺术交流委员会，亲自参加城市公共环境、公园、建筑的美化工作。他热爱艺术和高雅音乐，一直以来积极参与，建起了罗切斯特超级交响乐队是他在这方面做出的贡献。

他还常常为罗切斯特以外的城市慷慨捐赠，但通常是匿名捐赠。他是美国作家布克·华盛顿的热情支持者之一，他在加利福尼亚北部建起了农场，该农场成为塔斯基吉实行黑人训练计划的补充内容。

他自己的雇员一直都是他特别关照的对象。柯达工业园区充分说明了大的工厂也可以拥有一个优美的环境。而且，他还推出了雇员拥有股票计划，让几百名老雇员持有柯达股票，以增加其在公司里的资历。而他每年要给各个阶层的雇员开出的工资数目庞大，最近发的一次工资总额在90万美元左右。

我和伊斯门先生共同度过了几个小时，但是，我仍然无法使他亲自说出自己的种种公益行为。他只承认一件事："我觉得自己只不过是在人生旅途中做了一些小事情，我不赞成一个人到死也没把自己的钱用在对别人有帮助的地方。"

很巧合的是，伊斯门先生还是自由贷款最大的个人赞助者。

伊斯门先生堪称是"缔造美国的巨人"中的杰出典范。

托马斯·阿尔瓦·爱迪生

托马斯·阿尔瓦·爱迪生，美国科学家、发明家、企业家，拥有众多重要的发明专利，被传媒授予"门洛帕克的奇才"称号的他，是世界上第一个使用大量生产原则和其工业研究实验室来进行发明创造的人。他于1892年创立了今日美国的知名能源产品集团通用电气公司。1908年创立"Motion Picture Patents Company"（一般所知为Edison Trust），一家由9个主要电影工作室组成的企业集团。

在我们看来，发明名家是天才，是能够将一瞬间的奇思妙想最终转变为现实的东西，并且因此而获得了专利的人。在人们的印象里，他们都是些古怪的人，大部分时间都坐在那里等待着灵感的降临。

爱迪生却不属于这种人，他痛恨被别人称为"天才""奇人"或"魔术师"。他声明："天才是1%的灵感加99%的努力。要想取得任何有价值的成就，三个基本要素必不可少。第一，要努力；第二，要坚持；第三，要有良好的判断力。"

爱迪生被誉为全世界最伟大的发明家，他在成功地成为一名发明家和制造家之后，于1876年放弃了其他所有的一切，把发明作为一种终身的职业全身心地投入其中。在这之后，他唯一的选择就是制造更好的商品，否则就会成为别人的笑柄——哦，那是爱迪生制造的商品。

他也是世界上最伟大的实验家。在一件事情上，他会尝试几千、几万种方法，有时候多达5万次。他从不放弃，就算要花上10年的时间，他要么就最终成功，要么就彻底证明这件事行不通。

爱迪生是历史上工作最为勤奋、睡眠时间最短的伟人。他在完善留声机的那段日子里，有一次连续工作五天五夜都没合眼。他做的实验比人类历史上任何一个人都多，曾创下了一年拿到100多项专利的纪录，他获取的专利总数已经达到了1000多项，这在国内外都是空前的。

他体会过最痛苦的失败，一次次变得身无分文。他花了整整5年时间，耗资200万美元计划并修建了一个工厂，想要通过磁力来萃取岩石粉末中的各种矿石，结果大量丰富的美沙芭矿石的发现导致了他的整个研究毫无利润可言，这个计划只好被迫终止，爱迪生因此而负债累累，但是，他的精神是不会被打垮的。还有一次，在他多年来苦心研究蓄电池并进入了大批量生产之后，他发现产品中有一部分存在着缺陷。尽管当时商家纷纷抢购他的蓄电池，但是他拒绝再售出任何一块，又历经了5年的反复研究实验之后，他终于达到了自己理想的目标。

那些令常人陷入绝望的困难只能燃起爱迪生的斗志，坚定他获得成功的决心。如果一件事情一种办法行不通，他就会想其他的办法，必要的话，他会想出5000种、1万种甚至2万种办法。他把植物学家、矿物学家、化学家、地质学家和其他一些人派到地球上那些遥远的未开化的角落，去寻找适当的纤维和其他稀有的化学材料，这位不知疲倦的实验家认为这些材料可能正是他实验中不可或缺的一个环节。比如说，一名专家走遍全球就为了寻找一种竹子，当时正在研究白炽灯的爱迪生认为，这种竹子的纤维或许就是适合用来做白炽灯灯丝的材料，与此同时，另外一些专家对南非这个重要的地方进行了一番密集搜寻，希望能够找到更好的材料。

是爱迪生，将发明定义为：以明确的方式成功实验，最终取得成果。

他最伟大的成就并不在于他孕育了多少新的构想，而在于他实现了别人想到却无法做到的事情。爱迪生是实干家，不是空想家。当然，爱迪生也有过梦想，但是他是因其所为而出名，而不是因其所想而出名。

电报和电话并非爱迪生第一个想出来，他也并不是电灯的发明者，电气铁路也不是他首先想到的，其他人也做过类似于电影的玩意儿，把人类的声音记录下来再重新播放出来也不是出自他的脑海，他也并不是第一个想到要把电能储蓄在电池里的人。

但是，没有爱迪生，我们今天的生活就不会享受到这些额外的进步带给我们的好处。在实现这些目标的整个过程中，他的思想是锐利的，他的双手是强有力的。在这一点上，其他人失败了，而他却成功了，其他人只提出了想法，而他却将想法变成了事实。在他之前和与他同时代的人们沿着一条错误的道路前行时，爱迪生却通过自己无止境的勤奋、无可比拟的内省和洞察力以及他无人能及的知识，寻得了一条正确的道路，并且沿着这条道路不懈地、义无反顾地前行，年复一年，如果有必要，他会每天工作20小时，每周工作7天，为自己的事业不惜牺牲掉自己所有的金钱。他的知识有一部分是来自于本身就熟悉的领域，但大多数都来自于他明确的调查、实验和经验。对于爱迪生来讲，在实现一个目标的过程中，时间并不是问题，10天、10个月或者10年又有什么关系呢？最后的结果才是最重要的。

对于失败，他有自己的哲理，这套哲理适用于每个人。在尝试了几千次，花了几十万美元，很明显地浪费了几年宝贵时间之后，如果唯一的回报却是失败，他并不抱怨，也不沮丧。当他的助手们认为他或他们所付出的辛劳是徒劳并为此而感到难过时，爱迪生就会很严肃地告诉他们："我们的工作并不是徒劳无益的。在实验中，我们学会了很多东西，我们为人类现有的知识又增添了新的内容，我们亲自证明了这件事行不通。这难道不是有价值的事情吗？现在，我们开始做下一件事。"

这就是爱迪生。现在和未来有那么多大大小小的事情大声召唤着我们，等着我们去完成，所以，不要浪费时间和精力感伤过去。要向前看，不要向后看。

不久前，一位部长问了几位成功的人："战胜诱惑最好的武器是什么？"爱迪生回答道："在这些事情上，我没有任何经验，我甚至抽不出5分钟时间去想任何有违于人伦道德或法律的事情。如果非得让我勉强去猜测一下怎样才可以使年轻人摆脱各种不良诱惑，那我的答案就是找点事做，努力去做，这样的话，各种诱惑就没有了容身之地。"

爱迪生简直就是在夜以继日地工作。每当他的事业到了最关键的时刻，每当一种装置的发明、生产和安装需要他付出全部的精力，需要他投入全部的时间，他会持续几周不在床上睡觉，要是实在太困，他就在地板上躺一会儿，拿一本书当枕头，或者蜷缩在他的推拉式写字台上，或者躺在一大堆实验材料上。

有人见他不停地工作，曾经劝他不要把全部精力都放在工作上，也抽点时间放松一下、娱乐一下。就在前不久，爱迪生给出了回答："我已经做好了计划安排。从现在起到75岁，我打算用工作充实自己，但是，我不会再像以前那么拼命了。我打算在75岁时穿起带有时髦纽扣的花哨马甲，再穿上高筒靴；80岁时，我打算学着打桥牌，对着女士们说些傻话。85岁时，我打算每天晚上都穿好一整套礼服进入正餐，90岁时……哦，我从来没有为30年后的事情做过计划。"

发明家多以古怪而著称，爱迪生也不例外。他有25年的时间从没进过裁缝铺，也没有定做过一套衣服。在1900年之前的一段时间里，他一度被一个裁缝说动，去店铺里量体裁衣，于是接下来的每一套衣服都由那个他称之为"巧舌如簧的裁缝"来负责。

他有可能会在隆冬时节穿着夏天的浅色西装进入实验室，但是，他绝不会冻死，因为爱迪生先生很聪明，他会想办法在西装里面再穿上三四层内衣！据说，爱迪生还接受了一个外国封号，代表远渡重洋来为爱迪生送上这份巨大的荣誉，而爱迪生此时的形象却是一片狼藉——他几乎是赤膊上阵，手上脸上全是污垢和油脂。对于他的同事来讲，要想劝说爱迪生亲自去接见来访者需要顶着非同小可的压力，需要费一番脑筋才能说动他，在重大的实验中，爱迪生实在是太投入了。

去年，一所大学授予爱迪生法学荣誉博士学位，可这项活动不得不通过电话进行，爱迪生忙于实验，实在是无法抽身亲自去接受这份荣耀。英国一所著名的大学宣布要授予爱迪生学位，但是，他不肯牺牲太多的工作时间，漂洋过海前往英国参加庆典活动，最后，该提议不得不被撤销。还有一次，作为大奖的获得者，他在纽约领取了一块金牌，可是，在回家的渡船上，他却不知道把这块金牌放在哪里了。他对自己这样评价道："我一个人干着两个人的活，更多时候，我应该在家里。"

在法国1889年举行的巴黎百年世博会上，他成为荣誉军团的成员。在这个值得纪念的庆典仪式上，爱迪生没有接受荣誉肩带的佩戴仪式，并主动拒绝了任何类似的东西。他同意将这枚令人眼红的小小徽章别在外套的领子上，但每次见到美国人时，他总要把领子翻下来，这样他们就不会看到这枚徽章了。他的解释是："我不想让美国人认为，我是在炫耀自己。"

爱迪生常常抱怨自己很显然在接待各国来访的领导人和来自各界的名人方面浪费了太多时间。他是一个普通老百姓，他的心也和老百姓更为贴近。或许他收到的最令他感到满意的称颂是1916年在纽约举行的全民备战游行活动期间。当时，老发明家爱迪生走在游行队伍最前端，这支队伍由他在美国海军顾问委员会的同事组成。人们不停地高呼："爱迪生！爱迪生！爱迪生！"当时，他正打算辞去一些行政职务，尽管群众的热情高涨，但是，爱迪生还是决定不再继续出任。对于那些设法要劝说爱迪生停下来稍作休息的人们，他最后只说了一句："人们似乎很喜欢我，但我喜欢这样的生活方式。"他的同城老乡为他欢呼鼓掌，热情欢迎的人群自发地排起了几英里的队伍，这一切都以最直接的方式震撼着他的心。这种来自普通市民真挚的掌声要比世上任何文凭、学历证明以及奖牌的分量都要重。

爱迪生与他的好朋友亨利·福特一样，一直都在追求那些能够造福于大众的东西。这世上还有谁比他为世人带来过更多的舒适和便利，更加丰富了人们的生活？

爱迪生伸出双手，捕捉到了人类转瞬即逝的声音，并让它们永不消失。

爱迪生发明了电影，过去，人们只能眼睁睁地看着生活中一切随时间而消逝，现在，我们可以用电影将它保留、重现，留给后人看，也可以给人以启迪和娱乐。

让人类的声音跨过大陆、越过大洋的电话机也只不过是一个小小的工具，它借助了爱迪生早年在电话技术方面的一些成果。

人类能够在黑暗中照亮这个世界，光明仅次于太阳，这是爱迪生送给人类的另外一个礼物。

爱迪生一直、永远都是为普通人谋求福利的人。他所做的事并不仅仅是些微不足道的小事，比如说让人们享受到了以前未曾有过的娱乐，或者把音乐带给了千家万户，他尽其所能努力的方向，是要发明各种简单而廉价的、用来处理家务活和重体力活的装置，从而减轻美国每个家庭主妇肩上过于繁重的负担。如果他还有足够多的时间——他的家族有长寿史，他承诺，他将在这个领域做出和其他领域同样重要的贡献。

俄亥俄州的米兰，这里因是爱迪生的出生地而闻名。1847年2月11日，爱迪生在这里翻开了生命中的第一页。他的父母是荷兰人的后裔，但是，这些荷兰人已经在美国生活了好几代了。他们的家庭成员因长寿而闻名。托马斯·阿尔瓦7岁时，出于经济原因，一家人来到了密歇根州的格拉蒂奥堡。在这里，爱迪生的父亲从事农业、木材生意和谷物贸易。由于小爱迪生头部形状长得很与众不同，医生便预言他的大脑有问题！在学校里，小爱迪生因成绩差而被老师宣布为"无法清晰思考"。到了第3个月，爱迪生因"太笨了，接受不了老师讲授的内容"而退学。这就是爱迪生所接受到的全部的正规学校教育。从此以后，爱迪生的老师就由他聪明的妈妈来担当。

他做过许多稀奇古怪的事情。6岁时，有一次家里人到处都找不到他，最后发现他坐在几只鹅蛋上，打算把它们孵化出来。他曾在谷仓里点起一堆火,然后看着它熊熊燃烧起来,因此,他在村里的广场上,公开挨了一顿皮鞭,以警示其他男孩。他有一根手指断掉了一半,还有一次几乎被淹死,10岁时突然对化学发生了兴趣,他让另外一个男孩吃下大量沸腾散(一种轻度泻药),因为他觉得腹部产生出来的气体会让这个男孩飞起来!所有这一切,连同他尝试去孵化鹅蛋,可以算作是他人生最初的实验。还没到11岁,他就把自己家的地下室当成了实验室,收集了各种危险的和精彩的化学物品。为了确保别人不碰这些东西,他在200个瓶子上都标上了"有毒"。

接下来,他开始和另外一个男孩耕种自己父亲的10英亩农场,有一年出产的农产品卖了600美元。他在往返于休伦港和底特律之间的列车上卖报纸,他还在休伦港开了两个小商店,由另外几个年轻人负责看管,但不是很成功。然后他又想办法安排报童在其他列车上兜售他印刷的报纸,以增加销量。正如戴尔和马丁在《托马斯·阿尔瓦·爱迪生的生活》中所描述的那样,只有他的勤奋才可以和他的雄心相比肩。这是一本很优秀的作品,爱迪生早年的一些故事均来源于此。

他利用列车上一节不通风的车厢建起了一个实验室。这节车厢是专门为吸烟的旅客预留的,可是,乘客永远也不会去使用它。接着,他又在列车上安装了一台印刷机。实际上,《先锋周报》从搜集资料、撰写再到排版和印刷等一系列工作都是在列车上进行的,每周的销量能够达到400份。伦敦《时代》周刊的一篇著名特写曾这样描述:"这是有史以来第一份在完全运动着的列车上印刷的报纸。"他的创造力在许多方面都得以显现。内战期间,他买通铁路电报员为每一站发送情报,宣布当天最为敏感的事件,这样一来,沿途每到一站,都会有一大群人在那里等候"消息人物"爱迪生带着他的报纸出现。偶然的那么几次,他的报纸还能卖出个高价来。他的实验室进行得也很顺利,直到有一天,车厢突然严重倾斜,一条三价磷掉在地上,着火了。

一个印刷所的学徒劝说爱迪生把他的出版物改名为《保罗普莱》,里面增加了一些遭人指点的闲谈非议,结果导致一个受害者将这位涉世未深的年轻编辑扔到了河里。《保罗普莱》没过多久也就销声匿迹了。爱迪生在底特律度过了一段为时不短的时光，在这期间，他利用早晨和晚上不在车上的时间，如饥似渴地阅读底特律图书馆的书籍，这对他的文字撰写能力起到了很大的帮助作用。他的方法是不加区别地依次阅读每一排书架上的每一本书。

他的化学实验带领着他开始向电讯方面着手。他和他的一个好友在他们两家之间架起了一条电线，两个人可以自由地彻夜长谈。后来，一头走失的母牛扯断了这条电线。爱迪生还勇敢地将一名儿童从铁轨上抱走，从呼啸而来的火车车轮下救了他一命。孩子的父亲是当地车站的站长，为了感谢爱迪生，这位父亲主动提出以少量的收费教爱迪生电报技术。连续6个月来，他每天工作18小时，终于能够熟练地将电线从火车站架设到一英里外的村庄里，因此他被任命为休伦港的电报操作员。由于他常常忙于做实验而导致一些消息没有发送出去，他的许多服务工作没有做到位。

爱迪生在1863年的那次工作变动具有重大的意义。他在加拿大附近的大干线铁路斯特拉福特枢纽站找到了一份铁路电报员的工作。但是在这里同样是他的那些实验给他带来了麻烦。值夜班的电报员每隔一小时就必须向主管发出一个"six"的信号，来证明他们没有睡着。爱迪生马上就发明了一种装置，让它每隔一小时就按要求敲击出一个信号，这样，他就可以在值夜班的时候舒舒服服地打盹了。一天晚上，一列火车被允许通过，而此时另一列火车正沿着同一条铁道从相对的方向开过来。尽管爱迪生发疯般地想尽一切办法给火车司机发信号让火车停下来，然而一切都是徒劳，顷刻之间，两列火车相撞出轨。接下来的5年里，他成了一名四处流浪的电报员。

有时，爱迪生几乎处于饥饿状态。然而，他的发明天赋总能够不时地为他救救急。有一个办公室里鼠患成灾，爱迪生就弄了一台小装置，让老鼠成批触电而亡。然而，报纸上刊登了一则用类似方法电蟑螂的消息，爱迪生便立刻遭到了解雇。但是，一项更了不起的发明就在这段时间里孕育成型了，它能使点和线段以低于发送的速度记录在纸条上。一年后，爱迪生顺藤摸瓜发明了电报机。

他一度在波士顿漂泊，在那里，他买下了法拉第的全部成果，并将自己投入到艰辛的实验中。爱迪生于1869年7月1日获得了第一项专利。那是一种能够让国会在一瞬间统计并获得投票结果的方法，这种方法是让每个投票的人按下装在自己桌子上的按键。他带着这个自豪的发明满心欢喜地去了华盛顿，本想着能受到热情的接待，哪想到却带着失望离开了。他被断然告知，这种投票时间短暂的方法应该用于阻碍对方会议的进程，给对手造成威胁的场合。这段最初的遭遇让爱迪生决定，从今以后所花的精力应该只限定在那些需求广泛、受人喜爱的方面。

在波士顿期间，爱迪生制造了一个股票行情自动收录机，开了一家小小的股票行情报价公司。也在公司之间采用了电报技术，这种技术非常简单，每个人都能理解和操作。

爱迪生1869年第一次去纽约的凄惨情形和后来1916年去纽约参加全民备战游行所受到英雄般的待遇真是天差地别啊！

刚离开波士顿那阵子，他的生活非常艰难，他不得不将他的书籍、实验器具等物品租出去才免于陷入债务。他坐船刚来到纽约时，没有买食物的钱，只好挨饿。看到有人分发一种试尝的茶点，他讨了一些来，这就是他来到纽约的第一顿早餐。

3天后，爱迪生正在黄金和股票电报公司的大厅里，观察黄金行情自动收录机的工作情况——那个时候，黄金正被人们炒得火热。突然，几个年轻人冲了进来，情绪紧张地说，他们老板办公室里的黄金行情收录机坏了，公司的领导劳斯博士也气喘吁吁地进来了。整套设备都坏了。爱迪生冷静地告诉劳斯博士，他或许能修好。一切处理完毕后，劳斯博士既感激又吃惊地看着这个从没见过的小伙子，问他叫什么名字。第二天，派人调查了他的情况后，爱迪生被安排负责管理整个公司，月薪为300美元。当这个饥饿的、身无分文的、失业的电报员突然听到自己能赚这么多钱时，几乎晕了过去。

在这个新的环境下，爱迪生寻找机会发挥自己的聪明才智，他改进了行情自动收录机,研究出了许多新的专利产品。同时,他还组建了一个公司,名叫"波普—爱迪生公司",并且开始为西部联合电报公司做着重要的工作。当西部联合的老总打算要购买爱迪生的一项专利时,问他多少钱的出价才算合理,爱迪生鼓足了勇气想要5000美元,但是,他又觉得这笔数目太大了,没勇气说出口。

"4万美元怎么样,能成交吗?"他问爱迪生。

爱迪生本来就耳背,这下子更没法相信自己的耳朵了。他拿到了一张4万美元的支票,但却不知道该怎么办。最后,他拿着这张支票来到了支票的开户行,把这张未经背书的支票往柜台上一放,看到底会发生什么。他甚至怀疑西部联盟的行政部门是不是在耍什么花招,拿4万美元的支票和他开玩笑。当然,银行出纳员不会将这张支票给他兑现,他不认识爱迪生。他又一次去了西部联盟办公室,这次,一个办公职员和他一起返回银行为他证明。与此同时,银行的出纳员也提前得到了消息,用小面值的现金支付给他4万美元,爱迪生将这些钱打了一个大大的包裹,扛着它,好不容易回到了家中。他没有保险箱,为接下来可能发生的不测而提心吊胆。然而第二天,他们还是对爱迪生表示了一点同情心,告诉他如何在银行开设账户。

有了这笔资金后,他在纽瓦克开了一家自己的工厂,他声称,自己不是那种把钱锁在保险柜里的人。他很快雇用了50名工人生产自动收报机和其他一些仪器。他生意兴隆,工厂的工人两班倒。爱迪生担当着这两班工人的工长,不分白天黑夜地工作,有时只能在店里不起眼的角落里睡上半小时。从这里他正式踏上了发明的漫漫征程,开始了自己的发明生涯。在他早期的专利中,以自动电报机最为出名,这种机器能够在一分钟内接收和发送3000个字,并用罗马字的形式将它们记录下来。他还发明了打字的机器,并且把它发展成为现在人们普遍使用的雷明顿打字机。1873年,他去往英国推广自己的自动电报机和四路多工电报设备,他在这套设备上投入的时间和实验比预期的更多。油印机是他在19世纪70年代的另外一项成果。在爱迪生的工厂里,同一时期内进行着

45项发明的研究,到了这个时候,他已经开了5个商店。

他早期的账务系统至少是新颖的,但是同他的创造能力比较起来,似乎还欠缺了些。所有的账单无一例外地被放到同一个账目里,一直到最后期限才把它们结算清理。每当催账命令到来时,爱迪生就会连同税款一起付清,然后,把这笔账再转入另外一个栏目。对待税务征收,他也是采取同样的方法。但是在一次偶然的机会里他得知,有一项税款必须在规定的日期偿付,否则会额外征收税额的12%,这笔数目还不小呢。于是,在规定日期的最后一天,爱迪生排到了长队的尾端,等待缴税。但是,当他走到收款员的面前时,他的脑子里净是些其他事情,他情急之下竟然忘了自己的名字。由于在短时间内实在是无法记起自己的名字,爱迪生只好又一次来到了队伍的末端,还没等他排到收款员面前,人家下班了,结果,他只好再付额外征收的税款。

西部联盟公司花了10万美元的巨款买下了爱迪生著名的碳粉电话送话器,从此,他便开始同贝尔公司长期共事。爱迪生很清楚自己不善理财的弱点,于是就同贝尔公司约定,这笔钱以每年6000美元的形式分17年付清。爱迪生的这个安排足以让西部联盟公司的人兴奋得跳起来,因为每年支付的钱实际上仅仅是这一大笔钱的利息而已。又过了一段时间,当西部联盟出价10万美元购买他的另一项专利自动复记电报机时,他又重蹈覆辙,再一次上演了他安排事情方面糟糕的一幕。这样一来,西部联盟电报公司同爱迪生做生意时,几乎没有付出任何代价,因为爱迪生公司彻底地将这些发明卖给了贝尔集团,其中包括了一些专利技术数额巨大的重复使用税。英国一个集团通过电汇的方式购买他的一部分仪器,出价为"3万"。爱迪生欣然答应,对这个价格感到很满意。然而,当这笔钱到来后,他收到的并不是预期的3万美元,而是3万英镑,相当于15万美元!

留声机是他早期从事并投入使用的最著名的发明之一。他于1877年生产的这部留声机现为英国伦敦南肯辛顿博物馆里珍贵的展品之一。当爱迪生的工人们听说这个手摇的小圆筒能够重现人类的声音时,他们表示出绝对的怀疑。爱迪生喜欢开玩笑，所以他们肯定，这一次一定又是他在耍什么花样，声音一定是别人模仿出来的。一直到他们将这个小小的机器仔仔细细地检查了一遍，确信并没有任何电线将它同其他装置连接在一起，确定附近并没有藏着口技师时，他们才最终接受了这个令人欣喜若狂的事实——他们的头儿刚出手就射中了靶心，拿下了历史最高分。

然而，爱迪生在正式将它投入商业使用前，又花了10年的工夫去改进它，这也正是爱迪生的做事方式。在整个过程最后的几天里，爱迪生整整五天五夜没有睡觉。

爱迪生最艰难但或许也是最有成就的一个阶段开始于19世纪70年代后期，现在，他在这个领域的劳动成果已经发展到了雇用几十万名工人，拥有几亿美元的资产。当然，我是指他的一整套完整的对电力的生产、管理、度量、配送系统，这套系统为照明、加热和动力提供了来源。在研发白炽灯的过程中，爱迪生为了找到适合的材料，将这个世界翻了个底朝天，为了找到灯泡内部理想的灯丝材料，他测试了从世界各地找来的6000多种植物。刚开始，他使用的是一段经过碳化的棉线，后来发现某种竹子的纤维效果更好，但是到最后，所有的含碳的纤维都被金属丝所取代。

爱迪生于1882年9月首次在纽约珍珠街发动建设第一个电力照明厂是一项艰巨的任务。它不仅涉及要建造以前从未有过的新型机械和设备，而且还包括电缆的架设、寻求能够稳压和分流的方法和设备、说服人们同意安装这种未经测试的发明、解决以前从未碰到过的上千种问题。在我看来，电灯在经过了20多年的使用后，人们已经对它非常熟悉，因此，一切与电灯有关的事情在今天看来都是情理之中的事，然而在当时，这项任务的艰巨性是今天我们每个人所无法理解的。截至1882年年底，纽约仅仅有225座建筑架设了电线，其中就包括J.P.摩根的办公楼，摩根是爱迪生的崇拜者和支持者之一。对于那些敢于让自己的家受到这种"神秘的、随时有可能着火或爆炸的电线"的威胁的人，3个月的免费供电是送给他们的奖励。

有关多项电弧系统、能够节约60%的铜消耗量的二项三线制的研究过程、不顾所有人的反对和无视引入中心定位系统、电表的发明用来测量电流的消耗量，所有这些将人类一步一步带入新的时代的故事都是引人入胜的，由于篇幅有限，在这里就不再做大概的讲述了。在这里我们只需要说：托马斯·阿尔瓦·爱迪生在这个领域的成就使他成为这个时代最伟大的发明家。

接下来，对电气化铁路的实验吸引了爱迪生大部分的注意力。他将铁轨用作电路的一部分，因而产生了神奇的结果。他分别于1880年和1882年在新泽西的门洛帕克铺设了电气化铁轨，后来，门洛帕克成为他的总部。它吸引了来自全世界的铁路修筑人员和工程师，但是某种程度上，他们并没有像爱迪生那样很快感觉到了这个领域迅速发展的可能性。

爱迪生所遭受的最惨痛的一次经济损失是他在新泽西州开设的中途放弃的磁力选矿厂。他的合伙人对此是这样评价的："这是我所见过的爱迪生投入最大的一次实验。"这次实验的终止主要是由于美沙芭地区发现了大量的稀有矿藏资源，爱迪生失去了全部的财富，而且还背负着一大笔债务。他的一些合伙人悲痛欲绝，但爱迪生却没有被打倒。"就我个人而言，"他说了一番富有哲理的话，"我可以在任何时候去当一名月薪为75美元的电报员，这些钱可以满足我的一切个人需求。"这番话表明了他简单的生活模式，让人深有感触。

紧接着是爱迪生具有划时代意义的对水泥生产的投资。到了后来，凡是美国出产的硅酸盐水泥，有一半都是出自爱迪生的工厂。一天当中，几乎是24小时爱迪生都在亲自为自己的第一个水泥厂做详尽计划，这些计划加起来总共有半英里那么长，一个专家这样评论他的工作业绩：这是人类的大脑在一天内所做出的最令人叹为观止的工作。从生产水泥再到水泥厂大批量生产是一个必然的阶段，但是，爱迪生却认为它仍然处在发展的初期。

在他后来几年中，蓄电池、无线电设备、爱迪生—西姆斯鱼雷以及其他一些潜水艇设备的发明，对留声机、电话记录仪的改进，有声电影的发明，各种家用电器的发明都花费了爱迪生这位发明大师的时间和天赋。在最近的两年中，海军问题一直是他重点关注的问题。眼下，爱迪生传递给我的信息是："我正在日日夜夜为我的萨米大叔而工作。"

威尔逊总统在他送给爱迪生七十大寿的生日祝辞中这样写道："在自然面前，他似乎一直都充满自信。"如果真是这样的话，那也是因为他比其他人工作更努力、更勤奋，才能够探求到大自然的更多秘密。他的成功从来都是来之不易的。

尽管爱迪生给予这个世界的，要比他这一代人中的任何一个人都要多，但是，爱迪生却不是最富有的。他并不是亿万富翁，他也从来没想过要成为亿万富翁。他吃的和睡的同样少，用他的话说，能够让他一年年下来一直保持相同的体重（约175磅）就可以了。他着装简单，从不考究，他吸烟，并且咀嚼烟草，但这是他唯一的嗜好。一直到最近他都没有沉浸在任何休闲娱乐活动中，唯一的娱乐形式就是巴奇游戏。但是，他现在开始学开车，通常由他的妻子或一个孩子陪伴。

有时，我们听到有人这样评价："爱迪生不是基督徒，他是无神论者。"关于这件事，还是让爱迪生自己来说吧："我这么多年来一直都按照大自然的发展过程办事，因此我不再怀疑一种智慧的存在，这种智慧以更强大的力量支配着这个世界，我所做的一切根本无法与之相比。"

尽管爱迪生在生命的旅程中已经走过了70年，但是，他的头脑仍然充满睿智，他的右手仍旧是那么敏捷。他的职业生涯还没到画上句号的时候。

有人问他："有这么多事情还尚未完成，你不觉得遗憾吗？"

他回答道："遗憾又有何用？人的一生是有限的，我正在努力完善我所建立起来的事业。"

这些事业给了他的同胞相当大的就业机会和生活来源，给每一个文明的市民带来舒适、便利、娱乐、教育，丰富了我们每一个人的生活。

詹姆斯·A. 法雷尔

詹姆斯·A. 法雷尔，美国钢铁公司总裁，是世界上首位将一家公司发展为10亿美元规模的总裁，被誉为"美国钢铁出口贸易之父"。

他是全球最大、最著名的钢铁公司的总裁，而他的出身只是一名普通的工人。

今天，他是全美国支柱行业中的最高管理人员之一。

在我认识的所有人中，美国钢铁公司总裁詹姆斯·A. 法雷尔是对自己的行业最精通的人，无论是从实践方面、理论方面，还是从细节方面、总体方面，他大脑里储存的各种与钢铁有关的知识要比这个世界上任何人都多。

他不仅知道如何炼钢，他不仅在生产钢铁产品的每一个步骤中都受过实际训练，他还是有史以来为美国产品出口做出过最大贡献的人。早在其他人尚未开始讨论美国对外出口产品的重要性之前，詹姆斯·A. 法雷尔就早已日夜兼程地穿梭于七大洋之间，为美国的出口贸易开辟了先河，那个时候发展起来的市场为今天全美国的妇女和企业要创造年均几百万美元的财富。他也因此以"美国钢铁出口贸易之父"而闻名于世。

法雷尔先生保持着为美国产品赚取外贸订单数量之最的纪录。他是美国历史上最伟大的国际贸易商人。

他是那么的谦逊和低调，很少谈起自己和自己的成就，直到7年前，报纸上刊登了他被任命为美国钢铁公司总裁的消息，并将他的名字向全世界公布时，他才进入公众的视线。"法雷尔是谁？"公众和报纸纷纷发问。各种报纸封存的档案被人们都寻遍了，但是仍然一无所获。《美国名人录》和其他一些收录知名人士职业生涯的出版物里也没有任何记录。

即使是在今天，詹姆斯·A.法雷尔除了被钢铁行业的人熟知外，也并非尽人皆知。关于他，下面有几件实事，这些均为事实：

他在很小的时候就开始训练自己的记忆能力，而且一生中都在严格遵循这个方法，因此，他无可厚非地成为美国商业界记忆力最好的人。

作为一名工人，尽管他每天要在线材车间工作12小时，但他仍然坚持每晚进行系统的学习。14个月之后，他成为一名机械师，并被提升为负责300人的工长，那时他还未满18岁。

他还在上小学的时候，就跟着自己做海员的父亲一起去远航过几次，从那时起，他就对异域的土地产生了浓厚的兴趣。现在，他对国外很多地方简直就像对匹兹堡或纽约一样了解，他被人们戏称为"世界地名活字典"。

他在航行、轮船的航线和航道、如何能够以最佳的方式将货物从一个地方海运到另一个地方等方面的知识无人能及，因此，他的绰号就叫"美国劳埃德船级社"。在和平时期，他能够说出每天往来于海面上来自全世界几百艘船只的用途和种类。

法雷尔先生比一般美国人早20年意识到将美国产品销往国外的重要性，他勇敢地面对着足以令常人崩溃的障碍，单枪匹马地开展了为美国钢铁开辟海外市场的运动，并在战前建立起了每年近一亿美元的出口业务，这是一项无人能够打破的纪录。从那以后，每年的贸易额总量成倍增长。

作为美国的第一任对外贸易部部长，法雷尔先生在帮助美国制造商扫清障碍，进入海外市场方面做出了无可估量的贡献。

在美国政府对美国钢铁公司提起诉讼，长达9天的审查过程中，法雷尔先生没有借助任何参考材料，回答了成千上万个常人所无法想象的问题，他令在场的每一个人都吃惊得目瞪口呆。在许多情况下，他的回答涉及了一些带小数点的数字，比如说平均值、最大值、最小值等，然而，这位证人轻而易举地把它们从记忆里找出来，就好像眼前有一本书一样准确无误。

当他来到公司的车间和矿井时，他能叫得出几百名工友的名字，偶然间甚至还能碰到一两个在他也是一名工人或技师时，曾在矿渣堆旁和他坐在一起，但从那以后再没见过的工人。

据他的同僚们说，他同时可以做多件事情，这可真是一种不可思议的本领，比如说，他一边接电话，在完全接受对方的信息的情况下，一边还可以阅读呈递给他的信件或报告，进行思考和决策。

他已经阅读了每一本已出版的有关钢铁行业的书籍，而且还阅读了许多关于其他国家历史和现状的有价值的文集。他在这一方面的藏书不亚于任何人。当电力日渐成为钢铁加工生产和运输的可能因素时，他花了1500美元筹建了一个完全是电学方面的图书馆。

尽管他知识渊博，在钢铁行业中占有独一无二的地位，担任着一个拥有28万工人的公司总裁，但是，詹姆斯·A.法雷尔仍然是当年那个吉姆·法雷尔，仍然像第一次在线材车间里吹着口哨时那么民主，仍然像一个工人那样勤奋工作。

6年之前，在那些艰难的、物质化了的日子里，人们的工作环境往往充满了紧张、压力和冷漠。然而，在纽约市中心的摩天大楼里却上演了一幕与这种常见的情形完全不协调的场景。

几百名工作人员，有男有女，将他们的一个同事团团围住，献上了对他的一片热爱。他已经接到了提升命令，同事们纷纷前来向他表示祝贺，祝他一切顺利。他们都感到很开心，一直到他发表上任演说的那一刻，人们才知道，道别的时刻来临了，这位昔日的好同事马上就要离开这里了。

先是一个负责速记和接电话的女孩开始呜咽起来，接着，在两分钟的时间内，在场的所有人几乎都落泪了，这些眼泪充分证实了人们对他的一片真挚的感情。

这些员工就是美国钢铁产品公司的雇员，而这位先生就是他们的负责人詹姆斯·A.法雷尔。他已经得到了提升，从纽约分公司总裁变成了拥有几十亿资产的总公司总裁。

在美国政府对美国钢铁公司进行调查的那段日子里，法雷尔先生一天天地站在证人席上，各大报纸的记者把他描述成为一台机器而不是一个人，在他肩上扛着的不是一颗人头，而是潘多拉的盒子，里面装满了各种超越了正常范围的数字和知识，他永远像斯芬克斯一样的面无表情，说话的时候几乎看不到明显的嘴唇运动，他简直就是一尊雕塑，而不是一个活生生的人。"一个只有理性没有感性的人"是外界对他的写照。

然而实际上，法雷尔先生却有着一颗热忱的心，只不过他不会那么明显就表现出来，他没有前任总裁查尔斯·施瓦布那样具有征服力的笑容，在会见或欢迎任何人的时候，他都不会有太过热情的寒暄，这个社会流行表面的客套，可他一点儿都不受影响。

一项经过认真调查研究的分析表明，詹姆斯·A.法雷尔是一个极具同情心的人。他的一个法国好友说他的同情心已经超过了正常的限度。他对人性的了解和对钢铁的了解一样透彻，尽管一直以来，他在发展美国的钢铁工业方面的兴趣要大于其他任何人，但是，他却更加关注如何提高和改善那些在高炉前挥汗如雨的工人们的生活状况。他长期为美国钢铁寻求国外市场并没有影响到他为改善美国工人的生活状况而努力。实际上，自从他作为一名年轻工人进入线材厂以来，美国钢铁厂的情况就开始发生了革命性的变化，这一切在很大程度上都是法雷尔先生一直以来努力的结果。

或许，他与生俱来的爱尔兰式幽默使他能够在国内外成功地迎接挑战、直面对手。身为一个每年产值几十亿的钢铁公司的总裁，肩上巨大的责任并没能改变他对幽默的追求，也没有影响到来自法雷尔内心深处的那份童真。休假时候，尤其是当他去海边游泳、去骑马或者自己驾船出海时，他喜欢与家人和朋友开玩笑。

让我们从头来回顾一下法雷尔先生的职业生涯吧。

詹姆斯·A. 法雷尔1863年2月16日出生于美国康涅狄格州的纽黑文。在当地的学校读书时，他对地理学产生了浓厚的兴趣，他学着按照记忆画地图，并且能够正确地标出重要的城市、港口和河流。他努力地记住自己学过的每一样东西，这使他本来就很好的记忆力更加优秀。法雷尔家族几代人都是远航出海的船员，当詹姆斯还是个孩子的时候，父亲就带他航海旅行过几次。异域的风光更加激起了他对地理的热爱。

有一天，老法雷尔的船（他既是船长也是船主）从纽约港出发后就再无音讯。

他的大学梦就这样随着船的消失而破灭了。最终，他没有进入大学，而是进入了一家线材厂当了一名工人。尽管他只有14岁半，然而他结实的身板儿和良好的健康状况却能够令他担当起一个成年男子的工作，他从来没有被体力活难倒过。每天12小时的体力劳动也没有减弱他对学习的热情，在工厂里度过整整12小时后，他回到家里就立刻投入到书本知识的学习中。他虽然年纪小，但是他却很喜欢拿东西做交换，也喜欢参与到其他一些少年的交易事务中来。他当时的理想是做一名销售人员。

他一边做着一名普通工人的工作，一边寻找机会做一名销售人员，14个月后，他得到了一次提升机会，成为一名技师。在这个岗位上，他学会了拉制各种规格的钢丝，从头发丝那么细再到纤绳那么粗。不到20岁，他离开了纽黑文线材厂，以拉丝专家的身份去了匹兹堡奥利弗线材公司，在他有权投出第一张选票（具有公民权）之前，他已经是厂里领导着300名工人的工长了。

然而这次，他却日日夜夜努力要成为一名销售人员。他除了掌握拉丝工艺中的每一个技巧之外，还刻苦学习钢铁工业中其他分支行业的知识，而且还通过系统的学习提高了自己的总体文化水平。23岁时，他达到了自己设定的目标，他的公司任命他为负责整个美国业务的国内销售人员。

他理所当然地获得了成功。实际上他非常成功，3年以后，宾夕法尼亚布拉多克最大的匹兹堡线材公司就任命他为销售经理。他的办公室设在纽约的总部大楼，这一切让他有机会碰到钢铁行业其他一些有影响力的人物，同时也增加了他的见识，开阔了他的眼界。

在这里，他又一次做出了非凡的成绩，年仅30岁时，他就成为整个公司的总经理。

"他能够成为一名成功的销售人员背后的原因就是，"一个了解他的人说了这样一番让我印象深刻的话，"他对从铁矿算起的整个行业有一个彻底的了解，所以，他不仅仅能够详实地介绍自己的产品，而且还能根据客户的目的和用途向客户提出良好的建议，告诉客户哪一种产品最适合他们。他并不采取当时颇为时尚的方式同客户建立起业务关系，他既不会带领客户去沙龙，也不会带他们去酒吧，然后通过饭局签订合同。他是个滴酒不沾的人。他甚至不是一个很好的交际家。他不是通过能言善辩，而是以更实实在在的东西来赢得客户。他是一个能带给你惊喜的陪同者，他的爱尔兰智慧总是源源不断，那些思想正统的人发现他是一个非常好的谈话对象，因为他阅读广泛，知识渊博。他是一个名副其实的超级推销员，他对产品的了解程度要多于90%的生意对象对产品的了解。他还因自己的直率而出名。吉姆·法雷尔的话是靠得住的。"

法雷尔先生并不像许多美国人那样，把目光仅仅局限在美国境内。从孩提时代起，那个光着脚丫在父亲的船的甲板上蹦蹦跳跳的小家伙就已经知道，在大西洋的彼岸，还有着很广阔的一片世界，他也知道太平洋海岸和南里奥格兰德。他被选为匹兹堡线材公司总裁时正好是1893年大恐慌那一年，钢铁行业正处于疲软时期，所以，他上任的头一年险些就成为一个糟糕的总经理。谁也不会买太多的东西，该怎么办呢？多数商人在这种情形之下显得毫无办法，只能找借口听天由命，"我们只好等这场危机过去，一切恢复正常再说。"

法雷尔不会以这种方式等着订单自己找上门来，他会去主动出击寻找订单。这个时候，他已有的知识起到了帮助作用。此前，他对国外许多国家已经进行过认真的研究，掌握了和这些国家有关的大量内部信息，比如说，支柱产业有些什么，对钢铁的需求量有多大，关税是多少。

他立刻开始对国外市场展开了强有力的进攻，截至12月31日，他已经将一半的产品销往了国外市场。这一业绩已经在钢铁贸易行业被人们传为佳话。

连续3年来，法雷尔就住在布拉多克距工厂几步之遥的地方，许多时候，他都会在半夜时分被人们叫起来，去处理工厂里的一些突发事件。他对待工厂就像母亲对待孩子一样细心呵护，工厂自然而然就会茁壮成长。他在任的6年间，公司虽然没有注入任何追加资本，但是其资产却扩大了3倍。

1899年，公司的股权被约翰·W.盖茨和其他几个人购买后，重新成立了美国钢铁线材新泽西公司。新公司海外销售代理的职位自然就落在了法雷尔先生的头上。1901年，美国钢铁公司成立后，美国钢铁线材公司变成了它的一个重要的分公司。法雷尔先生又一次以全票通过的结果被选中，为这个巨大的钢铁企业发展海外市场。公司选择法雷尔先生来负责这项艰巨的任务是必然的，他作为对外贸易的大师，已经彻底地将其他人远远地甩在了后面。

为了将子公司的一切海外市场活动协调化，1903年，美国钢铁制品公司也被合并，由法雷尔先生来出任总经理。他在这里取得的卓著的成绩为美国的对外贸易史写下了崭新的一页。

头一年，也就是1904年，美国钢铁公司及其子公司的海外销售总额为3100万美元，到了1912年，这一数字已经超过了9000万美元，1916年时，销售额已创下了超过2亿美元的纪录。法雷尔先生接手时，每年海外销售的成本占到了7%到11%之间，而现在降到了不到1%，他希望最终能够保持在5‰。他在60多个国家建立起了260个代理机构，这些代理机构几乎遍布了全球。法雷尔先生很快就发现，扩大的业务引起了船只不足，于是他建议公司自备船队，额外包租船只。现在，公司自有货船或长期包租的货船为30到40只之间。每年的出口总量为250万吨，平均每两天就装载3艘汽船。美国钢铁公司的货船远赴其他船只从未到过的地区，把其他船商，包括竞争对手的货物也带到了这些地方。经营的产品囊括了一切钢铁制品，从销往中国的特制铁钉，到运往冰岛的铁桥；从运往巴勒斯坦的线材，再到卖给南美洲的三角形天帆，无所不有。

只有那些曾经尝试过开辟新市场的人才能够理解，建立起这样的一个公司需要付出多少辛勤劳动，需要具备什么样的技巧，需要拥有多么大的耐心。如果法雷尔先生不具有非凡的国际运输知识，他今天就不可能开辟出这么多新的贸易渠道。思维活跃的丘纳德·莱恩曾经把法雷尔先生描述成为"一个不小心入错行的好船东"。如果他在前几年没有经历过这方面的锻炼，也不会获得这样好的结果。综合全面的研究加之他令人称奇的记忆力使得他能够对一些复杂的事情进行计算，比如说，每个国家的关税、不同国家的铁路和海运设施及费用以及可能会遭遇到的竞争程度。所有这一切都没有现成的资料可查阅，也不可能不停地往国外发电报去垂询。

据法雷尔先生当时的同事，继他之后的钢铁制品公司的总经理P. E. 托马斯称："法雷尔先生一个人干四个人的活，他好像什么都知道，什么都能记住。他的工作能力强得惊人，在办公室工作一整天后，他会将一大堆公司材料带回家，然后就像他说的那样，在晚上将它们'清理'完毕。他常常一天工作14小时。每天我们都会收到几百封电报和信件，在这一大堆资料当中，他会设法选择出最重要的一部分将它们全部处理消化掉，并且亲自回复很大一部分。他的这种工作方式令人为之震撼。

"当然，我们每个人也很努力为他工作，因为没有谁能够比他更有人格魅力。每个雇员都把他看作一个如父亲般能够依靠和信赖的人，无论是家庭事务还是其他问题，他都能够给你指导，表示出同情。"

当钢铁公司总裁职位空缺之后，对于谁将是最理想的人选人们有稍稍不同的意见，但是，詹姆斯·A. 法雷尔的支持率要高出别人许多倍。他对铁矿的开采、运输以及如何将它转变为铁和钢的每一个细节都了如指掌；他熟知生产各种钢铁产品的每一个过程；他不仅知道如何在国内销售产品，更重要的是，他知道如何能让美国的钢铁产品走向世界。当然，这也是这个最大的钢铁公司中靠人力所能达到的史无前例的目标。

法雷尔还有另外一个能力，他知道如何激励工人，获得他们的忠诚。比如说，有一次，他去视察一个铁矿，主管提醒他，千万不要进入矿井的某一部分，因为顶部的石板有可能会掉下来，很危险。"不是有人在那儿工作吗？"法雷尔先生问道。主管回答："是的。"法雷尔先生答复道："很好，如果有人能够在那里工作，那么我也一定能够进去。"说着，他进了矿井。这件事情传遍了整个矿区，一名记者就此还写了一则报道。当报纸被大量印刷，并引起人们的广泛评论后，法雷尔先生竟然觉得很吃惊，因为他根本就没觉得自己做了什么特别的事情。但是，他从此留给矿工、钢铁工人和其他雇员们的印象却是：成功并没有改变法雷尔先生的品质，他仍然把自己看作是工人中的一员。

在他刚刚被选为钢铁公司总裁之后，一位朋友邀请他去参加一个戏剧聚会。当他们到达戏院后，法雷尔先生说什么也不肯坐在厢内的贵宾席上。他的照片已经被刊登在全国发行的报纸上，所以他担心被部分观众认出来，或被人们盯着看，更别说是和人们侃侃而谈，被簇拥着来到镁光灯下了！

当他偶尔休假的时候，他最喜爱的娱乐活动就是驾驶他自己的船，和他的家人，有时也和几个朋友一起出海。他的大多数慈善活动是为无家可归的儿童提供住所和医院，在这方面，他不是很出名。

当我问到法雷尔先生，他从生活中领悟到了什么，他能够给无数想要获得成功的年轻人传达一些什么经验时，他引用了下面一些内容作为必要条件。当然，他还补充了其他一些理所当然的品质，比如诚实、正直。他说：

"要勤于做事。一件工作无论看起来多么不重要，也一定要把它做好。

"要集中钻研一个行业里的特定领域。

"要培养自己的记忆能力和实践中的想象能力，培养分析情况的能力，以便能够推出新的计划及方法。这也是一种创造力。"

法雷尔先生有一次在接受采访时重点回答了如何才能有强大的记忆能力。这段采访被刊登在了《美国杂志》上，下面是一部分：

"要想开发记忆能力，首先要付出努力，很大的努力。时间长了，良好的记忆力就成了一件自然而然的事情。要有意识地培养将事情记在脑子里的习惯。

"柯南·多伊尔在他的文章中提出了一个很好的观点：必须集中注意力。你的大脑里绝不能有其他没有用的精神垃圾，你必须把注意力全部集中在你感兴趣的事情上，把你不感兴趣的事情全部从记忆中删除。这种记忆清理不仅需要季节性清理，而且每天都要清理，也就是说，为有用的信息腾出更多的记忆空间。

"詹姆斯·J. 希尔可能是美国记忆力最好的人之一，他曾经说过，人们对感兴趣的事情总是记得很快。任何想要在自己行业或者是想在某个专业中获得全面知识的人，一定不能在自己的意识中详尽储存其他的一些事情。比如说，对于钢铁行业，我一直在尽自己所能记住与其相关的所有信息，就像铁矿开采、加工、销售、运输等分支领域。但是，为了在我的大脑中更多地储存业务信息，我绝不会在自己的脑海里保留任何关于政治和垒球方面的详细数据。

"要吸收对你重要的东西。这些东西也就是一切和你所在领域有关的事情。要消除一切无关紧要的、枝节性的东西。这世上没有一个人的大脑会有足够的脑细胞，能够记得住世界上所有学科的详细内容。不要让自己的脑细胞因负担过重而运动缓慢，我们只能把它们用在一些关键的资料上。增加和提高有用的信息的储存量会让你在自己的活动领域中发挥更大的用处。"

我问道:"一个年轻人要想提高自己的记忆能力,要从哪方面做起呢?"

"最能够为良好记忆打下基础的,就是培养一个人的工作能力。好的习惯也能起到作用。粗心大意的习惯往往让人精力不集中,这样一来,记忆也会随之减弱。清醒的头脑对于记忆是必要的。

"一个人的思维能力是随着输入大脑的信息而增加的,这是一个基本的事实。年轻时期是一个人思维和记忆最敏感、最持久、可塑性最强的时候,因此,早期对思维进行正确的训练是尤为重要的。将记忆中没有用处的、成为负累的信息清理出去,其难度不亚于获取新的、更好的知识。事情一旦从一开始没有做好,就全完了,通常我们要为此付出很大的代价。就像这个世界上其他一些值得去做的事情一样,一个好的记忆需要为此付出努力,任何人只要他想要训练自己的记忆力,就必须做好准备为之付出代价。他必须准备好放弃没完没了的娱乐时光,虽然说娱乐并没有什么坏处。在成长的岁月里,他不能总想着让自己带着炫目的光彩,频频活跃在社会或社交圈子里。别人玩耍时,他必须学习。他的阅读内容很大程度上必须限定在对他有所帮助的书籍、杂志和报纸之内,这些内容会帮助他更好地了解或理解自己决定要掌握的业务或学科。他必须最大限度地利用业余时间,绝不能白白将它们浪费。"

美国政府对美国钢铁公司提起诉讼时期,他曾作为证人接受审讯。法官向他发问:"你能否记得在1910年和1912年,美国钢铁公司每一个子公司的对外贸易额分别占其贸易总额的百分之几?"

下面是他给出的回答,这份回答并没有参考任何笔记或数字。

"是的。卡内基公司在1910年占21%,1912年占24%;国民管材公司在1910年占10%,1912年占12%;美国板材和镀锡板公司在1910年占11%,1912年占20%;美国钢铁和线材公司在1910年占17%,1912年占20%;洛兰钢铁公司两年都占30%;美国桥梁公司在1910年占6%,1912年占8.5%;伊利诺伊钢铁公司在1910年占1.2%,1912年占2.4%。"

一个律师这样评价道："那个人的大脑简直就是自动点钞机和计算器的组合。"

法雷尔先生的聪明才智、详尽的知识和解决出口贸易问题上的必要计算，都是通过解决实际问题日积月累起来的，比如说，他能够想办法以极低的成本将货物从纽约运到英国哥伦比亚温哥华，他的成本低到了能够和当地生产商竞争的地步。

欧洲可以以每吨5到6美元的价格发货，而匹兹堡发货的成本为每吨18美元。于是，法雷尔先生开辟了一条新航道，从纽约港出发，途经麦哲伦海峡，在南美西海岸和墨西哥各大港口停靠，最后到达温哥华。

律师问道："这些汽船又是怎样返回纽约的呢？"

法雷尔先生做了如下回答："通过其他的商业活动，我们可以经济划算地让商船周游全世界，从而将美国的钢铁运往英国哥伦比亚。汽船在普吉特海湾装载着煤炭和木材运往加利福尼亚海湾，即运往瓜伊马斯或马萨特兰。然后继续前行到达一个叫圣罗萨里亚的地方，在那里，从一个罗斯柴尔德家族开的伯莱奥矿产公司装载铜锍，从那里再到法国敦刻尔克或英格兰的斯旺西把这些铜矿卖掉。在那里，他们装好货物后，又一次出发穿越大西洋返回这里，准备下一次的三角形之旅。返航时，他们通常装有白垩或其他一些物品。就在刚才，我们从斯旺西运回来一船锡板。"

问题：这些船出航一次往返大约需要多长时间？

法雷尔先生：7个半月到8个月之间。

战后的国际经济情况必然会出现好转，一想到美国最大的钢铁行业公司能拥有像詹姆斯·A.法雷尔这样的领导，我们就深感欣慰。他是我们民族的瑰宝。

亨利·福特

亨利·福特，美国汽车工程师与企业家，福特汽车公司的建立者。亨利·福特是世界上第一位将装配线概念实际应用在工厂并大量生产而获得巨大成功者。亨利·福特不是汽车或是装配线的发明者，但他让汽车在美国真正普及化。这种新的生产方式使汽车成为一种大众产品，它不但改革了工业生产方式，而且对现代社会和美国文化产生巨大的影响。

在过去的5年当中，亨利·福特在整个美国和欧洲的知名度排名中上升最快，对他的负面评价也最多。关于他的个人生活，人们褒贬不一，给予的诋毁和称赞也超过了其他任何人。

他被人们称为最愚蠢也是最聪明的人。

他被人们称为理想主义者和诡计多端只顾自己的利己主义者。

他被人们称为人道主义者和苛刻的工头。

他亲自导演了足以载入史册的"福特和平号船"行动，前往欧洲执行"在圣诞节前解救欧洲于战争水火之中的"任务。这次行动被人们誉为欧洲战争中最崇高的事件，同时也被人们指责为从这个"爱哗众取宠的人"的脑子里冒出来的最幼稚可笑的想法。

他的"工人每天人均5美元计划"大受欢迎，该计划被看作是工业时代一个崭新的更好的开端。同时，它也因其对参与者带来的不利的一面以及对各种经济理念的相悖性而受到了人们的嘲讽。

他的大型工厂已经被人们描述为一个统一化了的模式，他用人们从未想到过的最有创意的发明实现了将人类的劳动机械化。每个工人都被迫在巨大的压力下做着如钟表般准时、快速而又单调乏味的工作。

在有些人看来，他取得的这些辉煌业绩也不过就是用来标榜个人的高明手段而已；而另外一些人则认为，他做的一切是有益的，是单纯从利他为出发点所做出的努力。

有人针对他给出了这样的批评："他装出一副鄙视金钱的样子，却在过去的几年中为自己聚敛了几百万美元，大概除了洛克菲勒，谁也没他赚得多。"然而他的崇拜者却坚信，福特比任何一个现代亿万富翁更不在乎金钱，如何将自己的钱花在有用的地方，他在这方面考虑最多也最为迫切。

许多人认为福特是一个简单朴素的人，而且是最可爱的人；而也有一些人认为他已经彻底昏了头，鬼迷心窍地认为自己就算不是全世界，也是全美国最伟大的人，能够实现一切不可能的事。

他的一些朋友称："就算有这么多钱，他的生活也照样是那么简单朴素，就好像他仍然还是一个机械师一样。"但另外一些人却反对这种说法，他们认为，他现在很喜欢与美国总统、与爱迪生、与其他一些知名人物在镁光灯下亲切交谈，乐此不疲。他现在已经不满足于在密歇根不惜动用百万巨资买下一幢5000英亩的别墅，他必定会在阳光充足的南部最时尚的富人区购置一处豪宅。

福特是一个先知，是一个超人。他比全美国任何其他经商的人都更能够读懂人性，了解人类现有的状况，熟悉他的人说，他自诩这辈子也没读过一本历史书，他就喜欢这种绝妙的无知状态，并且自吹自擂地说，他不需要任何来自过去的经验做指导，就能解决人类现在和未来的一切问题。

"最忠诚最可爱的朋友"和"任何有自尊心的人都无法和他相处"是对他的截然相反的两种评价。

福特汽车比现代世界上任何东西或任何人更多地成为人们笑柄，但是，在所有靠人类的大脑设计出的汽车中，人们购买最多的也是福特汽车。

亨利·福特到底是怎样一个人呢？他到底是恶棍还是圣人、愚人，是智者、利己主义者还是利他主义者呢？他是这世上真正的伟人之一呢，还是一个普通的机械师，只不过是运气好，偶然想起了一个好主意，又恰巧能找到几个愿意帮他一起开发研究的好朋友？

根据我对他的分析，亨利·福特是一个工作努力、有理想、有抱负的机械师。在追求自己理想的道路上，他克服重重困难和阻力，最终获得了与自己的头脑与人格相应的成功。他有幸和几个有实力的企业家成为朋友，他们帮助福特尚未成熟的事业能够在正确的方向上发展前进。福特不仅对于生产性能良好的机械感兴趣，而且还对培养态度正确的工人感兴趣。遗憾的是，他陶醉于自己的成功中，一叶障目地认为，他的能力和金钱能够使他获得这世上的一切有才华的人，哪怕是超人。

然而，他的动机一直以来都是无懈可击的，也是光明正大的，在他的思想里一刻也不曾有过自我标榜或自我荣耀的自私想法。他是一个彻头彻尾的人道主义者，是一个理想主义者，他本着为劳动阶级的利益着想的原则而推崇工业改革。他鼓吹说不需要过去人类历史的经验，他对经济规律的无知，以及他后期的傲慢直接导致了他做了一些本不应当做的事情。他的双手和意图值得人们钦佩，但是他的一些所作所为却无法成就他的圣贤之梦，虽然他一直都很渴望。

亨利·福特，在被他那连神仙也不免为之动心的财富蒙了双眼，失去判断与远见能力前，是最谦虚可爱的人。他思想单纯，所有的想法都是以人为本，决意要为广大的劳动人民创造更好的生活。那个时候，他是那么的真诚，他的动机总是出于人道主义，他从来都不曾想过为了赚钱而赚钱，他频频出现在聚光灯下，也并非出于对名声的渴慕及任何的私心。然而，不幸的是，他似乎承受不了突然之间降临到他身上的成功和国际名誉，这一切所带给他的压力几乎和在此之前的逆境带给他的压力同样大。

可话又说回来，他要是没有缺点就不是人了。他已经做了这么多好事情，他已经为其他企业家树立起了人道主义的典范，他的成就是如此的值得夸赞，他的动机是如此的无可指责，所以一味地对他进行毫不偏袒的批评似乎显得有点不大光彩。

亨利·福特的早期职业生涯对于美国的年轻人来讲是一个激励。亨利·福特1863年7月30日出生在密歇根州底特律附近的格林菲尔德。他的父亲在那里拥有一个300英亩的农场，小福特就出生在父亲的农场里。除了比其他孩子更喜欢摆弄机械玩具以外，福特从小与附近一带的男孩并没有什么区别。据人们说，他还是个孩子的时候，一个星期天没有去教堂，而是去向一个有一块新手表的小伙伴展示他的本领，他能够将手表的每一个齿轮和螺丝拆开，然后又能完好无损地重新装上。据说，他还在学校里读书时，就利用一些零星的部件做了一台发动机。他为自己的发明感到骄傲，但是却因对它没有太多热情而懊恼。

在他未满16岁的一天里，他没有按照课程安排去学校上课，而是跳上了开往底特律的火车。他冒失地走进了一家名叫詹姆斯—弗劳尔蒸汽机公司的生产车间，接受了一个每周2.5美元的工作。他成功地找到了一个老妇人，愿意每周收3.5美元为他提供食宿。为了平衡开支，他得出去再找另外一份工作。他说服了一个珠宝商，每晚让他工作4个小时，每周支付他2美元的工资。他从早晨7点到晚上6点，再从晚上7点到11点，每天工作15小时，只剩余6个小时的睡眠时间。

年轻的福特很快就证明了自己在机械方面的能力，实际上，他已经能够为当时工厂所采用的效率低下、耗费劳动力的方法找出不足之处。他十分肯定，他能够自己将事情做得更好。到了第9个月末，他的工资涨到了每周3美元。但是两周后，他辞掉了这里的工作，去了德赖多克引擎工厂,在那里,他可以学到新的知识——航海机械的生产。他自己估计了一下,这种扩大知识面、增加阅历的机会值得用每周少赚50美分的代价去换取——他的新工作的工资为每周2.5美元。但是,这个数字没有保持太久,没过几天,他的工资就翻倍了。

这样一来,他就可以放弃自己的夜间工作,因为他并没有什么额外的花销。"多余的钱对我来说并没有什么用,我从来不知道该拿多余的钱来做什么,因为要想挥霍掉这些钱,我还得拼命想一想要怎么去做。钱是世界上最没用的东西。"这是他的格言,以前是,现在还是。

根据罗斯·怀尔德·莱恩的传记小说《福特》中的记载,就在他生命中这一阶段的岁月里,他成为德赖多克工厂里其他男孩子中的一员,和他们一起嬉戏玩耍。然而,他很快就变成了这些男孩中的一部分人的领头者,因为他总是用自己远大的志向激励着他们。福特其他一些早年的故事均取材于这部传记。

福特计划建一个手表工厂,同时还做了令其他人满意的论述。手表厂每天可以以每块37美分的成本生产出2000块手表,这些手表可以卖到每块50美分。他们先大量购买原材料,然后在他梦想的工厂里,从设备的一端开始,在很短的时间内,在设备的另一端,一块完整的成品手表就生产出来了。这其实正是福特现在所做的事情,只不过现在出来的是汽车而不是手表;每天的产量不是2000,而是3000;成品的销售价不是50美分,而是几百美元。

"那么资金问题怎样解决?"其中一个满怀期待的合作者,同时也住在这个空中楼阁中的小伙子问道。

还没等福特想出办法来解决这个小小的问题,他就被家里人叫回去照顾农场了,因为父亲受伤了,哥哥生病了。唉,就这样,他给这群年轻人的百万美元承诺泡汤了,这个世界也与50美分的福特牌手表失之交臂了。

在农场上又度过了两三年时光后,1888年,他同邻近一个农场主的女儿克拉拉·J.布莱恩特结婚了。他们在40英亩的福特农场上安了一个舒适的家。

现在，福特有时间在晚上继续研究他的机械方面的东西了。有一次，他在阅读一本机械方面的杂志时，偶然看到一篇文章，介绍了法国的一位农民发明的一种不用马拉车就可以自动行走的马车。这个创意点燃了他想象的火焰，他动身去了底特律去购买材料，决心要做出一辆发动机性能更好的自动马车来。底特律最近采用了火力蒸汽机机车，当福特返回底特律车站时，碰巧看到这种机车以每小时15英里的速度呼啸而过。这种发动机携带着一个巨大的蒸汽锅炉，这种蒸汽锅炉体积庞大、笨重、安装不得体，自身就消耗了整个驱动系统的很大一部分能量。福特立刻就看出了这种多余的体积和重量所带来的浪费，决定要想出一个办法改进一下。

经过反复思考之后，他终于决定，用汽油来做驱动燃料。然而，要想将他的想法付诸实践，他还必须掌握全部电学方面的知识。可他只有一本书是和这些神秘电流有关的。

他不顾邻居的议论、家人的伤心和妻子的哀求，毅然决定要去底特律找工作。格林菲尔德的父老乡亲一致认为，可怜的"汉"一定是疯掉了。

就在福特和妻子租到房子的同时，福特在爱迪生电力照明公司找到了一份工作。命运女神似乎格外青睐于他。爱迪生照明公司变电所的一台发动机坏了，负责这项工作的工程师却怎么也修不好它。福特能让这台顽抗的发动机听话吗？他觉得自己可以试试看。就这样，几乎一眨眼之间，那台发动机伴随着有节奏的轰鸣声，又重新开始了顺畅的工作。于是福特留在了那里，以每月45美元的工资成为这个变电所的夜班工程师。半年后，他被调到了总部，以每月150美元的薪水当上了机械部的部门经理。

福特发现，这个公司多年来存在的问题主要是由于工人们每天工作12小时却仍然效率低下所导致的。他率先引进了工人的8小时工作制，当然，除了他自己，他每天至少要工作12小时。他这样的做法极具特色。

不断积累的财富让他能够有实力拥有一个自己的家。这位机械师在妻子的陪伴下每晚挑灯夜战,辛勤工作,终于有了一个简单的家和宽敞的工作室。然后他定下心来钻研他的"汽油驱动马车"。

就在那间简陋的工作室中,这位名不见经传的机械师正在创造着历史。他经受着发明家和先驱者都经历过的痛苦,每天晚上工作到深夜,拒绝了一切社交和娱乐活动。他满脑子想的都是这个耗费脑细胞的问题:如何才能研究出一种能给运输业带来一场革命的发动机。他的邻居们看到每天晚上从这座破旧的房子里透出的灯光彻夜不灭,开始觉得他是个古怪的人。在他下班回家的路上,邻居看到他都面面相觑,然后拍拍自己的前额,用这个表示遗憾的动作,他们似乎在说,这个人并不令人讨厌,只可惜疯了。

时光荏苒,转眼间几个月过去了。有一天晚上,午夜已过了很久,外面正下着倾盆大雨,福特先生冒着雨,将刚刚装好的老爷车"嘎嚓、嘎嚓"地开出了自己的工作室,开到了爱迪生大街上,福特太太在人行道上跟着他。他就这样沿着街道让车子爬行了几个街区,突然意识到,自己还没办法让它掉头回家。他停下来,从车里出来,费尽九牛二虎之力又是拖又是拉,好不容易才让它转了过来,然后带着胜利回到了工作棚。福特汽车是一件真实的东西,尽管它只是在马车框架上装了一台"呼哧呼哧"的单缸引擎,然后又在下面安了四个改良过的自行车轮胎而已。

当地的报纸报道了这条新闻,然而,由此带来的小小冲击很快就平息了。因为这个东西很不精良,极其简陋。福特意识到,他在他能够放弃爱迪生公司的工作,全力投入生产他的自动马车前,他必须花费很大的精力来对它进行改良设计。这个时候,福特太太家里有事,得回去和自己的妈妈待上一段时间,所以,福特先生不得不自己做家务。通常在晚上,他在自己的发动机上工作了数小时后,他就会跳上自己的车,开着它来到"咖啡吉姆"这里,要上一个三明治,喝上一杯咖啡。吉姆的咖啡店是通宵营业的，两个人一来二往就成了好朋友。

8年多来，在这长达8年的时间里，亨利福特每天工作12小时来养活妻子和儿子，而且还经常花上大半夜的时间来改进他的汽车。到了这个时候，汽车已经是一件很时髦的东西了，它们是昂贵的奢侈品，只有富人才会去考虑。福特的想法是要生产一种便宜的、让每个普通收入的人都能买得起的汽车。最后，他设计了一种双缸发动机，这种发动机性能良好，然后做了一辆成品汽车，把它开到底特律大街上做广告宣传，希望能够筹集到足够的资金，然后做一名真正的汽车制造商。但是，没有一个资本家敢冒风险资助他的企业。

福特并没有失去勇气。从那时起，他就有了这样一条座右铭："任何信念，只要出发点是为大多数人谋福利，最终都会赢得胜利。"他知道自己会赢。

最后还是咖啡吉姆解救了他。他资助了福特，使他能够放弃爱迪生工厂里的工作，制造一辆跑车来参加在格罗斯波因特举行的汽车大赛。福特赶在赛前完成了他的双缸赛车，但是，当他将自己的车拖出去与威风凛凛、不可战胜的亚历山大·温顿同场竞技时，观众席上传来一片哄堂大笑。福特，这位默默无闻的车手是参赛者中唯一的一个敢于挑战这位著名冠军的人。

但是，嘲笑声很快就变成了欢呼声，这辆小小的跑车以飞快的速度在跑道上跑了一圈又一圈，他获胜了。

仅仅一轮比赛就让福特成为美国最著名的汽车大赛选手。人们纷纷拥上前来想要知道是谁制造出了这么一台奇迹般的汽车。福特谦虚地承认，自己就是这辆车的制造者。

各大媒体的注意力立刻就集中在了福特和他的车以及他的工作室上。现在，终于有人肯出资赞助了，但条件是：生产什么，要受出资人的控制。他们想要生产价格为几千美元的豪华车型，而福特的梦想是建起一个流水线作业的汽车生产厂，就像他在儿时的手表厂白日梦中想的那样。所以，那个时候，福特汽车仍然没能诞生。

然而，毕竟还有几个不是十分贪心的人对福特和他的计划感兴趣。他们筹集了足够的钱财让福特制造一辆汽车，好在下一次的比赛中让这个世界大吃一惊。这次，福特制造了一辆四冲程、80马力的怪物，由巴尼·奥德菲尔德来驾驶，在3英里项目中，他以领先半英里的优势获得了冠军！这一消息传遍了全球，并带来了建立一个公司所需的资本。福特成为公司的副总裁、总经理，还有其他一些头衔，薪水为每个月150美元。福特终于看到了让自己梦想成真的希望。但是，由于类似的原因，他注定又一次要失望了。他的新赞助者希望生产豪华的大型车，并且以200%到300%之间的利润出售。然而福特始终不肯偏离他的计划，他要制造的是适合大众消费的、人人买得起的汽车。这次冲突最终使已年过三十还要养活老婆孩子的福特陷入了一没资金二没工作的境地。

詹姆斯·卡曾斯和另外一两个人坚持福特的观点，他们艰难地凑够了钱，租了一个大一点的车间，雇了两名工人，购置了原材料，开始少量生产廉价汽车。公司名义上有10万美元的资金，但实际上只有1.5万美元到位。福特简直是没日没夜地在工作。他的两个机械师也跟着他心甘情愿地加班。客户主动地来到他的车间，预先支付车款来购买汽车。没过多久，福特的工人就增加到了40人，原材料的采购也变成了大批量。他得到了足够长的信用期，能够让他将原料转变为成品汽车后再付原料款。他把能够存下来的每一分钱都投入了公司的发展，他的工资也不是很高。然而，时不时地，公司还是处在勉强维持开支的境地。很快，他的销量成为每年1000辆，每辆车900美元。

冬天的来临很有可能就会意味着订单的减少。那个时候，福特酝酿着一项计划，要用他的全新四冲程车打造一台能打破世界纪录的跑车。在一片冰封辛克莱的湖上，福特亲自以每英里391.5秒的速度驾驶着他的新跑车，以令人震惊的成绩将世界纪录降低了7秒钟。这会为明年带来大量的订单。

故事还没讲完。当福特从他技惊四座的表演中返回工厂时，他却被告知，公司已经没有能为工人们发工资的现金了！更为糟糕的是，马上就要到圣诞节前夜了。当他的工人们结队来到他的办公室前讨要工资时，福特把实情彻底告诉了工人们。如果他们支持他，那么一切将会顺利继续，但是，如果得不到他们的支持，那么一切就全完了。工人们用自己的忠诚支持了他，在接下来的日子里，福特汽车的生产方式足以让每个人都有所启发。

这一次是福特事业生涯的一个转折点，成功很快不请自来。

1914年1月，福特宣布要给自己工厂最没有技术的工人每天5美元的最低工资，并且要将工作时间从10小时缩短到8小时。整个世界都为福特的计划而大吃一惊。这个消息引发了人们大量涌向底特律，警察根本无法控制几千名情绪激动的求职者，最后，消防部门不得不动用武力，使用功率最大的高压水龙头来对付这群乌合之众。这真可谓是空前绝后的一次混乱和骚动，最后公司宣布，在底特律未居住满6个月的人不予考虑。

实施"工人每天5美元工资"的前提是要实现某些有待导出的计划，或者迫使工人们按照福特所提倡的模式去生活，这项计划的实施对象中还包括工厂里来自55个国家大字不识几个的文盲。这种非暴力的强制性手段在一些工人中引起了一定程度的积怨，事态很快就到了需要想办法缓和的地步。通过建立英语培训学校，创建全面的福利部门，提供医院、健身房或类似场所，以及鼓励工人们合理分配自己的收入，福特和他的工人们最后取得的成效令人大吃一惊。

因此，到了1914年2月，在新计划的框架下，不到1.6万人，在每天工作8小时的情况下生产2.6万辆车。而在此之前，1.6万人每天工作10小时，生产1.6万辆车。产量增加了1万辆，这个计划彻底奏效了，每人每天5美元的工资一点儿都不亏！

在我们称之为"利益共享计划"实施的5个月后，效果就显现出来了。受益者的银行账户几乎翻了三番，他们所拥有的住房价值也增加了90%，通过合同购买的商品增加了135%。带有不满情绪的工人比率从23%降到了1.5%。现在，"利益共享计划"的合作者包括几百名先前极力反对的人，他们曾把它看作是罪孽。福特从他们身上也获得了很大的利益。正如亨利所说："修补一个糟糕世界的办法就是创造一个更好的世界，创造一个美好世界的办法就是给予人们足够的物质财富，让他们能够安居乐业，从而才会有更大的信心去建设这个世界。"这句话也适应于战争、革命以及类似的情况。

安抚完他的工人之后，福特接下来又宣布，如果产量能达到某个设定的目标，他将拿出1000万美元回馈自己的客户。当然，这一目标最终达到了，而且实际回馈给客户的大约为1500万美元。

福特的座右铭之一是"质量是财富的源泉"。下面是福特汽车公司1916年7月31日做出的年度财务报表的一部分：

年利润	59994118美元
总业务量	206867347
汽车总产量	508000
所有工厂的工人总数	49870
日收入5美元或以上的人数	36870
可支配现金	52550771美元

根据计算，1916年福特自己手中的股份收益为3500万美元。难怪福特会说："我不必为银行的事情担忧，倒是银行要为我的事发愁，每年光是要付给我的利息就足够让他们捉襟见肘。"

现在，他的汽车年产量已突破100万辆大关，每天超过3000辆，而且工厂星期天还休息。

现在，福特设在底特律的工厂和他的3.5万名工人，以及他阿拉丁神灯般的流水生产线已经被人们看作是现代工业中最大的奇迹。每天前来的参观者多达5000人。

现在，福特在加拿大和英格兰已经有了分厂，爱尔兰分厂正在建设中，他还计划在芝加哥、堪萨斯城和新泽西建造工厂。

他从自己的矿井中开采矿石，再把它们熔化在自己的熔炉中，在自己的模具中铸造出来，再通过自己的工人将它们锻造出来，总而言之，他尽可能地在原材料方面实现自给自足。

他没能够实现的最大的理想是要为农民提供廉价的拖拉机。子承父业，这个任务交给了福特的独生子埃兹尔·福特来完成。

福特声称："我希望能够为农民创造一种条件，使他们能够打破农业长久以来的垄断局面，让劳动者能够自由发展。我希望帮助农民从债务中解脱出来，我们能做到。过去，人们对有关农场的各方面没有足够的了解，但是现在不同了，我们有了电话、照相机、电影和汽车。所以，我们可以在任何时候离开大城市，农民也可以住在乡下就了解到整个世界。昂贵的衣物、用具和交通运输阻碍着农民的发展，信托机构欺骗农民，银行对农民的血汗钱敲竹杠，我希望能够消除这些现象。"

尽管福特一直都称自己"不信奉国家与国家之间的疆土之别，国家的概念与国旗是愚蠢的东西"，可不久前，福特先生告诉威尔逊总统，他能够安排每天生产1000艘单人潜艇，让这些小小的航行器潜伏在敌军船只下面，在敌船的关键部位安放一枚体积小威力大的炸弹，然后在炸弹爆炸前潜入水下，这样就可以击沉敌船。然而这种工作似乎和他不大会有瓜葛，就好像在他的新奇农场上为几千只鸟筑巢、喂食一样不太可能。所以，单人潜水艇还没有出现在任何海域中。

下面两段著名的话是福特最近说的：

"钱并不能给我带来任何好处，我不能把钱都花在自己身上。毕竟，纸币没有任何价值，它无非就是一种流通媒介，就像电流一样。为了我所关注的每个人的利益，我必须让货币以最快的速度流通，一个人绝不能损人利己，因为损人利己的人最终会以同样的方式自食其果。

"我会继续让美国国旗飘扬在我的工厂上空，直到战争结束。然后，我会把它们扯下来，这样做有好处。我会在原来的地方升起每个国家的国旗，这些国旗正在我的办公室设计中。"

现在就给福特来一个盖棺论定还为时过早。

詹姆斯·贝里克·福根

詹姆斯·贝里克·福根，从芝加哥第一国民银行职员一直做到副总裁、董事局副主席、名誉主席，被誉为全美最有实践经验的银行家。

"我真的希望自己的职业生涯才刚刚开始而不是快要画上句号了。"说着，这位芝加哥伟大的国民银行家詹姆斯·贝里克·福根重重地叹了一口气。

我曾经问过福根先生，在今天的银行领域里，留给年轻人的机会是否还像他当初崭露头角时一样多呢？

他回答："当然是现在提供给年轻人进入银行业的机会比以前更大、更多。美国现在的银行业正处于发展阶段。令人痛惜的欧洲战争创造了许多机会，联邦储备制度为我们提供了许多可以利用的机会，尽管我们对它还不是十分的理解和重视。

"在美国，银行业的发展尚处于开始阶段，通过发展，我们的银行会在国内外贸易和金融业务中迎头赶上，并取得和欧洲各大银行同等重要的地位。这些老资格银行的声望和实力在接下来的几年中将会被大大削弱，'他们的极限正是我们的机会'。前方有数不清的机会等着有能力的银行家们去利用。"

詹姆斯·贝里克·福根性格中最明显的特征就是大胆和极富有幽默色彩。让我用一件事来说明一下。

有一天,一个朋友正在福根先生的办公室里,这时,来了一位来访者。这位来访者把福根叫到办公室的一个角落谈话。

他们两个低声谈了一会儿,然而谈着谈着,这位银行家的脸上渐渐露出了生气的表情。没过多久,福根先生就"噌"一下子站起来,生气地命令他离开办公室。

"对不起,请原谅我这个样子。"福根先生转向他的朋友,"但是,你知道那个家伙对我说了些什么吗?他打算贿赂我,然后让我将银行的钱贷给他。"

在很小的时候,詹姆斯·贝里克·福根就学会了时刻保持警惕,不论是在生活中还是在打高尔夫球时。他的父亲是圣安德鲁斯的一名高尔夫制造商和高尔夫俱乐部老板。圣安德鲁斯是一个古老的学术中心,也是一个高尔夫中心,还是一个以风景优美著称的苏格兰历史名城,曾一度是苏格兰主保圣人的主教区,几个世纪以来,一直矗立着一座"堪称壮观历史遗迹"的天主大教堂。在他还没成为一名银行出纳员时,就已经知道如何管理好一个高尔夫俱乐部了。

年轻的福根并不像其他大部分名留史册的美国人那样,经历过贫穷或者没有机会接受良好的教育。他的父亲是一个很有能力的人,自己拥有一个企业,手下还有一些员工为他创造了大量的财富。福根的高尔夫产品在全球均有市场。他们都是敬畏上帝的人,福根先生的父母心满意足地看着自己有两个儿子成为部长,唯一的女儿嫁给了一个教士,詹姆斯·贝里克·福根和戴维·R.福根成了银行家,另外一个儿子则接替了父亲的工作。顺便提一下,战争给这个企业带来了巨大的影响。福根先生的外甥,也就是这个企业的一家之主自从开战以来就成了一名军官,上了前线;工人中有30个人也参了军,留下来的净是些老弱病残的工人。

詹姆斯·贝里克·福根从圣安德鲁斯马德拉斯学院毕业后,继续就读于福雷斯学院,他的叔叔在那里当了 50 年校长,并且还是学院开办的男生寄宿学校的校长。毕业后,他有两个选择:进入圣安德鲁斯大学或者进入商业界。一名当地的律师已经感觉到了,这个年轻人身上具有一种成为法律界杰出人物的潜力,于是就劝说他进入自己的事务所。福根打算一边学习大学的必要课程,一边学习法律,然而他的雇主却去世了。于是另一名来自苏格兰皇家银行圣安德鲁斯办事处的律师雇用了他。就这样,詹姆斯·贝里克·福根从此便一脚踏入了银行业。

大多数苏格兰年轻人的梦想都是能走到更宽阔的领域,看到更大的世界。在结束了为期 3 年的训练之后,福根在位于伦敦的英国北美银行得到了一份差事。这是一块许多苏格兰人梦寐以求的去往大西洋彼岸的敲门砖。他出生于 1852 年,1872 年他 20 岁时,被派到了蒙特利尔,然后是纽约,接下来是哈利法克斯。

加拿大新斯科舍银行发现了这名温文尔雅、衣冠楚楚的年轻人,注意到了他的能力,就让他做了一名付款员。他认真仔细地工作着,对银行业务进行着全方位的研究,赢得了上司的信任。

紧接着,他所谓的"好运气"来临了。

雅茅斯分行的经理一家得了白喉,受到了隔离,必须火速派一个人前去接替他的工作,付款员福根是最佳人选。

总经理托马斯·菲斯问道:"你什么时候能动身?"

福根回答:"现在就可以。"

"当机会来临时,我不赞同拖拖拉拉,过去是,现在还是。"福根先生接着说道,"我匆忙打点好行李,乘着第一班火车出发了。"

"我总觉得,有一种神秘的力量在支配我们每个人,给我们以机会。如果我没有能力的话,机会就不会来到身边,它会滑向其他一些已经做好准备的人。我相信,有些命运是决定终身的,所以要时刻做好行动的准备。"

在雅茅斯时,他不得不对整个银行彻底审查一次,他做到了。他的报告内容详尽、条理清晰,其程度不亚于调查报告和研究报告。他所完成的数据资料使银行的董事们认定他是一个业务精通的银行家，最后，他们把其他分行也交给他管理监督。

苏格兰式的执着认真，再加上他的智慧，令他获得了每个有上进心的银行职员都羡慕的成就——成为银行里的行政管理人员。

他被任命为利物浦银行的经理、新斯科舍分行的经理，还有其他一些接踵而至的升职。当银行的业务发展到有必要选出一名各大分行的总监时，当时仅仅30岁的福根被挑选出来当此重任。他的第一份报告的内容至今仍然起着重要的作用。

对于新斯科舍银行来讲，美国仍然还是一块处女地，其业务尚未拓展到达美洲大陆。但是银行的董事们却是注重发展的，他们迫不及待地想要去征服新领地。为什么不朝着美国的重要城市挺进呢？

他们不是有一个一流的、能力强大的、能应对任何任务的年轻负责人吗？就让他去显一显身手吧。

33岁时，詹姆斯·贝里克·福根被派到美国的明尼阿波利斯，负责为新斯科舍组建一个分行。他懂业务，也知道如何和商人打交道。他对信用做过专门的研究，也在实践这所学校中学到了一条原则：赚钱的最简单方式是学会先从赔钱开始。他早期经营银行的一套理论在经过了不同地方和不同情形下的实践后，日臻完善。此时他在金融界的名气正可谓是"小荷才露尖尖角"。

他在明尼阿波利斯工作的消息不胫而走。他的业务从小到大，慢慢发展了起来。人们都认为詹姆斯·贝里克·福根的能力要大于他现有的职位。不出3年，明尼阿波利斯西北国民银行这家大银行为他提供了一个出纳员的职位，同时，他也在忙着发展他自己的机构。他先前的经验使他能够增加银行的业务网络，促进分行业务的发展。西北银行成为整个银行界中最强盛的一个机构，福根也因此为自己跻身于美国顶级银行管理人才行列埋下了伏笔。

莱曼·J.盖奇注意到了这个年轻银行家取得的巨大进步，于是，在1892年时，以第一副总裁的职位将福根先生带入了芝加哥第一国民银行。盖奇先生在任职财政部秘书的时候,由于一场疾病的影响,错过了升为部长的机会,但是,他在1900年康复后,登上了芝加哥银行的最高宝座。

下面是15年之后所发生的事情。

詹姆斯·贝里克·福根任总裁时期银行的发展情况

资产（美元）	1900年1月9日	1915年1月31日
贷款和贴现利息	27 781 462	134 762 853
美国债券	879 160	3 824 000
其他债权和股票	3 391 913	38 728 312
银行大厦	500 000	1 250 000
银行的现金和收益	16 827 327	79 847 616
合计（美元）	**49 379 862**	**258 412 781**

负债（美元）		
已付债款	3 000 000	10 000 000
盈余	2 000 000	20 000 000
其他待派利润	531 951	2 731 680
美国债券专项存款	……	3 340 000
流通货币	450 000	924 000
待派分红	……	550 000
待缴税款	50 319	575 264
再贴现外汇	83 214	393 798
存款	43 264 378	219 936 019
合计（美元）	**49 379 862**	**258 412 781**

1916年1月1日,福根被选为董事会的董事长,但他仍然积极参与银行的业务活动。

这些让人眼前一亮的数字尽管无法和整个美国银行史的记载相比,不过,它也只是福根先生所取得的成就的一部分而已。

福根先生很早就意识到了激励自己的员工,激起他们对工作热情的重要性。为了达到这一目的,他于1903年为雇员慷慨地建立了退休基金。对于那些来到他手下工作,有朝一日也将成为管理人员的年轻职员,他无时无刻不在关注着他们的福利待遇和发展机会。据说,他和每一个刚来的新职员都会以长辈的身份和语气做一番语重心长的谈话,让这些年轻人明白,职业生涯的成功就从这一刻开始,并且告诉他们,应该怎样做才能得到晋升。我向他问起了这件事。

"是的。"他回答,"能够将优秀的年轻人选入银行,我对此感到十分自豪。我同高中的校长建立起良好的友谊,希望他能推荐有前途的年轻人。通过这种方式,我们建立起了独一无二的良好合作关系,最终产生的结果就是,他当初推荐的年轻人就是银行现在的领导。

"我曾经带着这些年轻人来到我的办公室,我要让他们明白,他们的理想应该是成为银行家,而不是整天点钞票的出纳员或记账员。他们应该对周围每件事的发展都加以关注,努力去理解他们在账簿上写下的每一笔数字到底代表着什么。我同样也向他们指出,他们应该多去观察周围的每一个人,他们在作为中间人提供一系列票据接收服务的过程中,要针对银行的客户和其他商人形成自己的经营理念。通过运用自己的智慧,他们能够看到一些事情,汇集一些信息和概念,这一切对于银行的管理人员是很有价值的。"

芝加哥和整个美国的银行家都向福根先生表示过敬意。从1901年以来,他一直就是芝加哥票据交换所的主席,他不仅被选举为芝加哥联邦储备银行的行长,还当过美国联邦咨询委员会的会长,这无疑是其他银行家对他杰出能力的一致推崇。他还担任过证券银行和第二证券银行的主席、当地各种企业的理事以及公平寿险公司的理事。

福根先生不止一次被请到纽约去协助解决一些银行方面的棘手问题,尤其是在危机的时候和在通货制度进行改革的时候。不止一个高层权威人物把他叫作"全美国最有实践经验银行家"。

我记得在我去年出席的美国银行家协会会议上见到过他。在两次会议间的休会期间,前来同他握手的代表是人数最多的。他是一个威严的、与众不同的人物,有尊严却从不拒人千里之外。当他接见一队队来自全国各地的朋友时,脸上始终挂着微笑。

他是一个富有同情心的人。芝加哥授予他"最佳市民"的称号,他是一个道德典范,慈善运动的领导者和指导者。他是(基督教长老会)医院的理事会成员,此外,他还做了许多慈善捐助活动。

他给包括他的3个儿子在内的年轻人提出的建议是:要用更高的职位来武装自己,尽可能多地存钱。作为一个苏格兰人,他从小接受的教育和耳濡目染的熏陶告诉他,做人要节俭。

他认为:"奢侈是整个美国的罪孽。多数年轻人从不专门存钱,年老的人几乎也没什么人有计划地积蓄。我的方法是在新年伊始之际,确定好今年打算要积蓄的数额,如果我打算买1000美元的债券,我会用现金支付100美元,然后剩下的一部分向银行借,每个月还75美元,偿还这75美元就是我以后每个月发了薪水之后要做的头一件事,然后用剩余的钱来维持我这一个月的生活。12月份时,我发现自己似乎成了唯一购买债权的人。我从不投机,我到现在都不能够完全理解股票交易录像带上的内容。"

如果美国想要抓住现在大好的金融和商业发展机会,我们必须广泛地开展"向詹姆斯·贝里克·福根学习"的运动。因为单单是银行家并不能创造资本,你和我以及每个公民都必须参与进来。

亨利·C. 弗里克

亨利·C. 弗里克，美国实业家、金融家，更是一位艺术资助人。H. C. 弗里克可乐生产公司的创办人，后任卡内基钢铁公司董事局主席。被誉为创建国际性大公司的实业家天才。

有一天，一位年轻人走进了匹兹堡著名骨相学家 O. S. 福勒教授的办公室。教授发现，这个年轻人具有非凡的才能，这位教授难以置信地揉了揉眼睛。速记员将教授口述的探测结果记录下来后，上面写有这样一段话：

"你的头很大。你的力量、精力、活力、要闯出一番事业的动力、进取心、勇气、决心是千里挑一的。你会竭尽全力同困难做斗争，奔跑起来奋力而轻松。实际上你在生活中是一个喜欢同各种困难做斗争的人，对你而言，同逆境对抗就如同可口的食物一样诱人。巨大的压力反而会让你做得更好。渴望名誉是你最大的动力，名声受到诋毁中伤后，你会暴跳如雷。你有很强烈的赚钱欲望。"

这段话写于 1879 年 4 月 10 日。

现在这个人已不再年轻，住在纽约第五大街最昂贵、最考究的地方，徜徉于世界一流的油画、绘画、雕塑、陶器等私人藏品中。他拥有匹兹堡最大的建筑和土地，其中包括一个面积为250英亩的露天广场。

但不论是第五大街摆满无价之宝的艺术品珍藏室，还是匹兹堡的大型露天公园，都不是他用来炫耀个人的奢侈或品位的，一个将作为艺术画廊，另一个将作为儿童游乐园，这两样价值数百万美元的财产最终都要捐赠给公众。

骨相学家的预言并没有错。这些语言所描述的人在刚开始的时候，甚至没有足够的钱来买件像样的衣服，然而30出头之后就已经拥有了几千名工人和几百万资产。后来，他不仅成为匹兹堡最大的企业家，而且还成为美国历史上最有能力的工业巨人之一。他用自己的勇气、斗争、永不放弃的精神完美地演绎了骨相学家当初的预言。

这个拥有惊人才能的年轻人就是亨利·C. 弗里克。

弗里克先生在美国钢铁史上的地位没有得到人们的正确评价，很大程度上是因为他既不擅长也不情愿将自己和自己的成就公之于众。他情愿埋头工作，让自己一度的搭档安德鲁·卡内基在公众面前抛头露面。而人们众所周知的那个弗里克先生只不过是个"焦炭大王"。然而他在钢铁领域取得的成就却远远大于他在焦炭行业的成就。有实践经验的钢铁人士都说，弗里克为卡内基钢铁公司做出的贡献比卡内基本人做出的还要大。刚开始的卡内基公司是一个缺乏组织和系统管理的、日常事务杂乱无章，年利润尚未达到200万的钢铁厂，然而他参与进来的12年后，工厂却成为一个能自给自足、完整的、连贯的、有系统有组织的、年利润为4000万美元的工厂。亨利·C. 弗里克被紧急召入摩根—洛克菲勒财团，来拯救在航行中马上要触礁的美国钢铁公司，这在钢铁界已经不是什么秘密了。实际上，卡内基曾一度十分自信，他认为只要不支付股东手中持有的钢铁债券利息，这整个几十亿美元的钢铁托拉斯就会重新回到他的掌控之下。

下面我来讲述一段鲜为人知的历史。

尽管弗里克先生是钢铁公司的董事之一，但是他却没有参加过一次董事会议。他联合匹兹堡的梅隆集团和唐纳集团建起了一个名为联合钢铁公司的线材厂,以此来还击约翰·W.盖茨入侵焦炭行业的行为。为了诱使弗里克先生能够积极地为管理钢铁公司而出力,唐纳集团买下了联合钢铁厂,弗里克先生立刻就带着热情全身心地去帮助这个巨大的公司摆脱困境。

他所做的第一件事就是一定要停止以普通股的形式发放红利,然而,就算是这样做也未必能够有效规避财务风险。

接着,弗里克先生又把目标转向了优先股的分红方式。他找到了摩根先生,让他充分明白这力挽狂澜的一招是绝对必要的。这次讨论是在摩根的游艇"科赛尔"号上进行的,当船驶向纽约南部时,这场讨论基本上到了关键时刻。

刚用过早餐的摩根先生从餐桌旁站起来,和弗里克先生一起来到了甲板上。他面朝着对面岸上的商业区,眼中噙着泪水,然后手一挥,伤心地低声说道:"如果你减少优先股的分红,明天我便无颜再进入纽约市区了。"

弗里克先生能够感觉到摩根先生的激动情绪,向他保证以后再不会提起这件事了。后来发生的事情证明摩根先生是对的,弗里克是错的,因为没过多久日子就好过了,这艘几十亿的钢铁巨轮勉强地同前方的礁石擦肩而过。

从那天起直至现在,亨利·C.弗里克就一直是钢铁公司最活跃、最具影响力的董事之一,贾奇·加里认为他是自己最有能力的同事和顾问中的一员。弗里克先生也是首先发现了詹姆斯·A.法雷尔是个人才的人之一。詹姆斯·A.法雷尔在担任钢铁公司总裁的最后 7 年里,令公司的业绩连连创下新的纪录。

在大部分人的印象里,亨利·C.弗里克是因为拒不向霍姆斯蒂德钢铁厂的血腥大罢工妥协而出名。当时他已经遭到了很严重的枪击,并且被一个企图暗杀他的无政府主义者刺伤。还有一次,弗里克先生的名字也出现在了报纸上,并且闹得沸沸扬扬。这次是因为他起诉安德鲁·卡内基没有付给他在卡内基钢铁公司里应得的利益,具体的情况是,卡内基非常不公平地没收了弗里克争取来的那部分收益。这场争论最后以重新调整条款,使其有利于弗里克先生而告终。然而,弗里克先生的职业生涯还是很值得一提的,因为他是典型的美国式成功人士。他充分向人们阐明,在没有家庭背景和经济做后盾的情况下,努力工作和聪明才智相结合最终会让人们得到些什么。他的经历让我们明白了一个很老套的道理:获得成功并没有什么秘诀,也没有什么奥秘,更不是什么深不可测的东西。尽管通往顶峰的道路是艰险的、崎岖的、荆棘密布的,然而,不懈的努力、永不退缩的勇气、不变的方向和优秀的前瞻性可以让你克服最大的困难,爬上最陡峭的山峰。

当我问他为什么能取得成功时,他非常简单低调地说了一下。

"我获得成功的秘密?"他诧异地反问道,"成功根本就没有秘密。成功只需要努力工作,日日夜夜时时刻刻地全身心投入工作。我是个穷孩子,所受的教育也很有限,但是我工作很努力,而且不停在寻找着机会。

"一个人要想在人生的战场上取胜,他除了具有他自身的能力之外,勇气、坚韧和主动性也是必要的。他必须学会时刻保持镇静。

"但是,所有这一切中,努力工作是最重要的。我第一次来到卡内基公司后,从1889年到1895年整整6年来,我没有休过一天假。每天早晨我都会在7点到8点之间来到办公室,一直工作到6点以后才下班。我的榜样作用对其他人产生了很大的影响,卡内基总是表扬我,'你的确比这些人做得好。'工人们认真工作,是因为他们看到那时身为董事长的我也在工作。"

亨利·C.弗里克很小就养成了这种努力工作的习惯,最初的时候是出于迫切的必要性。他的母亲嫁给了一位身无分文的瑞士血统农夫约翰·W.弗里克,这件事激怒了她的父亲,宾夕法尼亚西部最有钱的人亚伯拉罕·奥弗霍尔特,因为他的母亲完全可以找到一个门当户对的人。1849年11月19日,亨利·C.弗里克出生在宾夕法尼亚西部的奥弗顿。

在父母的小农场上，孩子们不得不用自己有限的力量帮助家里。8岁前，小亨利就学会了播撒玉米、帮助收割庄稼、照料牛羊以及做各种家务事情。家里是那么需要他的帮助来维持生活，所以，他只有在冬天农闲时节才可以去上学。

"我记得，大多数时候我都是光着脚在地上跑，我能做出一双够两个冬天穿的靴子来。"谈起他童年时候的事情，弗里克先生觉得并没有什么值得骄傲的事情。14岁时他离开了学校，他上学时的成绩并非十分优异，也只不过是能够轻而易举地预习功课，能够很快地做出数学题来而已。

他的第一份工作是在芒特普林森的一个综合商店里。他的一个叔叔拥有这个商店的一部分所有权，在这里，亨利开始和他学习如何做生意。他积累了很多经验，他学会了称量白糖、丈量棉布、处理黄油和鸡蛋，他学会了一大早起来打扫商店，清扫前一天晚上村子里那些志同道合的活跃人物留下来的烟蒂和其他一些杂物。每天晚上，他们喜欢在店里围坐在炉火边吸烟、嚼烟、漫无边际地谈天说地，然后在八九点钟的时候各自散去。后来，弗里克先生把这一段经历看作是"一次极好的教育"。

因此在他很小的时候，就将目光投向了这个小小村庄杂货店以外，他的梦寐以求之地是匹兹堡。17岁时，他快刀斩乱麻地做出了一个大胆的决定，离开村子去了一个15英里以外的大城市。在那里，他走遍了每一条大街小巷，总算是在一家妇女装饰用品首饰店找到了一个空缺，工资为每周6美元，仅仅能维持生活而已。他从一个亲戚那里借了50美元，再加上自己的一点钱买了一套差不多的衣服，这样他就可以去教堂了。

他去了基督长老会第三教堂，这个教堂是由威廉索和阿萨·P. 蔡尔兹建起来的，后来阿萨·P. 蔡尔兹成了弗里克先生的岳父。许多年后，当初那个饰品商店的小职员买下了这个教堂，并出资几百万美元在这里建起了可以和纽约任何一座宾馆相媲美的威廉佩恩宾馆。

年轻的弗里克很乐意地接受了一份匹兹堡提供给他的工作，在一名女部门负责人的指导下，开始销售蕾丝，每周工资为8美元。后来他生了一场病，持续的高烧迫使他回家休养一阵子。在这段时间里，他已经留给店主很深刻的印象，店主希望他病好之后再回来，并答应给他加薪。

正如后来被实践所证实的那样，这个年轻人抓住机会，成为外公奥弗霍尔特在宾夕法尼亚布拉德福德面粉厂和酿酒厂的记账员及管理日常事务管理员。布拉德福德地处康奈尔斯维尔矿区的中心地带，那个时候还尚未成为一个焦炭生产中心。他不仅负责记账，还要称量谷物、销售面粉、测量木材，他让自己成为一个各方面都能派上用场的人。他的薪水是多少，他不知道。当他干了两三个月之后，他被告知，他的年薪为1000美元，他几乎无法相信自己的耳朵。

从这边的厂区，就可以看到远处建在河对岸的康奈尔斯维尔煤矿矿脉。1000美元的年薪不是年轻的弗里克长期的理想。正在那个时候，从西部来了一个有钱的年轻人，他就出生在距奥弗霍尔特办公室咫尺之遥的一个农场上。他的提议是要想赚钱，就买下一块地，然后从事焦炭加工这个新兴行业。弗里克做好了答复的准备，但是，当时的他能够提供的才智远远多于资金。然而，这位刚来不久的约瑟夫·李斯特为记账员弗里克带来了希望，他能够借到足够的钱来支付购买土地的首付款。李斯特出了五分之三的钱，弗里克和他的表兄，管理面粉厂和酿酒厂的亚伯拉罕·O.廷兹门两人每人出了五分之一的钱。然而在弗里克的肩上却担当着管理整个企业的重任，因此，公司的名字就叫弗里克公司。

他的第一项任务是去一趟匹兹堡，说服当地最大的银行家贾奇·梅隆贷给他1万美元的6个月短期贷款。他以每个月偿还10%的利息得到了这笔钱。就这样，50个焦化炉拉开了他事业的序幕。因此，这个最终垄断了整个康奈尔斯维尔地区的焦炭生产，每年用来运输焦炭的车皮能绕地球一周的人，他的职业生涯开端是很卑微的。但是，从最低端爬到最顶峰，从50个焦化炉到1.2万个，这并不是一两个回合就能解决的问题，其间所需要克服的困难是任何一个不够果敢、不够机智、不够有胆识的人所无法逾越的。

弗里克公司从 50 个焦化炉开始，发展到 100 个焦化炉，第二次的 1 万美元贷款被这位记账员金融家搞定了。这样说是因为此时的他仍然还在记账，还在摆弄面粉，还在测量着木材。随着第二个农场的购买成功，另外 100 个焦化炉的构建工作也开始了。

紧接着，1873 年的大恐慌犹如晴天霹雳一般，将整个美国的金融业打击得七零八落。弗里克的两个合作者李斯特和廷兹门都在这次萧条中破产了。但是弗里克，尽管他年轻又没什么经验，而且负债大于资产，却认定自己能够经得起这场风暴，并且能够杀出一条血路来。此时，他又一次顽强地出现在匹兹堡最大的银行家面前，告诉他自己需要借款的数额！

这里我要讲述一段插曲，每个壮志凌云的年轻人看到它，都足以为之备受鼓舞。

贾奇·梅隆派了一个人（W. E. 科里的叔叔）前往布拉德福德，去调查这个大胆的拿破仑式的年轻金融家的人品和能力。这位调查者并没有发现 H. C. 弗里克是一个当地的上流人物，过着豪华的生活，拥有相当的财产，相反，他发现这个年轻人只有 24 岁，是一名记账员，不是住在高楼大厦里，而是住在药店上面的两间小屋子里。经过询问，他发现人们对这个年轻人给予了最高的评价，他的勤奋和能力普遍为当地人所津津乐道。他经营的焦炭公司就是他能力和成功的最好证明。贾奇·梅隆不但没有对这个贷款人低微的社会地位感到失望，反而觉得像他这样一个有企业家精神、有勇气、有才能的年轻人，为了积累资本，非常务实地将生活水准限制在每周几美元，应该给予帮助，所以他批准了贷款。

有了足够的钱之后，弗里克不仅将两个搭档手中的股份买了下来，而且还收购了其他一些破产企业。弗里克张罗着购买或租用其他煤矿的土地和焦化厂的举动令当地人觉得他疯掉了，因为当时整个焦炭行业总共也不过是几百个焦化炉而已。每吨焦炭不就是 90 美分吗？这样的价格连成本都不够，这样的行业哪里有利润可言？明知是火坑却还要跳进去的人是十足的疯子。

弗里克没说什么却做了很多事。用他自己的话来讲,"那段日子真是糟糕透顶。"他借了又借,但是,尽管他夜不成寐地想着如何能摆脱困境,却从来没有想过拒付任何一张签有"H. C. 弗里克"的借据。

他在这一阶段所做的一笔生意对他帮助很大。他和其他人一起修建了一条从布拉德福德到芒特普林森,横穿整个焦炭生产地区 10 英里长的铁路,并且把它租给了巴尔迪摩和俄亥俄。就像其他大多数领域一样,这条铁路的业务也不是很好。弗里克匆忙地奔波于每个合伙人之间,听取他们的意见,最后,成功地把这条不是很长的铁路卖给了巴尔迪摩和俄亥俄。这笔生意让这个年轻的谈判家赚到了近 5 万美元的利润,这是他的第一笔大生意。

经济秩序恢复后,弗里克成为焦炭公司唯一的股东,日产量超出了 50 吨,价格从每吨 90 美分涨到了 2 美元。后来,当经济再度繁荣起来时(1879—1880),焦炭的价格涨到了每吨 5 美元。每天他都能卖掉价值 5 万美元的焦炭,净利润 2 万美元。

当然,到了这个时候弗里克辞掉了他的记账员工作。刚开始的时候,他通过批发商来销售焦炭,但是在 19 世纪 70 年代初那段最黑暗的日子里,他在匹兹堡开了一个小小的办事处,亲自去寻找客户。他每天早晨 6 点钟起床,安排好布拉德福德的工作,然后去看一下他的焦化厂。在大多数早晨里,他都会乘早晨 7 点钟的火车,大约在 10 点钟到达匹兹堡,在那里工作到下午 3 点,然后在晚上 6 点钟返回处理那些需要他亲自出马的事情。

随着业务的增加,他不得不为焦化厂聘请经理,自己住在匹兹堡,这样做有益于焦炭的销售和公司财务状况。每天晚上晚饭后,他都要去邮局取他的信件,然后再去他的办公室,直到把所有信件看完后才回家。他每天的工作时间超过了 12 小时。

30 岁之前,弗里克就成为百万富翁。1880 年,当他 31 岁,自己的业务已经步入了轨道之时,他在另外 3 个年轻的美国人的陪同下去了一趟欧洲。7月4日那天,他们恰巧在爱尔兰吉拉尼城堡,他们在旗杆上升起了星条旗,这一举动几乎让不知所措的服务员吓了一跳,后来她得知这一天是美国的国庆日时才松了口气。弗里克先生尽量抽出时间来学习、大量读书,最后终于能够自如地以欧洲的方式行事了。巴黎的艺术画廊留给了他深刻的印象,从此为他最终留给美国人民的那一笔财富播下了种子。回国后不久,他遇到了匹兹堡的阿德莱德·霍华德·蔡尔兹小姐,夏天与之订婚,并于同年(1881)的12月完婚。尽管那个时候他已经很富有了,但弗里克先生在他妻子的赞同之下,决定不过那种铺张浪费的生活。婚后的18个月来,他们一直住在莫农加希拉大楼的一间房间里,后来他们在匹兹堡东区花2.5万美元购买的房子一直是他们在匹兹堡的家。

在那个时候,安德鲁·卡内基和他的合伙人的钢铁行业正处于扩张阶段,对焦炭的需求量巨大,1882年,弗里克把一半的工厂卖给了他们。当时是1000多个焦化炉和3000多英亩的产煤区。

随后公司进行了重组,重组后的资产为200万美元,在接下来的几年后,在弗里克的经营之下,公司的资产总额随着公司的快速发展增加为300万美元。时至当时,亨利·C.弗里克早已经是知名人物了,也就是说,康奈尔斯维尔煤矿里出产的焦炭质量要优于其他任何地方加工的焦炭。

6年之后(1889年),H. C.弗里克焦炭公司拥有及控制着3.5万英亩的产煤区,拥有整个康奈尔斯维尔矿区1.5万个焦化炉的三分之二,拥有3个泵水量为500万加仑的水厂,几条短途铁路和1200辆焦炭车。当时H. C.弗里克焦炭公司的雇员有1.1万人,月产量稳定在100万吨之上,这一数字实际上超过了后来几年的数字。

尽管他很少宣传自己,但在工业界,这位沉默寡言、埋头苦干的、富有远见的弗里克先生所起到的作用要比卡内基更重要。这位钢铁制造商曾几度试图劝说这位年轻的天才加入卡内基钢铁公司,做他的合作者,但都没能成功。然而,在1889年的一个下午,当他坐在自己的私人办公室时，突然有人告诉他，卡内基先生和他所有的合伙人正在外面的办公室焦急地等着见他。他们为这位焦炭大王提供了卡内基兄弟有限公司优厚的待遇，看他是否愿意接受董事长这一职位。弗里克先生同意了。他同时也担当了卡内基船舶公司的总裁，并且恢复了H. C. 弗里克焦炭公司总裁的职位，这个职位是他前一阵子和卡内基产生分歧时辞掉的。

当弗里克着手管理卡内基的公司时，他才发现这个公司的各项事务是多么缺乏组织和管理混乱。他立刻卷起袖子开始对公司无序的管理进行改进，连续6年来，他一天都没有休息过。当弗里克吃惊地知道，董事和行政领导居然没有经常性的会议时，弗里克指导安排了每周董事会议，为了节省时间，会议为他们提供午餐。经理们也来参加会议，会上，他们要递交报告，回答问题。同时，在每个工厂里也要举行类似的会议。弗里克的到来令公司重振旗鼓，之前的那种人心涣散的氛围很快就转变成为一种热情，每个人都进入了状态。董事长是工作最努力的人，每个员工都因此而受到了鼓励。1890年，他发行了100万美元的债券，在未动用一美元的情况下就建起了著名的杜肯钢铁厂，这个令卡内基都感到棘手的工厂，最终这个工厂创造了几百万美元的利润，这些利润又分几次偿还了这批债券。这件事之后，弗里克的名气更大了。

但是，前方等待他的，却是即将上演的悲剧。1885年时，卡内基做了他的第一次公开演说，从那以后，他又多次就工人的权利问题发表了谈话和文章。他那种"胜利的民主"的论调成为工人闹事者的依据。卡内基已经确立了他的"互不侵犯"纲领，这种姿态已成为国内外工人聚会时的话题，并赢得了人们的欢呼喝彩。然而正如其他一些人预见到的那样，这种言论给劳工领导造成的影响越来越大，终于在1891年发生了一场大罢工，引起了很大的一场混乱和无序。在此之前，工人问题一直不断，但每一次都以卡内基妥协而告终。

平息1891年大骚动的重担就落在了弗里克先生的肩上。在那段暴乱的日子里，弗里克先生几乎连和家人待上一两个小时的时间都没有。他的小女儿，一个6岁的漂亮小姑娘被病魔夺走了生命。小女儿是他的最爱，她的死亡令弗里克先生陷入了深深的自责，他怪自己没有在女儿病重时守在她身旁照顾她。

正如每个人都知道的那样，第二年，也就是1892年，霍姆斯蒂德工厂工人们的不满情绪到达了高潮。到了那个时候，过去的经验已经让卡内基明白，他根本就无法将自己宣扬的理想中的理念变成现实。他和弗里克以及其他人一起制订了一个计划，让工厂处于无工会的状态，然后自己以计划日程为借口，跑到了苏格兰，一直要到这场暴乱估摸着差不多过去了为止。只有一两个合作人知道他苏格兰藏身之地的具体地址。弗里克被留在那里独自面对这一切。

那是一场美国历史上最为血腥的罢工斗争，其间所发生的著名事件在这里就不再重复了。罢工人员形成了一个半军事武装组织，他们将县治安官员统统赶出了镇子，他们藐视一切当地权威部门，几百名来自平克顿的反罢工工人同他们之间殊死搏斗，罢工工人乘坐船只，两岸聚集了几千名嗜血好斗的罢工者。一切恐怖活动一直到当地的军队出动才得以控制。对弗里克先生进行暗杀的企图，他的毫不妥协，拒绝像卡内基那样接受任何无条件投降，这一切都已成为历史。

即使是那些谴责弗里克"过于倔强"的人也不得不承认他所具有的英雄气概。一名俄国无政府主义者冲进他的办公室，将他的耳朵和脖子击穿，又另外开了两枪之后，用一把匕首残忍地在他的胯部和腿部扎了两刀，医生在看到他如此严重的枪伤和刀伤后，宣布他生命垂危。在经历了这场可怕的殊死搏斗之后，其他人冲了进来，打算开枪击毙这名无政府歹徒。即便到了这个时候，弗里克先生仍然强撑着说："不要杀死他。"弗里克先生的这种宽容，不由得让人想起了《耶稣受难记》中的最后一幕，祈祷声响起："父啊，原谅他们吧，他们是被无知蒙上了双眼。"我不禁想要问他，在当时那种可怕的情形下，他的脑海中、思想中想的是什么。

弗里克先生很简单地回答道："那时候的我和现在一样冷静。我并不想看着他被杀死或遭受酷刑。"

当我更进一步问及他当时的体会时,他只说了这样一些话,当无政府歹徒用枪指着他的头并开枪时,他看到了自己去年死掉的小女儿就站在他旁边,那种感觉是那么清晰、那么真实,就仿佛她真的在旁边一样——实际上,这种感觉就好像他真的伸出臂膀将她抱在怀里一般。

弗里克先生的体质非常好,他的复原速度之快令医生为之惊异。当医生探查子弹的射入位置时,他竟然还能对医生使用的器械给出指导。他最大的担忧是他的妻子,那时她正处于病中。更为雪上加霜的是,他们在暴乱期间出生的另一个孩子也夭折了。种种巨大的压力需要弗里克先生去承受,这些压力一直在逼迫他向罢工者妥协。但是,他不顾这种令他喘不过气来的压力,断然宣布,除非哈里森总统和他的全体内阁再加上卡内基跪着求他妥协,否则,他不会做出一英寸的让步。他的一些合伙人悲叹道,事情最终解决之后,不会有人留在工厂里工作了。

弗里克先生告诉我:"罢工的头目认输并且将他的人员召回后的第二天早晨,你不能再让聚集闹事附近地区的工人来上班了。这场罢工我们获胜的意义并不是人们都能够普遍意识到的。当时,工厂的经营已经到达了不得不对工人们言听计从的地步了,没有他们的允许,我们不得提升任何人,我们安装了昂贵的设备,他们却不让设备完全发挥作用,他们任意地、毫无道理地限制产量,我们有一个工厂日产量为500吨,然而他们却只生产不到250吨。"

"在这种情况下打败罢工头目是件最好的事情,不仅对钢铁行业是件好事,对工人们本身也是件好事。他们担心,更多机器设备的引入会导致大批工人的失业,当然这种担忧是毫无根据的。我们采用一台设备可以节约400个人的劳动,但是,这种成本的节约却可以使我们比以前雇用更多的人。机器也可以代替人去做那些力气活。"

"没有人比我更同情穷人。我也曾经很穷,亲身体验过穷人的苦日子。当我进入焦炭行业后,我总觉得,只要善待那些工人,永远不会出现劳资问题。但是霍姆斯蒂德大罢工让我明白了一个道理,对于有些工人而言，你给他们的越多，他们就越容易发毛，就越发不可理喻。到最后，他们想要当老板，想要操纵这个工厂，这当然不可能，一个工厂只能有一个老板。"

让查尔斯·米歇尔·施瓦布负责重新开张后的霍姆斯蒂德工厂真是一个好主意，他用无与伦比的幽默、具有感染力的热情、坚定的民主赢得了工人们的忠诚和拥护。

过了很长一段时间，人们才明白，弗里克先生并不是人们眼中那个爱报复的人。许多人发现，他正在悄悄为那些在罢工中因触犯法律而坐牢的工人家庭提供帮助。

弗里克重新开始了计划和建立美国最大的自给自足的工业企业，下属公司大概除了石油公司外，应有尽有。他的理念是做规模最大的生意，他要采用统一化、标准化和其他一些策略来管理企业，这种概念现在看来很普遍，可那个时候却是极为稀少。卡内基手里的除焦炭以外的各种企业，都被合并成为一个系统化的整体，通过修建联合铁路，将一个个分散的工厂连成了一个整体，他重新获得了调车场的所有权，比其他竞争对手能更好地把它们用作运输站点。

现在，在卡内基的整个利润环节中，还缺少一环，铁矿必须要从别处购买。弗里克不顾安德鲁·卡内基的明确反对，通过巧妙的计划和安排，最终获得了奥利弗矿产公司一个重要的分公司，因此能够以很低的价格获得充足的优质酸性转炉矿石供应。然而他这一举动的代价却是卡内基的敌意，他非常错误地预言，弗里克这样做会是一场灾难。

弗里克是工业行业的亚历山大大帝。对他来讲，得到所有生产和销售钢铁产品所必需的煤矿和焦炭、铁矿、工厂、地方铁路设备还不够。为什么不向铁路运输领域进军呢？为什么非得花上几百万美元从伊利湖地区运输大批大批的铁矿呢？为什么不自己修铁路，将这笔利润囊括呢？最终的结果就是匹兹堡—贝塞麦—伊利湖铁路的落成。这笔资金是通过发行债券筹集的，债券的利息是从开始营业获得利润后分几次偿还的。

即便是在那个时候，弗里克还是不满足，他将视线投向了更远处。每年为什么要花去大把大把的钱，用汽船穿过格雷特湖将铁矿送到铁路站点呢？为什么不能拥有自己的船呢？随后，他组建了一个由6艘汽船组成的船队。

弗里克通过自己的聪明才智最终实现了自己的梦想，从铁矿被挖出来的那一刻起，一直到变成成千上万的钢铁产品，每个环节上所有的利润和矿藏使用费全部无一遗漏地进了卡内基钢铁公司的账户。

从他1882年进入卡内基公司到1899年，公司的年利润从不到200万增加到了4000万。

弗里克的强大已经到达了卡内基容不下的地步了。卡内基有能耐挑选和管理一个个新建的子公司，却无法和自己能力相当的人和睦相处。卡内基是发号施令型的，而弗里克是倔强型的，从不畏惧任何战斗。在很早的时候，弗里克就按照当时很时尚的规则做事，但这些规则并不是学校里周末的野餐，也并非"基督山上宝训"里的规则。商场上的游戏常常是残酷的，弱者趁早靠边站，而弗里克，尽管不是一个思想情操多么高尚的人，却从没有因不诚实、两面三刀、胆小懦弱、行事不光明正大而遭到过别人的指责。

到了1899年，冲突终于不可避免地爆发了，导火索是卡内基应付给弗里克的焦炭价格。卡内基想要将弗里克逐出公司，按照合同，弗里克成功地将卡内基推上公堂，最终得到的钱比卡内基当初规定的多好几百万美元。

至于这场具有历史意义的争论的前因后果，我无法也无需深入，当时各大报纸的专栏几乎全部是相关的报道，上面都记载着事件的整个过程。

连续几年来，卡内基都在迫切想要从自己的事业中退出来，他已经阐明了自己"在富有中死去就是在不光彩中死去"的著名信条，他想要将资产兑现，然后用几百万去做自己想做的事情。1889年同英国投资人的谈判泡汤了，1899年酝酿已久的穆尔辛迪加计划也失败了。卡内基希望自己的合伙人也能够参与到这次计划中来，所以以"选择权购买"的名义说服亨利·菲普斯和弗里克，让他们每人先为这项共需 100 万美元的穆尔计划出资 8.5 万美元。但是，著名的弗劳尔大恐慌的爆发令这项计划流产了。卡内基迟迟不肯将这两位合作者用来购买选择权的款项退还，而他们两个则声称卡内基已经同意优先将这笔钱还给他们。这件事令他们两个人和卡内基之间产生了很大的隔阂。

最后，关于成立美国钢铁公司的谈判终于在 1901 年拉开了序幕。在同洛克菲勒集团谈判时，卡内基发现，必须把弗里克请来，商量如何出售极其重要的铁矿资源和格雷特湖上的船只，这些都是为这个钢铁托拉斯创造利润的重要来源。

对于卡内基钢铁公司的这桩买卖，弗里克先生只给出了一句评价："我是永远不会以这么低的价格卖出的。"

"那么以后呢？"我问弗里克先生，"我们将会看到其他大型联合公司呢，还是就让这个托拉斯随他去吧。"

弗里克先生回答道："如果没有大型的、有实力的公司，美国就没有希望在世界性的竞争中取胜。没有实力强大的公司，我们如何能够应对来自德国的联合和合作？这些对我们未来的安全都是至关重要的。

"关于关税，如果我们庄稼连年歉收，各行各业的人都在失业，在这种情况下，如果没有足够的手段来保护关税，那就很难说会产生什么样的后果。

"至于说未来怎样，我觉得我这一代或者说你们这一代不会有什么大问题，因为有这么伟大的一个国家正等着我们去发展，每个人都会找到自己的位置。"

在这里，我需要先回顾一件事情，然后才能为这篇不是很详尽的亨利·C. 弗里克的特写画上句号。这件事虽然是一件小事，其真实的性格却足以可见一斑。两三年前的一个圣诞节前夕，匹兹堡的一家银行破产了，在这个银行开户的几千名孩子和其他一些人整年存放在这里打算在圣诞前取出的钱全部化为了乌有。一时间，孩子们的哭声、大人们的叹息声四起。全国上下都为之触动。然后，又有喜讯传来，有一个捐助人愿意将这笔钱全额付清。原来，这位捐助者正是弗里克先生，他实在无法拒绝来自这些小东西们的求助，他的心里牵挂着孩子们。他做了这件事，但是除了他自己以外无人知晓。每一张派作这个用途的支票上都印有他失去了的小女儿的照片。

弗里克先生的巨额财产在建起范德大厦和阿斯特计划之后将不再做出处理。弗里克先生告诉我："我不太同意那种将几百万财产留给子女的做法，当然，我会留给我的孩子富足的钱，但是，她绝对不会是美国最富有的继承人之一。美国人喜欢也应当去欧洲观赏那里著名的油画和其他艺术品，我已经尽量地带回来一部分，我打算把全部的收藏连同收藏室以及其他正在为藏品修建的建筑一道留给后人。"

弗里克先生告诉我这些的原因是他想要为自己过着"如此豪华奢侈"的生活而表示歉意。他是最朴素的人之一。顺便再提一下，1917年春天，以法国前总理维维安和乔夫里将军为首的代表团在访问美国期间，弗里克先生同意将其府邸用作此一行人在纽约期间的总部。

在美国最伟大的商人中，我认为弗里克先生的位置应该居于前6位。

艾尔伯特·亨利·加里

艾尔伯特·亨利·加里，律师、法官出身，更是一位实业家，大企业家的召集人，美国钢铁公司联合创办人之一。他曾召集摩根、卡内基和施瓦布成为合伙人。被誉为企业帝国的国王。

在美国，总统是最伟大的职业，其次就是美国钢铁公司总裁。艾尔伯特·亨利·加里是这个在收入、资源、面积各方面都大于普通欧洲国家的企业帝国的国王。

1916年，它的总收入达到了12.3亿美元，超过了美国政府的正常税收。它拥有一支27.5万人的产业大军，这一数字超过了美国陆军和海军总人数，超过了美国—西班牙战争中常规军和志愿军的总人数，如果每隔一英里就安排一个人的话，这些工人一直能从地球排到月球，剩下来的还能绕地球一整圈。如果他们肩并肩排开，这条队伍能够延伸100英里。

今年公司的工资总额为3.2亿美元，自从1901年成立以来，它已经支付了总额为25亿美元的工资。

它拥有一支由100条船组成的船队，这些船只连在一起会筑起一道长10英里的坚不可摧的铁墙。阵型要大于任何一支二等海军部队。

它拥有自己的铁路,这些铁路延伸出去后,能够从洛杉矶一直通到纽约,然后再向大西洋延伸几百英里。然而,每一年里,它每周要付给其他铁路的运费是300万美元,16年里的总运费已增加到了18亿美元。

它所开采的煤矿相当于美国最大的煤矿公司的开采量,每个月要生产100万桶胶胶剂。

它有12.2万名股东,这些股东在1917年会得到约7000万美元的分红。虽然公司已经支付了4.337亿美元优先股的分红,然而,普通股的分红也已经达到3.05亿美元,也就是说全部分红的一半。

雇员有特权申购35.7万股优先股和26.8万股普通股,这些股权都将获得特别红利。

公司14亿美元的原始总资本相当于当时美国货币流通量的三分之二。如果这些货币全部兑换成金子的话,金子的重量将达到2330吨,如果是1美元的票面的话,可以环绕地球6圈,剩下的还可以从阿拉斯加的最北部一直铺到合恩角。

它的资产已经超过了20亿美元。

每年都有700多万美元花费在职工福利方面,这些福利待遇可以使员工更健康、更幸福、更具安全感,因而令他们的工作效率更高。

假如一个人养着家里的5人,那么这个公司就养活着140万人,相当于波士顿人口的2倍。

它在60个国家设有特派代表和行业顾问。

它有60个子公司,20个公司副总裁来辅助行政总裁的工作。

然而,负责管理这个举世无双的大企业的人却从来没有飘飘然,没有兴奋,也没有手忙脚乱。这份工作他得心应手,实际上,他的许多同事都一致认为,他是最适合这项工作的人,他退休后很难再找到比他更合适的人来接替他的工作。

在加里法官的性格中,没有独断专行的一面,他是一个很通情理的甚至可以说很仁慈的人。他总是面带微笑——他的微笑是著名的,他很少皱眉头，脸上也没有横肉，他那双蓝色的眼睛总是闪着和善的光。在他百老汇71号17层的办公室里，悬挂着为美国的发展做出过巨大贡献的杰出人物的照片，为他的办公室营造了一种友好的氛围。

让我来讲述一件颇具代表性的事情。

J. P. 摩根那个时候正在欧洲。

时值1909年，经济不是很景气，商品价格在下跌，订单在减少，全国上下到处都在减薪。钢铁公司的董事会总结认为，他们也必须跟随形势，实行减薪。在公司财政会议上，这一减薪方案被提出，许多人赞同，而加里法官则坚决反对。

"我提议，我们将这一方案推后一周实施。"加里法官看到讨论进行得不是很顺畅，就提出建议，大家都同意了他的建议。

摩根在他临行前告诉过加里法官："如果我不在时，你需要我做什么决定，就给我打电报。"

加里法官极不喜欢打扰摩根先生，但是他的心里却牵挂着工人们的福利。他给摩根先生发去了一封请求电报，希望他能够去见一下正在欧洲度假的两名重要的董事会成员，然后，回复一封电报，就雇员工资保持原状问题分别给出他们三方的意见。

摩根先生按照他一贯果断和高效率的方式采取了行动。他召集了那两名正在欧洲度假的董事，用他超级的无人能够抵挡的说服能力，得到了他们二人支持性的投票。

回复的电报正是法官想要的内容，当该提议又一次被提出时，遭到了否决。那天的胜利是为工人们赢得的，钢铁公司所持有的富有鼓励性的立场起到了一种鼓舞士气的作用，整个工业行业很快就恢复了生机。

这件迄今为止仍没有公开的小事情，要比我所知道的任何一件事都更能说明加里法官的品性，他是工人们真正的朋友，一个富有人道主义的人。

加里法官为公司如何对待公众的态度方面带来了全新的理念，他起到的作用比其他任何一个大企业的负责人起到的作用都要大。10年前，他公开发表演说，谴责工业领导人的那种高压态度，那种财务方面的不公开和不透明。他说："富人阶层应该自觉停止这种做法，否则公众就会迫使他们停下来。只要没有什么必然的理由，公众永远不会加深或扩展对资本家的怨恨。"

加里法官毫无顾忌地说出了这一切。

他是美国有史以来最强有力的公司公众化道路的先驱者。早在反对公司公众化情绪激烈化的几年前，他每个月都会发表一些有关公众化道路的论述。他的年度报表写得明晰而详尽，堪称典范，被德国的大学采纳并作为标准教材。

他对每个最底层劳工的公平态度极具革命性。在这一点上，他遭到过来自他自己的董事会的强烈的反对。

一个很有影响力的董事在早期的董事会议上称："对付劳工问题的唯一办法就是，任何时候只要一出现苗头就马上打掉它。"

"那你还得安排其他人去做这件事。"这是加里法官用来反驳他的最后结论。

在如何对待竞争对手方面，他所制定的那一套乌托邦式的原则也受到了守旧派资本家的指责。

即使是在经济快速发展而导致钢铁短缺的那段时间里，加里法官也从来没有挤兑过客户，因此，那些思想守旧的资本家一致认为，他们选了一个理想主义者而不是一个注重实际的人来管理公司。一些人甚至大发感慨，觉得他这种新的头脑发热的理念将会令公司蒙受几百万的损失。

然而，艾尔伯特·亨利·加里仍然坚持固守自己的方式，他反复地告诫董事会成员："像我们这么大的公司，必须采取公平的方式来对待公众，对待竞争对手，对待消费者，否则迟早都会碰到麻烦。"

那么最终的结果又是怎样的呢？

当美国政府对这个"恶性"托拉斯提起司法诉讼要求解散公司时，他们寻遍了整个美国来搜集不利于美国钢铁公司的证词，然而，没有一个对手，没有一个客户，没有一个雇员，没有一个公众说过一句不利于它的话。相反,倒是那些律师和其他一些人员抱怨政府给他们的工资太少。

施瓦布先生曾经作为美国钢铁公司的诉讼案的证人,当他被问到钢铁基金问题时,他很清晰地做出了如下陈述:

"据我个人全部所知,加里法官没有对这些基金做过任何手脚。而且他极力反对这种做法。在我担任钢铁公司总裁时期,我不得不面对这样一件事,加里先生总是在反对那些我早已经习以为常的事情。"

现在,所有那些反对加里先生管理公司公开化的声音早已平息,事实已经证明了这个理想主义者乌托邦式的政策是值得的!

加里先生坚持认为,公司的成功应该归功于财务部和董事会的卓越能力,但是那些更了解情况的同事们却说,总裁的政策和付出的劳动才是最主要的原因。

加里法官的办公室里没有股票行情收录机,他不赞同投机,也从不参与这种事情。在很早以前,钢铁公司的董事会议总是在中午召开,当时身居董事会的一些成员参与股市很深,并且利用他们的内部信息来蒙蔽公众,不过,这一切早已成为过去时。

现在,财务部的会议改在下午两点举行,季报和收益情况都会在第一时间内产生。这些信息在会议上产生后,马上向公众公布,这样一来,和其他股东相比,董事会成员也就没什么有利之处了。

我问加里法官:"回首往事,在您一生的工作中,什么能够带给您最大的满足感?"

他沉默了一会儿,显然是在回想这几年来的事情。

然后他十分慎重地回答道:"如果单指某一件事的话,那就是我获得了整个工人大家庭中绝大部分人的友谊和信任。"他若有所思地点点头,说道:"是的,这才是最有价值的成就,在我的一生中,没有什么比这件事更能带给我真正的满足感。"

我又问道:"接下来你决定怎么做?"

"继续将友好合作的精神带给钢铁界同行们,因为它能够根除旧的那种不合理的、破坏力很大的竞争方式,这种竞争方式不仅在萧条时期对钢铁企业具有破坏性,会导致许多相关企业破产,而且还会对整个国家的各行各业产生短期的灾难性后果。给工人们带来的艰难和失业就更不用说了。"

耶鲁大学政治科学系前教授、塔夫脱总统执政时期的美国关税协会前主席亨利·C.埃默里,在分析加里法官对美国做出的贡献时这样说:

"关于此事,我主要考虑的是他对待股东的方式,我把他看作是'开门政策'的始作俑者。没什么人意识到,第一次将公司业务的季报公布是一件戏剧性的事,公司里权高位重的人说公众无权知道,而加里法官则坚持认为10万名股东对自己的财产有知情权,并提议告诉他们。有人认为这件事是他在虚张声势,万一季报出来后,表明收益微薄,加里法官恐怕也不敢将事情如实公布。说这种话的人并不了解他,也不了解他对那些徘徊在股票收录机前的人的那份不在乎。不管利润丰厚还是微薄,不管股价跌到了10块还是涨到了100块,每隔3个月,他都会将公司的有关事宜公布于众。采取这种'无情公开'的方式和工业史上兼并的产生具有同等重要的里程碑意义,实际上,它的意义更为重要。最近我们听说了许多关于有必要在战后改变'秘密手段'的言论,加里法官对股东和公众采取的这种方式无疑是给公司一直奉行'秘密手段'的财务政策投下了一颗重磅炸弹。"

一个风趣的年代史编者曾说过:"艾尔伯特·亨利·加里生下来就是个赤脚的孩子。"这种说法可以说对也可以说不对。在他1848年出生的农场里,小加里有时候的确不穿鞋和袜子光着脚在地上跑,但这是他自己不要穿而不是没的穿。他父亲的农场位于芝加哥以西25英里的杜佩奇县,他的父亲是一个正直诚实、严格要求的新英格兰人,通过自己努力工作、细心仔细和勤俭节约,让全家人都能够吃饱穿暖。他是一个很实际的人,他让自己日渐长大的孩子们在工作和读书之间自己做出选择。艾尔伯特宁愿去上学而不愿去干活,这样,他就有了许多的熟人。

有趣的是,他的老师组织的一次黑板数学演算竞赛,居然确定了他日后的职业方向。有一天,一位叔叔来拜访加里一家,他叫 H. F. 瓦莱蒂,是当地的一个著名律师。加里的爸爸很为自己儿子的数学能力骄傲,就在他们俩之间安排了一场比赛,结果艾尔伯特获胜。作为奖励,这位叔叔给在自己内珀维尔的办公室为他安排了一个位置,让他学习法律。父亲的结论是:"有朝一日,艾尔伯特可能会有自己的一份财产,懂得学习一些法律可能会帮助他保护自己的财产。"

他进入了伟顿学院,两个冬天在乡村学校里教书,又在叔叔的办公室工作了18个月,然后去了芝加哥读书,20岁时毕业于芝加哥大学法律系。作为当年毕业生中最杰出的学生,他被法学院院长推荐到库克郡法院做了一名职员,工资为每周12美元。在那里他充分展示了自己的能力,逐渐升到了办公室最高的职位。然后,他的叔叔把他带到了自己芝加哥的办公室。

芝加哥大火的第二天,他在一个木质建筑里租了一间办公室,挂起了律师事务所的牌子。

第一年他赚了2800美元。

他的理想是成为一名法官。通过参加竞选,他扩大了影响力,最终成为伟顿市的第一市长。没过多久他就实现了自己的理想,被正式选举为郡法官。

在这之后的一段时间里,他对钢铁产生了兴趣,因为他已经预料到了整个世界将会进入一个钢铁时代。他辞掉了法官职位后,分别出任几个公司的顾问律师,同时还保留着他的日常工作。在很早的时候(1891年),他就形成了这种身兼数职的习惯。在他的协助之下,有几个工厂被合并到了伊利诺伊统一钢铁线材公司,这是一家资产为400万美元的公司,在当时可以算作是一个庞然大物了。7年之后,他们并购了更多的公司,随着规模的不断扩大,这个企业后来改名为美国钢铁线材公司,拥有1200万美元的资本。

加里十分清楚,联合就意味着力量。他形成了一套理论,如果能够将每一个单个的钢铁生产商和运输商集合在统一管理之下,那么就会产生巨大的经济效益，生产效率就会得到空前的提高，因此必然就会赚得可观的利润。

在成为伊利诺伊钢铁公司举足轻重的人，并且已经是董事会成员之后，他开始致力于组建一个统一的钢铁公司，这个公司将由伊利诺伊钢铁公司、自有铁矿的明尼苏达钢铁公司、在俄亥俄伊利湖拥有工厂的洛兰钢铁公司、可以提供航运服务的明尼苏达汽船公司、可以将铁矿运输到湖边的达鲁斯铁路、埃尔金—乔列特—伊斯顿铁路、芒特普林森煤矿和宾夕法尼亚焦炭公司组成。

加里法官同罗伯特·培根一起创建了这个著名的联邦钢铁公司，培根当时为 J. P. 摩根公司成员。这个资产为 2 亿美元的联合公司让美国和欧洲都不由得刮目相看。摩根先生总喜欢说，比起后来组建的美国钢铁公司来，这个公司在工业和金融方面是一个更大的奇迹。

摩根先生找到了加里法官，告诉他能够胜任公司合并工作的人非他莫属。

然而加里法官的答复却是：他对这个提议不是很在意。

"为什么？"摩根先生需要一个理由。

法官解释说，他在芝加哥的律师事务所每年的收入超过了 7.5 万美元，而且这个收入正在稳步增长，所以他并不急着离开芝加哥。

"我们其实是打算高薪聘请你来。"银行家坦率地回答，"你可以提出自己的期望薪金，随便多少都行，你也可以自己确定合同的年限。"

最后，加里法官同意以每年 10 万美元的年薪签订 3 年的合同。到最后，他的年薪涨到了当时的最高纪录。

不久前加里法官说道："我本来打算 3 年以后再回到芝加哥，但是现在我还在这里。"

下面要讲的是钢铁公司的形成过程：

有一天，卡内基门下最聪明的门生查尔斯·米歇尔·施瓦布来到培根先生这里，暗示他卡内基有可能要把他的公司卖掉。培根立刻就找到了联邦钢铁公司的中心人物加里法官。

加里法官第一次对摩根先生提起这件事时，摩根先生没什么反应。后来没过多久，新上任的第四国民银行行长 J. 爱德华·西蒙斯以施瓦布的名义举行了一次晚宴，正是在那次具有历史意义的晚宴上，施瓦布用他无可抵挡的口才和乐观为钢铁行业绘制出了一幅宏伟的蓝图。当时摩根也在场，此番描绘也让摩根动心了。

于是第二天早晨摩根先生就去找了加里法官，他表示自己很感兴趣，但是在确认卡内基要出售钢铁公司前，他不会有任何行动。然而他却和加里法官又花了几小时共同讨论了这项计划的可能性。人们期待中的卡内基要转让公司这条消息的及时到来，终于促成了有史以来最大的联合公司的启动工作。

关于"加里晚宴"人们众说纷纭，同时也有很多这方面的报道。"加里晚宴"开始于1907年的大恐慌时期，当时金融系统崩溃，工业疲软，就在同年的12月份那段最为黑暗的日子里，加里举行了他的第一次晚宴活动。

这次大恐慌中并没有出现公司之间那种殊死斗争、一蹶不振的士气和大批量遣散工人，相反，在此次萧条中各个公司联起手来，决定采取统一的行动共同遏制恐慌的蔓延。他们在钢铁行业的每个分支机构里都设有委员会，简而言之，当时的价格稳定，有破产倾向的策略要经过严格审查。因此，在一片混乱与毁灭的威胁中，正孕育着一种悄然而生的新秩序。

在技术上来讲，不管它是合法的还是不合法的，我都不想做出评判。我所知道的只有一个事实，那就是这种做法所产生的结果对企业、对工人乃至对整个国家都有无可估量的价值。1911年政府宣布反对这种合并后，他们的活动被迫停止了。

在1916年钢铁行业协会的晚宴上，当时的联邦贸易部副部长 E. N. 赫尔利强烈疾呼联合的必要性，并且自豪地宣布，为了加强对外贸易，贸易部已向国会提出了要求，要求取消所有限制生产商之间合并、联合的法律。他在讲话结束时再一次呼吁了这种联合。

当震耳欲聋的掌声渐渐平息下去后,身为总裁的加里法官站起来说:"'我是在做梦吗?我们是在幻想吗?'我可以闭上眼睛想象一下,我是在参加一个很久以前的加里晚宴,如果联合对于出口企业是明智之举的话,那么对于国内企业来讲,又何尝不是一个很好的遵循原则呢?"

还有比这更为简洁的反驳吗?

加里法官在钢铁行业所受到的尊重在1909年美国和加拿大钢铁公司单独为加里先生举行的晚宴中得到了充分的体现。在这次晚宴中,竞争对手和客户都给予了他极高的评价。

这次晚宴在钢铁史上的重大意义并不在于人们借此机会向加里法官表达了深切爱戴,它的真正意义在于:在这样一个行业精英齐聚一堂的场合里,人们发表讲话时所采用的思路。对于眼前这位最大的"敌人",出席这次聚会的大多数同行业竞争对手给出的却是独一无二的赞誉。他们嘴里的加里法官不是一个敌手,甚至不是一个朋友,而是一位父亲,一位高瞻远瞩、能带来好处的父亲,而且还是他们每个人的顾问。也就是在这一次聚会中,公司的第一总裁施瓦布先生很宽宏大量地承认,在他同加里法官的一些分歧中,最后事实总是证明后者是对的,而他(施瓦布)是错的。

施瓦布说:"我很感谢有这样一个机会让我说一件事,法官。你我二人在同一个公司里共事已经很多年了,一直以来我们之间都有一些分歧,我很高兴有这么一次机会能让我带着热情与乐观,公开地承认,大多数,不,是所有情况下,您是对的,我是错的。您带给这个企业的更宽广的准则,对于我们这些有着不同理念的人来说,是全新的……美国和加拿大所有大公司的领导齐聚一堂,专程来向您表示我们的敬意,因为您将一套全新的准则成功引入我们伟大的行业,这在工业史上还是第一次,所以加里法官,今晚您应该感到很幸福。"

在这次聚会上,摩根先生做了他一生中为数不多的一次发言。摩根先生情绪激动、心情紧张,为了能够站立起来,他一只手紧紧抓着椅子的靠背,将身子倚在旁边的一位就餐者的肩膀上,如果不靠着他的话,自己根本无法用双足站立。落座之前,两行泪水顺着脸颊流淌下来,摩根先生对他的朋友们耳语了几句话。摩根先生的这番话里有那么几句很令人感动,也许值得将全文都给出来:

"在这次聚会中,我真希望自己能亲口大声说出这些话。我今天要说的话放在其他场合可能会毫无意义,但是今晚,我听到的每一句话都是如此令人激动。我和加里法官合作已经10年了,我们的合作方式可能是在座的各位所不敢苟同的,这种方式对我的重要性各位也是无法理解的。我感觉我们是一个整体。我不可能说得太多,我能感觉到今晚你对我的感情是多么深刻,所以你一定要接受我诚挚的谢意。先生们,请原谅我只能讲这么多。"

加里法官被人们公认为是美国最具影响力的公众演说家之一。实际上,他所发表的无私营公民演讲吸引了人们更为普遍的注意力。他的演说从不使用过多华丽的辞藻,他所说的每一句话都有内在价值、分量与智慧,因而赢得了来自各个阶层的人的尊重,不管他们是穷人也好,富人也罢;资本家也好,工人也罢。

1916年加里夫妇在访问亚洲期间所受到的礼仪接待相当于是皇室礼仪。那个时候,他就为美国和亚洲之间的友谊打下了基础。这种影响力究竟有多大?我们很难估计。他友好的态度,他坦率的言谈,他对那些判断有误的人持有的理解,驱散了人们心中错误的概念,为将来更融洽的国际交流打开了通道。他恪守自己的"非官方访问"的原则,可以这么说,杂志上基于友谊和尊重的一系列文章为拉近美国和亚洲各国之间的关系起到了更大的作用。

加里法官已经结婚,但是还没有孩子。

我很难说服加里法官来亲口讲述他在建立人类历史上最大的工业企业中所做出的贡献,所以,这里列举出的一些事实多数是取自一些文献记录,还有一些是来自他的熟人,还有一些是来自整个公司几乎人人都知道的事实。

威廉·A. 加斯顿

威廉·A. 加斯顿，律师出身，临危受命的银行家，被誉为审时度势、勇敢作为的实干家。

美国有相当一部分人靠自己的努力而功成名就，在他们身上都有一种自强不息的精神，他们每个人都有一个自己的故事，会讲述在刚开始时有多么贫穷，工作有多么努力，今天，几乎是白手起家的他们却获得了非常大的成功。但有一个人却是例外。

一个家境富裕的人正礼貌地听着别人的讲话，然后，他脱口而出说了这样一句："你们这些人工作是因为你们不得不工作，你们不工作就得挨饿。除非我自己愿意干活，否则我不需要干一点点活。正如你们都知道的那样，我家里很有钱，但是我却和你们一样地努力工作，不是出于必要，而是出于自愿。你们别无选择，而我有选择余地。"

说这些话的人并不是纽约东部最大的金融机构的一把手，威廉·A. 加斯顿，但这个人完全可以是他。他并没有选择一条安乐之道，而是选择了接受挑战，并由此获得了名誉。他不满足于做一个旁观者，他决定成为一名实干家。

他成功了，加斯顿上校赢得了人们的认可和高度的评价。他不仅在一个方面，而且在三个方面都获得了成功，当然，他日后可能还会有其他方面的成功。首先他是一个优秀的律师，然后是一个商人和公司行政，最后是一个银行家和金融家。他还为民众和政界做出了很大的贡献，了解他的人都说，他注定要成为一个杰出的政治家。

在"拳王"加斯顿的身上丝毫没有波士顿人的那种很明显的傲慢。他不仅在政治上主张民主，而且他本人也是个极为民主的人。他和约翰·L.沙利文、西奥多·罗斯福一样，都是人们真正的朋友。约翰·L.沙利文在哈佛大学的拳击赛中获得了第二名，而那个时候年轻的加斯顿在一场经典的比赛中则获得了大学拳击赛的中量级的冠军。他上大学的那个时候，拳击比赛就意味着残酷的搏斗。

几乎所有的成功商人都具备善于搏斗的素质。康芒多·范德比尔特是一名搏击手，哈里曼、希尔和摩根等人都是搏击手。一个有志于成大事的人必须要有胆量、勇气和自信，他们必须准备好承担风险，当他人胆怯退缩之时，他们必须表现出自己的胆识。

离开大学后，加斯顿的勇敢依然伴随着他的商业生活。新英格兰有理由对他所做的一切表示感谢。1907年大恐慌时期，工业基地一下子变成了危险区域，最有实力的企业也开始显得惴惴不安起来，而此时的威廉·A.加斯顿却一脚踏入了这个雷区，同这场突然发生的灾难做斗争。回顾那个时候，全国上下几百家银行开始疯狂抢购黄金，商人们都被催促着偿还银行贷款。一些有影响力的城市金融机构做出了一些恐慌性举措，他们像守财奴一样囤积货币，不惜任何代价催促借款人立刻还款。

当这一切发生之时，加斯顿涉足金融业还不到几个月。但是他在大学里以及后来在律师界和商业界中展现出来的勇气，又一次令他的行为与众不同。他并没有像大多数人那样惊慌失措，而是采取了英格兰银行所提倡的富有历史意义的策略，在那段处于严重危机的日子里，他充分利用自己的应变能力，鼓励其他人用自信来战胜恐慌。当时新英格兰的许多金融机构都在观望新英格兰最大的银行肖马特国民银行的动静,看看有什么信号,接下来的路该怎么走。一些银行的董事提出,自保是金融规则和生存规则中最重要的一条,金融机构是头一号应当保持谨慎的机构。然而对于银行和他应该负起的责任,加斯顿总裁有更长远、更大胆的想法。11月15日,当人们的信心降到了最低点的时候,他给美国每一个同肖马特银行有关系的银行发去了一封信件,向大家提出了要镇静、要有勇气和金融胆量的建议。全文如下:

"各位同仁:眼下,我们的货币市场正处在银根紧缺的阶段,因此当务之急的事情是,银行必须在自己最大的权限内对已有贷款准予延期返还,对于那些贷款期限将尽的商人、生产商和其他合格贷款人要延长还款期限。

"在许多情况下,对于那些完全有偿还能力的企业来讲,继续贷款或收回自己的应得款项(通常能收回),再或者是卖掉自己的店铺,都有一定的困难,这时候,如果银行非常不必要地强迫这些企业还款,那么紧接着就会出现破产或进入破产在管。

"为了将商业事务恢复常态,必须要有一次公司债务总清算。我们相信,每一个商家都会尽最大努力做到这一点,但是,作为银行和信托机构,我们必须尽一点儿力,对贷款归还期限做出部分或全部延展。原本有能力还清贷款却在艰难时期迫于银行的压力而破产的企业数量越少,那么无支付能力的企业就越少,因此,我们的货币市场就能更早一天恢复信心,回到正常状况。

"所以在这里我们提议要尽最大的努力来帮助缓解这场商业危机。"

我强调这件事是因为在那段黑暗的日子里,这样的做法实属罕见。我提起这件事是因为这件事情可以让加斯顿的品性表露无遗。我详细讲述这件事情是因为他那时对新英格兰在工业和金融方面的贡献无法用金钱来衡量。而在如今的日子里,我们却正学着如何欣赏个人的勇敢行为。

有人说,血统决定一切。如果真是这样的话,加斯顿的道德和身体上的力量足以证明这一点。他的父母都是出身良好的人,从他母亲那里，他继承了比彻家族的优良传统，比彻家族的人连续100年来，在宗教、高度道德原则、慈善方面为共和党做出了贡献。加斯顿上校的母亲是著名的牧师亨利·沃德·比彻的表妹。他的父亲则是休格诺特家族的嫡传，这个家族的人因为宗教问题而离开了法国，来到了苏格兰，然后又到了爱尔兰。他的曾祖父出生在爱尔兰，后来移民到了美国康涅狄格州的启陵里，他的父亲就出生在那里。加斯顿受到的家庭影响是最好的，他的父亲曾是洛克斯波里的市长，在1872年波士顿大火期间任波士顿市长，还做过州代表、州议员，最后于1875年成为马萨诸塞州的州长，也就是内战后麻省的第一任民主党州长。加斯顿州长直至1884年去世时一直是对麻省各种事务都有影响力的人物。他的言论没有丝毫种族或宗教的偏执，他对新来到这个国家的人都十分友好，给予他们帮助和指导，他作为政治家和律师的一言一行，使他成为上一代人中最了不起的人之一。

讲述加斯顿上校父辈的故事仅仅是为了说明他的成长背景，让大家知道他从小所受到的教育是传统的原则、荣耀的生活、规矩的行为和为公众服务意识。1859年5月1日，他出生于洛克斯波里，分别在洛克斯波里公立学校、拉丁语学校和哈佛大学读书。1880年他毕业于哈佛大学，并获得了文科学士学位。他虽然没得过奖学金，但是他却在道德、身心健康方面受到过嘉奖，他对体育方面的兴趣要远远大于对学术荣誉方面的兴趣。他在哈佛读书时的班级后来成为名人班级，从这个班里出来的名人包括西奥多·罗斯福、罗伯特·培根、罗伯特·温莎、乔赛亚·昆西和理查德·L.索顿斯托尔。罗伯特·培根后来成为J.P.摩根公司的合伙人和驻法国大使；罗伯特·温莎成为皮博迪公司基德尔银行的行长；乔赛亚·昆西和理查德·L.索顿斯托尔后来成为加斯顿的合伙人。这些人在大学里的时候就经常聚在一起，一直到今天仍是这样。

加斯顿毕业于哈佛法学院，24岁时进入了律师界。在欧洲考察学习了一段时间后，他为自己的教育画上了圆满的句号。回来后，他在父亲的事务所从事法律工作，第一年赚了400美元，这成为他当年的生活经济来源。

  他首先开始在陪审团面前显示了自己的价值，但是他对商业问题透彻的理解令他声名鹊起，因此许多大公司都把案件交给他来处理。1893年那场严重的大萧条令许多企业陷入了困境，连续几年来法庭都有的是官司打。年轻的加斯顿有很强的商业感，一眼就能够看出纷繁复杂的经济案件中关键问题所在，他有能力帮助重建和恢复受损企业。J. 奥格登·阿木尔最近对我说，如今做生意一定要有律师和化学家，对大多数企业来说，律师是非常必要的助手。

  19世纪90年代后期，波士顿道路运输行业生意十分不景气。当时西区的城市铁道公司由几个分散的公司组成，公司决定把这几个小公司合并成一个大公司，因为这是唯一可行的避免破产的方法。然而这一提议却有违某些法律，事情变得毫无希望，一团糟。有一天晚上，威廉·A. 加斯顿上校已经睡下了，却被西区城市铁路委员会的一名股东叫了出来，他请求他，作为一名有公众意识的公民，暂时牺牲一下他手中收入丰厚的案子，在整个日益逼近的悲剧发生之前，想办法改变这一切。

  刚开始他有些迟疑，但后来可能是因为这个提议中光明正大的一面吸引了他，在所有的重要事务中，他担负起了当地的运输公司执行经理和重新组织者的责任，把它们重新组合成为一个大公司，就是现在人人都知道的波士顿高架公路公司。之后，他又对这个公司继续管理了5年。在这段时间里，他修建了道路，提高了服务质量，只需多花几毛钱，就能为波士顿人提供当时比美国其他社区里更长的路程。同时，合理有效的经营方法也夯实了公司的财务状况，最后，公司成为一个有吸引力的投资目标。员工的工资提高到了当时美国的最高级别，公司引进了最先进的工人补偿方式，比美国政府正式通过这项法规要早10年。企业的健康发展令公司增加了许多福利项目，他们建起了保险系统，成功地安排了一些旨在提高市民服务质量的活动。

  1896年，随着麦金利总统的当选，美国很快就进入了托拉斯时代。在加斯顿先生重新整合波士顿街道和高架公路系统时期，托拉斯正处于鼎盛时期。这项任务涉及了几百万美元的花费，包括大量合同的签订以及大量设备的购置。在19世纪90年代后期和20世纪初期，在当时的情形之下，公司的董事或领导完全可以组建一些小公司，这些小公司可以和大公司做生意从而赚到丰厚的利润，而控制这些大公司的人往往正是那些小公司的拥有者。

加斯顿直截了当地拒绝了这种欺诈行为，所有的合同都被广而告之，回报也是公开的。他不仅自己拒绝这种非法的偷窃波士顿高架公路公司利润的行为，而且还要确保其他任何人都不得私自利用职权。在那个时候，采取这样的立场得不到任何赞誉，但是在15年前他坚持采用这个方法需要有很好的独立性和维护自己权利的能力。他在这项工作中整整忙碌了5年（从1897年到1901年）之后，他把这个公司的管理权转交给了别人。

美国最伟大的一名时事评论员说过，如果在前20年，所有的铁路行政管理人员都能像"拳王"加斯顿那样对待自己的职责，那么我们的铁路就不会出现15年前的问题。

加斯顿先生从孩提时代就有一种自然而然的渴望，他希望能继父亲之后，也成为马萨诸塞州的州长。1901年，民主党在投票和影响力方面的条件放宽了许多，他接受了自己的州长候选提名。他将当初建立波士顿高架公路公司以及让其他企业起死回生的魄力和方法用在了民主党的改革上，并且在1902年和1903年连续两年发起了让共和党坐立不安的竞选活动。然而，当时他在政治上似乎不那么顺风顺水。但这次重组为马萨诸塞州的民主党提供了一个有效的竞争基础，因而成功地选出了三位民主党州长，尽管加里森先生的选票数是其他人的两倍，无须再次争夺就可以当选，但是，在他发起第二轮竞选活动过后，却拒绝再次成为候选人。

民主党曾多次授予他各种荣誉，例如：拉塞尔州长参谋部上校，这成为他最有名的一个头衔；民主党全国代表大会的总代表；民主党全国委员会委员。他在任马萨诸塞州总统选举团主席时推选出了伍德罗·威尔逊总统，他是自1820年后出自麻省并当选的第一个民主党总统。

我们也许能回想起来，在1907年春天时，金融界就已经发出了一些不妙的信号。股票的市值在悄悄缩水，这是一个警示，许多有远见的金融家看到了这个信号后撤离了。由于银行信用机制起到的作用，工商业一直以来都在持续增长，然而，这种情况却有它丑陋的另一面。1904年，加斯顿重返律师行业，他的公司也成为新英格兰最好的公司之一。但是，还有更重要的担子正等着他去挑呢！肖马特国民银行的董事们并非对这股危险的金融暗流视而不见，他们急切地想要找出一位具有一流能力的人来负责这个机构的工作。

1907年5月，加斯顿上校被任命为肖马特国民银行的行长。还没等他的工作完全上手，这场风暴就爆发了。全国几百家银行和信托公司，其中也包括新英格兰的一些银行，都在争着抢着囤积黄金。加斯顿先生意识到，严峻的时刻到来了。如果商人们被坚决勒令归还银行贷款；具有影响力的金融机构带头制造恐慌气氛，像守财奴一样拼命囤积货币，催促借款人立刻还款，那么，最后就会出现1893年大恐慌时所导致的灾难性后果。因此，加斯顿先生采取了一种特征鲜明的态度。他召开了董事大会，给他们列举了一个又一个的实例，让他们明白，银行和信托公司如果不帮助企业共渡难关，还拼命囤积货币的做法，最后只能导致一些有偿还能力的公司破产。后来人们承认，这一举措对缓解新英格兰的金融危机起到了至关重要的作用。他的勇敢与无私甚至对整个美国都产生了影响。下面的例子将说明这一点。

可以说明加斯顿先生远见卓识的另外一件事发生在他担任行长不久以后，他资助了波士顿商业高中毕业生的南美之旅。他这样做的主要目的是要把这些人尽可能地介绍给南美洲，但他还有一个特别的目的，就是让这些人带给新英格兰一个信息，他未来的业务要朝这个方向发展。作为肖马特国民银行的行长，他一直以来都在默默地为拓展银行业务而努力，他坚持把银行业务向南美国家延伸的理念。如今，肖马特银行是南美最有实力的几家金融机构的代理，同时，它们也是美国方面的代理。

1912年,加斯顿先生任财经委员会的主席,负责为威尔逊的选举活动筹款。当时,威廉·G.麦卡杜被任命为财务部部长激怒了一些金融集团,再加上一开始他们就反对新货币法案的通过,所以波士顿许多银行家的态度是:情况越糟糕,民主党采取的方法就越好,事情将不攻自破。而加斯顿先生的看法则不然。

在《联邦储备法》这项金融法规讨论并确立的过程中,他多次代表银行和参议院前往华盛顿同委员会成员进行讨论,并且同格拉斯代表、欧文议员,当然还有财政部部长这些领导们进行商榷。或许他的观点比新英格兰任何一个人都有利于这项法案的通过,这项法案对于许多注重实际的金融集团来说,是一个巨大的成功。随着这件事情的深入,主要由波士顿各大国民银行所组成的清算协会任命了一个清算委员会,并举行了一次初步会议,会议建议召开一个清算银行大会来通过一项决议,谴责国会悬而未定的立法。在这件事情上,加斯顿先生持有的态度是:如果这样的会议召开了,他不仅会去参加,而且还要持不同意见,尽最大努力去对其他金融机构发起的类似行动实施他的影响力。所提议的会议到后来还是被废弃了。

大约也就在那个时候,美国银行家协会要在波士顿举行年会,有人企图组织一次运动,好让货币法案在国会面前名誉扫地。他们原本打算在这次会议上提出那项谴责国会的决议,然而加斯顿先生和他的同事们采取了果断的行动,及时地阻止这场可能会发生在会议上的争斗。

这种对政府的帮助行为完全是出于非个人的、爱国主义的动机。

还有一次,欧洲战争开始后,黄金一直处于紧缺状态,情况十分紧急,有必要建立一个黄金基金。然而有人却强力反对这一提议,理由是这里比英格兰更需要黄金。新英格兰的肖马特国民银行对于这个黄金基金的建立做出了巨大的贡献,因为该基金为两国之间的汇率提供了一个适当的基准点。如今,当初反对这一提议的那些人终于看到并且承认加斯顿当初的态度是多么的充满勇气和智慧。

同样,第一次世界大战开战后,棉花基金的建立是另外一个例子,它可以证明加斯顿先生有足够的勇气和智慧反对周围的人，毫不在乎别人认为他是在妨害他们眼前的利益。英格兰对棉花出口的态度导致了棉花价格的崩盘一触即发，令南方的棉花种植商、棉花收购商和棉花经营商笼罩在破产与毁灭的阴影下。在这场危机中，政府要求北方和东部的银行集团提供资金，这样的话，联邦储备委员会就能够买下大量的棉花，令其价格保持在合理的范围内。

  波士顿银行清算委员会奉命接待来自新英格兰的棉花加工商代表，他们的态度是：由于连年来，他们不得不用过高的价格收购棉花，所以加工棉产品的利润就变得非常低，甚至没有利润。现在既然棉花价格下来了，波士顿银行就无权使用什么棉花基金之类的人为办法抬高棉花的价格，尤其是投入这个基金的钱，竟然还是来自那些对廉价棉花感兴趣的机构。当时，肖马特银行的董事会中就有6到8个人担任纺纱厂的财务主管，另外，还有一些董事对棉花加工行业抱有浓厚的兴趣。在加斯顿先生的带领下，虽然董事会成员里还有个别人持反对态度，但肖马特银行投出了赞成票，核准成立这个本来不可能的棉花基金。

  尽管当时波士顿有很多银行拒绝加入棉花基金，但是当初那些持有最强烈反对意见的人也已经认识到，这是一件意义重大的具有爱国主义性质的事情，加斯顿先生的坚持赢得了他们的爱戴。从此他们再不怀疑他的观点，以往的经验让他们明白，他的判断没有任何偏执，没有任何自私的想法。

  加斯顿上校的这种力挽狂澜的能力总是不停地把他推到公众面前，但从他内心来讲，他通常不是十分愿意频频出现在聚光灯下。当青年基督教协会需要50万美元来建一座会馆时，加斯顿上校禁不住劝诱，成为筹款活动的带头人，并且获得了成功。

  接下来，他又组织了一次30万美元的筹款活动，在马萨诸塞州的查尔斯顿为入伍的海军建起了一座青年基督教会馆。

  当青年基督教协会秘书长约翰·L. 莫特需要有人帮他筹到一笔钱，用来维护关押战犯的新英格兰集中营时，他向加斯顿上校求助。

当自由贷款委员会处于极度危险的情况时,他们请求加斯顿上校出面。他在一个小时内发出紧急通知,聚集了外汇交易俱乐部200名新英格兰最大的金融家。从那时起,人们就不再怀疑还有什么事是新英格兰做不到的。

作为红十字委员会的执行官员之一,在筹集一亿美元的任务中,他所做的要远远多于自己分内的事。在每一件以爱国主义为目的的事情上,人们都能发现他总是在默默地激励着身边的每一个人,并把最重的担子留给自己亲自来挑。

加斯顿上校的领导才能甚至在自己的乡村生活中都能充分体现出来。大约10年前,他在马萨诸塞州的巴雷买了一个农场,他对这个农场投入了大量的精力。他喜爱动物,把这个农场用作了一个喂养各种珍贵家畜的地方,他自己对农村社区的各种事物也十分感兴趣,被选举为美国历史最为悠久的农业协会之一——巴雷农业协会的会长。

46岁时,他的母校授予了他一项令人羡慕的荣誉,他被推选为哈佛大学理事会成员。

他和妻子以及四个孩子过着幸福的家庭生活。他的长子继承了他的家族名字威廉,同时也继承了这个名字所代表的美德。现在,他受训于空军,等到这本书面世之时,他可能会去法国服兵役。

新英格兰需要像威廉·A. 加斯顿这样的人。自美国革命后的100年来,新英格兰在工业和农业方面一直都占据着领先与主导地位。内战过后,美国政府加强了对金融业的控制,而且这种控制在逐年增加,由此对新英格兰产生了深远的影响。更为严重的后果是,一直到几年前,新英格兰控制着商业和金融的保守派们都不愿面对和接受一些事实。

新英格兰用自己的资金建起并发展了西部的农场、矿场和铁路,这些投资的回报是令人满意的,这种由拥有所造成的强盛感促成了新英格兰的地方性骄傲,因此他们对货币市场的财政控制权已转交给了美国政府这件事闭口不谈,或者从没公开承认过。美国政府不仅控制了西部地区,而且还控制了新英格兰的铁路,他们甚至有权限制和拒绝为新英格兰提供更好的运输系统。

新英格兰连续每一年都生产出比上一年更多的鞋、棉花和羊毛制品，这已经成为人们公认的进步的证明。

仅仅在前10年，新英格兰人才开始逐渐意识到，相对而言，他们已经落后了。尽管在生产标准大宗产品上他们仍然占主导地位，但是，密苏里州在制鞋方面取得的进步以及卡莱罗纳的棉花纤维产品，所有这一切让新马萨诸塞州很难保持其原有的领先地位。

人们一直以来都相信，即使没有竞争，新英格兰也注定能够在工业方面保持在各个州当中的领先地位，这种想法不仅导致了一种虚假的安全感，而且大多数马萨诸塞人都很自然地甚至是很自鸣得意地接受了这种观念。人们还相信，这个州一直以来都能够为全州人民制定合理的工作时间，保护女工和童工，并因此而感到骄傲，因此，它是检验各种半成品社会主义理论的天然实验室。西部几个省照搬了早在25年前马萨诸塞州就确立的铁路和银行法规，这成为几个激进主义严重的处在边缘地区的州用来证明自己的最佳理由。然而事实却是，马萨诸塞州在经过了长时间强制执行这些法规后，竟然已经忘记了这些法规制定的初衷。

孤立的运输系统和社会主义法规的决定地位导致的结果是：生产商不愿意将工厂建立在这样一个税率过高的州，在这样一种制度下做生意的困难程度甚至超过了那些竞争更激烈的州。在这些州里，各种优惠政策对企业极具吸引力，来到这里的企业还可以享受到补贴。诚然，马萨诸塞州拥有技能高超的工人，拥有称职的雇主，但这些还远远不够。

马萨诸塞州的银行家们一直以来都很满意自己的业务量，因为它们正在逐年递增。然而，最近他们才意识到一个事实，他们的这种增长速度仅仅是全国范围增长速度的一半而已。也只有最近，马萨诸塞的生产商才意识到，他们的运输系统是多么的偏狭，这种偏狭不仅让当地产品在国内竞争中处于不利地位，而且还导致了新英格兰主要资产发展滞后，因为商船根本就不可能从新英格兰港口出口货物。

也只有在最近几年里，新英格兰的生产商和人们才逐渐意识到一个事实，仅仅美国国内对新英格兰产品的需求量已经远远无法维持工厂全天候开工。新英格兰拥有便利的水电设施、燃料、原材料以及更好的运输设备，要是在别的州，在加工生产方面毫无疑问在国内市场上占领先地位。战后，能够保持就业率稳定的唯一希望就是对外贸易的发展，但是运输系统的不健全又一次作为一个重要问题摆在了新英格兰面前。

新英格兰现在需要的是有才能的人。幸运的是，这方面的需求正在得到满足。在这个人才济济的团体中，最有机会、最有优先权带领新英格兰为未来而斗争的人就是威廉·A.加斯顿。

乔治·W. 戈瑟尔斯

乔治·W. 戈瑟尔斯,美国海军将军,土木工程师。因任巴拿马运河建设工程总监,并成功建成而闻名于世。被誉为西点军校毕业的高才生,开凿巴拿马运河的总指挥。

"当有消息传来,说要挑选一名陆军工程师来开凿巴拿马运河时,我们都立刻想到了戈瑟尔斯。"美国陆军工兵部队首长麦肯齐将军说。

为什么麦肯齐将军和其他优秀陆军工程师们马上就知道,这个仅为上校的人是最理想的人选呢?为什么西奥多·罗斯福会任命他呢?为什么战争秘书长塔夫特认定,这个默默无闻的陆军军官正是这项全国最大工程的最佳人选呢?

戈瑟尔斯生来就那么幸运吗?不。正所谓机会是留给有准备的人的,这一切是因为戈瑟尔斯本身就具备了一定的条件,机会才能够找到他。所以说并不是因为他幸运,而是因为他已有的业绩;并不是因为他有影响力,而是因为事实证明了他的能力;并不是因为机会,而是因为他的品质;并不是因为他有"门路",而是因为他的美德。

当机会女神要寻找合适的对象时,她径直走到了戈瑟尔斯门前。当她敲门时,他早已做好了充分的准备,他要出马将大西洋和太平洋连接起来;他要凿穿两个大陆之间的那道脊梁;他要战胜别人为之却步的困难,创造历史上最伟大的工程建筑奇迹。

那么在此之前他都做过些什么呢?

他是荷兰人的后裔,1858年6月29日出生在纽约布鲁克林,11岁时就流浪在纽约街头寻找工作。14岁时开始在放学后和星期天为一名产品销售人员记账,他的工资从每周5美元一直增加到了每周15美元,然后设法读完了纽约大学。后来,哥伦比亚大学医学专业录取了他,虽然这是他最喜爱的职业,但是,日日夜夜的工作和学习已经影响到了他的健康,所以,他决定去考西点军校。格兰特总统没有看到他的信,但是年轻的戈瑟尔斯并不气馁,他说服了当时纽约著名的政坛人物考克斯做他的推荐人。考克斯相信,他和前面几个推荐过的神气活现的年轻人不一样,一定会有所作为。

这个身材消瘦、金发碧眼的年轻人于1876年4月21日进入了西点军校,在这里他又一次展现了自己勤工俭学完成大学学业时的那股毅力,这里还造就了那些令他日后名扬四海的品质。在这个54人的班级中,他是二等奖学金的毕业生,毕业生中,仅有两名有资格被选为令人羡慕的陆军工程师,他是其中一个,有4名毕业生被选为陆军军官上尉,他也是其中之一,他还是班级的班长。他获得了军事技巧中的最高级别奖学金,他还是那一届学员中的领头人,因此他是一个稀有的"三位一体"的人才。

他的第一任长官知道这些年轻的军队工程师们容易产生骄傲情绪,就派戈瑟尔斯去扛一根杆子。他没有服从命令,只告诉这位长官:"我来这里是学习的。"他的确学到了很多东西。两年后,他由二等中尉变成了一等中尉,并于9年后的1891年获得了上尉军衔。

并不是他的军衔让他和其他的陆军工程师有所不同,而是因为他的能力和成就。他的一名长官这样说:"无论我安排他做什么,我都会立刻打消心中的疑虑，因为我知道他一定能做好。"未满30岁的他就被美国军事学院选为民用和军事工程学的讲师，后来他又被派去负责田纳西河上贻贝浅滩运河的建造工程。作为总参谋部的成员，他有幸受到过来自华盛顿的召见，他还被任命为防御工事（海岸港口防御）委员会的委员。不管他是什么职位，不论他的任务是什么性质，不管他要和谁打交道，戈瑟尔斯都不仅表现出技术上的高度条理性，而且在人员管理上也十分具有雄才伟略。不管他走到哪里，不管他和谁一起工作，他总能激起人们对工作的忠诚和热情，从而产生百分百的理想结果。

戈瑟尔斯上校曾对西点军校的一个毕业班讲过："要想成功地完成一项任务，你不仅要发挥自己最大的能力去完成它，你还要确保让你所管理和指导的每一个人也发挥他们最大的能力。要做到这一点，你必须在整个过程中充满自信，还必须相信自己能够激励别人，让他和你有同样的信心。你不仅要对他们的能力有准确的了解，你还要完全了解和承认他们作为一个人的需求和权利。也就是说，一定要关心他们，在所有的事情上都要公正合理地对待他们，把他们看作是人类大家庭中的兄弟姐妹。"

戈瑟尔斯在开凿巴拿马运河时，没有使用蒸汽挖掘机，而是使用人工劳力。正因为从头到尾每件事都要靠人来完成，戈瑟尔斯的首要任务是在人力方面的管理。只要挑好合适的人选，只要对待他们绝对公正，那么人的力量就是无穷无尽、无所不能的。将两大洋相连是几个世纪以来伟人们的梦想，有的人只是在梦想，也有的人做了却没成功，但是戈瑟尔斯一口气取得了胜利的成果。

他说："我认为，作为一名士兵，完成工作是一项最基本的职责。在运河的开凿过程中，我分析了每个人的具体职责，我发现受过军事训练的人比较懂得如何服从命令。从广义上来讲，服务的含义就是服从。你不去做就是在逃避职责。强烈的责任感不需要严酷的命令来责成。生活的哲学最本质的部分就是知道自己的职责所在。"

他又说："有多少商人对自己的雇员做过个人品德鉴定？他们对人类

综合能力的关注会多于对机械总体性能的关注吗?"

戈瑟尔斯是美国的基奇纳。两个人都是军队工程师,两个人都具备杰出的管理能力,两个人都拥有一个积极热情的团队,两个人都是同一类型的领导者——严格坚持服从原则,拒绝给失败以任何借口,不容许有任何耽搁,在某些方面独断专行,然而却公正而体谅人。基奇纳的目光同戈瑟尔斯的目光很类似——锐利、敏感、有穿透力。戈瑟尔斯研究过基奇纳的职业生涯,可以肯定,基奇纳同样也研究过戈瑟尔斯的成就。

戈瑟尔斯有一次评价道:"这个世界需要的是结果。据说,南非战争时期,基奇纳大人的一个部下没有服从命令,当他开始解释原因时,基奇纳对他说:'这是我听到过的最高明的借口,现在,按我的命令去做!'这正是今天这个世界需要的。"

基奇纳和戈瑟尔斯都被人们称呼过"暴君"。当然,在巴拿马运河的开凿期间,没有一定权力的人绝不可能像戈瑟尔斯那样发挥自己独裁的权威。他自如地使用着旧时阿拉伯苏丹和俄国沙皇的统治方式,但是他的统治是建立在绝对公正之上的。戈瑟尔斯接受并按照人类之间兄弟姐妹之情的准则而办事。他的无畏和他的公正永远是紧紧结合在一起的。他认为,权力仅仅要用来做正确的事情。

每个星期天上午,他都会在自己的办公室举行一次"临朝听政",听取每个到来者的意见,这些人中有黑人、白人,也有混血。此时的他比美国最高法院还有权威,但是,他扮演的角色是一个慈祥宽厚的建议者,而不是一个冷冰冰的法律机器。各种肤色的妻子来到他面前抱怨自己总是犯错的丈夫,那些对自己的工头怀恨在心的工人们受到了礼貌的接待,那些被解雇的人可以在他面前把整个事情都说出来。这些周末清晨会议实现了对运河区管理的可能性,它们是理论上的专制和实际应用上的民主的独特结合,它们是巴拿马运河工程的"安全阀"。做错事的人知道,上校可以大笔一挥就将他们逐出巴拿马地峡,但是他们也知道,只要他们做了正确的事,就一定会获得公平的待遇。

公众想知道的是,戈瑟尔斯是如何实现了谁都认为不可能的事的,他是如何合理利用时间解决了无数个工程方面的问题，成功地修建了巴拿马运河，而且作为一名军官，他如何能够同时又成为一名成功的管理者，他如何能使这片从来不曾有过法律的土地保持和平，让这里的人们都成为守法的人。简言之，他如何能够同时管理好机械和人力，最后取得了这样辉煌的结果。

当戈瑟尔斯被派遣到巴拿马时，摆在他面前的困难是令人震惊的。当苏伊士运河的建造者德·雷赛布着手解决这个南北美洲被分割开来的问题时，曾自信地宣布："运河肯定能建成。"但是，在花费了2.6亿美元，牺牲了千万条性命，浪费了10年工夫后，这位法国人不得不承认，他失败了。1899年，麦金利总统曾指定了一个委员会，调查美洲中部的运河河道，但是，一直等到罗斯福总统执政才开始了行动。用他自己的话来讲："我决定修建巴拿马运河，让国会日后再去争论吧。"这有点类似于E. H.哈里曼后来著名的"先命令董事会投票，再作讨论"的做法。1904年5月4日，美国政府分别付给法国5000万美元，付给巴拿马1000万美元的利息，并且同意每年支付25万美元作为转让费，接管了从大西洋的科隆到太平洋的巴拿马这一段10英里长的运河区域。哥伦比亚曾经大为不满，并试图阻止过这个转让。

用来管理这个新领地的法律实际上是没有的。在这个地区，50年来几乎发生过50次革命，到处都充斥着犯罪、暴力、邪恶、疾病。

国会指派了一个七人领导委员会来管理运河地区的事务并负责开凿河道。对于这个七人小组来讲，这项工作实在是太大了、太复杂了、太困难了、太令人泄气了。这条运河恐怕得从华盛顿挖起。在蚊帐到来之前，还得忍受叮咬之苦，对机器的要求也是一样的结果。总工程师约翰·F.华莱士同各种让人垂头丧气的倒霉的事情英勇斗争了12个月后，终于放弃不干了。

约翰·F.史蒂文斯挺身相助，奋力同蚊虫、同传染病、同难以沟通的劳工、同各种困难做斗争。但最让人无法忍受的是，这位总工程师的行为遭到了委员会主席公开的反对。而这位主席先生却常常在华盛顿舒舒服服地修身养性，根本就不在运河地区的库莱布拉。史蒂文斯也不干了。

罗斯福总统十分生气。他已经把整颗心都放在了修建巴拿马运河之上，结果他得到的除了一次次的失望，一次次的延误工期，一次次的辞职外，一无所获。这次，他决定要任命一个不会辞职的人，一个不怕困难的人，一个能从一团乱麻中理出个头绪摆平一切麻烦的人。他向军队求助，并在那里找到了戈瑟尔斯。

刚开始他只是总工程师，6周后戈瑟尔斯又被任命为运河委员会主席，并被赋予了无限的控制权。戈瑟尔斯可以不必理会委员会的指手画脚，开始自己的工作。他对委员会之类的东西给出了历史性的定义："所有的委员会都是一条又长又窄的木板。"

罗斯福总统终于找到了一个合他心意的人。还没等这位战士管理者于1907年初抵达巴拿马地峡，他就已经废止了所有的市政当局，撤销了那些多余的办公室，把运河区划分成若干个行政区，建立起了一种全新的秩序。没有了专门的法律行政管理机构，罗斯福已经将这里的一切全权交给了戈瑟尔斯。新的法律在没有蚊虫叮咬的影响下颁布了，整套管理条例得到了承认，对待劳工的新方法得到了巩固。所有的这一切都是在"仁慈的专政"下进行的。戈瑟尔斯上校后来这样描述这个过程：

"当时人们都说，主席的行为已经超越了自己的权限，篡夺了委员会的特权。虽然说这种说法可能是真实的，但是最后的结果不仅证明了这种方式的正确性，而且还证明了除此之外，没有任何方法可以达到这个最终目的。"

这个士兵政治家已经被派到了巴拿马去开凿那条他志在必得的运河，其他所有的人都是他的部下。纵然华盛顿某些敏感的、摆设般的绅士不幸受到了不可避免的伤害；纵然事情不得不在没有发电报或写信请求的情况下就已经做了；纵然工人们的健康、幸福和娱乐生活需要得到纯粹家长式的关注，而且必要的步骤已经被采取了，那么美国总统是否有权在没有国会赞成的情形下擅自采取行动也不关这位工程师的事情。

他只不过是在执行总统的命令，同时又让别人执行他的命令而已。

国会必然会对此进行一番调查。调查期间，美国国会建设项目拨款委员会主席问道：

"戈瑟尔斯上校，在修建宾馆这件事情上，它是否符合纽约州的法律，你是否得到过巴拿马铁路公司的许可？"

"没有，先生。我从美国总统那里得到命令修建该宾馆，于是我就执行了。"这里的宾馆是指科隆的华盛顿宾馆。

刚开始的时候，巴拿马人也像其他人一样，嘲笑美国政府居然指派了一个军队工程师来管理整个巴拿马地峡，来完成这项人们期待已久的最为宏大的工程。这些工人们认为，他们最好是学会如何用敬礼来表示服从，否则很可能会被解雇。他们想象中的是一个滑稽的上校，身穿鲜艳华丽、布满饰物的制服，胸前挂着六七个勋章，手上时时戴着手套，不管乘着轿车或驾着马车走到哪里，身边总有那么一大堆溜须拍马、出身好的军官们伺候着。他们估计他是一名严格执行军纪的军官。

戈瑟尔斯悄然来临，并没有礼炮或任何欢迎仪式等着他。他是一个性情温和的人。这导致了一个小误会，但是他却用自己的方法将它解决了。工会的头目等在那里告诉他如果他不去做某些事，那么他们就会在那天晚上全体辞职，将整个工作停下来。戈瑟尔斯礼貌地听着，他们离开时向他们挥了挥手，没有做任何形式的表态。晚上来临时，他还没有做出任何决定，他们给戈瑟尔斯打来了电话。"我还以为你们都辞职了呢。"戈瑟尔斯回答道。他们继续试探道："那你一定不愿意耽搁工期吧？""耽搁工期的不是我，是你们。别忘了，这不是私人企业，是一项政府工程！"他们有点迷惑不解，接着又问道："好吧，你打算怎么做？"

"明天早晨任何缺勤人员将永久解雇。晚安！"第二天，工人全部都到齐了，戈瑟尔斯面临的运河劳工问题最终告一段落。

他们很快就知道了，戈瑟尔斯把他们看作是一项政府伟大工程中的工友，他准备着比他们中任何人工作都要努力。他走遍工地的每个角落，亲自查看每一件事；他不允许任何官员不论官职高低对任何一个工人吹胡子瞪眼，或有什么不公正行为；每个星期天上午，他的办公室大门都是敞开的，他受理工人们的投诉，公平地实施奖惩。他们逐渐意识到，上校是最能胜任这项工作的人，只有他才能让工作全面开展起来，这需要人们对他的尊重。而且，他对工人们的健康考虑得比自己的健康还要多。他并没有住在巴拿马或科隆，他的办公室总部设在库克拉恰山丘上，俯瞰着对抗的、反叛的库莱布拉。

在戈瑟尔斯的大力支持下，戈加斯医生在运河地区开展了如火如荼的驱除疟疾蚊子和根除发热的运动，没有他的努力，美国政府着手的巴拿马运河开凿工作恐怕最终也要落得和法国一样的悲惨结局。所以说，人类真的欠了戈加斯医生很多。

早在拿破仑还是一个微不足道的中尉之时，就已经在像研究战略手册一样，煞费苦心地研究政府工作手册了。戈瑟尔斯在治国治民的问题上似乎没有提前做出过太多的思考，然而这样的工作现在就恰恰落在了他的肩上。他用完美无缺的技巧管理着不怎么太平的巴拿马人。他管理着分别来自70个国家的5万名雇员。似乎他生命中唯一的任务和涉足的领域就是这项巨大任务的劳资与行政管理，他将运河分成了3段：大西洋部分、中部、太平洋部分，让这3个组在挖掘工作中彼此竞争。这样一来，他就能将工人们的竞争精神提高到最佳状态。这些是修建运河必备的素质，这些素质不仅仅是工程技术方面的知识。戈瑟尔斯上校谦虚地说，在技术上没有什么要解决的新问题，但是政府方面的新奇问题倒是层出不穷。

他在自己的责任范围内对待人类的态度不难从下面一段话中看出来。这段话出自国会对一个需要投资5.2万美元的工人俱乐部建设项目发起的另一次调查。

主席："你要建一个5.2万美元的工人俱乐部？"

戈瑟尔斯上校："是的，先生。我们需要一个很好的工人俱乐部，因为我们需要给工人们一些娱乐活动，让他们不要总待在巴拿马。我认为这样一个俱乐部很重要。"

主席："没错。但是你一定在考虑要建起一座很精良的俱乐部。"

戈瑟尔斯上校："是的，我希望在那里能建起一座城市，但这一切要归功于美国政府。"

巴拿马人终于发现戈瑟尔斯上校不是一个严格执行军纪的军官，而是一个十足的人，一个能够理解人类的，并且以人道对待别人的人。他所做的每件事都是公开的、摆在桌面上的，这里没有电报，没有秘密审讯室里的阴谋，没有政治家背后的操控。实际上，戈瑟尔斯上校在所有同自己手中的权力相关的问题上，一直都在奉行公开化的原则，正如他在大学里时那样，他早已把自己划在了反对秘密社会的阵营里。每个人都知道把工作交给他是最安全的。戈瑟尔斯对"职责"二字是这样定义的：

"我们只不过是做了自己应该做的事情，却总是愿意接受夸赞或回报。实际上这两样东西我们都没有资格去领受，因为我们仅仅做了必须要做的事。周围的鼓掌声可能会满足我们的虚荣心，但是掌声不会一直持续下去，过一段时间后，它们也有可能会变成责骂声。"

整个世界都密切地关注着戈瑟尔斯上校将美洲大陆一分为二。他们看着他不仅在工程、建造和其他科学方面指挥着这个划时代的任务，而且还履行着民政管理方面五花八门的责任，因此，整个世界把他看作是地球上负担最重的人。

"负担？"他有些诧异地反问最近采访他的人，"对我而言，从来没有什么负担，负担这一切是我分内的事。"

他的确负担了很多，而且他必须确保，他手下的每一个人也要正确地负担。有这样一件事：一个很自负的军官对戈瑟尔斯给他发布了一些命令十分地不满。一天早晨，他怒气冲冲走进他的办公室，突然来了一句："我收到你的信了，上校。"

"什么？你一定是弄错了，我从没给你写过信。"上校回答道。

"哦，你写过的上校，是那封有关在利马的工作的信。"

"哦，我明白了。"上校冷静地回答，"你有一点没说清楚。你收到的是我的命令,而不是一封信。既然你已经收到命令了,那么问题就解决了,你还有什么要说的吗?"这次会面就这样结束了。

戈瑟尔斯上校从来都没有动摇过要让别人服从命令的立场,既要服从书面命令又要服从时间命令。在回顾自己在巴拿马的工作时,他说:"我的第一本教科书是日历。很少人意识到确定日期的重要性,当人们被给定了明确的任务、专门的命令以及时间的限定后,就会获得令人吃惊的成果。行政人员对自己的下属抱怨这个抱怨那个,其实造成这种情况的原因是他自己本身就没有准备好,也没有给出过明确的指示。今天这件事要么就做,要么就不做。在巴拿马运河的建造中,我的第一个研究目标就是日程表。"

当基奇纳大人在南非任参谋长时,有一次派人请来一个铁路的管理人,问他火车从他的总部约翰内斯堡出发,开往向南的某个城市最短的时间是几小时。这个官员计算了一下,然后回答:"36小时。"

基奇纳命令道:"为我准备明天早晨6点的火车,后天早晨6点前我要到达那里。"这件事发生后不久,一个参谋部的成员告诉我:"我们果真就在6点前到达了那里。"戈瑟尔斯有点类似于此。他知道在某个特定的时间内完成某件事完全是有可能的,然后立刻下命令让别人去执行。

芸芸众生之中,能够拥有像沙皇那样的帝王之威者,在没有引发暴动的情绪、没有任何丑闻、无须扭曲自己的个性的情况下,能够担当得起巨大的、综合的任务,能够同时管理四个国家,并且成功地从磨难中兴起的人寥寥无几。换成能力稍小一点的人可能会滥用自己的权力,可能会误用自己的特权,可能会形成一种让人痛苦、无法忍受的暴政。戈瑟尔斯看待自己百世流芳的荣誉就像看待修运河的负担一样轻。当来自军队和地方上的赞许如雨点般洒向他时,他的沉稳就像库莱布拉山不停下滑的山体总要将已经挖好的河道填满时一样。

他的观点是他接受了某项命令,并完成了它。事实证明,分权控制和分散管理无法令政府满意,所以他认为有必要实行集权。他说:"原则上来讲,既然是同一个提议,那么代表50个人的合法权益或代表100

个人的权益，再或者只代表一个人的权益是没有区别的。"

让人感到好奇的是，美国政府又第二次委派戈瑟尔斯将军承担一项任务。这项任务中对公众利益的影响仅次于巴拿马运河的修建。这项工作涉及的有设计和制造许多水陆两用新机器、新工具和新设备。从这项工程中挖出来的土足够填满一个绕地球好几圈的沟壑，同时也需要有大功率的钻孔设备将地球钻一个大窟窿，几乎从纽约的某个地方一直钻到中国南方的某个茶园。委派给戈瑟尔斯上校的也是一项建造任务，但这次不是为船只修建通道，而是去造船。

戈瑟尔斯上校很快就发现，此时华盛顿方面的情形和他修建巴拿马运河时完全不一样了。这个只承认信心不认事实的政府班子向这个因潜艇而烦躁的世界宣布，18个月之内，他们就能造出1000艘3000吨的木船来。当诺言兑现的时刻马上要来临时，他们找来了这位运河建造者。更令他目瞪口呆的是，此时，鸟儿还在那些将要用来造木船的树上面筑巢哩！他马上就明白这个任务根本不可能完成，而且资金也还没有到位。

戈瑟尔斯上校对纽约的几个钢铁生产商说："所有的委员会都是一条又长又窄的木板。因为我相信人的影响力，所以钱和权我都想要。"他知道，将仍然长着叶子的树木变成船只是不可能的，所以，上校开始考虑建造铁船的可能性。他很机敏地询问美国钢铁行业的大腕们，看他们是否愿意在他的带动下在一年半的时间内造好一艘300万吨的钢铁巨轮。这个问题立刻就得到了肯定的回答和全体的赞同，美国钢铁公司董事长加里先生立刻就把这个问题安排给了生产商。

当我坐下来听这位上校讲话时，我的第一感觉是他对华盛顿的情况给出的批评太缺乏策略了。但是当他这种直截了当渐渐让人们明白他一个人就可以让他的计划行得通时，人们才意识到他的行动效率。因此一旦戈瑟尔斯上校获得了忠实支持的保证，在需要制定一些不可变动的条例时，他就获得了主动权。

戈瑟尔斯上校比任何人都了解自己新任务的艰巨性，但是他还有一个座右铭,"事情要先做起来,只要成功了,所有的难题就全部不攻自破了。"

当戈瑟尔斯被任命造船时,一些人建议:"戈瑟尔斯上校长久以来习惯于同部下打交道,总是将自己的意志当作法律让别人来执行,那么当他同那些和他平等的、不习惯于受压制、不愿意服从军队命令的人打交道时,可能会出现麻烦。"然而,这并不能完全解释他没有完成这项工作的原因。他发现,经过了拖延和该受责备的耽搁之后,他已经无法再让自己的工作产生预期的效果了。他只不过让总裁知道,他打算放弃了。最终的结果比留在那里或辞职更为重要,所以,他没有一句怨言地离开了。

1884年,戈瑟尔斯将军同罗德曼小姐结婚,她来自于德高望重的奎克尔家族。他的儿子和他一样也是一名军队工程师,同时还是一名医生,继承了戈瑟尔斯家庭的品质和传统。

我应该补充一点,在本次"谁是缔造美国的五十大商人调查过程中",戈瑟尔斯上校的排名很靠前,这足以说明全国人民对他是多么的尊敬。

丹尼尔·古根海姆

丹尼尔·古根海姆,美国矿业大王,古根海姆家族代表人物,慈善家。被誉为美国最大矿业企业的哲人。

迈耶·古根海姆曾有一次倾其所有帮助过一个朋友,这个朋友在科罗拉多经营着一个矿山,当时,矿山正处于破产的边缘,他正在同厄运做着殊死搏斗。

40多年前的这一善行正是古根海姆家族今天能在冶金采矿行业取得巨大成就的基础。从位于科罗拉多一个偏远小镇(普韦布洛)的一个小小的冶炼厂开始,著名的古根海姆家族通过勤劳、顽强和牺牲精神建起了世界上最大的采矿冶金企业。

如今,古根海姆家族每年经营和控制着10亿磅,也就是50万吨的紫铜,这一数字几乎相当于全世界年均铜产量(22.5亿磅)的一半。他们还控制着全世界最大的3个铜矿,即智利铜矿、犹他州铜矿和肯尼科特铜矿。

仅仅是古根海姆的两个公司——美国冶炼精炼公司和美国冶炼证券公司每年就有超过3亿美元的业务,这还不包括他们的采矿业务在内。

古根海姆家族对全世界的银矿也有着举足轻重的影响，而且在黄金、铅和锌等各种附带产品领域中也是佼佼者。他们是全世界拥有工人数量最多的企业之一，也是到目前为止我所听说过的第一个肯付给雇员连同薪水和业绩奖金共几十万美元的企业，人们传言，最高的工资达到了每年100万美元。

这个为古根海姆公司辉煌的成功立下汗马功劳的人就是丹尼尔·古根海姆。他的判断力，他对未来的信心，他激励人的能力，他吃苦耐劳的精神，他敢于在艰难的情况下，第一个前往遥远的、未开化的矿区，以及后来敢于涉足金融领域的勇气，让他成了为美国的发展做出过巨大贡献的人之一。

他的许多方面公众多少还是知道一些的，比如说他的慈善活动、他给雇员的各种福利待遇、他对美国画家经济上的支持、他对音乐文化的促进推动作用、他对文学的热爱、他对纯种马的兴趣、他对花卉的喜爱、他对不同种族和国家详尽的了解和他几乎遍布了全球的行迹。

但是，在所有这一切中，我想要加上一条，古根海姆先生绝不是个哲学家。

再怎么说我也是个采访经验丰富的人，可是，这次我却费尽心机，使出了浑身解数才了解到他的个性。我对他说，人们认为像他这样的人并不是靠超出常人努力而取得荣誉和财富的，他们只不过是幸运罢了。古根海姆先生的缄默让我不得不出此下策。

"是的。"古根海姆先生说道，"有时候人们来到我办公室，环视一周，然后对我说：'我羡慕你的豪华办公室和你享受生活的机会。'我告诉他们，我花了40年的时间才赚到这间既有精美的画，又有鲜艳的花，还有一套真皮坐垫沙发的办公室。年复一年，我忍受着极为艰苦的日子，我去往墨西哥、去往国外其他地方、去往美国偏僻的山区。

"你们更喜欢城市那种奢华和高档的生活，有汽车，有装修一新的房子。你们不太在意用必要的牺牲换取成功后的富贵。"

我问道："那些所谓的'获得成功必要的东西'是什么呢？"

"牺牲、牺牲、再牺牲。"古根海姆先生用非常热诚的语气重复着这几个字，他的思绪仿佛还停留在他过去所经历的一切中。

　　他继续说道："那么，你首先必须是一个顽强的人，顽强是一个人最伟大的品质。没有了它，任何人都不可能成功。不管是在大学里，还是在职场上，或是在生意场上，如果一个人不能一直咬牙坚持到掌握某件事为止，他获得成功的概率几乎为零。

　　"一次失败可能会导致一败涂地，一次成功也可能会让人一鼓作气。所以，在成功前千万不要轻言放弃，再开始另一件事。

　　"如果让我在两个人之间做出选择，其中一个聪明有能力却没有毅力，另外一个能力一般却十分的执着，那么我任何时候会选择那个坚持不懈的人。

　　"办事方法也很重要。我宁愿雇一个能力不是特别出众但办事却十分得体的人，我不会去雇一个经纶满腹、聪明绝顶却不会办事的人。

　　"判断力、创造力和精力，这些都是最令人满意和最有价值的品质，但是最重要的还是要顽强和得体。"

　　古根海姆先生突然问道："你是怎么最终采访到我的？你第一次失败了，第二次也没成功，但是你却表现出了坚持和得体。你一直在坚持，一直到你发现了一条可能会达到目的的渠道。是你的坚持让你能够在这里，是你适当的方式诱使我这样一个不喜欢和公众多说的人和你谈话。"

　　古根海姆先生最喜爱的一句格言是："自己怎么做是自己的事，与其他人无关。"因此他一定要确保管理好和自己公司业务有关的一切事务。

　　我问同古根海姆先生关系最为密切的一位同事，他的过人之处在哪里？是什么能够让他成为冶金和矿产行业的领袖，他又是如何在竞争中胜出的。认真思索了一番后，他回答道：

　　"第一是因为他有杰出的判断能力，他能够对情形做出正确的估计。第二是因为他从未泯灭的乐观精神，他相信未来，相信自己的国家，相信金属行业和冶金科学将得到发展与进步。第三，他有优秀的管理才能，他能够影响到每一个人，让他们和自己一样，看待问题能够从大的方面着眼，他能够激起周围每一个人的勇气和决心。第四，因为他对待自己人的政策都是慷慨的，经过反复思考的。我这里所说的包括工人、行政管理人员、工程师以及其他高管人员。比如说，最近美国冶炼公司为所有的员工，不论是拿年薪的还是拿日工资的都上了人寿保险，这笔钱全部是由公司支付的。第五，因为他不怕冒风险，他敢用100万美元去换取一个能赚1000万美元或1500万美元的机会。就比如说智利铜矿，在那个全世界最难以到达的地方，他竟然敢于在没有快速收益的情形下对它进行大量投资。"

1847年，一艘小船离开了欧洲海岸，在同大西洋上的风暴苦苦斗争了4个月之后，终于来到了这片土地。西蒙·古根海姆是古根海姆家族中第一个从瑞士来到美国的人。他还带来了一个小家伙，他叫迈耶·古根海姆，是西蒙的儿子、古根海姆家族企业的创建人，也是现任家族首领丹尼尔的父亲。迈耶逐渐建立起一个具有相当规模和业务范围的加工企业。他的妻子是瑞士姑娘芭芭拉·迈尔斯，他们一共生育了7个孩子。他们的长子进入了瑞士蕾丝行业，而且发展得很好。然而，对于这些日益成熟强大的男孩子们来说，这个行业的发展前景十分有限。

因为曾经帮助过一个朋友管理过采矿公司，所以迈耶·古根海姆的注意力被引到了这个领域，而且他还发现，这个领域才是能让他的儿子们施展拳脚的行业。

他把孩子们都集中在自己费城的家里，给出生在这里的7个儿子好好上了一课。他给孩子们讲了《伊索寓言》里7根筷子的故事。当7根筷子分开来时很容易被折断，可一旦绑在一起，就很难轻易将它们折断了。他告诉他们这些的目的就是要让他们明白，如果他们能够齐心协力，共同努力，就能获得比他们单独行动大得多的成就。他要让他们时刻牢记"团结就是力量"。

然后，他又向他们描述了冶金采矿行业的潜在前景，并愿意为他们提供一个基础起始点，而且还征求了他们每个人妻子的意见。

还没有谁家儿子们能够像这样尊敬父亲，也没有哪个父亲能得到这么多儿子的尊敬，迈耶·古根海姆是一个顶天立地的男人。孩子们意识到了父亲的提议是多么的明智，立刻就投入了行动。

他还对孩子们强调，尽管他会在开始时在经济上或者策略上有所帮助，但是，"你们必须要坚持做自己的事，建立起自己的企业来"。

正如前面讲过的，他们的第一项投资是科罗拉多的一个冶炼厂，但是很快他们就有了其他的厂。他们是7个人，而且个个都是那么积极、那么有雄心壮志、那么乐观，个个都准备好过艰苦的生活，准备好去任何地方、做任何事情、受任何罪，去为他们新的事业获得成功而贡献力量。没有哪个登山运动员或矿藏勘探人员曾经体会过古根海姆兄弟自愿经历的艰难，为了达到理想的目标，那些深山老林，那些人迹罕至的山谷，那些荒芜的不毛之地，都没能让年轻的古根海姆兄弟望而却步。

他们很快就发现，造物主总是把矿藏财富存放在远离人类文明的地带，而且四周还环绕着只有先驱者和勇敢的人才能够跨越的障碍。要想得到大自然的宝藏，就要为她付出代价。

丹尼尔·古根海姆和他的兄弟们一起毫无怨言地付出应付的代价。遥远对他或他们来说已经变得毫无意义，不管哪里有机会能获得些什么，不论路途有多险恶，他都毅然前往。他有一半的夜晚是在荒野中的帐篷里或马车里度过的，他的食物恐怕连黑奴都会不屑一顾。

他的行业决定了他要前往那些刚看到人类文明曙光的地方，但他从来没有因害怕苦难而退缩过。

然而，仅仅是丹尼尔·古根海姆和他的兄弟们愿意吃苦并不是他们取得成功的唯一原因。他们有足够的勇气和智慧聘请到当时身价最高的工程师和矿业人才，不仅仅是因为他们愿意支付当时最高的薪水，而且还因为他们肯将成果同那些出成果的人分享。从丹尼尔·古根海姆刚刚成为雇主之时，他就采纳了现在很平常，但在当时却具有革命性的一套经营方式。通过这种方式，古根海姆企业能够挑选到当时世界上矿业、工程和冶金方面的一流人才。

这还不是全部。他们想尽办法尽可能地为工人们营造一个舒适的环境，可能古根海姆家族为雇员建起的学校、医院、教堂和娱乐中心的数量是最多的。走穴的演员们不去那些交通不方便的地方，那么古根海姆企业就自己组织自娱自乐的文艺队伍和其他一些消遣活动。

古根海姆家族给冶金行业带来了一场革命。在他们之前，冶金行业的雇佣合同一成不变，总是一年。如果签连续几年的合同，冶金企业业主可能就得给雇员涨工资或增加其他方面的开销，他们不愿冒这个险。丹尼尔·古根海姆开始采用5年合同、10年合同甚至25年合同，合同上的工资在当时看起来简直是在自寻死路。但他是一个通晓历史、科学、工程、化学、运输和经济发展的人，渊博的知识让他有足够的信心，他确信生产过程的改良能够有效地降低冶炼和采矿的成本，从而将来能够产生出利润。

"如果我们在合同到期之前找不到降低成本的科学方法，我们就理应失去这个企业。"这是一个同事对这套即将采用的合同的可行性提出质疑时，他给出的回答。

1905年，当古根海姆公司着手犹他州铜矿时，谁都不相信这个企业的投资能收回来，因为矿的等级非常低。然而丹尼尔·古根海姆却提出了要投资建一个600万美元的冶炼厂和一个200万美元的紫铜精炼工厂，去鼓捣那些以前从来都没有赚过钱的东西。现在，开采、冶炼、精炼、运输、销售等一系列成本仅仅折合20到30磅的铜，他这次大胆的800万美元的投资已经成为古根海姆企业有史以来最有利润的一次投资，这座铜矿今天已经位列世界上第二大铜矿，每年都会给股东丰厚的分红。

接下来再看一下古根海姆家族在智利的作为。智利铜矿公司位于海拔9500英尺、荒无人烟的一个山脊上。这一区域从来没下过雨，也没有任何植物，矿区的用水必须从40英里以外运到山上，电力必须要靠85英里以外的一个电力公司输送，那里也没有路。总而言之，那里没有一点吸引力，压根就不适合人类生存。古根海姆企业踏入了这一禁区，决定花上几百万美元让这个地方变成人类能够居住的地方。他们立刻就将一系列复杂的机械设备运上了山。现在，智利铜矿公司是世界上最大的铜矿企业。

我听他的同行们说，古根海姆先生顶着所有人的怀疑和反对，坚持要在阿拉斯加投资几百万美元。现在属于肯尼科特铜矿公司的博纳德铜矿是一个巨大的天然铜块，受到冰川侵蚀后，剩余的部分藏在高耸的峭壁之上。尽管它的含铜量高达65%到85%，但是，自从它1901年被发现到1911年的10年间却没有一磅铜被开采出来，因为任何交通都无法到达那里。古根海姆先生买下了这座铜矿的一半，并同意修路，在两年之内让这座矿出铜。

当有人问到他时，古根海姆先生说道："如果我们认定这是一桩好买卖，不管它是在阿拉斯加、智利、墨西哥，还是在南美洲、非洲或亚洲，我们都会前往。如果在北极发现了一座矿，我们照样会去。我们知道，在我们这一行里，没有距离也没有国界。"40岁之前，古根海姆先生就已经越过大西洋70次了。

"烤乳鸽是不会自动来到你嘴边的。"古根海姆先生继续解释道，"你必须去寻找鸽子，并且想办法将它射下来，然后把它清理干净，烤熟后才能吃。做生意也是一样的道理。"

"上帝将矿藏放到远离人们的地方，这也正是为什么从事采矿行业的人这么少。普通纽约人都愿意待在纽约，置身于奢华中。他们不愿意去国外或人烟稀少的地方，忍受着各种不便利去发现宝藏，开发宝藏。在10年、20年、30年甚至40年的艰苦生活面前，他们胆怯了。

"在纽约你是不会找到铜矿、铅矿、银矿和金矿的，你得去那些交通不便的、有时候是荒无人烟的地方，这些地方的一切都是原始的、粗犷的，让你感到不适和不满。唯一能让你感到愉快的事情就是发展自己的事业的那种愉快。你听不到音乐，坐不上有靠垫的椅子，欣赏不到精美的画作。你整天必须要像奴隶一般工作，到了晚上，才可能会在油灯下稍微读点什么。

"如果一个人打算做出必要的牺牲，那么，今天的机会和过去是同样多的。如果不做出牺牲的话，不管他是做什么的，都不会获得真正的成功。无论在哪里，不付出永远不会有收获。毫不费力得来的东西不会让人觉得愉快，只有那些通过努力、辛劳和牺牲得来的东西才会真正让人觉得的愉快。你付出的越多，这种愉快就越强烈。工作、劳动、学习、牺牲是一个人取得令人满意的成功的四大要素。

"当我们刚开始进入冶金行业时，我记得很清楚，父亲曾告诉过我们：'孩子们，你们要自己想办法努力工作，不怕牺牲来达到自己的目的。但我要告诉你们，要达到目的，付出再多的努力也不为多，如果你愿意动脑筋，愿意做出牺牲，并一直坚持达到目标，你会得到丰厚的回报。'"

"因此，当你要求我为年轻人提一点建议时，我会重复父亲给过我们的建议，我还会再加上一句我前面已经讲过的'烤乳鸽不会自动来到你嘴边'。"

20多年来，古根海姆七兄弟——艾萨克、丹尼尔、默里、所罗门、西蒙、本杰明和威廉带着热情和士气并肩作战，他们在这个领域的分支机构已经蚕食了所有的对手。在丹尼尔的带领下，他们兼并了一家又一家厂矿，接管了美国冶金精炼公司。他父亲的那句至理名言"团结就是力量"在他们身上得到了充分的体现。

当美国政府由于战争的原因第一次需要大量的铜时，丹尼尔·古根海姆带头以低于市场价一半的价格迅速为政府提供了充足的来源。

尽管丹尼尔·古根海姆现在仍然是美国冶金精炼公司和美国冶金证券公司的老总，但他并不再像以往那样拼命了，现在，有一些比赚钱更为重要的事情吸引着他。在矿山的管理上，他的儿子亨利·F.古根海姆也能够帮他挑起一些担子。亨利·F.古根海姆毕业于英国剑桥大学，是一个优秀的学者和运动员，他身上继承了这个家族的勤奋和牺牲精神，他在正式进入这个巨大的矿产公司的管理行列之前，在墨西哥的采矿冶炼公司做了几年最基本的工作。

虽然古根海姆先生信奉努力工作的原则，但他也不失为一个度假倡导者。他告诉我："我认为，一个全年工作12个月的人，他的工作效率并不会比工作6个月的人高，工作10到11个月之间，休息一两个月，做点其他事的人工作得最好。所以我主张每一个雇员和年轻人都要休年假。

"我们的另外一个原则是，整个公司中，年轻人必须受到和其他人同样的重视。如果一个有一定工作经验的年轻人来到这里，我们绝不能让他等在那里，因为时间对年轻人来讲就像矿藏对我来讲一样的珍贵。"

除了洛克菲勒家族，古根海姆家族可能是全美国最富有的家庭，但古根海姆夫妇俩却是一对著名的慈善家，他们的捐助对象不限种族、教义和宗教。在创业初期，古根海姆太太毫不犹豫地同丈夫一道分担着第一线上的种种艰难。

春播秋收，生活的历程也是如此。现在正是古根海姆先生的金秋时节，他将收获累累硕果……

约翰·海斯·哈蒙

约翰·海斯·哈蒙,矿藏工程师、外交家、慈善家。被誉为金银帝国的创建人。

美国可以称他是想尽办法从地球母亲那里得到她珍藏已久的金属数量最多的人。历史上从来没有人为人类提供过这么多的黄金和白银。在他的努力之下,美国、非洲、墨西哥、南美、中美和俄罗斯的矿井为人类增添了几亿美元的财富。

近年来,他除了在地球内部寻求宝藏以外,还大规模对地球表面进行灌溉,目的就是要种出更多的粮食来,养活地球上的众多人口。他是在南非和墨西哥建起有轨电车的先驱者,也是在世界上不同的地方率先建起水力发电站的人。

天将降大任于是人也,必先苦其心志,劳其筋骨。世界著名矿藏工程师约翰·海斯·哈蒙在经历了空前绝后的历险、危险和艰辛之后,终于获得这样的成就。他曾经被半野蛮人围攻射击;他经历过惊心动魄的食人族之旅;他曾迷失在远离人类文明的荒野里,三天没有吃一点东西;他曾被关入牢狱并被宣判死刑,绞刑架已经准备就绪,马上就要执行了。这些都是构成他生命历程的真实片段。

我问哈蒙先生："被宣判了死刑是什么感觉呢？"（我曾经在非洲生活过，所以很熟悉著名的詹姆森·雷德的所作所为，当时是德兰士瓦共和国的总统保罗·克鲁格逮捕了他，并对他进行了审讯。）

"我只是感到愤怒，但我并不害怕。"哈蒙先生点起了火，回答道。我们一直在回忆那些过去的日子。"你是知道的，当时我们已经达成协议，只承认某项叛国罪，并在此罪名下被投入监狱，但是我们却被那个布尔检察官（詹姆森）给耍了，他给我们定了另一条要判死刑的罪名，将我们关押起来。我感觉到疯狂、屈辱和愤慨。"

"我经历过比在非洲的那段日子更为刺激危险的事情，只是这些事少了些戏剧性罢了。"当我问到他时，他又补充了一句。约翰·海斯·哈蒙几乎是在刚会走路时，就对事物产生了浓厚的兴趣，他总想钻研进去，刨根问底。他的父亲毕业于西点军校，在墨西哥战争中是一名炮兵军官。父亲鼓励他的好奇心和探索精神。他的母亲是著名的得克萨斯别动队成员，后来三藩市首位司法长官约翰·科菲·海斯的妹妹。他的母亲也很赞同他对户外活动的喜爱。他在很小的时候就学会了骑马、射击、游泳、森林探险、露营、捕猎等活动。1855年3月31日，他出生于三藩市，在三藩市公立学校读小学，后来他又去了纽黑文文法学校，为进入耶鲁大学的谢菲尔德理科学院做准备。他注定会成为一个工程师，更确切地说是矿藏工程师，因为早在那个时候，他就能够将埋在地下的东西挖掘出来，其中就可能包括金子。暑假时，他在加利福尼亚矿区度过，曾见过很多金子。他的父亲虽然是一个思想保守的人，但还是能够为他提供除必修的理科科目外的全部文科课程费用。他希望自己的孩子既懂拉丁语和希腊语，又懂矿物和化学物质。1876年，他毕业于耶鲁大学，并获得了物理学学士学位。紧接着又在萨克森弗赖贝格皇家矿产学院读了研究生，一直到1879年毕业。

这个年轻人对大西洋彼岸的世界充满了好奇和渴望。约翰·海斯是哈蒙四兄弟中年龄最大的一个，他们几个因为去加利福尼亚探险和旅行而出名。实际上,他们常常互相比赛,看谁去过的国家多。

有一次,年仅15岁的约翰·海斯在一个阿姨临时照看期间,和他的一个弟弟跑出去探险约塞米蒂山谷。他们深深地沉醉在自己的探索中,不由得继续走啊走,在一个矿里待了一个晚上,又在勘探者的简陋小屋里待了一宿,然后又露天过了一晚。有时他们骑着马一天要走15英里,一直走到了500英里以外的内华达州,而此时,村子里的人已经整整找了他们三周了!

哈蒙先生一边回顾一边说:"那次旅行教会了我们依靠自己。我们必须学会如何照料我们的马、照顾自己,如何同各种各样的人交往,如何让自己习惯于将繁星点缀的苍穹当成自己卧室的天花板。"

年轻的哈蒙从弗赖贝格回到美国后,拒绝了一个铁路公司提供的职位。威廉·伦道夫·赫斯特的父亲,赫斯特议员是当时西部最大的矿产业主,哈蒙找到了他,希望能有一份工作。议员是个固执的人,他很注重实际,完全有理由不喜欢那种衣冠楚楚、满脑子理论的矿藏工程师。

"我拒绝你唯一的理由就是,你从弗赖贝格毕业,这个地方让你满脑子都是那些愚蠢可笑的理论。我不想要那种没有魄力的工程师。"这位粗暴的议员告诉他。

"如果你保证不告诉我爸爸,我就告诉你一些事情。"哈蒙继续说。

议员同意了。

"我在德国什么也没学到!"

"那你来吧,明天就来上班。"议员最后终于做出了决定。

年轻的哈蒙第二天7点来上班,每天一直要工作12小时。那个时候,赫斯特议员正处在几个矿的购置谈判中。哈蒙负责对矿藏进行测试,测试的结果关系到他的雇主几百万美元的投资。

一年后,另一扇更宽的大门向他敞开了。哈蒙以金矿检测员的身份加入了美国地质部。他一直都很留心地观察着不同矿物的不同构成,带着极大的热情研究着地质学,渐渐形成了对矿藏灵敏的嗅觉。第二年,也就是1881年，他参加了做一名矿工、一名工头、一名工厂技术人员的实践训练。他还设法回访那些自己先前测试过的矿厂，从而能够将矿产的开发过程记录下来。他的这些知识令他能够对矿体进行辨别、分析和评估，这一切都不是矿工用的铁镐所能做到的。整个采矿业深深地吸引着他，并不仅仅因为它是谋生和度过一生的手段，还因为它能给这个世界增加财富，它能将资源发掘出来，而且它还能为几千名工人提供收入不菲的就业机会。他喜欢去矿上转一转，而不是去电影院或戏院看看，现在仍然是这样。

哈蒙职业生涯中的首次异域之旅便是一次危险之旅。1882年，他被委任前往墨西哥距离瓜伊马斯250英里以外的一个地方进行探测。他们乘坐了一艘负责运输采矿机械的船。刚抵达墨西哥西海岸，哈蒙就发现，阿帕切印第安人正处在战争中，进入墨西哥中部的一段长途跋涉不得不在夜间进行。第一天晚上出发后，由于司机酒后驾车，所以他们乘坐的巴士翻车了。坐在哈蒙对面的人当场死亡，另一个人由于伤势过重也于第二天早晨不幸身亡。

最后他们总算是到达了矿区，哈蒙却发现，当地人正在有组织地偷窃最好的矿石。他不得不任命一个具有一定权力能够逮捕这些人的官员，小偷们很快就被威慑住了，但他们既不愿意住监狱，也不愿意根据另外一个法令被充军。

等到情形有所好转时，哈蒙太太也加入了丈夫的团队。当他带着自己的儿子到达瓜伊马斯的第二天，一场革命就爆发了。哈蒙迅速占领了一所房屋，并在周围设了防御工事，准备坚守这个被土匪包围了的要塞。早在加利福尼亚的时候他就学会了如何使用枪，而且枪法很好，围攻的土匪们意识到了这一点，几天后就离开了。在哈蒙一行人前往内地的路上，他们碰巧发现了一个被印第安人洗劫一空的小村庄。从海岸一路走来，他们唯一看到的生物就是在这个200人的村庄里的那么几只鸡。印第安人离他们有多近，多久之后他们就会出现在这里，没有人知道。如果印第安人发现了这么一小队美国人，那么一切就全完了。周围

50英里全部是恐怖势力，武装到了牙齿的哈蒙骑着马在前面一两英里处带路，随时给这一队人马发信号。哈蒙太太手里拿着一支手枪，她宁愿选择自杀也不愿被活捉。然而，他们却安全抵达了他们的目的地——南索诺拉的阿拉莫斯。

哈蒙太太一直待到差劲的食物影响到了孩子的健康为止，哈蒙先生一直待到矿场开始见到了利润，所有的事情都安排妥当为止。在他打算离开之前，革命暴徒攻占了阿拉莫斯铸币厂，这也是西海岸唯一的一个铸币厂，并开始恬不知耻对这个公司进行巧取豪夺，用少量的钱换取了公司里用来加工硬币的贵重金属。哈蒙计划搜集到大量银子后带着它们溜之大吉，再把它们交给美国驻瓜伊马斯领事馆。

他训练了10个雅基族印第安人，教他们如何射击，他们的鼎力相助能够在关键时候抵御百十号墨西哥人。他让每一匹挑选好的骡子都驮载150磅银子，并赋予了这些雅基族印第安人百分百的信任，在一个风雨交加、四周没有一个墨西哥人的夜晚开始了他的大逃亡。用来替换的骡子早已等在前面70英里以外。经过一整晚和第二天一整天后，哈蒙比那些追击者已经领先了很多，这些人肯定会在发现情况后马上就出发。在距阿拉莫斯100英里的地方，哈蒙听说附近的雅基族印第安人正在同墨西哥人开战，而武装的阿帕切印第安人军队正在同美国人交火。这个时候，他的左边是雅基族印第安人，右边是阿帕切印第安人，后边还有墨西哥人，这些人全部都暴跳如雷，虎视眈眈地盯着这个南美入侵者、公司里唯一的白人，还有他手里的银子。著名的"轻骑兵旅"也不会比这个被人搜捕的哈蒙小队强到哪里去。这10名忠实的雅基族印第安人随时都可能背叛自己的主人，把他当作战利品来换取一大笔赏钱。但是他们却站在了他这一边，带领着他穿越了敌人盘踞的地区，将他安全护送到瓜伊马斯。

顺便再说一件事，迪亚兹革命过后，马德罗执政。哈蒙主动提出来要只身前往雅基族人的村寨，把他们带到由哈蒙和他的同事控制的公司里，付给他们足够的工资让他们能建得起房子，养得起家人。当然，这一切的前提是墨西哥政府能够赦免他们，哈蒙发誓会修复雅基族人前面所做的破坏。然而，还没等他有机会做这样的安排，马德罗就被谋杀了。如果当初哈蒙执行了他的计划，就不会再有雅基族人后来的暴乱，因此而产生的破坏性也就避免了。

"雅基族部落是我所见过的最正直、最诚实的部落，如果公平对待他们的话，他们要比白人诚实得多。"哈蒙声称。

更加刺激的是哈蒙先生在安第斯山脉无人区的经历。仅在两个当地人的陪同下，他跨越了位于奥里诺科河和亚马孙河源头之间的安第斯第三山脉。当时有很多当地人从那个地区弄到了黄金，所以哈蒙前去调查一下。他的两个导游的计划失败了，最后三个人在丛林里迷路了。他们连续三天没有吃东西，后来，这两个当地人从地下挖出了一些像咖啡豆似的东西，就这样他们一直坚持到脱险。

到了旅程的最后一个阶段，就连马之类的交通工具都无法使用了，那里根本就没有路。他们三个人一整天就这样顺着溪流，蹚过了一条又一条。

在这个偏远的不为人知的地方，哈蒙发现了一个小小的淘金作坊，有一些黑人妇女在那里挖金子。负责这里并把金子拿给来访者测试的妇女突然消失了两天，她回来后，第三天她丈夫又不见了。种种迹象表明，她生下了一个孩子。当时，"拟娩"这种风俗在当地仍然十分盛行，也就是说，父亲要在床上代替母亲来享受各种美食的款待，来接受周围邻居的探望和贺喜，这种待遇相当于更先进地区的妇女受到的待遇。

哈蒙先生在非洲逗留期间还碰到了食人族，但是他们并没有打算对他下手。

即使是在国内，这位矿产工程师及经理也是过着开矿先驱者那种艰难和动荡的生活。位于爱达荷州科达伦地区的邦克山金矿和沙利文金矿发生了严重的劳工暴动事件，罢工工人的带头人是海伍德和莫耶。哈蒙被派去负责让矿区恢复正常运作。他挑选了几名受过训练的人，准备好发动机，出发前往危险地区，冒着风险将被炸毁的桥修好，并且遭到了那些失去理智的罢工者的射击。相当一部分人在随后发生的一场暴乱中丧生了。

在这段血腥的日子里，哈蒙，这个与众不同的人听说暴乱的人都骂他是不敢出门的缩头乌龟，于是就在一天晚上宣布，他第二天中午要到街上去走走。他只带了两把左轮枪就独自出发了。让人捏一把冷汗的故事开始了。一群暴乱分子跟在他后边，有那么一两个干脆走在他前面，但是他手上的一个细微却极其重要的动作成为他继续前行的通行证。走到街道的尽头，他穿过马路，又走了回来。从此以后，这位加利福尼亚的年轻人得到了矿工们应该给予他的尊重。

早在19世纪90年代初，哈蒙就是一个赫赫有名的生意探子。在他之前，那些矿产专家几乎都是国产的，靠着铁镐铁铲和几本参考书到处找矿藏，他们不懂地质、冶金学和其他一些科学方法的帮助作用。许多矿产工程师在大学里学到的都是些一知半解的东西，而且他们还怕吃苦，不愿意去偏远的地方去过那种一线勘探者的艰苦生活，给这个新兴行业多多少少带来了一些负面影响。然而哈蒙却证明了他可以走遍天下的能力，只要提前一小时通知他，不论这个地方是有文明还是未开化，他都会前往。

世界上最大的产金地区在德兰士瓦。1893年，南非的一个巨头巴尼·巴纳多聘请了这位伟大的美国工程师，哈蒙立刻动身去调查约翰内斯堡的地质结构和金矿的矿脉。通过研究，他确信尽管人们只开采到了露出地表的矿脉，但深层一定蕴藏着丰富的金矿。哈蒙认为自己的计划是合理的有价值的，而巴纳多却拒绝为这个花费巨大却把握不大的项目投资，于是哈蒙辞职了。

这条消息发布后的几小时内，这个美国人就收到了一封电报，发来这封电报的人是英国殖民史上赫赫有名的人物塞西尔·罗德斯，他也是19世纪最著名的人。当哈蒙抵达格鲁特斯库尔后，在位于开普敦附近帝国大厦罗德斯先生精致古雅的家里，他们进行了交涉：

"我认为非洲对你的健康不大有利。"

"是的，加利福尼亚的气候更好一些。"哈蒙先生应和着。

"说说你的期望薪金，不要担心什么。"罗德斯先生吩咐道。

哈蒙按他说的做了。在他的合同里，每年10万美元是底薪，他还规定了利润分成。而且，他可以不受其他董事会成员的管理，罗德斯是他唯一的老板。

罗德斯对哈蒙的能力深信不疑，当哈蒙敦促这个巨头卖掉自己价值几百万美元的地表矿脉股份，把赌注全部押在当时成本还不是很高的深层开采上时，计划立刻就得到了执行。哈蒙成为南非大金矿兰德的深层采矿之父。每年仅仅在德兰士瓦就能为世界市场提供几百万美元的黄金，更不用说他建立的开采样板为全世界采矿业所带来的重大意义。

另外一件激发了这位罗德西亚奠基者的想象力的事情就是人们关于"所罗门国王金矿"的传说。据《圣经》记载，所罗门国王的金矿就在马绍纳兰，也就是现在的罗德西亚。他提议去那里考察。他和詹姆森博士以及小队经过了一个几百英里都是发热病人的国家。最后一段行程是由这位工程师和几个身强力壮的当地人完成的，他们发现了一个有3000年历史的艾尔多拉多金矿。哈蒙认为，这座金矿非常值得去重新开发，现在它每年创造的利润为2000万美元。

哈蒙先生说："罗德斯是我所见过的最了不起的人。他目光长远，感知力极强，具有无限的勇气。他的每笔交易都要征求来自不同方面的观点和意见，而且对利用别人这种事总是嗤之以鼻。英国如若听取了他的建议，也就不会发生布尔战争了。他从不计较金钱，只把它当作是一种达到伟大的、有价值的目标的手段而已。如果赚钱是他的目的的话，那么他的遗产可能会是2亿或3亿，而不是2000万。"

关于詹姆森·雷德为哈蒙和另外三个人执行死刑的计划是如何失败的，详细情况我也不是很清楚，但是根据当时在场的人所提供的第一手资料，我能大概讲述一下改革委员会中美国领导人所起到的作用。当时住在德兰士瓦的非布尔族居民都被称为"艾特兰德尔"，他们上缴的国税占整个南非共和国税收的90%，然而，他们不仅没有代表权，而且还被剥夺了许多公民的基本自由权。克鲁格虽然答应改革但从未履行。到后来他意识到人们正在计划一场起义，于是就提出来，如果改革委员会让所有的犹太人和天主教徒离开这一地区，他就同意他们所有的要求，哈蒙和他的同事们不会赞同这样的背叛行为。改革并不是要让大英帝国吞并布尔共和国，当有人提议在改革委员会的会议地点降下布尔国旗，升起英国国旗时，布尔宣布，谁敢降下国旗，他就开枪打死谁。

詹姆森博士是当时罗德西亚政府的特派员，他是一个野心过大的人，养着一支部队，但之前从未出过德兰士瓦国界。这次约翰内斯堡改革委员会叫他来的目的是万一布尔人要抵抗，他就出来支援。然而，詹姆森却在改革委员会的人起床前侵占了德兰士瓦共和国，哈蒙被包围了，他被迫投降。开普敦的英国高级政府专员说服改革委员会的人放下武器，并答应他们同罗格沟通后实行安全和合理的改革方案。

爱特兰德尔人刚放下武器，60到70个改革委员会成员就被捕了。这引起了人们极大的愤慨，但最后被英国政府平息了。爱特兰德尔人毫无办法。对改革委员会的人的审讯已经成为历史事件了。

人们普遍不知道的是约翰·海斯·哈蒙在等待宣判期间去了一趟开普敦，当时他病得很重，出于同情让他去看病。在英国港口之际，他有无数次机会可以逃离这个国家，但是他不屑于逃跑，宁愿选择乘坐三天返程的火车，无助地躺在那里，遭受着充满敌意的布尔人的夹击，他们明目张胆地计划伏击火车杀死他。然而，他的勇敢却让布尔人折服。哈蒙太太在整个约翰内斯堡和比勒陀利亚暴乱中寸步不离自己的丈夫，这种勇敢和奉献精神也赢得了"温·保罗"的钦佩。同样，罗格也相信了哈蒙的动机是出于一片赤诚，他终于明白了这个美国人只不过就是想要建立一个和美国模式相同的人人平等的共和国。

实际上，当爱特兰德尔人感到愤愤不平时，罗格曾对他们说过他要同这位"共和派哈蒙"做一笔交易。就这样，哈蒙和其他3个同事在每人付了12.5万美元赎金后，就被释放了。后来在罗格的要求下，哈蒙成为1900年布尔战争谈判的调停者。

战后，在伦敦举行的一次著名宴会上，约翰·海斯·哈蒙请求英国的最高权力机构对布尔人实行宽大处理。他敦促对南非实行调解政策，实现在南非建立联邦共和国的可能性。他指出，由于人数上的优势，荷兰人势必在投票中占优势，所以，不管愿意不愿意，这种政策迟早会被采纳，因此，自愿地、全心全意地采取这种政策方为上策。哈蒙的这番敦促核心意思就是："速度就是效率。"

历史已经充分证明了这一政策的成功，尤其是现在这场战争（第一次世界大战）中，布尔人所起到的作用是最好的证明。

哈蒙太太后来写了一本书，名为《妇女在革命中的地位》，约翰·海斯·哈蒙职业生涯中最吸引人的部分就包括在里面。

1900年的布尔战争爆发后，哈蒙先生回到了美国。他为英国的公司做调查，并将大量的投资吸引到了美国。在他的怂恿之下，一座城市几乎可以在一夜之间就建立起来。当然，那个时候，哈蒙的判断不可能在任何时候都是正确无误的，他有的时候也会犯错。但是，他的成就确实十分突出，1903年，古根海姆企业以全世界最高的薪水雇用了他。

他经手确定的项目包括：古根海姆勘探公司、犹他铜矿公司、内华达联合公司、托洛帕矿业公司、密苏里铅矿、伊斯普兰纳金矿，还有墨西哥大大小小的银矿。总之，全世界都有他参与建起的采矿企业。

俄国政府曾两次雇用他勘探该国的矿藏和工业资源，并和他探讨了灌溉的可能性。

离开古根海姆企业后，哈蒙先生对农业灌溉发生了浓厚的兴趣。现在，他和他的同事们正在开发位于墨西哥索诺拉雅基族河河口的灌溉项目，这是美洲大陆最大的灌溉项目，可灌溉面积为1000平方英里。现在，已经有3万英亩的土地种上了庄稼。另外一个很有前景的灌溉项目是开垦一个几千英亩的果园。这项工作正在由加利福尼亚的芒廷·惠特尼公司来完成。在这里，灌溉要通过哈蒙发明的一套泵水系统来进行。他在墨西哥的一系列活动中，还包括组建重要的瓜纳华托电力公司。

现在，哈蒙先生把大量的时间都花在了公益事业上。他尤其关注教育事业，在学校里和其他一些机构里发表了许多演说。他曾在耶鲁大学担任过一段时间的矿产工程学教授，他为这所大学捐赠了一个采矿和冶金实验室。他被授予了好几个荣誉学位，还是美国民权联合会经济部的主席，在促进大企业劳资双方相互理解方面做出了不遗余力的努力。他积极参与并慷慨支持医疗工作，他大力倡导通过国际的合作来促进世界和平。

在政治界，他是共和党俱乐部全国同盟会的会长，塔夫特总统任命他为驻华大使，这一职位被塔夫特总统看作是所有外交职位中最重要的职位之一。作为巴拿马博览会的特派委员会主席，哈蒙先生去过欧洲大部分国家的首都，并同这些国家的元首和外交部大臣进行过会晤，对巴拿马博览会的成功举行做出了巨大的贡献。哈蒙先生还作为美国代表参加了乔治五世国王的加冕仪式。

不论是在生意上还是政治上，哈蒙先生都主张共和。他的观点之一是：受到关税保护的企业应该将它们的利润状况全部公开化。

在全世界各个阶层都享有盛誉的美国人并不多见，他所陈列出来的名人亲笔签名照是美国数量最多的，这些人都是他本人认识的，从欧洲的主要统治者再到工人首领无所不有。其中一个叫塞缪尔·康珀斯的工人领袖在他的照片上附上了这样一段话："送给约翰·海斯·哈蒙——我所见过的最有建设性、实践性的、彻头彻尾民主的百万富翁。"

美国需要像哈蒙这样有能力、有经验的企业政治家，这样的时代也许马上就会到来。他从第一手资料中获得了大量有关其他国家资源、工业和商业方面实用的、技术性的知识，所以，在接下来重建和平的过程中，他应该成为重大决策中的一个重要的、有价值的人物。到那时，美国所需要的将不会是一个目光狭隘、足不出户的政治家，而是需要一个熟悉全世界经济情况的，执着的、富有哲学思想的企业界巨人。

哈蒙先生常说"性格决定成功的大小"。用他的好朋友，另一个伟大的矿产工程师基普林的话来说就是，"不管接下来的路怎么走，我总是感谢上帝让我生活过，让我和别人一起奋战过。"

后记

哈蒙先生成功的背后是哈蒙太太的支持，这个坚韧不拔的女人一直都在勇敢地分担着丈夫的艰难与艰险。

这本到现在已经写了10年的《福布斯富豪传》系列文章很有可能将另一个约翰·海斯·哈蒙包括进去。这位儿子在无线遥控指挥海底鱼雷方面已经小有名气，小哈蒙的这一发明到底能给美国的军事带来什么样的影响，现在还很难说。据称，这只是他许多重要发明中的一项。像这样的父子名人几乎是凤毛麟角。

奥古斯特·赫克舍

奥古斯特·赫克舍,德裔美籍资本家、慈善家,理查德·赫克舍联合公司的创始人、合伙人,赫克舍艺术博物馆的创办人。被誉为庞大商业帝国的统帅。

一个不会说英语的年轻人来到美国后,竟然能够在几个领域中取得显著的成就,那么,土生土长的美国人还有什么理由抱怨机会太少呢?

本书中的奥古斯特·赫克舍的职业生涯最能够说明一个问题,在这个国家中有许多可以让你发挥聪明才智、进入高利润行业的渠道。经历了30年的严格和艰苦的磨炼之后,赫克舍先生赚取了令人满意的财富。他起先是在煤矿,后来又是锌矿,这段时间内他面临着异乎寻常的压力,再到后来他开始对房地产发展产生了兴趣,并成为房地产行业中举足轻重的人物。但他仍然不满足于这些成就,他又开始向采铜、钢铁生产、矿产资源领域迈进,并取得了很大的成功。他的多样化投资还包括古巴的葡萄栽培、火力发动机生产、造纸厂、大型铸造厂、银矿以及金融机构。

我问赫克舍先生，他在这么多领域中取得成功主要靠的是什么；他认为有几种品质是尤其重要的；在他看来，那些没能实现理想的美国本土年轻人在性格上、所受的教育中普遍存在的薄弱点是什么。

赫克舍先生用他超过43年的法定投票年龄和半个世纪的居住时间（超过了多数美国人）来证明，他有足够的资格在这里同大家一起探讨这方面的话题。

"透彻和坚持不懈是最基本的要求。"赫克舍先生回答道，"大多数没有获得成功的美国人最大的问题并不是他们不优秀，而是他们没能打下坚实的基础。他们不够彻底，对于一门学科没能够从基础开始彻底掌握。他们不喜欢打基础时的那种冗长乏味、那种钻研和必然要付出的劳动，他们不喜欢从开始做起，他们似乎忘记了林肯和华盛顿并不是从总统开始做起，拿破仑在刚开始时也只是个不起眼的炮兵军官。"

"要先学会服从才有可能成为长官。

"在这个国家里，机会是无限的。你提到我在许多事情上都获得了成功，如果真是这样的话，那也是因为我在每个领域中都投入了大量的心血和精力去学习，坚持不懈地去实践，直到我彻底掌握它们为止。

"我是怎么做的？我是一个什么都喜欢读的人，我的记忆力有点像罗斯福先生有一次对我说的那样。我曾问过他怎样才可以记住这么多事情，罗斯福先生回答说'因为我不可以忘掉'。我很有耐心，而且不管发生什么，我都能够坚持下来，我从不让步。"

美国一些最有实力的金融集团从经验中获知，奥古斯特·赫克舍就像哈巴狗一样顽强。为了新泽西大锌矿的所有权，他同他们整整打了10年的官司，最后胜诉了。这个著名案件的判决记录形成了一个小小的图书馆。经过了一个又一个法院的审理后，新泽西上诉法庭做出了不利于他的判决。即便到了这个时候，赫克舍先生仍然不放弃。他不但没有放弃，反而加倍努力，专门前往欧洲去查访矿藏方面的专家来证明他的权益。

有10个律师忙着为他打这场官司。最后，他摆出了一系列事实、实物和证据，迫使上诉法庭改变了原判，承认先前的判决缺乏足够的证据。在这场战争进行到最激烈的时候，赫克舍先生因金融机构的经营失误已经到了倾家荡产的地步。晚上睡觉时还是个体面的富人，一觉醒来后却发现自己已一文不值。一个忠实的朋友借给他5万美元，让他先缓解一下债务的压力，一切都得从头再来。那一年正好是1890年，也就是巴林兄弟公司破产的那一年，这件事不仅给伦敦而且还给其他许多金融中心带来了影响。

他顽强，他绝不动摇，他有勇气，他面对巨大困难时有很强的适应能力，这些正是他的优势所在。虽然他失去了钱，但他没有失去信心。纽约和新泽西有影响力的金融、铁路和工业集团联起手来对付他，也没能击败他，或令他垂头丧气。如果他只是一个信心一般、能力平平、意志不那么坚强的人，他就不可能在长达10年的压力下坚持住。

也许赫克舍先生生来就具备战斗的能力。他的父亲早在1813年年仅16岁的时候就在莱比锡战役中同拿破仑一世战斗过。后来他的父亲成为德国总理。赫克舍于1848年8月26日出生于德国汉堡，在德国和瑞士完成了自己的学业。

19岁时，他决定去美国闯荡。家里人给了他价值500美元的金子，他把这些钱揣在腰间，向他母亲保证，以后无论发生什么，都不会再向她要一分钱。这件事充分说明了他的信心。他做到了。1867年他踏上了美国的土地，然后在亲戚的帮助下在宾夕法尼亚的无烟煤矿区找到了一份工作。他对煤炭唯一的了解就是：它是黑色的。但是，经理生病了，年轻的赫克舍就这样接替了经理的工作来管理整个煤矿。

"在70年代，经营一个煤矿并不是最理想的职业，那时候的莫里马奎尔匪徒正处于敌对状态。"赫克舍先生回忆道，"煤矿工会的头头们来找你，让你立下法规，规定经营者必须怎样、不许怎样。那段时期煤矿矿区的暴乱和流血事件形成了美国工业发展史上最为黑暗的一章。然而，我认为那段经历让我形成了依靠自己的习惯。对于一个像我这样的年轻人，煤矿虽然有些棘手，但却是一所很好的学校。我能够通过各种办法冲出一条路来。"

一个建立在煤矿上的城市终于敌不过日益增加的危险势力，1881年，整个企业都被卖掉了。到了这个时候，铁路企业已经控制了整个无烟煤行业，因为他们控制着整个运输业，所以一些私人煤炭企业已经很难立足了。费城—雷丁煤矿铁矿公司让赫克舍看到了自己感兴趣的矿藏。

正当他四处寻找新的机会之际，赫克舍和他的一个表兄合股买下了费城伯利恒的一座锌矿，现在它是伯利恒钢铁厂的一部分。尽管这个公司已经破产，在治安官负责的销售中被赫克舍兄弟买下，但他们却积极地经营着这个锌矿。在他们富有成果的劳动下，没过几年这个矿就开始以 2% 的月息开始分红。赫克舍先生坚信，锌业是一个有着巨大发展空间的行业，他决定朝着这方面去发展自己的业务。

因此，他带头组建了新泽西锌业公司。某些已经进入了这个行业的集团并不喜欢这位外来者的到来，于是他们联合起来向赫克舍集团发起进攻。正如前面讲到的，1890 年，赫克舍赔光了所有的钱，同时法庭还判决他对锌矿的所有权无效，然而他坚持了整整 10 年，一直到他获得了最终的胜利。此后他继续担任锌业公司的经理，1905 年，他辞职了。

虽然他现在所拥有的财富足以满足他今后的一切需求，但是，他觉得自己不能只做一个死气沉沉的投资人。法庭任命他管理几条铁路，他就组建了现在的堪萨斯北城铁路。他还负责接管过一个大型钢铁厂，每一次他都会将自己暂管的行业当成自己的事情一样研究，所以时间久了，他对各个行业都有了彻底的了解。

然后，他打算进入一个自己还没有彻底弄明白的行业。他在纽约第五大道七十五大街买下了惠特尼庄园，但很快就发现根本赚不了钱。然而既然已经涉足房地产，赫克舍先生就不喜欢半途而废。他开始将整个城市的情况做了彻底的分析，并决定进一步投资。那个时候的惠特尼庄园距离市中心太远，所以不可能有利润可赚，换句话说，赫克舍先生发现自己做了一项不成熟的投资，他买得过早了。因此，他决定在那里只建造享受税务补贴的房屋，然后把注意力放在了四十二街区上，在那里的投资增值更快一些。

现在,他对房地产行业已经有了全面的了解,因此,他的投资活动也有了明显的收益。赫克舍先生现在拥有和控制的建筑有:四十二大街东50号的一座二层办公楼、曼哈顿宾馆、蒂法尼演播室大楼、哈夫迈耶以前在三十八大街和麦迪逊大道的住宅、第五大道104号街的一个临街小区、四十五大街和范德比尔特大道的另外一片地基、第五大道622号的一栋商务楼以及赫克舍先生以前的住宅。

这一列名单很有可能还会继续增加,因为他仍然还像30年前一样活跃。

他的商业活动范围和种类可以从下列部分行政职位和头衔中看出来:

沃尔蒙特铜业公司业主,新泽西铜业公司总裁,东方钢铁公司副总裁、董事长,中心铸造公司的董事会成员,联合包装造纸公司董事长,中部铁矿—煤矿公司董事,本森矿业公司董事长兼总裁,加拿大铜业公司总裁,尼皮辛采矿公司总裁,美法火力发动机公司主席,雷·赫尔克里士铜业公司总裁,帝国信托公司董事会成员,律师资格和义务公司总裁,古巴葡萄栽培公司总裁。

虽然赫克舍先生的公务繁忙,但他仍然不忘享受生活。对他的朋友而言,他是游艇总会会长,他一直都担任西旺哈卡—科林西恩游艇俱乐部会长,游艇是他最喜爱的休闲活动。在他的办公室和他位于长岛亨廷顿的家里,墙上挂满了一幅幅可圈可点的油画,这种装饰风格足以表明他酷爱上好的画作。他也会花时间去履行作为一个公民的义务。他知道公路的重要性,连续两年来他都是以决定性多数被选为亨廷顿高速公路处处长。当然,这其中也不免有一些来自工人的反对,反对的理由是:他是个资本家,他无权取消一些工人一天3美元的工资。然而,赫克舍先生将这3美元给了他的助手,因此轻而易举就解决了这个问题。此外,他还自己出资聘请了一名工程师来执行一些改进项目。

赫克舍先生还亲自出力出钱为亨廷顿建起了一个美丽的公园。公园环境优美设备齐全,专供镇上的人们特别是儿童使用,他打心眼儿里喜欢孩子。公园的维护费全部是他捐赠的,所以不会为每个纳税公民增添一分钱的负担。

当我问到他这个问题时,他几乎是用抱歉的口气回答道:"这只是一件微不足道的小事,不值得一提。但是你知道吗,从计划和规划这个小公园里我可以得到无限的乐趣,公园里有带着乡土气息的小屋专供照看公园的人使用,还有喷泉和其他景物。这是孩子们和小鸟的好去处。"

赫克舍先生在宾夕法尼亚同阿特金斯小姐结婚,他们有一个女儿,女儿现在也已经结婚了,住在英格兰。他们的儿子 G. 莫里斯·赫克舍是一个全国闻名的马球运动员,现在是米德伍布鲁克马球队的主力队员,这支球队能够击败英格兰最好的球队。

当我们看过赫克舍先生所取得的骄人战绩后,我们就不会再为他的想法感到诧异。他认为,对于已经做好充分准备的人来说,这是一片到处充满机会的土地。他坚信,机会总是会落在那些足够坚实的肩膀上,懒惰与无知的人往往会一无所获。知识就是力量,努力工作是能够产生成功唯一的发动机。

他的职业生涯向人们证明,对于一个目光敏锐、思维敏捷、肯去实践的人来说,一生中的机会有很多次。正如诗人借"机会"之口所吟唱的那样:

我是人类命运的主宰

我将带来财富、名誉和爱

穿过沙漠　越过大海

城市和田野到处都有我的足迹,我无处不在

无论你住在茅屋　集市　或宫殿

我都会不请自来　依次敲响每一个大门

这是决定命运的时刻

沉睡的　快醒来　用餐的　快停下

很快　我就会转身离去

来吧

跟着我你就会梦想成真
让世人羡慕　让敌人臣服
在我面前犹豫的　怀疑的人们哪
注定要遭受失败　贫穷　和厄运
没有谁能找到我　祈求也徒劳
我不会回答　也绝不再来

机会不可能时时来敲你的门，必要时你还要主动出去努力地去寻找，但总是那些一直向前看、向前走、眼疾手快的人最先抓住她。

A. 巴顿·赫伯恩

A. 巴顿·赫伯恩，不仅是银行家，更是教育家、作家、律师和捕猎能手。

"我一直都很幸运。"A. 巴顿·赫伯恩很坦率地承认。人们普遍都把他看作是一个银行家，但他却是个多面手。他还是一个优秀的教育家、律师、立法人、政府官员、作家以及捕猎能手，但最令他感到骄傲的，还是这最后一项。

18年前，当赫伯恩先生刚刚接任总裁的时候，大通国民银行的储蓄量为2700万美元，资本盈余和未分红股息仅为250万美元，而现在，它的储蓄量是3亿美元，资本盈余和未分红股息为2200万美元。同时他还有一个叫大通证券公司的姊妹公司，虽然刚成立不久，但业务却很好。

下面我要讲的故事听起来似乎是出自一个想象力过于丰富的新奇小说家笔下。

37年前，赫伯恩先生成为纽约州奥尔巴尼的议员，当时他是民主党参议院的一名共和党议员，身居一个微乎其微的职位。有一天，他正在为一直支持他的人写感谢信，突然感觉到有人坐在了他的身边。他扭头一看，发现旁边的椅子上坐着一个身材高大的人。

"能有幸同赫伯恩先生谈谈吗？"这位身材高大的人操着浓重的苏格兰口音问道。

"不错，我就是赫伯恩，但我从没见过你，要是见过的话，我肯定会记得你。"赫伯恩回答道。

"赫伯恩先生，我今天来找你是因为你姓赫伯恩，我希望以后来找你是因为你本人。我叫约翰·F. 斯迈思，是州共和党委员会主席，奥尔巴尼的邮政局局长。下面我来说明一下来意。

"许多年前，我在苏格兰一所大学读书。有一次，我们戏弄大一的新生过了头，毫无疑问已经触犯到了法律。我们几个被逮捕了，并且被指控。尽管有许多家长和朋友从中进行过调解，但我们仍然遭到了控告，面临着接受审讯。很显然，这将会成为我们人生中很不光彩的一笔。

"审讯的那天可真热闹。法庭上挤满了父母、亲戚、朋友和同学，还有当地人。法官宣布开庭后，社区里一位很有元老派头的长者安德鲁·赫伯恩先生请求讲几句话。于是他开口说道：'你们这样做是在犯一个很严重的错误。你们用所谓的犯罪来指控这几个有着良好家庭背景的年轻人，并打算要以终身耻辱的形式来惩罚他们。他们的确是做错了事，但他们所做的事情在他们之前的许多人就已经做过，这个历史可能要一直追溯到在座的你我以及检察官先生您上大学的那个时候。我们都做过同样的事情，如果我们也被指控的话，我们早就进监狱了。'"

"这位长者的呼吁是那么的令人触动，审讯最终被放弃了。"

"后来，我来到了美国，我下定决心，虽然我不能为赫伯恩先生做些什么，但是如果我有机会能为姓赫伯恩的人做一点事的话，我一定不会错过机会。所以我才会出现在这里。我知道你的全部资料，如果我有什么能够帮得上忙的话，我一定会尽力。如果你有什么需要，就来找我吧。"

当时的斯迈思先生可能是整个奥尔巴尼政界最有权力的人，他一定要保证让这位年轻的叫赫伯恩的朋友被安排在一个重要的委员会中，所以就在议会中给他安排了一个重要的席位，普通人在正常情况下没有几年的时间是不可能爬到这个位置的。后来，蒂尔登州长前去拜访他，对他独特的思想进行了一番夸赞，并希望他能够在自己发起的改革倡议活动中进行合作。议会中民主党只需要5票就可获得多数，所以，每一票都举足轻重。赫伯恩也是个热情的改革者，所以他保证一定会大力支持。

唉，哪想到政府提交这项法案时，提出来组成一个四人委员会，让整个改革过程在保密的状态下进行。5分钟之内，这个法案就草率地通过了三读。

赫伯恩"噌"一下子站起来，情绪激动。他大声对委员会采用这种星室（秘密）改革方式提出抗议。尽管前不久他还保证要全心全意支持州长，但是此时他却大声疾呼，反对立法机构这种普遍存在的秘密做法。

第二天早晨，赫伯恩和另外6个人的名字出现在纽约《论坛报》和《先驱报》上，名字四周都围上了黑色的，表示哀悼的花边，这群"腐败官员"的走狗，竟然在编辑社论中给了他们好一顿斥责。

赫伯恩简直快被气疯了。他提出了"特权"所存在很大的问题，并发表了一些演说，在随后发表的一篇经典之作里，他引用了布莱克斯通的观点来反对这种"星室"做法。众议院议长杰里·麦圭尔激动地从椅子上站起来，穿过中间的过道来到他面前，坐到了赫伯恩的身旁。他一边和赫伯恩握手，一边大声地说："我喜欢你，你是对的，我们可以共同合作。"一时间，整个纽约州掀起了一股反对秘密操作的热潮。

蒂尔登再次找到他。赫伯恩等着挨他的责骂。然而这位州长却很礼貌地同他打了招呼："关于这个法案，我已看过了你讲的那些东西，你是对的。我们应该公开进行这一切，我们将按你的观点修改这项法案，我相信你一定会支持的。"

州长为威廉·卡伦·布莱恩特举行了一次晚宴，共和党议员赫伯恩也有幸应邀参加。只消一个回合，赫伯恩就跃上了名人行列。在随后的几年里，赫伯恩担任一个法律调查小组的负责人，这个小组在纽约商会的赞助下，揭露了铁路部门通过对费城、波士顿以及其他沿海城市还有一些个人收取特殊票价，从而给纽约带来不利因素的不公正行为。调查结束后，赫伯恩起草了一份有关建立一个州铁路委员会的法案，这一法案遭到了影响力巨大的铁路集团的抵制，但他最终还是成功地让该法案得以通过。这项委员会法案一直沿用至今。此外，还有四项重要的相关措施也是由他提出来的。

"你是怎么做到的？"我问赫伯恩先生。

"我发现委员会里多数成员都不知道怎么做，或者说不懂如何对一个项目进行仔细研究。一连串的事实往往才是最强劲有力的武器。"他回答道，"当事实摆在他们面前时，纵使有再大的争议，也管叫他们哑口无言。人们一旦对你形成了'你总是正确的'这样一个印象，那么以后不管碰到什么争论，它都会起重要作用。当然，我本身也必须付出很多努力才行。"

鉴于在议会工作中连续五年的出色表现，他被任命为州银行部门的总监。

下面我要把整个故事从头讲起。阿朗索·巴顿·赫伯恩的三个叔叔都是受过良好教育的人，他们中一个是克利夫兰《儒商》杂志的创立者，另一个是俄亥俄州成功的铁路包工头，还有一个是口才出众的文学界名家。然而他的父亲却是纽约科尔顿的一个农民，父亲不愿意让他上大学，理由是这样一来，他就不再适应做农活了！内战期间，除了当时年纪太小的巴顿外，他的三个哥哥都以各自报效祖国的理由离开了家里。巴顿出生于1846年7月24日。在此之前，科尔顿还没出过一个大学生，一个纽约人想改变这一不光彩的传统，他愿意借给巴顿1000美元，但条件是他必须保证加入共济会。巴顿同意了。为了弥补生活来源的不足，寒暑假期间他要到社区学校去教学，另外还在科尔顿商店里打杂。

正是这段工作经历让他渐渐明白许多事情。商店就像个中转站，将社区里生产的东西买入，再把它们卖给社区的每个消费者。镇上有一个皮革厂，每年都需要一万车铁杉木树皮，还有两个锯木厂、两个磨坊、一个浴缸厂等。当地的自耕农个个精明滑头，他们的妻子们也精通世故。因为赫伯恩有文化，所以为每一车树皮、木材、干草过秤和算钱的工作就交给了他。通常他在店里称量和计算出来的数字总是无法同厂里过秤时的数字相吻合，最后当货物卸下来后，才发现里面竟夹着石头铁块之类的东西。科尔顿是个依山傍水的小镇，它坐落于阿迪朗达克山的山脚下，拉克特河的河畔，地处木柴加工的中心地区，有1800人常住人口，还有许多流动人口，是当时圣劳伦斯郡经济最繁荣的地方。这位年轻的职员学会了管理和评估当地农民送来的各种货物，同时也对山上伐木营地的需求量做出估算。

从明德学院毕业并获得文科学士学位后，他成为圣劳伦斯学院的一名数学讲师，后来又以1200元的年薪当上了奥格登斯堡学院的校长，这样一来，他还清了自己所有的债务。接下来他又学习了法律，并得到了律师界的认可，之后他返回科尔顿休息了一阵子。

此间大批的人蜂拥而至都来向他寻求法律咨询，所以他决定先留在那里实践一段时间。由他经手的每一个案子中，他几乎都能找出有利点，他的生意越来越兴隆了。他的客户包括波士顿的房地产大王以及其他一些拥有大批土地和房产的商人。紧接着，纽约州安排他负责管理过期未付税款等工作。当时，有大片的林场只需要支付税款即可买到。

赫伯恩瞅准了这个机会。他以每英亩50美分的价格买下了3万英亩林子，卖掉了一些原木后，他和其他人合伙开了一个锯木厂，每年砍伐量为2500万英尺。为了让河道便于运输木材，他用赚来的钱在河流上建起了侧坝。然而，他岸上的那些业务却很让他吃紧。

克利夫兰的州长主动提出来要继续任命他为州银行主管，但当时他的木材厂正令他焦头烂额，所以他辞掉了。除了家里日常的花销外，他还得支付林场的利息和税款，再建一个新厂以及应付其他一些支出，银行部门那点收入对于眼前这一切所需要的资金来说，简直就是杯水车薪。连续几年来，他努力经营着，渐渐扫清了脚下的每一个障碍，然后,在获利20万元的基础上卖掉了整个产业。那一年,他40岁。

他的从政并没有使他同法律界脱节,但是他在银行界取得的成就却足以令他在法律领域中取得的成就黯然失色。他在纽约的第一个银行职位是美国银行审查人。他在那里的业绩引起了人们的注意,他被调到了华盛顿当了一名货币审计官,这为他铺平了通往纽约第三国民银行行长的道路。纽约银行行长,每一个银行家的梦想!当第三国民银行被国民城市银行合并时,赫伯恩先生顺理成章成为国民城市银行的副行长。

两年前,他收到了大通国民银行给他的一封信,信的主要内容就是,"来帮我们一下吧,否则,我们就完了"。

他曾经是联邦银行的货币审计员,所以他对银行这个行业的情况有一个整体的了解。这个行业很广阔,充满着诱人的机会,所以他接受了。最后的结果成为美国银行史上最辉煌的一章。

"我是怎么取得成功的?"赫伯恩先生又将问题重复了一遍,然后回答说,"我的成功依靠的是有系统的、经过周密规划之后的努力工作。对我而言,成功就是'95%的聪明才智再加5%的坚持和灵感'。"

紧接着他给出了取得成功的几点提示:

"不论何时,不论研究任何项目、发掘任何信息,一定要仔细将它们编纂成最方便获取的形式。我已将自己所获得的全部事实写成了一本备忘录。

"因此,我在《世界人工航道线路》一书中给出了许多数字,这些数字都是我在议会工作时以及担任商会运输委员会主席时获得的。我的《货币的历史》中涵盖了许多信息资料,这些都是我在担任稳固货币联盟秘书和财务主管时得到的。在整个布赖恩运动中,货币联盟一直都在反对银币的自由流通,我从始至终都在负责这项工作。

"通过正确记录事实和数字,你可以在任何需要的情况下求助它们、利用它们。"

赫伯恩先生没有虚度今生。他在行业内外均取得了巨大的成就,置身于荣誉的海洋里。他所荣获的大学荣誉学位数量可以和他的好友安德鲁·卡内基所获得的相媲美，其中包括明德、哥伦比亚、威廉姆斯、佛蒙特学院的法学博士学位；圣劳伦斯大学的民权律师博士学位；等等。在商业方面，他被授予最高荣誉——商会的会长，在金融方面，早在10年前组建之时，美国银行家协会就任命他为货币委员会主席，一直至今。与此同时，他还是美国清算银行的行长、货币委员会主任，此外，还担任两个州的银行法案修订委员会主席。他还是圣安德鲁斯协会、新英格兰协会、银行家俱乐部以及其他一些社会组织的会长。法国任命他为荣誉军团官员。这些成就恐怕很难被后人超越。

他的慈善行为也很引人注目。1915年，他为自己的母校明德学院捐献了一座以自己名字命名的大楼，大楼包括两座精美建筑，一座5层楼的学生宿舍，可为100名学生提供住宿，还有一座3层楼的普通建筑。1916年，他宣布要在奥格登斯堡投入13万美元用于医疗事业，并在圣劳伦斯郡，他早期奋斗取得成就的见证之地建起一座以命名为A.巴顿·赫伯恩的医院供当地人使用。他还积极参与洛克菲勒基金会的活动，他是该基金会的理事。

他编写的书籍已经引起了有识之士的关注。这些书包括：《铸币与货币史》《美国货币史》《人工航道与商业的发展》《世界人工航道》《户外生活的故事》。他是政治科学的学术奠基者之一。

许多企业都聘请他来做管理者，他在几个大的金融、工业、商业企业的董事会中都占有席位，比如：沃尔沃斯零售商店、纽约人寿保险公司、斯图特贝克汽车公司、美国农业化学肥料公司以及得克萨斯汽油公司，这几个公司的行业跨度都很大。

赫伯恩不仅在商业上是个捕猎能手，在实际生活中也不例外。借自己七十大寿之际，赫伯恩先生到5000英里以外的阿拉斯加科迪亚克岛去猎杀著名的棕熊，据说，那里也只不过有时候才会有棕熊出没。经过一番激烈的捕杀后，他捕获了两头，按规定，每人最多只能杀死两头熊。几年前，他不远万里前往非洲英国殖民地去搜寻并捕猎大型动物，顺便参加了一个会议，最后在野外成功捕获了那个国家最好的猎物——

狮子，结果十分令人满意。

他对手中的高尔夫球杆和他的猎枪一样应用自如，钓鱼是他的另一项爱好，他还喜爱游泳。

独立是赫伯恩先生最突出的个性之一。不论是在政界还是在金融界，他都不会屈从于任何同自己意见相悖的人，他坚持自己的想法，走自己的路。从学生到老师再到律师，他的博学使自己能够为自己做出决定，而且，他一直保留着这样做的权利。

旺盛的精力是他的另一个特征。他常常挑灯夜读汲取知识，有时是为了知识本身，但更多的时候是因为他需要更有效地解决一些实际问题，这些问题包括社会方面、政治方面、金融方面和工业方面的。

他喜欢条理，并严格恪守这一原则。他讨厌混乱不堪，并尽量避免这样的事——他的办公桌就是最好的证明。

赫伯恩先生有一个儿子叫查尔斯·费舍尔。费舍尔的妈妈于1881年去世，1887年赫伯恩同来自佛蒙特州蒙彼利埃的艾米丽·L.伊顿结婚，婚后有了两个女儿，一个叫比拉·伊顿，后来嫁给了美国海军上尉罗伯特R. M.艾米特；另一个叫科迪莉亚·苏珊。

因为赫伯恩对美国做出了巨大的贡献，所以，除了在纽约第五十七大街的府邸外，他还在康涅狄格州的里奇菲尔德保留着一套住宅。

尽管巴顿·赫伯恩已年逾古稀，但无论从身体上还是思想上，他仍然和25年前一样有活力。他对大自然仍然充满了热爱，他最近写下：户外时光是生活中最美好的时光，它净化人类的思想，陶冶人类的情操。它让人类远离各种刻意营造的事物，重新投入造物主赐予我们的美好中，还原生命之本。当岁月渐渐沉淀，你会惊奇地发现：

外表的苍老无法遮挡内在的生命力

因为我将青春时的火热与激情

一直保留至今

从不轻易向谁求爱

草率与冲动带来的 只是虚弱与伤害

塞缪尔·英萨尔

塞缪尔·英萨尔,这位英裔富豪于19世纪末至20世纪初在美国芝加哥创办投资当时刚新兴的电力公用事业,为美国的电力基础设施建设和发展做出过极大贡献。

那是一个秋风瑟瑟的11月。一天傍晚,在伦敦国王十字街车站肮脏幽暗的地下站台上,一位年轻人正在等候火车。他是伦敦一名普普通通的小职员,每周的工资只有2美元,然而他却是一个有志向的年轻人,正在利用业余时间学习速记法。每天的日常工作结束后,他还要前往《名利场》杂志的业主兼编辑托马斯·吉布森·鲍尔斯家里,去做一些速记工作,赚取几个先令来补贴自己捉襟见肘的生活。

这个小伙子决定买点什么东西随便看看,好打发火车上乏味无聊的时间。他的目光落在了一本名叫《记者手记》的美国杂志上,也就是现在的《世纪杂志》。杂志中正好有一篇文章是关于托马斯·爱迪生的电学实验的,当时的爱迪生在欧洲还没什么名气。这篇文章的作者是爱迪生的助手之一弗朗西斯·R.厄普顿,文章里所讲的东西引人遐想。

没过多久,这位职员的雇主,一个房地产代理商兼审计决定要削减开支。他雇用了一个学徒工，也就是不拿钱白为他干活的人，那么这位需要付工资的职员就只好去回应伦敦《泰晤士报》上刊登的一则招聘广告。

原来，登这个广告的人正是爱迪生的驻英代表、公平寿险公司纽约商业信托公司的伦敦办事处的负责人乔治·E.古尔沃德上校。这个年轻人的敬业精神和经历给古尔沃德上校留下一个很好的印象，因为他除了自己的本职工作以及为著名的鲍尔斯做些速记工作外，还抽时间为当时的议会著名人物乔治·坎贝尔做些文秘工作。

古尔沃德上校安排他做了自己的秘书。从那时起，他就下决心一定要成为那本杂志中神奇故事的主人公——爱迪生本人的私人秘书。

在古尔德上校为他安排了新职位后，他不仅白天全天投入工作，而且为了实现自己的目标，他还尽可能在晚上为爱迪生技术的驻英国代表E.H.约翰逊提供帮助。当时的约翰逊正忙于协助筹建爱迪生电报公司伦敦分公司，但是面对约翰逊先生，他却隐瞒了自己的目的。

这位年轻秘书的能力、热情以及旺盛的精力很快引起了前来参观爱迪生总部的一些美国人的注意，没过多久，美国一家知名国际银行邀请他去纽约，并为他提供了一个令人怦然心动的职位。接受就意味着他要改变自己最初的计划，所以他拒绝了。

终于有一天，他等来了一封自己梦寐以求并为之努力已久的电报：托马斯·阿尔瓦·爱迪生希望他成为自己的私人秘书。

这个年轻人就是塞缪尔·英萨尔，爱迪生早年的秘书、同事、密友、财务经理和知己。现在，他是世界上最大的电力公司，联邦芝加哥爱迪生公司的创始人和一把手。这个蒸汽发电厂所提供的电能和服务的客户数量超过了纽约、伦敦、柏林或巴黎的任何一家电力公司。英萨尔先生也是芝加哥高架铁路、城市天然气公司的最高管理者，此外，他还建立了并管理着许多家企业，这些企业为350个社区提供天然气和照明用电，为大型工厂供电，为城市和近郊铁路提供源源不断的电流。

故事要再重新回到塞缪尔·英萨尔21岁时，那个小伙子正为爱迪生的邀请而喜出望外。他具备从事这项工作的能力，有关电学方面的知识他已经学到了很多，而且还有幸成为欧洲第一个用时半小时的电话交换机实验的操作者。他完成得很出色，至少在同等的条件下比另外一个同事强多了。

那是在皮卡迪利广场柏林顿大厦举行的一次皇家社交庆典上，会场里安装了一部电话，一来是为了增添乐趣，二来是为了让客人们认识一下这个新鲜事物，好让电话能够引起公众的注意。格拉德斯通夫妇走了过来，对这个新奇东西表现出了很大的好奇心。格拉德斯通太太要求在这一端负责的塞缪尔·英萨尔让她试一下。然后，这位政界名人的夫人拿起电话，问另一端的爱迪生雇员，你能听出说话的人是男是女吗？结果听筒里传来响亮的回答："是男人！"

1881年2月28日，爱迪生这位新的私人秘书满怀着希望和憧憬踏上了美国的土地。

尽管已经是下午五六点钟了，约翰逊先生却仍然带着他直接来到了位于第五大道65号的爱迪生办公室。

爱迪生和英萨尔在第一眼看到对方时，两个人几乎同时都感到了失望。爱迪生压根儿没想到他未来的秘书竟然还是个娃娃，而英萨尔眼前的爱迪生和他想象中的英雄似乎也相差甚远。

英萨尔先生讲述道："在我印象里，像爱迪生这样的人着装应该是一流的，然而他的穿戴却极为普通。他穿着一件黑色艾尔伯特王子斜纹旧外套，里面还有一个马甲，裤子是黑色的，脖子上系着的那条白色的丝巾就随便打了个结，然后垂在了他的胸前，丝巾后面那件白色旧衬衫隐约可见。他戴着一顶墨西哥式的低顶宽边帽，当时很多美国人都戴这种帽子。他的头发留得很长，很随意地盖过了他宽阔的额头。但是，除了这一切，留给我印象最深刻的是他的才智和他谈吐中的那种强大的吸引力，还有他特别有神的双眼。他的谦虚远远超出了我的想象，我还以为能看到一个与众不同的人呢。总之，他的外表虽不能用'不修边幅'来形容，但'随意'二字可以说是恰如其分。"

这位新来的秘书很快就领教了爱迪生没有时间约束的工作理念。晚饭后，爱迪生让他做职责报告，他第一天的工作竟然一直到清晨四五点钟才算结束！

英萨尔先生立刻就被这位神奇的人物吸引住了，对他而言，爱迪生身上有一种魔力。他忘掉了爱迪生没有领套，衬衫是破旧的，头发是乱糟糟的，裤子没有笔挺的裤缝。一个晚上的交流足以让他对眼前这位英雄思想里的财富产生无限的崇拜。

英萨尔先生回忆道："第二天晚上，我被爱迪生先生带到门罗公园，我至今仍然清楚地记得当我看到他的实验室、他的家和他助手的家附近被这种新型白炽灯照亮时是多么的吃惊。这种灯丝是一种碳，比先前我在伦敦见到的纸质灯丝又改进了很多。我记得那天晚上，我迫不及待地去了距实验室半英里的火车站，给伦敦的几个朋友发了电报，告诉他们我已经看到了爱迪生发电系统的整个过程。大约过了十一二天，我收到了一封回复电报，电报中这位朋友终于承认，我在美国待的时间已经足以证明，我和其他那些同我打交道的美国佬一样，能够很好地胜任这项工作。"

这个秘书很快就发现，他必须做一些职责范围以外的事情。除了工作上的事以外，他还得为爱迪生买几套衣服，好让他看起来更受人尊重些。爱迪生实在是太过专注内在的东西了，他完全忽略了自己外在的东西。爱迪生立刻就"依赖"上了这位年轻人。

几个月之内，英萨尔先生就参与到了爱迪生公司的每一个企业里。他不得不替爱迪生管理整个财务系统，照料好公司和爱迪生个人的各项事务。

英萨尔先生回忆道："我替他打开信函，并代他回复。有时我会在后面落款爱迪生，有时候落款是我自己。如果后者要求承担法律责任，我就会以爱迪生私人秘书落款。我拿着他的委托授权书，替他在支票簿上签名。那段时间，爱迪生很少亲自在信件上或支票上签名。如果他想亲自与谁交流，如果这个人是一个熟人好友，那这封信可能就会以备忘录的形式出现，上面有铅笔书写的'爱迪生'字样。我很少记录爱迪生的口述内容，除非是技术方面我不懂的东西。他希望我用他那种简洁明了的方式来回复所有的信函。对于爱迪生来说，一封信里只写'是'与

'否'是稀松平常的事，现在，决定权就在我手里。爱迪生很少关注那些文件档案之类的东西。尽管他一直以来都声明自己既不是律师也不是会计，但是他却有一种非凡的能力，能够一眼就看出合同或账目中存在的问题来。他在表达自己的观点时，言简意赅，却主次分明。"

我问英萨尔先生："那段日子里，你们一天大概工作几小时？"

英萨尔先生回答："我一整天都得在办公室工作，操心财务和业务方面的事情，到了晚上，我常常就在实验室里陪着爱迪生，一般7天里有4天是这样。星期天晚上我们不工作，但是按照惯例，我们星期一和星期二晚上要在实验室里度过。等到了星期三晚上，我们就会因缺乏睡眠而筋疲力尽，那么星期三晚上就在床上睡觉。"

"星期四、星期五晚上我们会再一次忙个通宵。我知道爱迪生能够连续十天十夜工作不睡觉，他坚持不睡觉的时间就像骆驼坚持不喝水的时间一样久。"

那段日子真的是很忙碌。他到达纽约两个月后，给他的英国朋友写信，信中表达了自己对电业的前景充满了信心，他讲述了在一条8英里长的街道上，700只灯泡如何被发电机同时点亮。他进一步详述，纽约第一个输电区域将会出现大约1.567万个白炽灯，最后他又补充道："我估计，供电地区将持续供电3到4个月，到时候，你将看到你愿意看到的一切。你将亲眼看到那些英国科学家不得不红着脸收回自己说过的话，我在英国之时，约翰逊在信中告诉过我这一切……现在最大的问题是如何才能将我们的机器生产出来。"

1882年9月，第一个中心电站在纽约郊区珍珠街开业，那时候爱迪生已经完成了他的白炽灯发明改进工作，但是却面临着其他一些巨大的难题，比如说筹集经费加工必要的材料、采用适当的方法使电流分流、减少输电电缆中铜的消耗量等。爱迪生先生已经以高价售出了电话、电报两项发明，这两项发明为欧洲和美国本土都带来了巨大的好处。他把这笔钱已经慷慨地投入到了各种各样的工厂里，用来生产灯泡、发电机、马达、电线电缆、固定设备以及各种各样的电气设备。尽管爱迪生花光了自己所有的钱，但仍然无法满足当时的需求。

英萨尔先生告诉我："事情一度看起来是那么的令人伤感、那么绝望，有一天晚上，爱迪生十分严肃地告诉我：'如果我们无法渡过这个难关，我可以再回去做我的发报员，我想你也一定可以继续做你的速记员。'"

"连续6个月来，事情一团糟，我们的资金严重短缺，我不得不向一个朋友求助，在困难的时候，他比我们其他人都有办法。他借给我一些钱，让我暂时能顾得上一日三餐，不至于露宿街头。"

"爱迪生先生还有给他当财务主管的我，每到一个关头都会被债权人逼得焦头烂额。经过了这么长时间后再去回顾当时，我必须承认，那个时候我们的问题真的是很严重。"

"然而，我们却一直咬牙坚持，最终站稳了脚跟。那个时候唯一肯帮助我们的人只有J. P. 摩根和亨利·维拉德。"

其他一些商界精英曾告诉过我，若不是塞缪尔·英萨尔的英勇奋战，他们甚至怀疑，爱迪生先生能否克服这么多困难。又有谁能估计得出，如果爱迪生真的被压垮了，从此默默无闻，一蹶不振，那么这个世界将会损失什么，我们的上一代人将会失去多少发展机会？英萨尔先生日日夜夜忠实地支持和鼓励着爱迪生，美国人民真的是欠他一份情。

为了避免位于纽约戈尔克大街生产机器设备的工厂发生连续不断的劳工问题，他们决定在纽约斯克内克塔迪建一个工厂，那里的劳动力资源比较充足，而且斯克内克塔迪机车厂（现在属于美国机车公司）已经树立了很好的声誉。英萨尔先生负责管理这个划时代的企业。作为总经理，他一手将这个仅有250个工人的工厂发展成为一个拥有6000个雇员的大企业。正是有了这个工厂做基础，才有了后来的通用电力公司。同这位奇才的亲密接触让英萨尔先生彻底学会了管理企业中每一个步骤的实践经验，同时也提高了他管理工人的能力。

说到学习和教育，有一次塞缪尔·英萨尔打算申请加入一个由博学之人组成的社团，要求爱迪生为他列出详细的高等教育背景。作为答复，爱迪生写下了这样一句话：

"塞缪尔·英萨尔在实践这所高等学府里接受过最好的教育。"

从1889年开始，塞缪尔·英萨尔出色的企业管理能力就开始端倪初现。他将爱迪生五花八门的加工生产厂统一合并成为爱迪生通用电气公司，他亲自担任副总裁，并负责整个企业的生产和销售部分。他在这个职位上一直待到1892年6月，爱迪生通用电气公司和托马森—休斯顿公司合并成为现在的通用电气公司。当年秋天，英萨尔先生辞职并接受了芝加哥爱迪生公司总裁的职位。

到达那里后，他才发现这个公司的总资产仅为83.3万美元，公司并不是芝加哥最大的公司，竞争对手有好几个。公司里只有那么几个员工，发电能力也只有4000马力。

在过去的25年内，塞缪尔·英萨尔所做出的创造性、建设性工作，所做出的发展生产计划，所克服的技术和社会问题方面的困难无人能及。

在他的管理下，芝加哥爱迪生公司的总资本从不到100万变成了现在的8500多万（公司现名为联邦爱迪生）。

发电能力从原来的4000马力变成了现在的50万马力。

耗煤量从每周几百吨变成了现在的每小时300吨。

他还是芝加哥民用燃气公司和高架铁路公司的负责人，这两项业务再加上电气公司的业务，每周的资金吞吐量为100万美元，相当于2.75亿美元的投资。

通过组建和管理中西部公用事业公司和其他几个公司，英萨尔先生为13到14个州的350个社区提供照明设备和电力供应，这些公司的总年度收入高达7500万美元，英萨尔的公司每年的总投资金额在4亿美元到4.5亿美元之间。

1892年时候的几个雇员现在壮大成为一支2.5万人的工人队伍。

客户从原来的几百个发展到了现在的几十万个，而且仍然在增加中。

25年之内，联邦爱迪生公司的规模扩大了100倍。

几年前，英萨尔先生用白纸黑字铁一般的事实证明了他能够向芝加哥高架铁路公司提供低于其自备电厂发电成本的电力。现在，高架铁路公司的铁轨已遍布了整个城市。

25年前芝加哥有好几个小型电厂，而现在只有一个大型发电厂。1892年那个尚在襁褓中的小厂现在已经成为全世界工业城市中规模最大的企业。

或许，要阐述英萨尔先生的成就，最一目了然的办法就是将他负责管理的公司、企业、实体列出一份清单来，他在这些企业中担任总裁、董事长以及管理者。

公司名称	职位
民用燃气照明和焦炭公司	董事会成员兼董事长
联邦爱迪生公司	董事长兼总裁
北伊利诺伊公共服务公司	董事长兼总裁
中西部公用事业公司	董事长兼总裁
伊利诺伊北部公用事业公司	董事长兼总裁
特温州立燃气电器公司	董事长兼总裁
斯特林—狄克逊—伊斯顿铁路公司	董事长兼总裁
伊利诺伊中部公众服务公司	董事会成员兼董事长
肯塔基公用事业公司	董事会成员兼董事长
密苏里天然气电器服务公司	董事会成员兼董事长
州际公共服务公司	董事长
俄克拉荷马公共服务公司	董事长
弗吉尼亚电力传送公司	董事长
联邦电力信号公司	董事会成员兼董事长
西北高架铁路公司	董事会成员兼董事长
南部高架铁路公司	董事会成员兼董事长
城市西部高架铁路公司	董事会成员兼董事长
芝加哥橡树公园高架铁路公司	破产企业管理人
芝加哥高架铁路抵押信托公司	执行委员会主席
美国水力发电公司	董事长

西宾夕法尼亚公共运输及水力发电公司	董事长兼总裁
西宾夕法尼亚公共运输公司	董事长兼总裁
西宾夕法尼亚铁路公司	董事长兼总裁
西宾夕法尼亚电力公司	董事长兼总裁
大湖地区电力有限公司	董事长兼总裁
国际运输公司	董事长
中心电力公司	董事长
伊利诺伊中部地区煤矿公司	董事长
中部地区煤矿公司	董事长
芝加哥奥尔顿铁路公司	董事长
电力测试实验室	董事长
芝加哥城市铁路网抵押信托公司	委员会成员
芝加哥北海岸密尔沃基铁路	董事会成员兼董事长
芝加哥跨城市运输公司	董事会成员兼董事长

他对待公众和政治家的态度一向是"共和"的。从一开始，他就不遗余力地为实现公共服务事业单一化管理而努力，因为重复建设公共设施只能意味着投资的浪费和成本的抬高，最终对消费者不利。对于与企业有关的一切细节，包括成本、投资收益等，他都会尽可能详细地公布出来。他的理论是：只有获得了巨大的业务量，实现24小时持续均匀供电，才能以最低的价格为家庭和工矿企业提供电力服务。

芝加哥要感谢英萨尔先生这种积极进取的策略，多亏了他，消费者才能以国内外最低的价格享受到电力带来的种种好处。这是一个不容辩驳的事实。

在安装新的设备，尤其是先进的、高性能的、可以用来进行大规模生产从而降低成本的昂贵机械方面，他一直是个先驱者。

英萨尔先生一边在提高产量方面做文章的同时，在销售方面也投入了很大的精力。他相信广告宣传的力量，他要让公众了解到电会给家庭主妇、商店店主、生产商、铁路带来什么。10年前人们对当时颇具影响的企业调查厌恶至极，而英萨尔先生却很情愿地主动将自己公司的一切摊牌。他还抽出许多时间，主要以演说的形式给其他企业提出建议，要他们坦诚、公平、愉快地处理同公众之间的关系。

英萨尔先生坚信，电的时代才刚刚开始，此时这个行业正酝酿着一场谁也无法想象的重大发展，世界上会有越来越多的工作要依赖于这种神秘的强大的电流，对电能的利用和管理是一项复杂的工作，甚至连爱迪生本人都没有机会去一一体验。

比方说，他认为通过正确的管理，目前的中心发电站应该并且能够为全国的铁路系统配电，铁路工人将积极投入自己系统的工作，电力工作者也将认真投入供电工作。在英萨尔先生看来，德国的设想并非无稽之谈，这种将整个国家划分为几个区域，在每个区域建一个大型中央电站，为铁路、工厂和家庭提供电力能源的想法是切实可行的。几年前，著名的英国工程师 S. Z. 德·费伦蒂也提出了一项类似的计划。我相信，如果英萨尔先生的生命是无限的话，他可能会在这方面为美国做许多事情。实际上，他已经在伊利诺伊州和美国中部的一些州首先形成了一个良好的开端，尽管到目前为止他在蒸汽机车上还没能有所建树。

我在采访中问英萨尔先生："在你的奋斗历程中，什么是最难攻克的难关？获得特许经营权，人们的满意度，还是其他？"

"是筹集资金。"英萨尔先生用强调的语气回答道，"当公众充分了解到实情后，他们通常能够做出公正的判断。"

"最能让你感到愉快的是什么？"

"有所成就的那种愉快，那种能够亲自去做、去建造、去创造某些东西的愉快。"

我接着又问："一个人事业成功的最基本要点是什么？"

"健康的体魄、想象力、坚持、良好的记忆力，当然你还要想办法保持下去。"

我又追问道："一个人怎样才能有良好的记忆力呢？"

"培养记忆能力的方法就是要多去记忆。如果一个人对他所从事的事情十分感兴趣，那么他在记忆有关的重要事情上就不用花费什么力气。你通常会记住那些你喜欢的人，同样的道理，如果你喜欢现在的工作，那么你就能轻而易举地记住做这项工作的要点。不要总是在手里拿着一个笔记本。"

我接着又问："为什么有这么多年轻人甚至是年纪稍大一点的人都失败了呢？"

"因为他们不愿意做出必要的牺牲。正如爱迪生曾经说过的那样：'一个人除了需要确保早晨能够早早开始工作外，根本就没必要看钟表。'"

英萨尔先生是一个习惯早起的人，即使现在，他仍然是早晨第一个到达办公室的人。

英萨尔先生继续说道："几乎在每一个公司或机构里，你都能听到一些人这样说：'某某人和老板关系很好。'如果你花些工夫去了解一下的话，你必然会发现，那个和老板关系好的人是一个实实在在的肯工作的人，是一个处在工作状态中的人，是一个随时准备着做任何事、去任何地方的人。相反，抱怨的人往往是那些只考虑自己下班后该怎么娱乐，而不是去考虑如何让自己的工作更有成效的人。"

"因此，没有成功的人往往是因为看不到一些事情，没能很机敏地注意到其他人在做什么，没能搞明白什么是什么，没能抓住身边的机会。他们对周围的一切似乎不是很警惕。"

英萨尔先生完全有资格谈论这些事情。他出生于1859年11月11日，14岁被迫辍学，开始在办公室打杂，每周的工资只有1.25美元。这样少的工资迫使他每天晚上要到别的地方干活才能生存。很小的时候他就开始自学速记法，剩下的部分我在开篇的时候已经大致讲述过了。

他最大的爱好是务农。在距离芝加哥约3英里的伊利诺雷克郡，他拥有一个3500英亩的农场，在这里，他不但亲自养殖家畜，并且还教会当地的农民如何养殖良种牛、羊、马匹和猪等家畜。此外，他还教授当地农民如何引进先进的农业方法。他对这个州的农业发展做出的贡献是无可估量的。

奥托·H. 卡恩

奥托·H. 卡恩，德裔美国投资银行家，而且还是慈善家、收藏家、艺术资助人。被誉为无人能超越的银行家，更是位大师级的艺术家。

美国有许多一夜暴富的百万富翁，他们在很大程度上影响着艺术界，但是，他们中却很少有人真正懂得或热爱艺术。很多暴发户一下子沉迷于大歌剧中——至少表面上是这样，还有一些人形成了一种迷恋稀有字画的癖好，他们收集这些书籍和字画，却对里面的内容一无所知。在美国有这么一位著名的金融家，他每次去字画店里淘宝，都用不着鉴宝行家的陪同，即使是那一次他只花了50万美元就买到了弗朗兹·哈尔斯的精品之作时也是如此。他去看法国、意大利、德国歌剧时根本不需要任何解说，他对大歌剧有一种发自骨子里的了解，其程度甚至超过了许多专业人士。

在现代金融家行列里，他享有头等地位，他在艺术、音乐、文学领域中做出的贡献让人印象深刻，他在这些方面获得的成就甚至超过了在金融方面的成就。他就是奥托·H. 卡恩。

他比银行家还要略胜一筹，他比艺术品鉴赏家更具丰富知识。在过去的十几年中没有人能在金融领域超越他，也没有人能够像他那样，不仅将世界上最好的歌剧艺术带给了美国人民，而且还将除了歌剧以外的多种艺术形式送入了普通美国人民的生活。虽然近年来，在运输系统重组的工作中他是最忙碌的人，但是他仍然会抽出时间来从事一些其他活动，比如说，他对大都会歌剧院也实行了自上而下的重组；他想尽办法为美国其他大城市提供最好的歌剧；他是青年艺术家协会的带头人；他以微不足道的售票价格举办夏季音乐会；他是美国法式剧院的主要代理商；他是莎士比亚300周年纪念委员会的负责人；他还专门为那些有着良好艺术品位的平民百姓建起了一座剧院，让他们也能享受到歌剧这种美好的精神食粮。现在这个歌剧院已经成为一个典范。

尽管他的出身、接受的教育和周围的环境决定了他的贵族身份，但是卡恩先生那些"不务正业"的行为并不是为了迎合自己的社会地位，他也并非要刻意表现出对玉器饰品的兴趣，他对文化艺术中蕴含的美有一种强烈的精神需求，这种需求是他与生俱来的。正如他在最近的一次讲话中所说的那样："在艺术面前人人都是平等的，享受艺术的机会也应该是均等的。这种民主并不是那些被误解或曲解了的所谓的民主，也不是那种促使庸俗之物大众化的民主，而是在崇高理想的带领之下，在坚定信念的支持之下，一种努力不断提高人们思想境界的，真正意义上的民主。"

刚来到纽约不久，尚未在金融界有所建树之时，他就第一次有了这种想法。他把这种渴望告诉了自己的朋友、知己爱德华·H. 哈里曼，原本想着这位除了工作就是工作的铁路奇人说不定会对这种把音乐艺术和赚钱混为一谈，将世俗与唯美、理想与现实相结合的想法表示反对。那个时候，通常只有那些艺术爱好者才会去出品歌剧，才会参与各种艺术活动，把时间花在这些花里胡哨、不务正业的事情上，会被人们看作是一种在现实生活和工作中缺乏严肃态度、没有全身心投入的做法。

然而，哈里曼先生却明确答复道："去做你想做的事情吧。只要它不会影响到你投入自己的工作，只要你能把它放在适当的位置上，这不是件坏事,是件好事。它会锻炼你的想象力。永远不要让自己的想象力生锈。"

没过多久,戏剧界就感觉到了奥托·H.卡恩带来的影响。他接管了大都会歌剧院,并对它实行了一系列改革。就像他对铁路系统实施的改革一样,精简其中的一些没用的枝节,引进一些有价值的新方案,注入一些新的活力,重新设定了目标,将原来的以赚钱为导向改成了现在的以艺术成就为出发点。要想做到这一切,需要解决许多问题,克服许多阻碍。顺便说一下,许多方面他还得自己花钱,而且也没什么志同道合的人理解他这种毫不利己的目的。但是最后在纽约、波士顿、芝加哥、费城所取得的成果用事实证明了他的这种大智慧。

对于卡恩来讲,音乐、油画、艺术雕塑、文学作品以及其他一些不大被人们看重的东西,如同他的食物、水和宗教,是让生活完整的必需品,是不可或缺的精神食粮。正如卡莱尔说过的那样,"音乐是天使的语言。"这句话说出了卡恩的看法。

卡恩先生称:"艺术所起到的教育作用相当于一所大学。对于相当多的一部分人来说,艺术具有神奇的力量,它就好比是厨房里的一道汤一样滋养着你,就好比医院一样为你疗伤,就好比保健品一样让你精神饱满。艺术的各个领域都需要有赞助支持者,戏剧、歌剧、音乐会,还有音乐学院、艺术学院以及美国作家、画家、雕塑家、室内装饰者都需要有人支持。实际上,在欧洲,所有这些事情都是由皇室、政府和社区来负责的。在这里,你要是在这方面想做一些有帮助的事,机会多的是。我们要努力提高全民艺术生活质量,抵制物质主义的影响,缓解人民群众单调紧张的日常生活,唤醒并培养他们对高雅艺术的热爱,避免受到那些低俗之物的影响。这是一种非常值得为之努力的博爱精神。"

卡恩先生为何会如此认真地对待高雅艺术呢?

简单来说,他是受到了母亲的熏陶和影响。从孩提时代起,就在那段在自己家里度过的时光里,他的父母就让他明白了这样一个道理,无论将来的路怎样走,无论物质财富有多少,他必须紧紧抓住这些无形的却是无价的精神财富，只有这些才能令生命丰富多彩，富有意义。

这就是奥托·H.卡恩在德国曼海姆的家。这个家里有8个孩子，他是其中之一。他的父亲是一个富有的银行家。卡恩的家里也是各种艺术家、音乐家、歌唱家、雕塑家、作家的聚会中心。小卡恩最初的梦想是要成为一名音乐家，中学毕业前他就学会了好几种乐器。然而，他的父亲却对他另有安排。他只有一个哥哥能够从事艺术行业，他进入了柏林皇家音乐学院，成为职业音乐家。

奥托出生于1867年2月21日，17岁时被安排在了曼海姆附近卡尔斯鲁厄的一个银行里，在那里悄然开始了他的金融生涯。有一段时间，他的主要职责是为其他职员清理桌子边上的墨水池，以及跑出去为其他职员买一些香肠、啤酒之类的午餐和其他食品。他常常在别人的差遣下跑来跑去，理由就是要纠正他成为一个合格的银行家的一些不合格之处。很难想象，今天这位完美的、威严的、光彩照人的奥托·H.卡恩先生当年提着啤酒罐，清理着墨水池的样子。

当我问他人们告诉我的这一切是否真实时，他点头承认："是的，是这样。这是一种有用的、有益的训练。它能教会你纪律和条理。士兵在成为将军前首先要学会服从命令，这样的训练会培养你的职责感，使你明白即使是最不起眼的工作也必须认真去做，这并不是一件有失尊严的事情。我猜我清理墨水池的工作一定是做得不错，因为没过多久，我就升职了。另外一个实习生在为我清理墨水池，为我买午饭。"

在银行实习的那几年里，他继续参加各类艺术讲座，继续研究和练习音乐，用这种方式去履行父母对他的告诫，让他不要忽略了这方面的发展。父母的告诫是为了防止他形成错误的人生观，颠倒了物质与精神的价值观。

在卡尔斯鲁厄银行度过了三年后，他在轻骑兵军团服役一年。这是一段至今仍然对他有影响的经历——卡恩先生从此有了挺直的身板儿，规矩的姿势，干练的说话办事风格。

这位年轻银行家的训练一定要彻底符合日耳曼传统。仅仅在国内的各种锻炼是不够的，只有经历了积累了国际工作经验才可以拓宽他的能力范围。因此，他的下一步是要进入德意志银行在伦敦设立的一个重要代理行。在这里，他展现了卓越的才华，很快就升到了第二把手。

尽管在去伦敦之前他从来没有打算过要在那里久居，然而他却渐渐对英国的生活模式产生了一种强烈的喜爱和尊崇，无论是政治生活还是社会生活，它的无限自由、宽阔、机会以及那种积极向上的传统深深吸引着他，于是他放弃了德国国籍，加入了英国国籍。是英国生活和德国生活的对比使他选择了前者，是他的信仰令他成为一个英国人。

正是这种民主精神，再加上对银行管理方面其他知识的渴望，促使卡恩先生抓住了一个机会，能够亲眼看到这个世界上最大的共和国是怎么运作的。他的才能很快就引起了伦敦铁狮门银行的注意，他们为他提供了一个纽约分行职位。1893年，科恩先生来到了美国，只打算临时在这里待一阵子。但是他发现自己在这里的工作很吸引人，很容易让人兴趣勃发，而且这里的人也很好相处。他发现一个美国人尤其和他投缘。1896年，他同阿黛·沃尔夫小姐结婚，她是库恩—洛布公司的奠基人之一亚伯拉罕·沃尔夫的女儿。1897年1月1日，库恩先生加入了这个当时声望和影响力已经很大的公司，他注定会成就斐然。他很幸运，立刻就结识了哈里曼，哈里曼也很幸运，立刻就结识了卡恩。他们两个人虽然在脾气和方式上截然不同，却好得像兄弟一样。哈里曼的处事方式是以火爆、猛烈、盛气凌人、摩拳擦掌、动不动想要打架出名的。卡恩先生十分清楚哈里曼的个性，经过多年的了解，他公开对这位铁路斗士做出了客观、公正、严肃的评价："那种用平和的手段在不知不觉中领导着别人前进的技巧、那种让人妥协让步的技巧都不是他所采用的方法。他的能力是一种恺撒大帝式的俾斯麦政策，他将统治建立在一种严酷的力量、钢铁般的意志和顽强、不可抗拒的决定、不屈不挠的勇气、不知疲倦的苦干、让人觉得不可思议的能力、预言家般的前瞻力之上。最后一点要说的也是最重要的一点就是，所有的这一切需要建立在别人的信任和自信之上方可奏效，坦白说，他的统治是一种征服者的统治方式。

从本质上来讲，他既不会掩饰也不会欺骗。面对失败，他是倔强的。"

而卡恩先生，却是一位来自异域的满肚子墨水的银行家和外交家。虽然他没有施瓦布先生那样和蔼可亲、讨人喜欢的微笑，但他却深知温文尔雅的价值，他也知道给铁拳套上一副天鹅绒手套的好处，他更知道，一定要培养同他人的合作和友好关系，而不是引起别人的对抗情绪和憎恶。通常他会用很绅士的方式同哈里曼理论，而哈里曼的回答总是一成不变："也许你是对的，那么，完成这件事的人是你，不是我。我只能按照我自己的方式做事，我无法改变自己，或者做一些让自己都不认识自己的事。我并不是傲慢，只不过让我妥协、违背自己的本性或者听从谁的指挥的话，我将一事无成。"

虽然卡恩只有30岁，但他几乎立刻就变成了哈里曼在重组太平洋联合公司这项重大工作中的左膀右臂。这项任务在初期一直由库恩—洛布公司的负责人雅各布·亨利·希夫来管理，但是希夫在整个工作中的效率和方法似乎不那么令人满意。哈里曼发现卡恩这位年轻的银行家的思维几乎和他一样敏捷和有创意，年纪轻轻目光就如此深远宽阔，他不仅能够对金融问题，而且能够对铁路问题做出透彻准确、系统科学的分析，这种能力深深吸引住了这位铁路奇才。卡恩先生将自己随后在铁路金融方面的一些成就归功于他和哈里曼先生之间的亲密无间，他第一个要感谢的人就是哈里曼。其实，在他的内心深处，一直保留着对这位了不起的朋友的热爱和敬仰。

今天的奥托·H. 卡恩可能被人们认为是美国最有能力的铁路重组人。经他的手改组或正在接受改组的铁路集团主要是太平洋联合公司，其中包括巴尔迪摩俄亥俄铁路、密苏里太平洋铁路、沃巴什铁路、芝加哥和东伊利诺伊铁路和得克萨斯太平洋铁路。作为金融专家顾问，他还要实行一些类似的手段。

卡恩先生评论道："重组某种程度上代表一种构想，这需要具备一种建设性想象力。接管一个破产企业，几条铁道，通过改造，最终形成一个服务于整个国家的系统，顺便使业主恢复往日的生机，是一种创造性工作,这种工作吸引着我。它会让你体会到创造的快乐。

"接管大都会歌剧院时情形也是如此,当时的歌剧院已经失去了其本该具有的作用,很大程度上依靠自身的名誉和几个大腕明星支撑着,而不是去考虑作为一个歌剧院,应该在其他必要方面有所发展,比如说合唱团、舞台背景、乐队以及演职人员等。然而要做好这样一件事同样也要靠创造精神。就像那些破产的铁路一样,它已经无法再进行完全正常的营业活动了。对这样一个剧院进行改组,使之成为一个设备和设施都十分精良的艺术圣地,是一件有诱惑力的任务,是一件值得去做的事情。做这两件事都能让人体会到创造的快乐,而且还能让服务公众的价值得到体现。"

在对密苏里太平洋铁路公司那种根深蒂固的错误管理方式进行了一切可能的调整而毫无效果后,正是卡恩先生拍案而起,最终采取了强制性手段,确定了决定性的方案。

当著名的皮尔森—法奎尔—辛迪加的发展规划已经超越了它实际能力,并企图通过控制几个大的财团将现有的铁路合并,形成一个横贯大陆的铁路系统时,又是卡恩先生及时跳出来阻止了这种冒险,从而阻止了一个影响力巨大的集团走向覆灭,同时也让整个金融界避免了一场由此而来的灾难。

卡恩先生还在美国股票在法国巴黎证券交易市场成功上市的谈判过程中起到了带头作用。这是一场复杂而周密的谈判,谈判的最终结果是1906年价值5000万美元的宾夕法尼亚债券在巴黎证券市场开始交易,这也是有史以来美国证券第一次在法国正式上市。随后在战争期间由库恩—洛布公司发行的价值5000万美元的巴黎城市债券,以及价值6000万美元的波尔多—莱昂斯—马歇利斯债券,卡恩先生无疑也是功不可没。

就拿最近一件事来说吧,在组建和管理美国国际公司的过程中,卡恩先生的参与起到了关键的作用。这是一个资产为5000万美元的公司,它的成立将大大推动美国在国际贸易和金融方面的影响力。公司的总裁查尔斯·A.斯通向我做了这样一番评述:"如果没有卡恩先生的指导和实践方面的帮助，我真不知道我们自己会做些什么。他是一个奇迹。他对国际事务的了解令人叹为观止。"

几年前，托马斯·F.瑞安有一次随口说起了谁将是下一个金融巨人，正当他们边走边说之时，他看到了对面走来的卡恩先生，于是就说了一句："瞧，未来的金融界头号人物来了。"而此时的卡恩早已经超越了瑞安先生多年前的预言。

卡恩先生成功地说服了哈里曼先生，让他在生命的最后两年里摘掉了自己那张铁面具，让他坦诚地表露自己，说明自己的方法和目的。多年来哈里曼一直采用一种鼹鼠打洞的盲目做法，四处借债，只有当这些债务取得了一定成效后，他才会让公众对他的做法略知一二。而卡恩却早已意识到了民主的力量，清楚地预见到了事情发展的趋势所在。他敦促哈里曼要相信公众，不要再躲避媒体的关注，这样一来，在他提出全国运输设备发展计划之时，公众就会站在他这边支持他，而不是去反对他。他和哈里曼都坚信，这些计划将积极有效地促进美国工业农业的繁荣发展。在哈里曼态度有所改变后的短短两年里，他就已经在消除敌对情绪和赢得公众好评中取得了很大的成就，倘若他能再多活几年的话，说不定还会成为一个民族英雄。

卡恩先生在有关"金融界高层"的讲话中做了如下陈述："过去，金融界最大的特征就是崇尚缄默保密，一些惯例简直比科学理论还神秘。然而，金融不但不应该在各方面避开公众的视线，而且还要欢迎公众的目光。公众化不会有损于金融业的尊严。这种靠与世隔绝而获得的尊严永远不会在市场上站稳脚跟，既没有价值也不值得拥有。我们必须让自己的业务渐渐从隔绝中走出来，融入民主的大潮中，去了解公众，也让公众了解。杰出的成功之士应该认识到，财富正在悄悄远离冷漠和孤立。他应该时刻牢记，社会是一座大厦，这座他心满意足地占有了四分之一的大厦是由劳动人民的双手建造起来的，它是人们无数的努力、牺牲和让步的结果，人们的目标是共同繁荣。如果目前的大厦已经无法让人们达到这个目标，如果那些成功人士太过傲慢，太过霸道，要占据更多更好的空间，如果他们自私地将别人挤出去，那么人们的愤怒会让这座花了几个世纪才建起来的大厦在一个小时之内轰然倒塌。"

卡恩先生亲自做了许多事情让人们了解金融界，了解金融家。他不仅在金融和经济方面是一个赫赫有名的评论家，而且还是一个公共演说家。虽然他并不希望自己能够日复一日出现在镁光灯之下，但他却总是十分愿意见到那些财经记者和其他相关的人，将合理的信息传递给他们，同时也会给出一些有关时局的合理观点。

说到他的性格，我顺便还要补充一点。人们经常看到卡恩先生坐在大都会歌剧院廉价的座位上，同周围的观众畅所欲言。他们都是真正的艺术爱好者，情愿排几个小时的队来买票，哪怕只听听也行。

卡恩先生在建设新剧院的构想中提出的理念是：为了服务于大众艺术爱好者，要尽可能以适中的价格提供完美的服务和富有情趣的剧目，为职业戏剧出品人树立一个典范，最终的目标是将整个戏剧行业提高到一个新的高度。在这项运动中，卡恩先生和他的一些同僚们有些太过前卫，所以整个计划最终不得不被放弃。新剧院现在被改造成了世纪大剧院，这座剧院同纽约的其他几座剧院稍有不同。然而由卡恩先生和其他一些人共同发起的另一次类似活动正在酝酿中，这次活动就是莎士比亚300周年纪念活动，这次活动很可能会留下些永恒的东西。

纽约将建起一座法国大剧院，建成后将由卡恩先生出任经理，这将是一次更大的成功。卡恩先生还以其他多种方式为戏剧和艺术界做出了贡献，并且仍在做着贡献，他支持和鼓励着艺术界和艺术家们，其中包括许多真正有天赋的年轻人。

他的活动并不只限于纽约，他除了担任大都会歌剧院的经理外，还担任世纪歌剧公司（为大众消费者而建）的经理，新剧院的财务总监、副总裁，他还是芝加哥大剧院的主要筹建者，波士顿大剧院的董事长。他还是伦敦考文花园皇家歌剧院的荣誉董事长，并且在法国歌剧圈子里也享有同样的盛誉。事实上，奥托·H.卡恩是全世界大歌剧领域中最具影响力的人物，他对各种艺术形式的理解和鉴赏力，以及他对各种艺术及艺术家的支持与帮助在欧洲和美国都是闻名遐迩的。

我问卡恩先生,对于那些有理想有抱负的年轻人,他给出的建议是什么?

他很快就回答道:"要思考。勤于认真思考的年轻人会越来越感觉到,竟然有那么多的事情值得你去思考。他永远不会仅仅满足于事情现有的样子,也不会故步自封于眼前所取得的成就,无论这个成就多么大、多么重要。他应该继续思考,他会找出实现自己价值和能力的多种渠道。

"去做,也就是去实践是第二个阶段。经过了一定深度、综合全面的考虑之后的行动,往往会具有同样深度的影响力和效果。

"目前美国的年轻人以及更年长一些的人们,他们周围的机会就好比是17世纪中期,英国开始日渐强盛时随之而来的机会。美国现在正处于这个时刻。因此对于那些政治家、商人、普通的工人以及其他各行各业的人而言,一定要趁着现在这个绝佳的机会,深思熟虑后有所打算或采取全面的行动。每一个特权必然有与之相对的责任和义务,在眼下各种事物层出不穷的时刻,我们首先必须通过认真的思考和研究,从各种纷繁复杂的思绪中理清自己的思路。"

几年前,卡恩先生厌倦了美国商业生活的这种单调与乏味,厌倦了自己在美国的工作中所面临的巨大压力和紧张,于是,他开始向往那种更宁静、更安定的生活。他计划返回英国,进入英国的公众生活。英国对他表示了热诚的欢迎,他成为英国议会成员的候选人。卡恩先生选择了一个几乎全部是工人的社区作为自己的选区,这正是他个性的经典体现。然而,没过多久,就有电报传来消息,说他已经放弃了自己的政治抱负,打算重返美国。

卡恩先生告诉我:"我发现,我在美国土壤里已经扎根太深,实在是无法移植。我血液里流淌的是美国精神,我已无法将它根除。我原以为自己能够放弃美国选择英国,但后来却发现我错了。在英国稍事体会过的悠闲让我更加明确,自己渴望回到美国,自己注定要回来,重新投入这里的紧张生活中来，重新回到自己的工作和同事中来，回到自己的职责任务中来，回到自己的抱负志向中来，重新再用自己微薄的力量在金融和文化方面做些什么。工作永远都比闲着好。"

现在，他终于明白了自己的位置，也明白了自己的心依然还是在美国，卡恩先生加入了美国国籍。

1913年卡恩先生在伦敦圣邓斯坦从隆兹伯勒伯爵手里买下了一座宫殿般的历史性建筑，并打算定居于此。后来他卖掉了这幢房子，战争爆发后，这所建筑被用作一个医院，专供盲人士兵使用和居住，现在仍然是这样。当然，卡恩从一开始就是站在盟军这一边，但他也不是一概而论地反对德国人民。在他看来，这场战争不仅仅是两个民族之间的冲突，其根本的原因也不是血统、种族或者是在此之前的从属关系，这场战争的实质是两个国家的文明、政府的领导方式、理念、伦理观念之间产生的冲突。他有两个女儿、两个儿子，他的大女儿曾在法国红十字会工作过一段时间。

尽管卡恩先生一心扑在为艺术和为艺术家做贡献事业上，但他仍不忘积极参与到其他一些意义重大的机构活动中来，这些机构包括：哈里曼先生后期建立的位于纽约市A大道第十大街男孩俱乐部和神经病学研究机构。卡恩先生之所以协助建立这个机构，其目的就是要通过研究治愈一些由紧张的生活所导致的美国特有的精神方面的疾病。

当他在金融或艺术方面没什么大事可做时，他就会把时间花在驾驶一辆四马拉的马车、骑马、开车、打高尔夫球、驾船出海、拉小提琴和大提琴（他是大提琴大师）以及读书上。不论夜有多深，每天睡前读书一小时是他恪守多年从未改变过的习惯。广泛的涉猎、渊博的知识和丰富的阅历令他在后期的写作天地中同样名列前茅。

在有关公众问题的讨论中，卡恩先生最出色的成就是在1917年1月举行的证券券商年度酒会上发表的演说。他的讲话题目为"纽约股票交易与公众意见"，其中提出的一些合理健康的观点备受股票交易权威人士的推崇，并以宣传册的形式将其发表。发行量几乎相当于当时最畅销的读物。这篇演讲中所涵盖的观点包括：股票交易是否应受到监管？股票交易仅仅是个人的事情吗？短线交易是正当的吗？股市对公众"漫天要价"了吗？股市是否被"庄家"所操控？股民的职责是什么，等等。

另外一篇由卡恩先生所撰写的文章《关于战争税的几点看法》，最初写于1917年春天《战争税法案》的草案尚未递交国会之前。这篇文章因其对待问题开阔的视角、具体的建设性提议以及他所倡导的爱国主义精神而引起人们广泛的兴趣和关注。比如说，在谈到关于在战前向超额利润企业征收重税的问题时，他这样说道："绝不能让任何人趁着这场战争发国难财，我们要尽可能地杜绝这种情况。"卡恩先生在呼吁国民有必要自由购买"自由债权"的工作中也做出了自己应有的贡献。

迈纳·C. 基思

迈纳·C. 基思,美国的商业寡头,其公司领域涵盖铁路、农业、船运、贸易。被誉为半人半神的跨国企业寡头。

有这么一位美国人,只要他想要去做,就一定能成功。他被几个热带的共和国看作是他们的未加冕之王,他就像是中美洲的塞西尔·罗兹,是一个半人半神的传奇。

每天,他默默无闻地坐在位于纽约巴特利广场那间平淡无奇的办公室里,然而,他却能够像宙斯之子赫拉克勒斯那样把美洲中部的热带丛林改造成果实累累的植物园;他在一片曾经充斥着贫穷、疾病、革命的土地上创造了繁荣、健康与和平;他用铁路将美洲中部的几个共和国彼此连接起来,为后来形成一个大的联邦奠定了必要的基础;他不畏艰难,实现了从纽约、芝加哥、三藩市到巴拿马甚至里约热内卢的铁路全线通车。

"基思先生到来后,我们这里每天都像是在过节。现在有几个车站是以前你无法到达的地方。穷人们都知道,他是这世上最伟大、心肠最好的人。"

这番评价是我在哥斯达黎加的首都圣约瑟之时，向当地宾馆的一位黑人男服务员提起了迈纳·C.基思这个名字后所听到的。他是人类文明火种的传播者。

迈纳·C.基思出生于布鲁克林，16岁时，以每周3美元的工资在纽约百老汇大街一家男子用品商店开始了人生的工作生涯。但他并不喜欢整天和领套、短袜、领带之类的东西打交道，半年后就辞掉了，改行做了一名木材调查员。第一年他赚了3000美元，然后通过自己的努力进入了木材行业。他的父亲一直就在这个行业里。

还在未满选举年龄之前，他就开始在格兰德河口的一个荒无人烟的孤岛上养牛养猪，这个岛的名字叫牧师岛，是一个和长岛一样的狭长岛屿。内战结束后，他对整个美国做了一番估量，最后决定就定居在这个只有一户人家居住的荒岛上。这是属于他的领地。

在这里，年轻的基思学会了如何同生活做各种斗争。他要同艰苦、考验人意志的自然环境斗争，当他跨过得克萨斯州和墨西哥边境去购买牛羊时，他将两把左轮手枪时刻别在腰间，警惕偷牛贼来偷牛，他还要留意周围那些漫不经心的绅士们。他每天早晨4点起床，然后辛苦16个小时后，席地而眠。就这样他开始渐渐发达起来。

他除了自己养牛外还收购周围的牛，杀掉后出售牛皮和牛油。当时在得克萨斯，牛肉一文不值，人们把它拿去喂猪。他一共积攒了4000头牛和2000头猪。那个时候，每头牛的价格在2.5到3美元之间，小公牛每长大1岁价格就增加1美元（好家伙！如今这些菜牛最好的部位要卖到每磅35美分以上）。

有一次，一场热带风暴将整整1000头牛从岛上刮入海里，之后，它们又游到了5英里开外的大陆上。风暴过后，这个牛仔将它们集中起来，穿越海水最浅的部分重新撵回了岛上。在这个最浅的地方，海水也就刚刚到达马鞍的前鞍桥。最后他数了一下，只有十几头牛被冲跑了。

接下来发生的一些事情彻底改变了基思的职业方向。他的叔叔亨利·梅格斯是一个著名的铁路建造者，他是第一个修建跨安第斯山脉铁路以及南美几条具有划时代意义的铁路的人。迈纳的长兄亨利·梅格斯·基思已经加入了他的叔叔的秘鲁段工程，并且从他的叔叔手中接过了修建合同，为政府在哥斯达黎加建一条铁路。1871年的某一天，迈纳收到了哥哥写给他的一封信，让他前往哥斯达黎加。

基思先生说："他在信中告诉我，我在哥斯达黎加待上3年就能赚到我在得克萨斯待一辈子赚的钱。也许我们这个家族生来就与铁路有缘吧，我就去了。"

可当时他恐怕连做梦也没有想到，他这一去注定会创造中美洲的历史。

那个时候，从墨西哥到巴拿马之间的整个大西洋海岸是一片茂密的、未经开发的、让人望而生畏的原始丛林，仅有几个加勒比人和克里奥尔人在那里靠捕鱼、饲养鱼鹰龟、采集香草豆、野生橡胶和其他一些香料为生。在整个美洲中部的大西洋海岸上，任何一个港口都看不到一艘蒸汽轮船。

迈纳的工作就是为铁路修建队伍提供后勤供给。后来，他的哥哥去世后，整个铁路的修建工作不得不因政府拨款不到位而停工。为了完成哥哥的遗愿，他同政府重新签订了大西洋海岸的铁路修建合同。为了能够成功修建山区地带的铁路，他同哥斯达黎加政府另外签订了一项合同，通过外债的形式替政府借到修建铁路所需要的600万美元。他去了伦敦，经过艰难的协商后，终于签订了600万美元的贷款合同，债务期限为13年，利息延期支付。就这样他得到了修建铁路所需的600万美元。

从圣约瑟到海岸的铁路在通车之前，这一段约100英里的行程堪称是危险之旅。若是碰上天气不好的情形，往往要花上两周的时间才能穿越这片布满密林与沼泽、蛇蟒出没的丛林。哥斯达黎加人有句老话是："到那里走一遭的人是英雄，走两趟的人就是傻瓜。"

这条铁路在海岸一端的起始点叫作利蒙港，这个地方连一座房屋都找不到。在这里没有一磅新鲜牛肉，没有一棵新鲜蔬菜，没有一盎司的冰来镇压凶恶的热魔，有的只是丛林、蛇蝎、猴子和蚊子。

整条海岸线铁路的修建起始于丛林，结束于丛林，全程覆盖的地区人烟稀少。许多河流甚至没有名字。连续两三年来，主要赖以生存的生活资料是腌鳕鱼和罐头食品。

调查工作结束后，真正的困难才刚刚开始。没有工人愿意去这样一个条件恶劣的地方工作，当地人怕染上瘟疫，发誓不会同发热病肆虐的海岸地区有任何瓜葛。

但是迈纳·C.基思既然已经答应了哥斯达黎加政府要修建这条铁路，他就必须将这条铁路修成。

他去了新奥尔良，想办法在那里招工。那些杀人的、抢劫的、偷盗的，还有其他一些不良分子统统被他拉来，他大约聚集了700多号这样的人。当地的警察局警告基思，他这样做比收集炸弹还要危险！

这就是基思的自有蒸汽船——"胡安·G.梅格斯"号从新奥尔良运往中美洲大西洋港口的第一批"货"。这次航行意义重大。

船在行至洪都拉斯的北伯利兹时，驶入了珊瑚礁海域，船底触到了凸凹不平的岩石而发出"砰砰"的响声。有人一刀砍下了船长的脑袋，整个船一时间充满了地狱般的恐怖。这700个强盗将一大桶酒下肚后，有一部分人立刻就烂醉如泥了。然后他们开始闹事，情况变得紧张起来。但是基思毫不畏惧，他给每个工头发了枪，下了强硬的命令，成功地唬住了这700个人。

船终于能返航了。这些工人马上以每天1美元的工资开始了工作。在这700个人当中，只有不到25人活着返回了新奥尔良，丛林夺去了剩下那部分人的性命。

紧接着德·雷赛布要开凿巴拿马运河，他出的价格很高，所以工人们都被吸引到了巴拿马，一时间出现了劳力短缺。但是，基思绝不会屈服。虽然在他周围已经有成百个人倒下了，其中包括他的大哥和另一个哥哥，他本人也不时地受到发热病的困扰，但是，他仍在努力斗争，一边斗争一边为下一步做计划。

鉴于劳动力缺乏，他干脆一次性从意大利运来了 2000 名劳力。这批劳力光是运输费就花去了他 20 万美元，包括符合意大利人口味的食品、水和工资等。他把这些人带来，满心欢喜地想着，这些总算是解决了劳力问题了。唉！谁承想到，意大利黑手党很快开始不停地给他写恐吓信，当然，还有传染病的暴发也困扰着他。四周新掘的坟冢令整个施工队不寒而栗。

一天晚上，工人们全部都消失在了树林里。基思知道的第一件事就是一艘船开走了，带着所有的人去了意大利！是工头策划了整件事，包下了这艘船。

整个哥斯达黎加铁路的前 25 英里是用什么代价换来的呢？

4000 条生命，包括基思兄弟的 3 条命在内。然而，平均的劳动力使用率却仅有 1500 人。

文明的道路每前进一步都会有无数的鲜血和生命为之铺路。

祸不单行，紧接着又一出悲剧发生了。政府财政紧缺，每个月无法按月支付现金，除非打欠条。参与赞助的企业将不得不放弃、退出。

那个时候的迈纳·C.基思在哥斯达黎加并不像今天那样有名气。他决定花尽自己的每一分钱将这项工作进行到底。但是 1873 年的金融大恐慌就像历史上的任何一次一样来势汹汹，打乱了他的全部计划，他的经济来源被切断了。

即使到了那个时候，他仍然没有屈服。

他雇用了 1500 名牙买加黑人。把他们召集起来，同他们说清楚情况，主动提出将生病的和想要回家的劳工遣送回国。他们一致宣誓，表示要同基思先生同甘共苦。连续 9 个月来，这 1500 名黑人工人在没有一分钱到手的情况下忠心耿耿地为迈纳·C.基思工作。

基思先生承认："这件事情是我一生中感到最满意的一件事，我给许多无数次冒着生命危险和我工作在一起的牙买加工人们发放了津贴。"

金融危机过去后，哥斯达黎加政府重新有了资金，工人们 9 个月的工资全部予以结算，哥斯达黎加政府将所有该付的全部付给了基思先生，其中包括由于资金短缺而带来的损失。

但是发热病、热带爬行动物、劳力问题、资金问题并不是这位铁路先驱者不得不应付的全部问题。哥斯达黎加这个地方，一旦到了雨季，雨就会没完没了下个不停。利蒙港在一年之内竟然下沉了20多英尺，河水变成了滔滔不绝的洪流。铁路一次次被冲走，临时的桥梁一次次被冲垮，一直到最后在那里建起了一座永久性铁桥才算完事。在马提纳河上，这座铁桥一共遭到过31次毁坏！基思先生一边回忆一边叙述道："铁桥建好后，我经历的最危险的一次过桥经历是，我有那么多次勉强过河的经历，具体哪一次最危险我已经忘了。我的船失事过3次，在河中央被大浪打翻过许多次，时常患着各种各样的热带发热病，还会遭遇到各种各样的难题。但那一天却让我永生难忘。

"我的主管发电报给我，让我去看看马提纳河上的大桥。当我到达那里时，河水已经涨到了25英尺。主管和一个泥瓦工在桥上站着，一个白人和四个黑人正在桥上工作。我注意到，唯一支撑着桥墩的东西就是系在岸边树上的一根钢丝绳。还没等我命令他们停工，全部下来，缆绳就断裂了，接着，整座桥全部塌了。

"我竭尽全力朝岸上桥的末端跃去，桥的末端就架在桥墩的壁阶上，这一端并没有塌陷，看上去像一个支架一样从河水里冒出来。我的左手抓住了一根绳子，我用尽平生的力气紧紧抓着它。我如同运动员一般抓着绳子总算没有让自己滑下来，但是我也没有让自己在波浪翻滚的激流上面悬空太长时间。不管怎样泥瓦匠和主管想办法捡回了自己的命，但其他五个人就这样掉入河中让洪水卷走了。"

在修建铁路的艰苦过程中，这位先驱者还构思着其他的计划。

这条丛林道路上没有车辆，就算到了海拔5000英尺的山顶上也仍旧没有。但是他却从政府手里租下了这条没什么吸引力的道路。来到这里不久后，他就从科隆运来了几棵香蕉树，"胡安·G. 梅格斯"号第一次返航时，就将250簇香蕉从科隆运到了新奥尔良，这些是第一批由船运到新奥尔良市场上的香蕉。年复一年，他扩大着自己的香蕉种植规模，运输香蕉的车辆忙着往返于这条公路上。1915年，700多万串即10亿根香蕉，也就是说，美国的每个男女老少每人10根香蕉从利蒙港运出！基思先生同时在巴拿马、哥伦比亚、尼加拉瓜也建立了自己的市场。

他从不容许自己错过任何机会。从很早开始，他就做过杂货店生意，哥斯达黎加也有他开的商店。1873年，他首先在布鲁菲尔德和尼加拉瓜开了几家商店，然后又在中美洲海岸的其他地方开了各种各样的分店，向北一直延伸到了伯利兹和洪都拉斯，在那里收购橡胶、香料、龟甲。

他种香蕉的经验、他对土壤和丛林的了解、他对水陆运输的谙熟、他吸引和满足牙买加劳力的能力、他值得信赖的声望、他不可磨灭的耐力、他旺盛的精力以及他无法被征服的意志力，所有这些都是他取得成功不可或缺的品质。

他成为中美洲最大的水果种植商。他的运输设备迅速发展着。仅仅是他的商店和杂货店就能给他带来几百万美元的利润。经过了长达17年的修建，他完成了全部的哥斯达黎加铁路。

这一切都带给了他财富。

然而，灾难却在前方等着他。

他的美国香蕉代理商，即负责他全部香蕉销售业务的公司破产了。公司以他的名义向银行借了150多万美元的贷款，这些贷款尚未偿还。

是基思拯救了哥斯达黎加，哥斯达黎加欠基思一份情，现在是回报的时候了。几天之内，哥斯达黎加政府、银行和个人就为基思先生提供了120万美元。两周后，他返回美国，还清了全部债务。

刻不容缓，他必须尽快再找到一个代理商为他批发销售香蕉，否则，他的整个国际销售网络将会全盘失控。

安德鲁·W. 普雷斯顿是当时新英格兰和北方地区香蕉产业中最有影响力的人物，地位相当于南方的基思。普雷斯顿的香蕉主要来自牙买加、古巴和圣多明各，当时尚未进入南方市场。

两强联合后，很快成立了美国水果公司。这个公司注定要成为中美洲发展过程中最强劲的一支力量，它将美国带入了这位拉丁美洲邻居的经济和社会生活中，为征服热带，提高这些国家的生活水准做出了贡献。

两个公司合并后，基思先生的水果企业价值超过了400万美元。他的心血没有白费，汗水也没有白流。

普雷斯顿—基思企业囊括了从古巴、牙买加、哥伦比亚、巴拿马、危地马拉、哥斯达黎加、尼加拉瓜、萨尔瓦多到加那利群岛的业务，谱写了美国金融史上最浪漫的一章。美国水果公司已经花了2亿美元去开发热带，它为6万人提供了就业机会，工资比以前翻了几番；它铺设了1000多英里的铁路和城市轨道，并使其投入运营；它花费了几百万美元建造医院，同发热病做斗争；它组建的"白色船队"是最好、最大的，这支足以让美国引以为荣的船队，自有汽船45艘，还有一些是长期租用的；它通过大型无线电发报站将中美洲热带的每一个共和国、每一个岛屿彼此联系起来，形成一个联合体；它还在中美洲沿岸已经建起了许多灯塔。

它是这世界上最大的农产品出品人，几乎还是最大的杂货店，它拥有一个1.2万英亩的种植园，面积相当于整个特拉华州。现在有250万英亩土地正在开垦过程中。它饲养的牲畜包括2万头牛、6000匹马和骡子。

它的热带种植园以及设备总价值超过了5000万美元，它的运输设备总价值为1700万美元，公司的总资产已经达到了9000万美元。

但是，基思从始至终一直是个铁路建造者。他仍然心系铁路，两条铁轨串起了他的所有梦想。

就像开普敦—开罗铁路的修建者——远见卓识的塞西尔·罗兹一样，迈纳·C.基思也是一个具有跨大陆思维模式的人。同时他也像塞西尔·罗兹一样，计划着要修建一条国际铁路线。正如我所讲过的那样，这是一条充满想象力的铁路线，它将把北美的运输系统同南美的运输系统连成一体，形成一条连接地球两端的铁路高速公路。他的最终目的和动力就是促进文明的发展、融合各民族人民、消除种族之间的隔阂。

光想不做也是枉然。基思付出了让人难以置信的努力后，最终实现了自己的梦想。他让中美洲国际铁路公司和泛美铁路公司从图纸即将变成事实。一半的工程已经完成。在太平洋这边，墨西哥国际铁路公司已经在危地马拉边界线上形成了接轨。这条路线沿着危地马拉海岸线前进，然后横跨大陆，到达大西洋这边的波多黎各。这条横贯大陆的铁路线现已经开通，且利润可观。铁路线从大陆中部建起，直接穿过一个名叫萨尔瓦多的小共和国，到达太平洋海岸的拉美。接下来它将经过洪都拉斯，连接到尼加拉瓜公路。然后再进入哥斯达黎加铁路网，接下来从利蒙港再到巴拿马运河将是行程的最后一个阶段。他的下一步打算是向南美洲扩展，对此，基思先生充满信心。

现在，这条国际线路的 600 英里路段已经投入使用，并且带来了很大的收益。这项大胆的工程正在日益接近尾声。

我问道："基思先生，我听说您希望中美洲的五个共和国——危地马拉、萨尔瓦多、尼加拉瓜、哥斯达黎加和巴拿马能成为一个整体，这是您的理想吗？"他将目光投向远处，若有所思地回答：

"我相信这一天终将会到来。这对他们来说都将是一件大好事。但是只有通过铁路才能实现这一切。尽管是邻国，但哥斯达黎加人民对尼加拉瓜人民依旧很陌生，首先必须要有经济和社会方面的相互往来，铁路将会实现这种可能性。"

到了中美洲，你就会明白，迈纳·C.基思可以实现任何梦想，因为那里的人们视他为最好的朋友、视他为自己的父辈、视他为一个领袖、视他为他们自己的一分子。基思先生的妻子是哥斯达黎加前总统的一个女儿，名叫露丝·玛利亚·卡斯特罗。他在那里连续居住了 27 年，花了几百万美元减轻各种热带疾病，他感觉到，为那些欠发达的小国家的人民谋福利是他的责任。他和他的公司从来没和拉丁政府发生过任何冲突。

所以，如果说基思先生可以决定将来什么时候就是建立中美洲联邦的成熟时机的话，唯一的可能性就是：一定会有这么一天。

达尔文·P. 金斯利

达尔文·P. 金斯利，纽约人寿保险公司总裁，被誉为保险业王国的浪漫诗人。

这里是田园诗一般的新英格兰。在这样淳厚质朴的环境中，在这片贫瘠的土地上养育了无数名留青史的美国人。

这些人当中最有代表性的就是纽约人寿保险公司的总裁达尔文·P. 金斯利。25亿的投保总额，9亿美元的总资产，纽约人寿保险公司的这些数字恐怕是这世界上其他任何一家保险公司所望尘莫及的。

"在我的出生地佛蒙特，除了一点点蔗糖和一点点茶之外，我们所有的衣食住行全部来自那座40英亩的农场，最早以前制糖的土办法是将枫树汁熬成糖。我们先从十几只羊身上剪些毛下来，然后再纺成线，再用毛线织成冬天穿的毛衣。花园里，我们种的亚麻可以制成夏天的衣裳，即使是我们用的线也是自家纺的。纺车的声音从早响到晚，很少有停下来的时候。父母除了自己外，还要为我们五个孩子做衣服。我们那个时候叫作'咖啡'的是烤大麦或烤玉米粒。我还很清楚地记得父亲第一次拿着羊毛去换成品衣服时的情形,当时,我们都高兴地感觉到,我们的生活好像从此进入了一个文明的新纪元。"

"1857年我出生的时候,阿尔布格还没有足够多的房屋,甚至还没有形成一个小村庄。夏天,我就去一个破旧的'社区'学校读书,人们墨守成规,谁也没打算去更高等的地方接受教育。在我们的家里几乎没有几本书。那里的生活简单得不能再简单,人们自尊自爱,思想里充满了道德和宗教的约束。但是这样的生活范围太狭窄,让人没有斗志也没有想象空间。在那里,没有什么东西可以激起一个男孩的志向和热情,也没有什么能让他了解到'小屋、牛栏等'有限范围以外的世界。刚开始,我和那里的其他人一样,眼界狭窄,没见过世面。

"但是有一天发生了一件事,这件事彻底改变了我的生活轨迹。那是我和我们的家庭医生之间的一段对话。他对我说:'你应该去上学。'我告诉他我现在正在上学。他说:'是这样,没错,可我的意思是说,你应该继续上学,去学拉丁语。'我问他:'拉丁语是什么?'他回答说:'如果你不懂拉丁语就无法真正理解自己的语言。减法是什么?它又从哪里来?'我告诉他减法就是减法。然后他又对我解释道,减法这个词来自于两个拉丁语词,'sub'的意思就是'从','traction'的意思是'取出',那么减法的意思就是从里面取出一部分。

"刹那间,一个全新的世界在我眼前豁然开朗,我意识到还有一个自己一无所知的世界存在着。这次不经意间的窥视让我从那一刻起就下定了决心,一定要努力学习,把这一切都学到。12岁之前,我就完成了格林利夫普通学校的全部数学课程,虽然这所小小的学校无法再为我提供更多的新知识,但我仍然坚持夏天在农场里干活,冬天读书,一直到17岁为止。随后,我被送到斯旺顿学院度过了一个冬季学期,在佛蒙特巴里学院度过了一个春季学期。学院的校长J. S. 斯波尔丁博士是一个很出名的人,在他的指导之下,我决定不放弃学业,一边工作一边读完大学。

"在每个暑假期间,我白天都会在田里干活,整天挥舞着镰刀收割或者耕地。20岁之前,我读完了专科学院的课程,然后在不知道学费从哪里来的情况下就去了位于伯灵顿的佛蒙特大学参加了入学考试。那个时候正值春天。

"整个夏天我都在农场里干活,攒了45美元。农场主同意借给我剩下的一部分学费,但条件是我得保证万一我死了,他也能拿到这笔钱。只要我还活着,他丝毫不会为这笔钱担心。斯波尔丁博士是人寿保险的大力支持者,他常常给自己的学生讲起买一份好的保单的种种好处,他还特别强调,有些情况下,保险可以起到证券的作用。我在大都会寿险公司买了一份1000美元的保单,每年要交20美元的保险费,对我来说,这无疑是一笔巨大的开支。我把这份保单交到了我的那位农场主资助者手中。毫无疑问,这件事情对我今天能够成为纽约人寿保险公司的总裁起到了很大的作用。

"我去了距离自己的家40英里以外的伯灵顿,我大学第一年的花费总额为165美元整。靠这些钱我是怎么过来的?我的妈妈有时候会送一些烤火鸡和其他一些吃的东西来,但我主要还是靠煮马铃薯、面包和牛奶为生的。吃了一段时间煮马铃薯后,我就会觉得自己简直受够了,我开始疯狂地想着吃肉。但即使到了那个时候,我都会尽可能地同自己这种折磨人的食欲做斗争。但是有一天我终于忍不住了,就去买了一小盒牛肉片。我觉得自己只要咬上一小口,就可以在几天之内不再去想它。我刚一走出商店就迫不及待打开盒子,吃了一小片。但是它立刻就勾起了我对肉的全部欲望,我就这样站在街上,一口气将它吃了个精光。

"我大学的学费是靠每天为课堂和教堂上下课敲钟赚来的,每天要敲7次。如果我提前5秒钟敲钟,男生就会找我的麻烦,但如果我晚敲了1秒钟的话,教授们就会对我大发雷霆。这种对准时的严格训练是我在大学课程中学到的最好的东西。从此以后我肯定再也不会迟到。"

这个白天里干苦工,为学校敲钟,处在半饥饿状态的年轻人成为大学里的获奖演说者、大学优秀生联谊会成员和希腊语、拉丁语和数学几门学科均获得奖学金的优等生。然而,他的奋斗并没有随着文科学士学位的获得而告终,正如攀登科学研究的高峰那样,还有更艰险的路正在前面等着他。

我问金斯利:"你大学毕业后的理想是什么呢?"

"我最高的理想也无非就是当一名年薪1000美元的教师。当时在我的眼中,这就是成功和财富的最高形式。我没想过要成为一名律师,但是由于自己还有债务没还清,所以,我觉得自己必须马上开始工作。那个时候,几乎每个有志向的青年都渴望能去西部发展,在这股西行之潮的推动下,我首先去了住在怀俄明大牧场上的一个姐姐那里。但我很快就意识到,那种捆干草、料理牛羊、驯野马的日子不会让我离理想的目标更进一步,所以,我又去了夏延。

"在那个遥远的镇上,我没有朋友,没有工作,身上只有15美元。我有生以来第一次,也是最后一次深深体会到了想家的滋味。脆弱的我竟然跑到了火车站,看着开往东部的列车最前端的司闸员,心里充满了强烈的嫉妒。当时我简直孤独得要发疯了!

"但是,我必须振作起来,找点什么事情做才行。我等不起也闲逛不起。在我暂住的二等旅馆里,有一位上了年纪的当地人对我还算不错,他安排我去兜售图书。我走遍了整个北科罗拉多,最后实在吃不消,在朗蒙特病倒了。那个时候陌生人给予我的无私帮助是我一生中最珍贵的记忆之一,虽然我只是个一文不值的图书推销员,但是人们对我就像是对待自己的亲人一样。

"很快我的病就痊愈了。有一次我向一位年长的挤奶工推销图书时,他对我说起,他来自于佛蒙特。我们聊了起来,我告诉他我要去丹佛。他便问我:'你去丹佛做什么?'我回答道:'我也不知道,但是我觉得那里是我打拼的最佳地点。'谈话结束时,他推荐我去他丹佛的一个律师朋友那里,他也来自青山州(佛蒙特别名)。这位律师后来成为我最好的朋友,我们的友谊一直保持到他生命的最后一天。让我去读法律是不太可能,所以我找了一份教师的工作,每个月的收入为70美元。但是当时我每个月的食宿费就要花去45美元。这份不死不活的工作我做了整整一年。

"到西部去的冲动再一次涌起。那个时候来自大河地区山谷里的犹他印第安人正打算开凿河流灌溉农田。我移居到了大章克兴，当时那里还是一个到处搭满了帐篷、盖满了木棚、夹杂着沙龙和舞厅的开拓者乐园。在灌溉工程完工前，那个山谷简直就和百老汇大街一样，就连一棵蔬菜都看不到。

"我向奥什科什的一个朋友借了500美元，买下了大章克兴《新闻》杂志的一半股份，那个时候它还只是一本苦苦挣扎的周刊，但现在它却是一份具有影响力的日报。那一年，我26岁。但是要做好一个服务于边远开发区群众的刊物编辑并不是件轻松的事。那个时候贪污受贿成风，我就揭发那些贪污受贿者。日子过得紧张而刺激，我睡着时，常常会有武装保镖守在门口。有一段时期，我每次上街时，揣在外套口袋里的手里总是紧握着一把六响枪，我时刻处在备战状态。"

我问道："那你有没有真的遇到过斗殴或枪战之类的事？"但是金斯利先生的回答却含糊其词。最后我终于说服他，让他讲出了一段深刻难忘的事。

于是他开始讲述道："嗯，我是一个共和党派人士，可是，当时那个民主党州长却任命了一帮丢人现眼的草包笨蛋（内战后去南方投机的北方政客）做地方官员，我希望能换成我们自己的人。那个被任命为郡地方长官的家伙尤其令人反感，我在报纸上和他开了个玩笑，把他以往做过的蠢事抖搂了一些出来。我的合作者警告我，这样做会惹祸上身。那是当然了。第二天报纸被印了出来，我刚走到街上，他就径直朝我来了。实际上，我并不是真的想找麻烦，我尽量避免在大街上和他发生口角，这反倒让人们觉得，我的笔杆子似乎要比拳头更勇敢。

"他铁青着个脸，挥拳就朝我打来。我并不是个拳击手，但我渐渐发现，他的格斗技巧也没有比我高明多少，我躲开了他的袭击。他没有打中我，就用他那重重的牛仔靴朝我的腹部踢了一脚。我被激怒了，简直怒不可遏，一拳打在他的下巴上，他整个人被我打得飞起来，然后倒在了路边。

"打那以后,我的麻烦就少多了。这件事最立竿见影,也最有趣的效果是,当天晚上,一个大块头的爱尔兰人来找我,这个家伙对地方长官的位子已觊觎多时,他送来满满一篮子草莓,主动向我表示感谢。"

从那以后没过多久,金斯利先生就被任命为共和党全国代表大会科罗拉多和芝加哥代表。第二年,也就是1886年,他被选为总部设在丹佛的州保险公司主管和审计。他发现,自己很有必要对保险业进行深入研究,并且去追踪一些假冒保险公司。斯波尔丁博士对于人寿保险价值的宣扬想不到在他身上发挥了作用,随着他对保险业理论研究的加深,他更加确信保险的价值所在,保险是一项有利于个人和社会的事业。简言之,他成为一个十足的保险信徒。

因此,当乔治·W. 珀金斯来到丹佛,将纽约人寿保险公司新英格兰地区的代理机构总监管的职位提供给他时,他欣然应允了。

"从1889年开始,我就在位于波士顿的总部开始工作,一直到1892年。然后我就来到了这里。"金斯利先生说。

"我来到了这里。"这句话听起来似乎很简单。刚刚来到这里时,他才仅仅是个代理机构主管,而现在他却成了总裁。中间这个过程充满了建设性的、主动性的和思路清晰的工作。就在这几年中,保险行业经历了种种考验和危机,那些弱势的、实力差的纷纷破产,而那些实力强劲、杰出的公司则纷纷涌上前来,占据了市场。

实际上,导致金斯利来总部的直接原因是纽约人寿保险公司及其总裁威廉·H. 比尔斯第一次遭到了公众的抨击。当时他和珀金斯两个人都被叫到了纽约总部,立刻投入到了捍卫公司和公司领导的工作中。他们两个都擅长用笔来做武器,都能鼓舞代理机构的士气,将他们的力量凝聚起来,两个人都能应对新闻媒体的攻击。尽管比尔斯先生被董事会再次选为总裁,但是,出于为公司的利益考虑,他毅然辞职了。当约翰·A. 麦考尔当选为总裁之时,这两个来自西部的年轻斗士都得到了提升。

1905年,具有历史意义的阿姆斯特朗保险行业大调查开始了,达尔文·P. 金斯利以他非凡才干、不容置疑的优点和远见卓识的领导能力首当其冲。到了这个时候，他不仅仅精通全部的保险业务，而且还掌握了相关的金融和投资领域的全部知识。当战斗结束，硝烟散去后，只剩下一个人屹立在战场上毫不动摇，毋庸赘言，总裁之位非此人莫属。1907年，继麦考尔先生之后，亚历山大·E. 奥尔被选为临时总裁，然而，金斯利先生却没有任何异议地取代了他，成为新总裁。

那个时候，公司在农场抵押贷款方面还没有一分钱的投资。但是金斯利先生在西部的经验告诉他，保险基金投资将会是一个安全且利润丰厚的领域。如今，公司已将3000万美元的贷款发放给了农民，其中1916年提供的贷款为1600万美元，每一美元都肩负着提高促进农业生产效率、降低农产品成本的任务。同时，金斯利先生还对市政信任债券的投资方式实行了改革。

正如他留给全公司上下的印象那样，他的目的并不一定是要让纽约人寿保险公司成为全世界最大的保险公司，而是要让它成为最好的、最强的。因此，尽管有另外两家保险公司在投保总额上超过了纽约人寿的25亿美元，但是，却没有一个竞争者的资产总额能够达到两三亿美元。当然，金斯利先生一向推崇稳步发展，原来一些制约着保险业朝着新业务方向发展的法规已经逐渐得到了修订，这在很大程度上是金斯利先生运用文章和演说力量的结果。

多年来，保险业办公业务中存在的很大问题是：在进行一些数量庞大的记录工作时，存在着严重的耽搁和拥挤现象。当一个办公人员从一卷资料中的某一页中摘抄数据时，其他一些同样需要这卷资料的人就只好等在那里。谁都对这个问题束手无策，后来，金斯利先生亲自出马解决了这个问题。他引进了库珀—休伊特发明的图片标签系统，这项革新的价值是门外汉所无法理解的。

在学校里演说获奖的学生往往会在日后的生活中变得平淡无奇。然而佛蒙特大学81班的达尔文·P. 金斯利却打破了这一规则。他不仅仅写了许多有关保险以及保险基本原理和普遍细节方面的书籍，他还是个出色的演讲家，应邀在许多商业场合、教育机构和各种各样的宴会上发表演讲。尽管在宗教信条和道义方面,他并不是一个固执己见的人,但是在最近的一次圣公会大规模聚会上,他还是做了一次《教堂的罪》的简短演说。

金斯利先生是一个朝大的方面着想的人。一个在全世界每一个文明国家都有业务的保险公司,完全能够让某一个国家的人将自己的一份力量投入到共同资源内,随时准备着去帮助其他国家的人。作为这样一个公司的领导,他坚信,这个简单的合作原理应该并且能够在全世界每个国家之间传递,因此全人类都应该拥有一种建立在兄弟友爱之情上的民主。我们已经走出了部落生活和宗族生活,不止一个大陆的国家已经从孤立和封闭走向了联邦和合作,于是金斯利先生提出了这样一个问题:为什么不能让这种发展跨越国界呢?

他认为,战争就是奉行孤立政策的必然结果。如何才能够让民主取代独裁?如何才能化解那些由独裁统治而引起的最终导致战争的摩擦?金斯利先生在最近的一次讲话中给出了答案。

"最终的解决办法是民主世界的联盟。但是第一步首先要做的是盎格鲁—撒克逊世界的大团圆。这种大团圆并不是要通过让其他人感到害怕来实现,不是要通过施加压力导致付诸武力来实现,更不是要通过消灭小国家威胁大国家来实现,而是要通过盎格鲁—撒克逊世界的真正民主来实现,这种民主是一个内在民主和外在民主的统一,就像我们的 48 个州一样,是内部的民主。这样的联盟(当然不是结盟)最终会将法国、荷兰、瑞士或许还有斯堪的纳维亚的一些国家,还有西班牙以及南非的一些共和国都包括进去,这个范围仍在扩大。到了那个时候,'人类的最高立法机构'要比诗人的梦想还要现实……多么辉煌的机会啊!在经过了 1914、1915、1916 年的可怕毁灭之后,若不是亚历山大·汉密尔顿和那些伟大的联邦主义者早在 1787、1788 年间就彻底实现了联邦,那么我们恐怕早就经历了欧洲正在经历的这一切;在经历了 1861 到 1865 年之间南方几个州企图招致的毁灭之后;在我们的世界脱离了狭隘、嫉妒和恐惧后,事实证明,在这个伟大的共和国实行民主化是正确的,我们为此感到骄傲。我们应该看到一幅更崇高的景象；我们应该获得更宽阔的视野；我们应该听到来自一个更伟大的民主的呼唤。盎格鲁—撒克逊的共和，英语国家的大统一。有谁能估计出它所产生的重大意义？"

保险行业是没有国界线的。开战后，纽约人寿保险公司仍然在各国设有办公机构，为德国、法国、奥地利、俄国和英格兰客户受理理赔。任何人只要在共同基金里投入了保费，就会根据合同得到援助，这笔援助的资金正是来自于各国人民的保费所形成的共同基金。

"我认为人寿保险是一种向全球传递福音的工具，它将国际主义精神和兄弟友爱之情带给全人类，这种力量和说服力任何一种机构都无法与之相比。"金斯利先生站在普通人的角度，用诚挚的语气讲了这番让我印象深刻的话。

金斯利先生所具有的品质中最突出的一点就是他的正直公正。他奋力拼搏开辟出一条笔直的道路，因此绝不允许代表着公司形象的任何人做出任何歪门邪道的事情来。同样，在公司的事务上，他也坚持奉行公正公平的原则。有人告诉我，他的朋友和他开玩笑时，常常会利用他的老实厚道。金斯利先生像孩子般对自己的下属充满了信任，这个世界就像一面镜子，映照出的就是我们自己。

乍看之下，人们会觉得他是一个极其严肃，甚至有些粗暴的人，但当他开口讲话时，这种感觉就会荡然无存。一个熟人告诉我，他有一次对金斯利先生这样说道："如果你的脸能代表了你的心，那么人们只有同你接触以后才能感觉到你的温暖。"

不论是他对这个巨大的公司要承担的责任也好，他作为一个学者、作家、演说家忙碌的日程也罢，这一切都没有耗尽他全部的精力。一直到最近他都是独特爱好俱乐部的主席，这个俱乐部里的每个成员都必须有一种爱好和有价值的收藏，金斯利先生的收藏全部是有关莎士比亚的，幸运的是，他在二十几年前就得到了四本莎士比亚戏剧的大开本，这是他藏品中最重要的一个部分。他还是老年人高尔夫协会的会长，这个协会每年都会举行一次锦标赛，吸引着来自全国各地的高手前来参加。他也是艾萨克·沃尔顿的热情支持者。他领导着"安全第一联合会"的组织工作,并成为这个联合会的会长。他是美国自然历史博物馆的终身成员。

他对待生活的态度促使他毫无保留地支持一种信条,这种信条用他自己的一首诗来表达就是:"快乐的心　是不知疲惫的心／忧伤的心　总拖着沉重的步伐。"在他生命的旅程中,他似乎总能把快乐带给周围的每一个人。

他的长子名叫沃尔顿·P. 金斯利,1910年毕业于他父亲的母校,现在也在保险行业中兢兢业业往上爬。他还有两个儿子,一个是小达尔文·P.,另一个是约翰·M.,两个人都在格罗顿读书。金斯利的第二任妻子是约翰·A. 麦考尔的女儿约瑟芬·I. 麦考尔,他们夫妻还有两个女儿。

据我观察,我发现几乎每一个成功人士都希望得到自己母校的荣誉学位,金斯利先生也不例外,他在44岁这一年得到了这份殊荣。

塞勒斯·H. 麦考密克

塞勒斯·H. 麦考密克，国际收割机公司总裁，不靠自家背景起家的商业绅士和发明家。

卡内基曾经对百万富翁的后代们表示过深切的遗憾和悲哀。他说，那些历尽艰难，一路摸爬滚打才有了今天的父母，对自己的后代呵护备至，生怕他们受到哪怕一点点的伤害。因此，那些养尊处优的阿斗们就这样被人供奉着、溺爱着，最后导致了他们能力极差，严重依赖别人，无法独立，无法靠自己的能力在这个世界上找到自己的立足之地。

"做一个有钱人的儿子可真难。"这是前两天，美国一位最大的金融家之嗣发出的由衷感慨。"如果你一味地追求运动或娱乐，那么你将一事无成。人们会这样说：'有钱人的少爷还不就是这个样子。'如果你认真对待学习，然后认真对待自己的工作，勤于做事，勤于思考，最终在一些重要的事情上获得了成功，那也没什么值得称赞的，人们又会这样说：'难怪他会成功，看他的条件多好，他有那么多优势。'这无疑又是另一种形式的谴责。"

这些话其实都有道理。许多百万富翁的确是养着酒囊饭袋,那些温室里长大的公子哥们消费巨大却创造不出任何价值,可以说生命毫无意义。还有一些百万富翁,他们并不是追求享乐的摆设,而是强壮、自立、自律、训练有素的年轻人。从小到大,父母就反复告诉他们,要充分合理利用自己的天赋和家庭条件,在这个世界上赢得一席之地。

"我希望自己的儿子知道如何忍受艰苦。"这是塞勒斯·H.麦考密克聪明、有能力的母亲为他立下的规则。塞勒斯·H.麦考密克是国际收割机公司的现任总裁,该公司的工厂、产品以及子公司的名声要远远大于广告做得更多的福特汽车公司。

让我讲述一下塞勒斯·H.麦考密克是如何赚到第一笔钱的,从中我们可以对他的成长环境略知一二。22吨煤被卸在了距离麦考密克家储藏室100码的路边,这些煤炭需要用手推车一车一车运到煤池旁,再倒入煤池里。12岁的小塞勒斯自告奋勇要完成这项工作,条件是得到妈妈的允许,并按当时的正常价格每吨付给他5美分。妈妈当然很乐意,于是,连续几天来,这个尚在读书的小少年不停地装啊、推啊、倒啊,一直到这22吨煤炭的最后一磅被储存到煤池里。他感觉自己的脊梁几乎像要断了似的,两只手上都是水泡,但是当这件工作完成后,他将这11美元放入了自己的存钱罐里,决心在最短的时间内攒够100美元。

但是结果却不怎么理想。

虽然他为家里还干一些其他的活,哪怕是几美分几美元的机会他都不会错过,但是攒够这100美元仍然整整花了3年的工夫。然后他把它们存到了储蓄银行。他已经实现了自己的第一个理财目标,通过自己的努力成为一个小小资本家,这份成就让他充满了满足感。

一个月后,他存钱的那家银行破产了!小塞勒斯·H.麦考密克辛辛苦苦赚来的钱就这样化为了乌有,他的心情简直比卡莱尔《法国革命》的手稿被女仆烧掉时还难过;比德·雷赛布修建巴拿马运河失败时更痛苦;比杰伊·库克失去百万家产时更懊恼。

不久前,他对我说:"这件事对我来说,简直就是致命的打击。我花了很长时间才理解了当时妈妈安慰我时所说的话,这番话让我明白了一种对待问题的态度:我在努力赚这笔钱时所得到的经验要比金钱本身更有价值。"他笑了笑补充道,"但是,我现在相信,妈妈的话是对的。"

为了完成有关他的这篇特写,我特地问了他在普林斯顿大学时的一个同学,也是从那时起到现在的至交,塞勒斯性格中最主要的特征是什么。

"他是'绅士约翰·哈利法克斯'的化身。他也是一则名人轶事的典型代表。"他回答道,"有一个新来的男仆,被派往火车站去接他尚未谋面的主人,于是这个仆人就问他的女主人怎样才能认出男主人来。女主人告诉他:'他个子高高的,你肯定能看到他正在帮助别人。'这正是塞勒斯·H.麦考密克,一个又高又壮总是在不停帮助别人的人。在上大学时,他就把将要继承的财富看作是一种责任、一种代管工作,这一切需要他负起更大的责任,而不是让他有什么特权或仅仅是享乐的机会。他继承下来的,是一份需要好好维持的名誉,是一个大型的企业。他必须去认真负责地管理这个巨大的企业,为了它的创建者,为了几千名靠他生活的工人,也为了全世界指望着他的农业机械的农民消费者。"

很少有下一代能够将继承下来的产业管理得更有价值。塞勒斯·H.麦考密克不仅作为一个商人、一个向全世界发达国家提供农业机械的公司负责人,充分实现了父母对他的期望,作为一个具有民主精神的公民,作为一个为雇员考虑的雇主,作为一个对自己的同胞有所帮助的人,他的成功同样也是令人瞩目的。如果所有的有钱人都像他这样的话,人们就不会对百万富翁们持有任何怀疑态度了。

说某某人民主似乎显得有些陈俗老套。塞勒斯·H.麦考密克的确是民主的,但有时他已经超越了民主。在1892年的哥伦比亚展览会上,当时推滚轴椅(roller chair)的人几乎寥寥无几,而麦考密克夫妇当时正带着一个朋友和他的母亲参观展会,看到滚椅时,麦考密克先生二话没说,就把他的妻子放到椅子上,推了起来,他的朋友见状,也把自己的母亲放上去,两个人就这样一直推了两个小时。其他人这样做很正常,可是像麦考密克先生这样一个富有的人，却过着简朴的生活、将自己放纵于廉价的娱乐形式中的人却为数不多。他没有快艇队，也没有良种马，他最喜爱的娱乐方式就是森林探险或是去某个遥远的小山村，在远离喧嚣的地方宿营于美丽的大自然怀抱中。他还喜欢在不知名的小溪中泛舟漂流，或伐木或劈柴，或干一些其他体力活，这些都是有益于身心健康，可以令紧张的大脑放松的最好的运动。

麦考密克先生认为："如果一个人不热爱自己所从事的工作，或者没有健康的身体都是无法努力工作并获得成功的。一个人如果只是坐在桌前没完没了工作，而不去进行适度的锻炼保持身体健康，那么他的工作也不会做得最好。对于一个疲惫的人来说，最佳的放松休息就是贴近大自然。在森林里探险宿营是我所知道的最有助于身心和精神发展的一件事。"

所以，塞勒斯·H.麦考密克自然而然就会是一个身体和精力都充满力量、一个勤奋不断、一个视野宽阔、一个富有同情心、一个格调高雅、一个很清楚自己在这个世界上需要承担什么责任的人。他的血统决定了这一切，而这一切优点加起来后的结果就是收割机的发明。他是19世纪仅有几个上帝赐予人类的最大礼物之一，是收割机的发明将饥荒彻底赶出了文明国家，让这些国家里即使最穷的人也能吃上面包。没有艰苦的付出，收割机不会诞生，没有奋斗和压力，没有辛劳和汗水，收割机也不会走向成熟。1832年，第一台收割机问世时，年轻的发明人塞勒斯·H.麦考密克一世并没有马上获得发明家的桂冠。没有人为他的这项发明而欢呼雀跃，这项具有划时代意义的发明也没有给他带来什么巨大财富。相反，他却因此尝尽了被人嘲笑、贫穷与艰难以及希望被摧毁、志向被摧残的滋味。但这一切他都挺过来了，他曾一度身无分文，但他从没失去过信心。他表现出了不可征服的勇气、坚韧不拔的意志力和无法遏制的乐观精神，他胜利了。实际上，他为这个世界上仅有的几个亲自成为生产商，并让自己的产品遍布全球从而获得巨大的财富的发明家树立了典范。

早在1809年出生的塞勒斯·H.麦考密克一世之前，他的父亲就曾经想尽办法尝试过发明一种能用来收割稻谷的机器。在弗吉尼亚州的蓝岭群山，这项发明的草图设计者罗伯特·麦考密克就在自己农场的工作室里为发明这种收割机努力了好多年。1831年，罗伯特·麦考密克从铁匠铺购了一台机器，前边拴了几匹马，打算用来收割一片麦田。但这次试验简直一败涂地，他从此放弃了这方面的探索。

然而，他的儿子可不是这样。他从另一个完全不同的角度重新开始了研究，采用了往复式收割刀片。几周后，他生产出了一台收割机，它具有现在人们所熟知的收割机基本原理。在第一次的尝试性使用中，它一下子就收割了6英亩燕麦。第二年的一次公开试验是在一个山丘上举行的，地面崎岖不平，所以这台机器在一开始并没有表现得很令人满意，只招来了人们的阵阵嘲笑声。正在这时，一位很优秀的邻居，当时的州议员来到了现场，他让人们将自己田地旁的篱笆推倒，让这台收割机在自己的这片庄稼地里演示，从而给了他们一次公平的机会。这一次，这台机器工作得平稳而成功。

在此之前，人们要依靠镰刀、长柄镰刀和打谷连枷最终才能吃到面包。那个时候人们没有犁地机、没有缝纫机、没有电报电话、没有照相机、没有邮票，更不用说是铁路。在弗吉尼亚的一个小山村里的原木工作室里，一台注定要将饥饿赶出这个世界的机械就这样被制造出来，它注定会将那些壮劳力从繁重的手工收割中解放出来，从而保全了北部几个州的联盟，更重要的是，它带领着西部地区走向了文明。同样重要的是，收割机的发明让人类从此告别了面朝黄土的历史，将美国由一个粮食进口国转变成为一个粮食出口国，每年能从国外买家口袋里掏出几亿美元。

但是这份成功却是来之不易的。他们整整花了9年时间才找到第一个购买收割机的客户！

从1831年到1840年的整整9年间，没有人肯投资购买一台机器，哪怕连50美元的广告费也没有人赞助。同时，这位年轻的发明家还得亲自从地下挖铁矿、炼铁，这样做无非也是为了省一些资金。1837年的大恐慌也毫不留情地将他卷入了破产旋涡，没有一个信贷员对他这种奇形怪状的机器感兴趣，也没有谁觉得它值得拥有。1840年他卖了两台机器后情况稍稍有所缓和，但1841年一整年都是一片空白。第二年一下子来了7个订单，接下来一年有29个订单，再接下来有50个订单。

但是，弗吉尼亚农场距离便利的交通运输实在太远，同样，距离中西部地区的大麦生产中心也很遥远。所以，1864年麦考密克37岁那年，他亲自出去对全国进行了一番考察，要为他的工厂选择一个理想的地点。最后，这个精明的商人在密歇根湖畔几个零散的村落之间定居下来，当时那里还没有通火车。那里没有一幢公共建筑，而且它还有一个奇怪的名字——芝加哥。在那里，他找到了一个合伙人，他愿意出2.5万美元作为一半的投资，然后大规模开始生产麦考密克收割机。他在中部地区设立了十几个业务代理处，并采取了一种当时还十分新奇的广告宣传手法——"不满意退款"。他主动让农民随意试用，如果对使用结果感到不满意的话，可以将机器再退回来，费用由卖方负担。

接下来他所面临的就是一些烦琐的事，令人头疼的竞争、几场要打的官司以及其他各种困惑与困难。但是，麦考密克仍然要抽出时间去制定更大的计划，去做更大的事情。1851年的伦敦世博会上，他设了一个参展摊位。收割机在这里的出现引起了伦敦那些严谨的记者们深刻的思考，在经过了实践性的检验后，伦敦《泰晤士报》收回了它先前的那些误会性措辞，并宣布："它值得前来参展"。

1871年的芝加哥大火吞没了整个麦考密克工厂，他们成为整个城市里损失最严重的人。那一年麦考密克已经是62岁了，并且已经有了几百万的资产。按照标准来衡量，他早就已经超过了自己的工作份额。他要退休吗？他把这个问题留给了自己的妻子来决定。

"立刻重建。"这是从他妻子那里得到的斩钉截铁的答复。

她所考虑的不仅仅是那么多工人的福利，而且还有另一个塞勒斯·H.麦考密克的前途与未来。那个时候，他刚好12岁。她不希望自己的孩子成为一个游手好闲的人，一个没用的装饰品。她是一个有头脑的、真诚的、吃苦耐劳的、有能力的女人，孜孜不倦地教导着自己的儿子要成为一个有用的、堂堂正正的公民。

我很幸运能够碰到一个塞勒斯儿时的玩伴，我从他嘴里得知，塞勒斯在很小的时候就对自己家的生意很关心，通常他会不停地向父母问这问那。其他的一些孩子都感到很奇怪，他哪来那么多的有关这个世界的知识。有时父母会呵责他，因为他们的讨论总会被塞勒斯的插嘴打断，但同时他们也隐约感觉到，这个孩子能对家里生意上的事务表示关注其实是一件好事。

麦考密克夫妇将自己的儿子送往芝加哥的公立学校读书正是他们的与众不同之处。麦考密克在谈起自己的读书时光时评价道："那是世界上最好的学校，比任何一所私立学校都好。班上的男生女生加起来一共65个，学习最好的几乎都是家里最穷的，所以要想保持自己的排名真是要付出很大的努力。"后来，他进入了普林斯顿大学，但是两年后他就被叫回来管理公司，因为他的父亲那时（1879年）已经70岁了。

"父亲教导我，我必须工作，必须自己想办法解决问题，不会有人给我优待，我必须投入自己的全部精力学会做生意的每一个阶段。"麦考密克先生告诉我，"父亲尤其告诫我，要想获得成功，必须要将持续的勤奋同明智的思考结合起来。他让我明白，在这个世界上并没有我可以继承的金钱或是高层的社会地位和荣耀，其他人也不例外。每个人都要靠自己的汗水和智慧开辟一条属于自己的道路，在商业界、在世界上得到自己的地位。"

"就在这样的情形和决策之下，我开始学着做生意。在教育下一代问题上，我和我的父亲都是相同的观点，我把这些策略也同样用在了我自己的下一代身上。我的一个儿子大学毕业后，就开始穿着工装裤在国际收割机公司堪萨斯州威奇托的分公司从基层开始做起，为他日后进入芝加哥总部做准备。我的另一个儿子在普林斯顿大学读书。"

1884年，收割机的发明者去世了，现在的这个塞勒斯·H.麦考密克成为全世界收割机械行业最大的公司——麦考密克收割机械公司的负责人。对于一个年仅25岁的人来说，这副担子的确是太过沉重。

"刚开始的时候，我真的是被公司的惯性推着在前进。"麦考密克先生谦逊地解释道，"多亏那些能干的、可靠的经理们在帮助打理整个公司，我才能慢慢找到感觉，变成一个真正的总裁。我承认有时候面对自己的责任，我有点束手无策，因为我们公司的业务实际上已经覆盖了全世界的范围。我们熟悉全世界每一个产麦区，我们在世界上许多地方有代理商，必须要对各地农业、商业和金融方面的状况有所了解。"

麦考密克的能力到底怎么样，这个问题在16年后的1902年已经得到了充分的证明。当年，国际收割机公司同J. P. 摩根公司合并后，他被选为该公司的总裁。

关于这次兼并到底是如何实现的，请允许我在这里讲述一下事实真相。因为这件事情是美国工业史上最有传奇色彩的一段插曲，所以已经有太多的故事版本被印成了铅字。

在塞勒斯·H. 麦考密克的领导下，麦考密克收割机公司多年来虽然一直在同竞争对手做殊死的斗争，但其业务仍然得到了快速扩张。有一天，麦考密克先生来到了纽约摩根公司，希望能够再筹到一部分资金来满足不断扩大的业务需求。当时的摩根合伙人乔治·W. 珀金斯立刻就嗅到了机会的味道，就这个问题同麦考密克展开了讨论："为什么不成立一个大的、资本比现有任何公司都雄厚的新公司呢？"几年前，珀金斯先生曾经积极参与了资产为几十个亿的钢铁公司重组，这次他又看到了同样的希望。于是，他马上同全球最大的收割机生产商开始谈判，要组建一个巨型公司。谈判过程很艰难，双方都需要摈弃竞争和猜忌的态度才有可能实现真正的联合。最后摩根公司将麦考密克收割机公司全部买了下来，再由他们组建一个新公司，所有的资金和行政人员任命问题全部都交给摩根公司来全权处理。并没有明确规定谁会是在哪个职位上，摩根公司作为唯一的股东，有权做出任何决定。

他们选择塞勒斯·H. 麦考密克为总裁完全是出于他是最适合的人

选。他有健壮的体魄和积极的思想，对工作有极大的热情，在他的管理下，公司成为行业的领头羊，他年轻、有朝气、有企业家精神、目光长远而且获得了国内外农场主的一致信任。

麦考密克先生这个管理人员并非徒有虚名，不是用来摆样子的。在国际公司成立后的几年来，查尔斯·迪林作为董事长为他分担了一部分职责，但是在后来的6年中，一直是麦考密克独自担当着公司行政事务的管理。他将大量的时间花在了欧洲各国，尤其是在俄罗斯，为公司的产品开辟市场。他还被美国政府选为"扎根俄罗斯委员会"的成员，在那里，人们一提到这个委员会就会想到麦考密克先生。

在这里我还忍不住想要说一件让麦考密克的名字上了公告牌的一个小插曲。父亲委托他带着一台捆扎机乘船去英国伦敦参加由皇家农业协会举办的一次展会，当时，捆扎机还是个新奇玩意儿。途中，负责运输捆扎机的那条船碰巧失事了，这台机器就在海水里连续浸泡了好几周。后来，总算是在展会开始前被打捞了上来，麦考密克带着它匆匆赶往会场做现场测试。其他出场的机器都被油漆刷得锃亮，由最好的马匹拉着。年轻的麦考密克打定主意要推出他这台锈迹斑驳的、看起来破旧不堪的、就连一丁点油漆都没刷过的机器，而且，就用了两匹看起来很没面子的老马作为这台机器的动力。他的出场惹得全场的观众一阵哄笑，人群里不时发出夹杂着议论的嘲笑声。那些一尘不染、瓦亮瓦亮的机器在一匹匹精心挑选的马儿的陪伴下，多多少少都表现出了令人满意的地方。此时，可怜的麦考密克正排队等候着自己的出场，其他人也在等着，只不过他们是在等着看笑话。那就等着瞧吧！"咔哒、咔哒"捆扎机的往复刀片在两匹其貌不扬的马儿拉动下，发出了有规律的声音，半分钟后，人们的嘲笑声就变成了一片赞叹声，因为没有一台外表华丽的参展机器能够像这台从海水里幸免于难的、外表奇特的新发明这样，又快又整齐地将稻谷收割并捆扎好。展会最后宣布这台机器获胜。

收割机公司的产品并不仅仅是收割机和捆扎机，它同时生产30多种农业生产机械。1831年发明收割机之后，紧接着在19世纪70年代又发明了铁丝捆扎机、多股捆扎机。最近,他们新发明了一种稻谷垛码机,现在,亟待解决的问题就是要用拖拉机取代马匹来做捆扎机、犁地机和其他一些农业设备的动力,使之能适应大规模先进农场的需要。

下列数字给出了国际收割机公司的产品范围和产量:

收割机(谷类、杂草、玉米)	975 000 台
耕地播种机	525 000 台
发动机、拖拉机、卡车	105 000 台
小型货车和施肥机	90 000 台
奶油分离器	35 000 台
灰铁铸造	45 000 000 件
铁器锻造	75 000 000 件
链条锻造连接件	75 000 000 件
螺栓	95 000 000 个
螺母	150 000 000 个
双股绳	125 000 吨
所有工厂的运输车辆(1916年)	60 054 辆
木材需求量(1916年)装载量	120 000 000 英尺
钢铁需求量(1916年)	267 000 吨

尽管国际收割机公司的这些统计数字令人叹为观止,但全世界仍然有40%的谷物是靠手工收割而不是使用收割机械,塞勒斯·麦考密克本人和他的公司正在不遗余力地改变这一切。美国农业机械在全世界尚未打开的最大市场是俄罗斯,在那里,几百万英亩的农场仍然不知收割机为何物,仍然在使用镰刀和长柄镰。

"如果此次革命能够获得预期的成功,俄罗斯潜在的巨大的资源将得到空前的快速发展。俄罗斯的潜在力量、它领土的巨大以及它的各种可能性都留给我深刻的印象,世界上没有其他国家能留给我这种印象。"这是麦考密克先生在被威尔逊总统选为俄国特使前,回答我提出的问题时所说的话。

尽管他公务繁忙，但麦考密克先生总能抽出时间来做一个正常人类。有一件事让我印象深刻，我写了这么多人，没有一个人能像麦考密克先生那样得到朋友们发自内心的赞扬。

"他绝对是我认识的所有人中最好的一个。"美国一个同许多社会上层人物都有交往的杰出人士这样评价道，"他总是在不停地想：'什么是正确的？我的责任是什么？我应该做什么？'作为一个商人，他的成功是众所周知的，但是除了他自己几乎谁也不知道他帮助了多少值得帮助的人，做了多少值得去做的事情。他继承了父辈传下来的卡尔文精神，却没有随后而来的卡尔文和诺克斯主义者身上那种严肃到几乎是严酷的特征。他一直以来都以一种高尚的、谨慎的、慷慨的方式对待雇员，据我所知，他有一个个人慈善组织，进行各种个人捐助活动。他同专门培养牧师的麦考密克神学院也有着密切的联系，他一直很关注普林斯顿大学，而且还是普林斯顿大学理事会的成员、赞助者。他的小女儿不幸于12岁时夭折，为了纪念她而建立的伊丽莎白·麦考密克基金会致力于美国儿童福利事业，为无数弱势和残疾儿童建起了一所所露天学校，为他们提供受教育机会，这件事的重要性不言而喻。他还为基督教青年会慷慨捐助，并且亲自解囊来帮助那些遭遇到巨大不幸的人，我个人在这里就能列举出一个又一个的例子。"

收割机公司使超过两万名员工参与了利润共享计划，并为年老的和伤残的工人提供了养老金和抚恤金；公司自备了设备精良的医疗设施和医疗服务，专门治疗肺结核病人；公司组织了雇员互利互助协会，无微不至地关怀着每一个雇员，确保给他们最大程度的舒适和安全。

在麦考密克先生的激励下，国际收割机公司已经在教育美国农民方面花了数百万美元。通过给他们上课、为他们做示范以及其他一些方法，提高和扩展农民的耕作方式，让他们成为更有能力、更成功的庄稼人。最后产生的结果大大超出了预期的满意度。这是一项从大的方面着想、富有爱国主义性质的工作，虽然它不可能给公司带来立竿见影的经济利益，但是，它会令农业利润更高、更有投资吸引力，因而最终将会扩大对农业机械的需求量。同样,这次普及教育对遏制不断上涨的食品价格也起到了很大的作用。

在麦考密克先生的慈善工作背后,是麦考密克夫人的热情支持。在各种公众和社会福利战线上,我们也能看到麦考密克夫人积极的身影。她是妇女选举权的积极支持者,但是她绝不支持带有军事性质的妇女选举运动。麦考密克夫人尤其在儿童福利事业中投入了相当多的个人精力和财力。

很少有美国家庭能受到比麦考密克家族更多的来自人民的报答。

J. P. 摩根

J. P. 摩根,金融家、银行家,曾垄断了世界的公司金融及工业并购。《华尔街日报》曾这样评价他:"上帝在公元前4004年创造了这个世界,J. P. 摩根在1901年重新组织了这个世界。"

"J. P. 摩根到底是个什么样的人呢?"这是一个经常被人们问起,却很少能得到全面答复的问题。所以,我在这里不会写一篇有关摩根先生职业生涯的报道,我会尝试着分析一下他的个性,为大家呈上针对他的个性特征做出的探究,去洞悉他的思想,去剖析他的理念。虽然在给出这个具有国际影响的人物一个尽可能真实的写照时,我能够保证在下笔之时不受某些人偏见的左右,也能够抛开采访对象本人的援助、建议或意见,但是,我并不觉得此番将摩根作为一个单纯意义上的人,或者是作为金融家所做出的推论是毫无依据的,因为近十年来,周围发生的一切迫使我不得不关注他的行为、挖掘他的动机并且不断地向他的朋友或同事提出一些问题。

如果摩根先生真有那么神的话,不管那些评价是好的也好,坏的也罢，他早就禁止人们对他做出只言片语的评价了。然而不幸的是，并没有谁来强迫过我服从他的意志，依着他的心思，我可以自由地忠于自己的知识，在出版商（或出版界）的允许下写下我所了解到的一切。

那么就让我们从几个问题开始吧，尤其是和这位美国历史上最伟大的金融家后代有关的几个问题，这些问题总是被人们频频问起。

杰克·摩根会是第二个 J. P. 吗？

不，不会的。

他是一个有能力的人吗？

能力当然有，但是，出类拔萃的能力没有。

他是否一心想要接过父亲手中的权杖，坐在父亲已经安放在那里的宝座上，统治整个金融界？

J. P. 摩根二代并没有想要成为一个决定性人物，也没有统治整个金融王国的野心，因为他不具有拿破仑式的意志和品质。他对权力没有欲望却总是因此而感到不安。他并非 J. P. 摩根公司在重大决策中的举足轻重的人物，他心甘情愿将公司的最重要的事物交给自己信得过的同事，尤其是亨利·P. 戴维森去处理，自己觉得这样可以高枕无忧。他宁愿过着正常、平静的生活，因为在他看来任何荣华富贵都不能用家庭幸福去换取，他不允许自己成为一个赚钱的工具，他只是一个人、一个丈夫和父亲。他既不会为捍卫公司的声誉，不让它受到一点点损失而疯狂，也不会为再去赚几百万而拼命。

他的性格是怎样的呢？

在美国的所有要人中，他是最不具手腕的一个。他只不过是一个家族世袭的产物而已，一个名副其实的波旁（贵族）后代。在他看来，对自己一贯的做事方式稍做调整，去缓和一下公众对他的看法是一件有失尊严的事情，他会视之为软弱和可鄙的反常行为，即使是这样做可以让公众了解到他做某些事情的动机，减少一些由他的行为所导致的成见。

他的一个同事和忠实的拥护者对我说："他理解公众，但在处理特权阶层和普通公众之间的关系问题上，却采用了一种不是你或我所能够理解的方式。"事实的确如此。在他父亲一生的大部分时间里，没有太过认真地对待那些可以左右一切的公众舆论，他对平民百姓的态度最终让他付出了无形的却十分巨大的代价。他的儿子似乎并没有从中吸取一些教训，小摩根应该和这世上任何一个人一样的谨慎，做每一件事必须诚实，免于受人背后指点，更何况他还是个名声显赫的人。但是很悲哀，他并没有意识到这一点，他认为首要重要的并不是去做正确的事情，而是以正确的方式去做事，然后，公众就会觉得这一切是正确的。

他严重缺乏治国之才，这样的例证不止一次发生在金融界的聚会上，尤其是重要成员和大公司出席的聚会上。因为摩根先生在公众的眼中代表着金融界的最高层人物，所以当他摆出一副傲慢的样子时，他那副"甩一个响指，一切都无所谓"的态度无疑对公众、对公众的情绪、对每个市民和投票者以及对我们的立法者都会造成不可估量的负面影响，他影响的不仅仅是整个金融界的形象，而且还影响了整个福利界的形象。他曾经在沃尔什工业关系委员会上就是这样表现的，这件事引起了很大的反响。他性格中这种傲慢的特质也许是他最让人遗憾的缺点。

摩根是一个盛气凌人的人吗？

不是。他对公众抱有这种很明显的居高临下的态度，是因为他对自己在金融界的地位存在着一定的误解。他没有将自己看作是金融界最举足轻重的人物，他没有认为自己有足够的力量可以公然藐视所有人、任何人，他也没有觉得自己可以超越一切批评或控制，他只是把自己看作一个私人银行家，做着一项巨大的、有价值的、有建设性的事情，能为发展国家资源带来好处，他诚实，不挑剔，对客户绝对公平，不去考虑其他人说什么，因为这根本就不关其他人的事。因此，在他的个性中，有一种将高贵和质朴融合在一起的东西。

他在不断进步中吗？

那是当然。肩上的责任已经令他明白了很多的事理，也许时间会教会他如何逐渐具备那些他现在嗤之以鼻的品质。在过去的三年中，发生了许多事情，这些事无一不让他学会运用判断力和智慧不失尊严地获得同僚们的善意；这些事情也让他明白了，如果用无视或轻蔑的态度对抗或激怒他们，就算不是愚蠢吧，也是目光短浅。如果 J. P. 摩根能够在公众面前表现得就如同他在友人面前那样，那么，他早已不必牺牲些许的自尊就能成为美国最受欢迎的金融家。他的一些熟人发现，他是一个宽容的、善良的、民主的、体谅人的、开朗的人，仁慈、可爱，是一个可以促膝长谈的对象。他没有有钱人的架子和傲慢，也没有自私和小心眼，绝没有干过卑劣猥琐、见不得人的勾当。

"对于我身后的杰克·摩根，我给予他和别人相同程度的信任。"这是 J. P. 摩根以一名杰出银行家而不是以摩根集团一员的身份，向全世界做出的响亮表态，"我知道，他有时会做出一些事情，这些事情他迟早会明白是不公平也是不公正的。但是，这一切与他有多少钱无关，财富并不重要，也与他有多大的声誉无关，但声誉很重要。他也许只是对事情没能完全正确地分析，最根本的原因是他的社会视野不十分开阔，这是由于他一直以来所处的环境造成的。他周围都是些有实力的金融家，或者是他自己的朋友，再或者是他父亲的朋友。在许多事情上，他都缺乏经验，但是他的生活却是他所知道的最高水准。"

据有些善于嘲讽的人说，1907 年发生了大恐慌之后，刚开始整个华尔街都觉得只剩下一个人可以信赖了，那个人就是 J. P. 摩根。但是后来许多事实都证明，摩根先生并不是美国银行家中最具有非凡才能的人，对待金融方面的事，他也不是最佳的决策者，他的分析和结论经常是错误的。那么，又是什么使他成为新世界的金融领袖呢？答案很简单也很确定，是他无懈可击的可信度，他与生俱来的公平待人和他从不利用别人的品质。现在，他的儿子继承了和他同样的美德。严格保持摩根家族声誉的使命是与他的生命紧密相连的，他不但不会让摩根家族的声誉有一丝一毫的落败，他还会将自己在金融界蒙上的灰尘全部擦干净。

人们在一些流言蜚语中传说，老摩根去世后，小摩根在刚接替父亲工作时，采取了一种命令式的态度对待其他金融界同行，他继承了父亲留给他的粗暴态度，他觉得自己有权像父亲那样对待别人。但是，他试图去呼来喝去的对象很快就让他明白，他们愿意同他合作，但绝不受他的压制，如果能在平等的基础上同他合作，他们会感到很愉快，但是如果他仍然幻想着自己能够对他们发号施令的话，他们就不会再和他打交道了。当然，这种传言言过其实，摩根先生的不擅长使用外交手腕倒有可能是让人们有这种印象的根本原因。

摩根先生于1913年继承的遗产并不全是美好的东西。最明显的事实就是，他自己正处于适应阶段。他草率卖掉了父亲收藏的一些重要艺术品，因而，都市艺术博物馆才能够增添一项专门的"摩根一角"。然而这件事却引起了内部圈子里的强烈不满，因为负责老摩根艺术品收藏的人从记者那里得知了此事，而不是从小摩根嘴里得知。小摩根为此而遭到了强烈的抨击。这件事情充分体现了摩根先生生来的不会办事。后来，纽约市为摩根先生这些价值连城的画作专门设立一个展室，但是这种处理方法并不代表公众对摩根之子持有赞同的态度。其实，他出售这些画作并不是出于一时的兴起，他的父亲在晚年时期大量收藏艺术品，这花去了他收入的相当一部分，保养这些艺术品也是一件花费巨大的事情。摩根的遗嘱向人们透露了一个信息：人们一直以来认为摩根拥有的钱多到无法想象是错误的。这些收藏和其他产业带给他的，更多的是责任而不是资产。老摩根留下来的可兑现财富相对而言比较少，他持有的股票总价值仅为1900万美元，除此之外，还有价值几百万的其他证券（平均价值）以及一些不值钱或者名义上的证券。当然，他所留下的现金也为数不多。

要想经营一个国际银行公司，需要有巨额的周转资金，可以坦言，小摩根需要钱来经营这个银行，来支付300万美元的遗产税，来处理各项遗嘱条文。所以说，他卖掉一些油画等艺术品多半是出于必要性而不是出于偶然性。尽管我知道报纸上对他父亲的一些评论已经引起了他心中不满的情绪，但是他性格中固有的那种随遇而安的特性让他容忍了这一切，关于他的种种做法，同胞们爱怎么想就怎么想吧。

最近发生的一件事进一步表明了这种逻辑关系。自从欧洲战争开战以来，J. P. 摩根公司作为盟军的财政代理机构，已经占据了独一无二的有利地位。顺便也说一句，摩根公司凭借它强大的实力出色地履行了这一任务。难怪库恩—利奥布公司的总裁，也就是摩根在私人国际银行业中最强劲的对手雅各布·亨利·希夫在"自由贷款"的演说中，将摩根公司描述成为"全美国为帮助民主党创造一个和平的世界做出过最多贡献的家庭"。这样一来，摩根就再不需要谨慎地数着自己口袋里的钱了，他最近在罗马美国学院宣布，他将取消学院欠他的贷款（他是他父亲的债权继承人），从而将这笔钱转化为他的捐助基金。最近，他还为哈特福德特里尼提大学慷慨捐赠。他的公司还申购了多达5亿美元的自由贷款债券，这也是一件值得一提的事情。这些行为恐怕比他出售那些名画更能说明问题。

我还想对另外一件事做出进一步的解释，这件事情同样引起了人们的广泛批评。也就是说，他在回答国会指派的沃尔什委员提出的问题时，为什么会持有一种轻蔑傲慢的态度。

其实是摄影机的出现令这位银行家失去了原有的平衡心态。

摩根先生和其他大部分人一样，把沃尔什看作是一个洋相出尽的江湖骗子，他带着平和的心情走入了审查室。他已经做好准备回答所有的法律规定的问题，并且只给出事实，但是如果必要的话，他会对一些直接关系到他的领域的事情陈述自己的观点。然而，他刚刚坐在证人席上，摄影机就开始在他周围发出"咔哒、咔哒"的声音。其中有一台摄影机的镜头就在他的眼前几英尺远，每当他开口讲话或眨眼时，这台机器就开始运转。

摩根被激怒了。他觉得自己是在被传唤，而不是在协助委员会的工作；把他放在公众面前，仅仅是为了帮助沃尔什制造轰动性新闻，为报纸的头版头条提供素材。所以，摩根忍不住吼叫了起来。他觉得委员会对他采取了一种不公正、不必要、让他有失尊严的态度，因此，他觉得自己也没有必要在这些与司法判决无关的事情上让步。

因此，当他被问到"你认为给一个码头工人每周 10 美元的工资适当吗"这样的问题时，正处在烦躁之中的他回答道："如果这是他唯一的收入来源，而且他也很愿意接受的话，我认为就足够了。"所以说，公众看到的并不是真正的摩根，而是一个因人格尊严受到侵犯从而被激怒了的普通公民。当然，到了后来 J. J. 希尔和查尔斯·米歇尔·施瓦布他们这些温文尔雅、心胸开阔的人就能够保持镇静，并尽量避免留给公众一个对社会福利和广大人民群众漠不关心的印象。但是，在这种情形之下，又有几个人能保持冷静和泰然呢？

摩根的态度至少应该算作人之常情，是可以理解的。

可以说 J. P. 摩根不知道畏惧为何物。在那段混乱的日子里，就连侦探们都很谨慎，但是人们仍然能够时不时地看到摩根先生出现在混乱拥挤的股票市场里，穿梭在人群里，或者在没有任何保镖陪同不做任何演示的情况下在华尔街上大摇大摆。有那么几次，只要是工作需要，他都会冒着遭到德国潜艇攻击的风险，一次次穿越大西洋。从某种意义上来说，他的这种无所畏惧精神，就是他无视公众对他在金融和工业领域的所作所为的看法的最根本原因。

当刺客携带着一把手枪潜入摩根长岛格兰卡佛的家时，他用自己的行动所表现出来的勇敢和骑士精神无人能及。在当时的情形之下，他不是首先自保，将自己先藏起来，而是唯恐这个丧心病狂的刺客会伤及自己的妻儿，他趁着刺客尚未举起枪，一跃而起，同刺客扭打在一起。尽管他受伤了，但是却最终制服了歹徒，阻止了一场谋杀。他和 H. C. 弗里克都经历过类似的情形，摩根从始至终保持着清醒的头脑，在整个过程中拼尽了自己的全力。

他不明白报纸上为何会对这件事大肆炒作，不亦乐乎。当拉迪亚德·基普林由于长期的疾病徘徊在生死之间时，新闻媒体基于他个人的名气在报纸上设立了有关他病情和治疗过程的新闻简报和专栏文章连载，但是，当基普林恢复神志，病情有所好转之后，却带着受伤的语气问道："有人打来过电话吗？"此时摩根的心情有点类似于此。

有一天，摩根先生离开家，正打算乘坐自己的游艇出游时，发生了一件事情。这件事情虽然不大，但却有很重要的意义，它让摩根先生第一次对自己的地位和个人权利做了一些考虑。当时，他和一名陪同正向游艇走去，却看到码头边上停泊着一艘小船，上面坐着个摄影师，很显然，这名摄影师在此恭候是来抢拍这位银行家的镜头的。摩根先生勃然大怒。他觉得一个摄影师也好，其他什么人也罢，随便进入自己的私人领地，擅自打搅到自己的生活，对他来讲不仅仅是一种侮辱，就算他是一个很普通的个人，这难道不是一种非法的对自由权的侵害吗？他完全有权利独自待在属于自己个人的财产里。他不是什么公众人物，也不是政治家，更不是被公众选举出来的公司领导。他只不过是一个普通的人，一个私人银行家而已。

当摄影师调好焦距对准摩根时，自然会遭到一顿训斥。同时，当摩根的陪同人员看到眼前发生的冲突可能会带来一些影响时，就对摩根先生解释道，这个摄影师也只是奉命执行老板派给他的任务，如果他不尽力完成自己的任务，他会丢掉自己的饭碗。

摩根先生上游艇时，帽子被风吹到了水里。摄影师将帽子捞起来，嘴里说着："给您的帽子。"双手将其奉上，并且称，虽然摩根先生拒绝让他拍照，但他还是个重友情的人。

几乎就在一瞬间，摩根先生脸上的阴云马上变成了灿烂的笑容。他看到了这件事情的另外一个层面，在他眼里，这位摄影师已经不再是一个带着侵犯性任务的擅闯者，而是一个为工资而努力的平常人。摩根立刻摆好姿势，而且不止一个姿势，让这位摄影师拍到他想要的照片。

所以，通过这件事你可以看出摩根的个性极具两面性——他无法容忍公众对他的好奇心和兴趣，但是，掀开事情的表面后，你会看到一颗宽容的心。

不止一件事可以充分说明摩根先生貌似冷漠的外表下藏着深深的人道精神与同情。是社会地位与阶层令他拥有这样的表象。前些日子，报纸上有一篇文章，报道了一个男孩进入摩根办公室行窃后被逮捕的事情。尽管摩根先生的正义感和做人原则绝不允许让这个触犯法律的小家伙就这样溜之大吉，但是，他仍然前往孩子的母亲那里，向她保证这个孩子此时正在另一个地方接受教育，人们会给他机会让他变好，并且向他保证，不会让她在经济上受到损失。他的一个朋友，熟知这件事情内情的人对我说："他对待那位母亲简直就像是自己的妹妹，可以说是仁至义尽了。"

摩根先生热爱自己的母亲，对她生活嘘寒问暖、无微不至的关怀以及对自己家人的爱是人们普遍知道的事情。对他的父亲，只有一个词可以形容，那就是"敬畏"。多年来，他都一直陪伴在父亲身边，陪他出席各种私人桥牌聚会，其中多半都是这位老银行家最亲密的朋友。再后来的10年间，他还一直陪着父亲出席各种重要的商业场合，会见当时重要的一些同党。

然而，当老摩根的衣钵传到小摩根手里时，公众对他的性格和能力还一无所知。这是因为杰克·摩根一直以来都小心翼翼地躲在后台。他对名誉看得很淡。他并没有打算将自己变成掌控摩根家族命运的唯一关键因素，即使是现在，摩根先生都尽可能地躲开镁光灯的照射。他的名字很少出现在哪一条规定之下，他推选戴维森先生或其他合作者代他出席所有重要的场合，发表一些演说或宣布一些重大的事情。

杰克·摩根一出世，血管里就已经流淌着银行家的血液了。他于1867年9月7日出生在纽约，那时候"摩根"已经是全球响当当的名字了。他的祖父朱尼厄斯·斯潘塞·摩根很早的时候就被人们称为"波士顿最好的商人"，被当时最早的世界银行家乔治·皮博迪选定作为合作人，于是，他来到了伦敦的皮博迪总部。10年后，皮博迪去世，他成立了J. S. 摩根公司，这位数学天才银行家很快就被人们看作是一位金融大腕。1870年，他向法国临时政府发放了5000万美元的贷款，当时的法国已四分五裂，法国的皇帝也已经成为德国人的阶下囚，这一举动让保守的欧洲吓了一大跳。朱尼厄斯·摩根大胆地组建了一个"联合企业"，对于那时候的英国本土人来说这还是个新鲜事。他用精湛的技巧大胆地做了一笔又一笔交易，仅仅用了18个月，就获取了几百万美元的利润。

与此同时，第二代摩根，约翰·皮尔旁特在纽约皮博迪事务所开始了他的职业生涯。他成为皮博迪的代表，后来组建了达布尼—摩根公司。1871年，他加入了费城实力强大的德雷克赛尔，公司改名为德雷克赛尔—摩根公司，当时的主要竞争对手是杰伊·库克公司。1873年，这个强盛一时的公司破产后，德雷克赛尔—摩根公司同罗斯柴尔德的代表奥古斯特·贝尔蒙特一道，成为为政府庞大的战争债务再融资的中坚力量，联合企业是重要的手段。在这项工作中，J. P. 摩根起到了举足轻重的作用，但是他最大的成就是后来修建了世界上最长的铁路，建起了世界上最大的工厂。

第三代摩根，杰克于1889年毕业于哈佛大学，获得了A. B. 学位。这个时候，他的父亲已经被公认为美国金融界的领袖。读大学时的杰克·摩根就已经表现出了许多典型的"摩根"性格。他身高6英尺，健壮，肌肉发达，他有自己的意愿，意志力很坚定，脾气有些暴躁，但却很快乐。他在一般情况下喜欢娱乐活动，智商平平。他的父亲不失时机地让他参与到金融管理中来。在德雷克赛尔—摩根纽约公司接受了父亲亲自对他实行的热身训练之后，杰克被派到了伦敦去开阔眼界，增长一些经验。杰克在1890年与简·诺顿·格鲁小姐结婚，他和他的妻子很快就适应了英国式的生活，在那里结交了很多朋友，从此迷恋上了英国的生活方式和习俗。在伦敦期间，他同时还密切关注着巴黎分公司的业务，年轻的摩根俨然已经是一个银行家了。他在伦敦一直待到1905年。实际上，早在此之前的1894年，他就已经成为J. P. 摩根公司的合伙人，此时公司的名称已经去掉了"德雷克赛尔"几个字。

令人感到不解的是，J. P. 摩根二世在他父亲去世后的18个月内，居然为他的英国和法国朋友做了一件重要的事情。他刚一上任就对合伙人宣布，在对其他银行机构和资源实施合并和集中方面，公司已经做得十分到位了，所以，摩根公司目前严格按照原有的规模进行常规的业务，他采取了保守策略。

但是，他注定会成为命运之子或幸运之子。德国的突然宣战，紧接着英国也卷入了冲突，给美国国内带来了极大的恐慌情绪。纽约市政府欠伦敦几百万美元的债务，而伦敦方面却坚持要以黄金作为偿还手段。美元对英镑的汇率暴涨到了 7 美元对 1 英镑，也就是说，平常只值 4.65 美元的英镑在 7 美元以下根本就买不着。事情一下子陷入了僵局。于是在 1907 年，全体金融界以及纽约市政府向科纳豪斯、摩根求助。当然，众所周知，到最后这场危机被成功化解了。

战争刚刚开始之际，几场败仗过后，盟军陷入了一片混乱，他们发现自己急需几百万美元的军需物资。不得已，盟军只得求助于 J. P. 摩根公司，也只有摩根公司才有这个实力对付这种情况。公司被指定为英国和法国的财政代理机构，负责代办这里所需的一切军需物资，酬劳是所有花费和支出 1% 的佣金。

在过去的 3 年中，没有哪个银行像 J. P. 摩根公司这样，能够成功完成这种异乎寻常的巨大业务。他们的业务范围已经不仅仅限定在银行业中，不仅仅是为欧洲筹集到了大约 15 亿的贷款，不仅仅是进口了 10 亿美元的黄金，不仅仅是为盟军销售了几千万或几个亿的美国战争债券，不仅仅是让汇率保持在合理的范围内，摩根先生所做的事已经完全超越了一个银行家的范围，他签订了价值 30 亿的商品购买合同，其采购范围已经超乎了人们的想象，寻找适当的企业来负责生产合格的军需物资，并给他们指派任务，为负责生产军需物资的企业提供资金援助，好让他们能够满足欧洲的 6 个正在生死线上挣扎的国家迫切的需求。

摩根公司所做的一切也许永远不会为人们所知。摩根先生曾经在没有任何抵押做保证的情况下，将 100 万美元贷给了军部，后来报纸上报道了这件事，他感到万分的懊悔。摩根公司在战争期间取得了历史性的成就，然而整个过程中，摩根先生并没有一直在袖手旁观。沉重的担子已经压在了他的肩膀上，以及 H. P. 戴维森、T. W. 拉蒙德、E. R. 斯特蒂纽斯的肩上。摩根先生将自己整个身心都投入到了这项工作中，因为他觉得只有这样做才能有助于保护人类文明，才能"帮助民主党建立一个安全的世界"。

我个人的看法是，摩根先生在治理公司上所花的时间不会像他的父亲那样多，用不了多久，他就会在这里或英格兰好好过上一阵子半悠闲状态的生活。除了经营银行外，他还有许多兴趣爱好，尤其喜欢和家人待在一起。如果人们得知他是一个虔诚的基督徒，并且常常引用《圣经》上的话语，可能会感到很意外。他还获得过莎士比亚奖学金。他喜欢阅读优秀的文学作品，他还是个热情的游艇爱好者，拥有数条快艇，是纽约游艇俱乐部的副会长。比起高尔夫球来，他更喜欢打网球。

顺便提一下，还有一件事是大家都不知道的，杰克·摩根长久以来都是"利润共享""雇员持有股票"以及其他一些能为每个子公司员工带来利益的计划的鼓励者。

某些媒体记者将摩根先生说成一个巧取豪夺、贪得无厌、没有原则的资本家，不顾及他人的利益，只专注于扩张自己的财力势力，这其实是大错特错。人们之所以会有这样的说法，很大程度上要怪他自己。他完全可以稍稍向约翰·戴维森·洛克菲勒学习一下，在对待公众的问题上也可以去掉一些"我不在乎"的态度。毕竟，不论贫富与贵贱，我们每个人都是人类大家族中的兄弟姐妹。

附：这里我还要补充一点，另外一个摩根正在打造中。他就是朱尼尔斯·斯潘塞，一个哈佛毕业生，正在从父亲的公司里学习生意技巧。但是，威尔逊总统刚一宣战，他就参加了海军。在此之前，他每晚都前来参与地铁的修建计划，嘴里叼着一根普通的雪茄烟，胳膊下面或许还夹着一个廉价公文包，就是那种连每周只赚10美元的银行小职员都觉得不体面的公文包。他很谦虚，办公室里的其他人都把他当作是他们中的一员。

摩根先生有两个女儿，一个是简·诺顿，另外一个是弗朗斯·特蕾西，她们都在最近结婚了。他还有一个儿子，名叫亨利·斯特吉斯·摩根。

美国人至少可以感觉到，我们最大的银行的掌门人是一个诚实的人。

威廉·H. 尼科尔斯

威廉·H. 尼科尔斯，美国最大的化学公司——通用化学公司的创建人，更是一位化学家。

现在美国已经意识到了国内化学物品生产的必要性了。然而早在50年前，就有一个美国人看到了化学工业中的机会和它的重要性，现在，他生产出的化学物品在数量上已经超过了世界上任何一个人。

从仅雇有一名助手的一个小企业开始，威廉·H. 尼科尔斯逐渐建立起一个在美国和加拿大经营着30多个化学工厂，雇有几万名工人的大型公司。通用化学公司的资产为5000万美元，每年的利润为几百万美元，它为股东配送高比例的分红，每年出口创汇几百万美元。

当威廉·H. 尼科尔斯介入化学科学生产领域时，美国仅有几个相对较小的化学公司，这些公司的经营者大多数对化学科学和技术一无所知，当时流行的做法是凭经验、估计差不多就行了。作为一个年轻人，尼科尔斯是如何学习化学并进入化学工业领域的，是一件很值得记载并供他人学习的素材。

尼科尔斯告诉我:"每个正处在成型阶段的年轻人都应该严肃认真地考虑一下,他到底想要成为一个怎样的人,或者打算做什么事。当我还没有进入大学,仍然是个孩子时,就已经仔细对这个问题做过了全面的考虑,我需要看清楚哪个行业会提供最大的发展机会。我发现,在化学行业中没什么人真正接受过系统全面的教育,也没有什么人在大学里获得过科学的训练。我总结了一下,如果我在大学里勤奋认真地学习理科,那么我至少有机会可以获得较大的成功。所以,我在约翰·W.德雷珀博士以及他两个儿子的指导下进入了纽约大学。那个时候,理科生没有几个能被其他学科的学生看得起的,理科被人们看作是低等级的学科。

"我充满了热忱,虽然我还很年轻,但我知道,生命只有一次,我要尽可能地让它活得有价值。任何放弃或忽略了适当教育机会的年轻人都是傻瓜。

"1870年我毕业后,我很快就自己开了一家公司。但是由于当时我还没有达到法定年龄,所以我无法使用自己的名字。当时,我只有18岁刚出头,我和一个名叫沃尔特的人一起成立了沃尔特—尼科尔斯公司。21岁之前,我都是利用父亲的名字来办理一些手续,21岁后,沃尔特—尼科尔斯公司的所有权恢复到了我的名下。当工厂中需要更多的人手帮忙时,我只好停下实验室的工作来帮助材料的生产,通常是酸。

"沃尔特在一次事故中的突然丧生打乱了我的全盘计划。因为先前所有的办公和业务部分都由他来负责,我只负责科学研究方面。严格来讲,在处理业务问题方面,我没有一点实践经验。我努力想要独自担当这一切,早晨很早就起来干完工厂的活,下午再去完成实验室里的工作。然后,再从我们的工厂所在地,克里克的纽顿乘马车赶往纽约去寻找客户、处理一些其他事情,最后在一天的工作完成后再返回来处理一些办公室的问题。

"然而我很快就明白,光靠我一个人是做不成什么事的,于是我就以当时的天价2000美元聘请了现在的知名人物 J. B. F. 赫尔肖夫博士来负责我的工厂。那时我们主要生产硫酸、氯酸、硝酸和锡晶体。我的竞争对手，也就是当时那些经验老手们都认为我雇用像赫尔肖夫这样的化学家简直是疯掉了。但是我深知正确的教育和科学知识的价值所在。在我个人生活的开支上我绝不会花掉2000美元。我将每一分钱都投入到了工作上，而不是去购买昂贵的衣服或其他奢侈品。我的父亲还借给我一部分钱让我能够扩大自己的业务。当一切步入正轨后，我却突然第二次陷入了困境。

"有关硫酸的价格，在这一行中一直有一个君子协定。然而，其他的商家在没有任何征兆的情况下全部都降低了价格，抢走了所有的订单和合同，就连一个客户也没给我留下。这次打击无异于晴天霹雳，给了我一次重创。"

"但是没过多久，发生了一件奇怪的事情，我们的硫酸全部销售一空。"尼科尔斯停顿了下来，用热切的目光看着我，然后反问我，"成功的秘密到底是什么？这个问题常被人问起。

"回顾我的生命历程，现在我可以十分清楚地回答，成功当中包含两三点至关重要的东西。成功是因为履行了诚实的原则，只做那些简单正确的事情，在任何情况下都不能偏离公正和正直的基准。

"我经历过和观察到的事情让我更加确信，人根本就没必要太过精明。实际上那些利用竞争对手、利用客户、利用公众的手段永远不会带来坚实的、长久的和有价值的成功。黄金规则在生意场上和在教堂中同样有应用价值。

"如果一个年轻人愿意勤奋学习，认真思考，时刻留意周围的机会，充分利用自己不断努力发展起来的预见力，同时在做每一件事情时严格奉行诚实谨慎，那么他是不会失败的。"

我问："你要告诉我的关于硫酸的事情到底是什么？"

尼科尔斯说："当我开始做硫酸时，我发现市场上出售的硫酸虽然标签上为66度，但实际上酸性都达不到这个强度，一般只有65度。我将自己的硫酸做成66度，然后相应地在标签上也标明这个数字。可是没过几天,就有几个竞争对手找上门来,对我说:'你是在自己捉弄自己。你不过就是个年轻人,刚来到这一行不久,所以才会浪费不必要的钱去生产66度的硫酸,实际上65度的硫酸就完全可以了。'我告诉他们,如果我做的是65度硫酸,我一定会在包装上标明65度,如果我在包装上写上66度,那我的硫酸也一定要做到66度。最后,他们很不满意,愤愤不平地走了。

"大约到了这个时候,人们已经发现了石油精炼的工艺过程,硫酸的订单雪片般飞向我们,我们的硫酸供不应求。可奇怪的是,虽然我们忙得不可开交,竞争对手却一张订单也没有。当然他们会去调查原因,最后他们发现,从事石油精炼的客户已经发现,65度的硫酸酸性不够强,所以无法将石油精炼,而66度的硫酸则符合要求。"

很难想象,这个世界上如果没有电解铜会是什么样子。更重要的是,电解过程的发现能够使冶金公司省下价值几百万美元的黄金或白银,在先前的熔炼和精炼过程中,这些金和银就这样白白扔掉了。又有多少人知道电解过程是怎样诞生的?

让威廉·H.尼科尔斯来为我们讲述这个故事吧。

"有一天,我坐在办公室里,这时有一个名叫戴维斯的人进来了,他拿着一块矿石让我为他检验一下。我以前研究过冶金学,所以我认为它是一块亚硫酸铁,里面还含有硫化铜。他问我:'有兴趣吗?'我回答:'是的。'他马上又说:'谢天谢地!我已经问遍了其他每一家化学工厂,可没有一家对它感兴趣。'后来我们买下了他的那座位于加拿大边境上卡普莱顿的矿井,并把注意力转移到了开发利用我们的另一种产品——铜渣上面。赫尔肖夫博士发明了一种能够将铜矿熔炼成冰铜的水套炉,整个工艺过程十分成功。于是我们去了英格兰和威尔士,那里有很多人已经开始从事铜的精炼,所以我们想知道能否将这种新型熔炉引进斯旺西。结果,我们被他们嘲笑了一番。他们说,我们这些炼铜只炼了一年的人竟然异想天开能够比他们这些有200年经验的人还干得好。今天,我们一个月生产的铜就超过了斯旺西一年的产量。"

"那个时候，炼铜行业不懂得如何正确分析铜的成分，许多实验室都为之殚精竭虑。因为我们当时也对铜业感兴趣，所以也进行了这方面的投入。多亏了赫尔肖夫先生我们才能开发出现在每个人都很熟悉的电解过程，它不仅能算出冰铜或其他物质的确切数量，而且还省去了过去需要的大量金和银，这样一来，在铜的产量大大提高之后，电业才能向前迈出一大步。"

在尼科尔斯博士和他的同事们的共同努力下，铜矿行业和化学行业都产生了巨大的进步。他们那种具有革命性的冶金、精炼、金属分析流程，让现有的矿井形成了一些习惯做法，因而，他们也成为成品销售市场上的主导力量。

尼科尔斯集团以一种奇特的方式进入了精炼铜领域。先前，他们只是把铜矿处理成冰铜的形式，他们满足于此，并不打算在这里继续向前发展，进入熔炼部分。然而令人感到不可思议的是，尼科尔斯职业生涯中这样意义重大的一步竟然也是拒绝同不公正、不明智的做法同流合污的产物。

一天，纽约一个非常有影响力的大人物把尼科尔斯先生叫到市中心的一个俱乐部，郑重其事地告诉他："你的铜价格卖得太低了。"尼科尔斯回答说，这样的价格很令他满意。"你的售价和别人的售价不一样。"这位大人物称。又经过了一番谈判后，他下了最后通牒："看来我得专门告诉你，对于铜的价格，我们有一个统一行情，要么你就按照规矩来，要么，就别怪我不客气，我不会再为你精炼一磅铜。"

这位绅士低估了威廉·H.尼科尔斯的能力和性格，他回答道："你有权告知我，你不再为我精炼冰铜，但你无权告诉我，我的铜应该卖什么价格。我不会再让你为我精炼一磅的冰铜。"

尼科尔斯朝新安装的电话走去，给赫尔肖夫打了个电话，告诉他去办公室一下，顺便在路上考虑一下建一个小精炼铜厂的计划。还没等天黑，他们就设计出了一套精炼铜的方案，这套方案一直沿用至今。

就这样，这段谈话促成了尼科尔斯紫铜精炼公司的诞生，现在，这个公司每年铜的产量为5亿磅。

我问:"这么说来,你不赞同那位绅士所说的'固定价格'协定?"

"是的。我刚刚进入这行做生意时,就吃过这种价格协定的亏,就算是没有反对这种做法的法律,谁也休想把我拖入任何形式的价格协定中来。我认为这样的协定一点都不明智。让人们用自己的头脑、用自己的智慧和判断力按照自己的方式做生意,这样对每个人都有好处。这样做对公众也有好处。"

尼科尔斯在紫铜精炼方面发展十分迅速,到最后已经超越了原来的化学公司,因为他的化学公司在老一套的框架下,已经失去了前进的动力。但是尼科尔斯先生在内心深处依旧还是个化学家和科学家,所以,他在千岛自己的别墅里休闲度假之时酝酿了一套计划,它可以让尼科尔斯在自己少年时代就选择在好的领域里尽情施展。

尼科尔斯通用化学公司就是在那个时候构想出来的,同时在计划中的还有尼科尔斯铜业公司。两个公司分开以后,各自建立管理机构,这样两个公司就都能得到更大的精力,产生更高的效率,生产规模也会更大,计划取得了突出的成效。

通用化学公司是国内外最大的化学公司,它的产品主要包括化工制品、焦硫酸、氯酸、硝酸,还有各种碱性物质,包括亚硫酸盐、亚硫酸氢盐、磷酸盐和大量的明矾。化学已经渗透到了各行各业中,构成了纺织业、丝绸业、造纸业、水过滤以及其他行业中不可或缺的一个部分。

尼科尔斯先生是美国第一个从事苯胺油生产的人。在他参观德国期间,看到那里的工厂大量生产煤焦油染料,他决定回国后自己也尝试一下。但是他的德国朋友却很肯定地告诉他,美国焦炭炉里的副产品根本无法利用,因为美国出产的煤炭和德国的煤炭种类不同。但尼科尔斯先生坚持不放弃,他建起了一个工厂,现在,这个工厂每年生产1000吨优质苯胺油。但是德国人价格降得很低,同他们竞争根本不可能。美国国会那时候还没有意识到德国这一着棋的精明之处和目的所在,德国人很清楚，没有苯胺油就无法生产出性能稳定的火药来。现在，各种不足之处均已得到弥补，美国现在生产的苯胺油完全可以自给自足，不但如此，美国还是苯胺油和其他煤炭副产品的出口商。

尼科尔斯先生对合作的力量深信不疑，但他不是和竞争对手合作，而是和工人们合作。他的许多工人都是跟了他一辈子的老工人，一些工人差不多跟了他40年。许多年前，他就成为一个同工人共享利润的先驱者。仅在1916年，他就拿出了150万美元作为工人们和员工们的补助和奖金。尼科尔斯先生对待工人的态度一直以来都是出于强烈的道义感和他对人类博爱的信仰，同时也有冷静而精明地为公司利益考虑的成分。当然，他的直接和间接经验也告诉他，慷慨慎重地对待工人是值得的。公司还专门挑选了一些人负责工人们的健康护理。

所有的提高工人生活状况的工作都由工人们自己来处理。他们为自己的协会制定规则和章程；管理自己的俱乐部；安排工人内部的垒球、足球和其他比赛；不同分厂之间的卫冕拳击赛、摔跤赛总是能激起人们最大的兴趣。为了更大的安全起见，公司不断发起健康积极的竞争精神宣传活动。公司每年还要将相当大的一部分钱作为奖励颁发给在最短的时间内检查出安全隐患的工厂。1917年，这笔奖金由加拿大的一个工厂获得，工人们把很大一部分钱捐给了国家战争缓解委员会。工厂还反复给工人们灌输爱国主义思想，在通用化学公司的每一个工厂，工人们每天早晨都要对着高高飘扬的星条旗敬礼。

他对待工人们的那份善良有一次竟令他陷入了尴尬的境地，让他深感耻辱。公司一个大客户的负责人来向尼科尔斯先生投诉，他说自己一直以来都遭到欺骗，硫酸罐里的硫酸总是缺斤短两。尼科尔斯先生无法相信他所说的话，但是去了客户的工厂之后，50罐硫酸当场过秤，结果每罐都少了10磅。他保证立刻去调查。

人们指给尼科尔斯先生一个爱尔兰人，他就是负责监督硫酸装罐的人。尼科尔斯对这个雇员十分信任。但是，向他询问这件事的时候，他却红着脸支支吾吾，最后，他竟然说了一句："尼科尔斯先生，厂里的工人们都喜欢你,我们都想帮助你。"

从这件事情上,我们完全能够看得出来,通用化学公司和尼科尔斯铜业公司到底是怎样对待工人的。

有许多美国人在国外的知名度要远远大于国内知名度。这些人才是真正有成就的人,是在国际上举足轻重的人,但他们却不是沽名钓誉、大肆炫耀的人。尼科尔斯先生就是这样的一个人。我最近读到的一份法国报纸上称他为"世界知名的科学家和化学家"。还不止这些。皇室、各大科学和化学机构以及大学都争相授予他荣誉称号。1912年,他被世界上最大的化学协会——国际应用化学联合会选为会长,同时大英帝国化学工业协会也授予他类似的荣誉。他还是美国化学协会的创始成员,现在这个协会仅在纽约就有9000个成员。然而成立之时,这个协会只有50个成员,这50人中现在仅有2人在世。伊曼纽尔国王授予他意大利最高级别军衔,也仅有一两个美国人曾得到过这样的殊荣。他是拉菲特大学的荣誉法学博士学位,以及哥伦比亚大学的荣誉理科博士。

和其他许多企业界领导不一样的是,尼科尔斯博士将许多时间用于教堂和学校建设服务上。作为布鲁克林克林顿大道国教教堂理事会会长以及国教附属协会会长,他对推动宗教和慈善的发展做出了不可估量的贡献。1852年1月9日,尼科尔斯出生于纽约布鲁克林,1868年毕业于布鲁克林理工专科学院。这所学院之所以今天能够繁荣发展,他从中起到了比别人更大的作用。他刚成为这个学校的主席时,它还是个小小的、没有活力、垂死挣扎的机构,然而,今天它却成为一个自主经营、拥有800到900名学生的学校,而且该校正准备进一步扩大规模。

尼科尔斯先生生来就具有健康的体格,这种优点来自他的血统。他的祖先是日耳曼族,然后移居到了英国,最后来到了美国。他的母亲是基督教贵格会教徒,父亲是一个成功的商人,有很高的社会地位,他良好的家庭环境为他提供了完整的教育机会。离开布鲁克林理工专科学院后,他进入了当时还是半军事基地的康奈尔大学。年轻的尼科尔斯很快就在学生中占据了领头位置,但却由于非法欺侮新生而麻烦缠身。

校方愿为他提供豁免权,但条件是他必须说出其他参与成员的名字。这个建议让他感到愤慨和不屑。当然最后的结局是以他被学校开除而告终,但是他所乘坐的火车却因全校的学生排队等候和他握手而迟迟无法开动。

1873年,尼科尔斯博士同汉娜·W. 本赛尔小姐结婚,他们有一个女儿,现住在伦敦,身份是M. O. 福斯特太太。他们的两个儿子在工业界也有所建树,其中一个叫小威廉·H. 尼科尔斯,是通用化学公司的总裁(他的父亲是董事长),C. 沃尔特·尼科尔斯是尼科尔斯铜业公司的总裁。两个人在管理员工和经营公司方面都表现出了父亲遗传给他们的卓越品质。

约翰·H. 帕特森

约翰·H. 帕特森,实业家,著名 NCR 公司的创办人。收银机的发明制造者,视员工为家人的企业总裁。

约翰·H. 帕特森将自己的一生都奉献给了收银机的制造和工人的幸福,是他发明了一种类似收银机的东西,是他让工人们在工作中能够感受到幸福。

很少有百万富翁愿意像他这样,将自己很大一部分的利润花在雇员身上。许多人用几百万为自己建起一座宫殿,沉浸在名画古玩的包围中,或挥金如土地将大把钞票用在自己的休闲娱乐方面,他们除了自己,谁的利益也不管不顾。即使是那些颇为乐施好助的百万富翁们,也很少有人能首先为那些帮自己创造财富的人去着想。有的富翁热衷于建大厅,宣布为这个或那个机构捐款馈赠,神气活现地走在镁光灯下或者是去精心策划一些能博得公众好感的活动,而只有极少数的人只在自己工厂里做一些值得的事,并日复一日地将自己投入到改善工人、工匠、速记员以及其他一些平凡工人的生活中,相对而言,前者更引人注目。

约翰·H. 帕特森的选择是更为平凡的事业。他将自己的工厂和周边的环境建成一个美丽的地方，他为工作增添了愉悦，让人们在工作谋生的同时还能谋取到幸福。

位于俄亥俄州代顿的现金收银机车间就像是一座灯火辉煌的宫殿。工人们可以透过几千扇玻璃窗，在工作之时享受到美妙的景致。工厂每隔15分钟就通一次风，并设有几千个淋浴喷头，供工人们在工作时间随时使用。当然，厂里还有医生和受过良好训练的护理人员随时准备为工人提供服务，此外，工厂还设有免费的电子按摩器以及为女职工准备的多间休息室。为了避免街道上和电梯内上下班高峰时期的拥挤，也为了不让女工们随随便便地同男工们混杂在一起，女工们可以比男工人推迟半小时上班，也可以提前10分钟下班。每天上午10点钟和下午3点钟，女工们都有一次短暂的休息。宽敞的餐厅里提供收费午餐，有乐队为就餐者演奏轻快的音乐。

每天午休时间都会在一个配备有1250个座位的大厅里播放一部电影，或其他娱乐节目，那些自带午餐的人们可以坐在那里边吃边看电影、听音乐或同其他人简短交谈。男士有权吸烟。公司还安排那些有前途的年轻人在假期接受高中和大学教育。

帕特森先生的两座办公楼希尔斯和代尔斯都不是供他独自享用的，大楼所有的地方都是对雇员和公众开放的。整幢大楼既没有围墙也没有锁，不但如此，大楼附近还遍布着一个个精美古朴的营地，营地里设有各种设备供前来野餐聚会的人免费使用。这些设备包括烹饪器具、桌椅板凳，甚至还有面粉和用来烘蛋奶饼的烤模和蒸馏水。

这里还有高尔夫球场、网球场、垒球场以及其他运动和休闲设施，还有一个大的俱乐部大厅，在这里，每个周末晚上都可以举行一次舞会，平时每天晚上都可以举行音乐会、演讲和其他一些娱乐活动。城市里还有一个工人俱乐部，主要用于为冬季的大规模业余课程提供授课地点。

帕特森先生是一个崇尚阳光的人。他热爱大自然，非常热爱，所以，他希望周围的每个人也能享受到大自然的美好。只要有工人提出对工厂或其他地方有好处的建议,并且是可行的建议,该工人就能得到一定的奖励。多年来,工厂里一直都设有建议箱。

20年前,当他的工厂刚刚开工之时,他对待工人的态度曾被其他许多雇主看作是傻瓜、疯子、社会主义者和空想家。他们警告他,对工人太好只能带给他失望和灾难,但他却反过来认为,除非雇主能够真正为工人们考虑,否则迟早都会引发严重的问题。

他对待工人采取了一种合作的态度而不是胁迫的方式,这件事说起来还蛮有趣。

他刚开始时采取这种做法时,更多的时候是出于工厂的需要而不是出于自己的感情。最初他也按照同行的规则,和其他雇主一样,用最少的工资换取工人最多的工作。工人们也相应地付出最少的劳动来换取最多的工资。

我们首先来大致回顾一下这个重要的转折点到来之前,约翰·H. 帕特森收银机制造公司的业绩情况。

约翰·H. 帕特森生于1844年12月13日,在他出生前,这个世界上并没有收银机。他的祖先是苏格兰—爱尔兰人,第一个来到美洲大陆的是他的曾祖父。他的祖父建立了肯塔基州的列克星敦市,成为最初辛辛那提的三大地主之一,后来,在代顿附近的一个2000英亩的农场上定居下来,在美国独立战争期间他以殖民者的身份参战。约翰·亨利就出生于此,他就在自己当年出生的地方建起了现在的国际收银机公司。那时候,他只是个年仅8岁的孩子,可照样也得在农场里干活。他接受过良好的教育,先是在代顿学校读书,后来去了迈阿密大学和达特茅斯学院。1867年,他毕业于达特茅斯学院,并获得了文科学士学位。他先前参加过内战,虽然那个时候只是个年轻人。

农场里的活对这位文科学士来说,实在是缺乏吸引力,倒是经商对他诱惑最大,但他却别无选择。在迈阿密—伊利运河上收费是他能找到的最好的工作。在这里,他白班夜班都得上,没有周末也没有假期。但这种工作与经商无关,他想要做的是买和卖。他自己存了一部分钱,又想办法借了一些钱，在代顿开了一家零售店，做起了煤炭生意。后来，他同住在代顿80英里外杰克逊郡的弟弟弗兰克合伙，将生意重心渐渐从煤炭销售转移到了煤矿和铁矿石方面。

为了让自己的矿工能方便地购买到生活用品，帕特森兄弟和另外几个矿业公司一起开了一家商店，生意倒是很红火，可却没有利润。虽然所有的商品都有一定的利润空间，可到了第二年年终，账面上的收益仍然为零，一定有什么地方存在很大的漏洞。

帕特森先生的祖父曾是一位军人，也是一位民用工程师。他从祖父那里继承了一种价值取向，这种取向就是做事情一定要严肃认真、一丝不苟，容不得半点拖拉、错误和粗心。他一向也是这样要求自己的，所以，商店里不明原因的管理失误令他焦虑不安。他一定要扭转这个局面，杜绝这种现象。

帕特森先生听说代顿有一位商人发明了一种装置，能够将每次销售记录下来，他立刻打电话过去，要求订购两台。1879年，代顿一位名叫雅各布·里提的商人想出了现金收银机这种设备，然而，由于长时间的超负荷工作以及担心别人刺探到他业务的详细内容，所以这个商人精神出了点问题，现在正在去往欧洲疗养的路上。有一天，在一艘船的发动机房里，雅各布·里提看到了一种用来记录驱动杆旋转次数的装置。他立刻就想，为什么不能生产一种装置，好让它将放入收银柜的硬币统计出来呢？他匆匆回到家里，和他技术高超的机械师弟弟一起生产出了第一台收银机。

帕特森先生成为他的第一个客户。尽管这台机器看起来做工粗糙而笨重，但它却立刻让商店扭亏为盈了。帕特森先生的商业本能告诉他，这项新发明将会带来无限的商机。他告诉自己："能为我们商店带来好处的东西也一定能为全世界的商店带来好处。"于是，他第一时间去了代顿，做了详细透彻的市场调查，那个时候全镇虽然只有几台收银机，但他十分看好收银机的前景。1884年，他买下了里提的国际生产公司，将其更名为国际收银机公司。

然而，从种子发芽再到长成参天大树必定要经历一个漫长的过程。每到一个关头，总会碰到无数麻烦和障碍。组装新款收银机的工人需具备娴熟的技术和细致的工艺。所以，他一开始面临的是如何培训工人，紧接着就是如何留住工人的问题，那些专业性强的工人们很容易被别的公司挖走。工厂建在一个被代顿人叫作史莱德镇的地方，这是一个声誉不太好的地方，在代顿，凡是差不多的人都会从这个区域退避三舍。所以在收银机公司工作不会给人们带来太高的社会地位，说白了，社会地位稍高一点儿的年轻人，尤其是年轻女孩子都宁愿在环境更好一点儿的地方赚钱谋生。

约翰·H.帕特森要对这种令人不满的情况负一部分责任。那个时候，他只是个很普通的业主，既不比别人强，也不比别人差。他只关心工人们能为他带来什么，反之，工人们也用同样的方式对待他。糟糕的工作环境必然会产生差劲的产品。实际上，情形一度糟糕透顶，一年就有价值5万美元的产品因质量不合格而被退回工厂里。

后来，约翰·H.帕特森觉醒了。

他改变的不仅是自己的观点，还有自己的理念。逆境教会了他用人道的态度对待工人，如果你不为工人着想，工人们凭什么会为你着想？如果你不关心工人们的福利和利益，工人们为什么要关心你的利益呢？他应该采取新的策略。他将自己的办公地点设在了工厂的中心部位。

他心里打定这些新主意后，来到工厂里亲自视察情况。他看到一个女工在用一种很不科学的方法在搅拌着什么，他误认为那是胶水，可那位女工却告诉他，这不是胶水，是咖啡，是她前几天剩下的咖啡，她想重新调和一下再喝。

帕特森先生立刻找来经理，让他从明天起为全厂的女工每天提供上好的咖啡。接着，他又巡查了周围一切有待改正的地方。几天后，他仍然没有看到工厂里为工人提供咖啡，他找来了经理，结果经理说出了一大堆工厂不可以变成咖啡屋的理由。他命令经理在马路对面租一间房子专门为工人提供咖啡，但这件事仍然被一拖再拖。这一次，他向经理和他的助手下了最后通牒，如果不按照他说的执行改革，那么，他和助手将会被立刻解雇。

咖啡服务对女工的产量起到了立竿见影的效果。帕特森先生明白了一个道理，善待工人所花费的投资就好比是一笔存在银行里的现金。从那天起，帕特森在提高工人应有的待遇决策方面再没有犹豫过。一个又一个精心策划的革新被引进到工厂里，一套系统的、旨在提高职工素质和风气的方案被启用。

更精良的工艺和更好的产品质量带来的是更多的业务，年销售量从几千台提高到了几万台，工厂需要扩建。史莱德镇在帕特森先生的影响下已经在一定程度上提高了声望，但它仍然无法和纽波特和塔克西多相比。帕特森先生接下来买下了工厂周围的大量地产，决定投入时间和资金改变整个环境。

最重要的是，在设计工厂建筑的时候，他采用了当时美国最领先的方案，他的工厂同其他普通工厂在建筑形式上形成了鲜明的对比。他希望这座建筑包含一切能够想到的、有助于工人舒适度和安全性的设备。此外，他还想要建起几个大厅，作为工人们午休时的娱乐场所，也可以作为课堂教室，或作为讲解收银机每个生产阶段和销售技巧的授课地点。

当他打算建起一座玻璃和钢结构宫殿时，整个代顿都是一片反对之声。他们提醒帕特森，史莱德镇的小青年是不会让一整块玻璃完整过夜的，新玻璃的花费将要超出他的利润。帕特森认真对待这些小青年，将他们从潜在的暴徒转变成为一个个年轻的园丁和绅士。这些年轻人每人都分得一块园地，由领班的园丁来指导他们，他们学会了如何使自己成为公司里的一员，他们在公司的激励下对自己的工作充满兴趣，他们的优秀表现会得到奖励，年终还会从销售额中获得分红。这样一来，整个公司完全是在小伙子们自己的经营下在运作，此外，他们还形成了一个俱乐部，组织城里的小孩子们在暑假期间来农场工作。这不仅解决了玻璃被打破的问题，还为社会和年轻人解决了许多更为重要的问题。

帕特森"溺爱"自己员工的行为引来了其他雇主的强烈憎恨。他们都知道，最好的雇员都会奔向收银机公司，他们也担心，自己的工人们会感到不满，更别说会引起骚动。他依旧按照自己的思路向前走，他相信总有一天人们都会跟着效仿他。他为周围的人的福利付出得越多，他能从中得到的乐趣越大。

然而，他的新工厂却耗资巨大，他买下来供工人们和其他人使用的场地费用也是他巨大的一笔支出。业务的迅速扩张也占用了他很大的一笔资金——他在近两年里收银机的销售量是过去22年销量的总和。

这时，银行却突然要求他归还全部贷款，银行这一决定无异于一个晴天霹雳。代顿没有一家银行肯借给他一分钱。那些批评帕特森的人和他的敌人都不禁窃喜，这下子看他还怎么去搞那些见鬼的职工福利！

他们差一点就得逞了。然而，帕特森生来就是个搏击者。不仅如此，他还是个哲学家。他对自己说："为正义而战的人将得到更多的支持。"由于当时正处于银根紧缺时期，代顿以外的银行要么不感兴趣，要么拒绝他。然而，最后还是有一个新英格兰金融家派了一个代表前来分析情况。他在了解资金短缺的原因的同时还了解到，帕特森兄弟具有无可挑剔的人品、不屈不挠的奋斗精神、坚强的意志，而且他们所经营的是一个成长性强、利润丰厚的企业。所有这一切都吸引着他，最后，它贷给帕特森兄弟的数额是他们要求数额的好几倍。如果帕特森兄弟的人品没能过得去调查这一关，那么，国际收银机公司的历史最后可能就会以破产而告终。

帕特森先生为工人们着想的做法终于迎来了全面的成功，史莱德渐渐繁荣起来了。除了原来的俱乐部园丁外，周围的许多大人们也开始深深被这里的美丽吸引，感染之下，他们也开始在自己家的房前屋后种花种草，美化环境。

帕特森先生号召每个市民为实现"美丽的城市"而努力，他本人在这方面不断付出的同时也在同那些反对这一理念的人们做不懈的斗争。

他带着全部的热情投入到城市管理的改革当中来，接着又是对政治家控制的改革，对腐败的改革就更不用说了。就像大多数革新者一样，他难免四处树敌。

尽管如此，他也没能完全逃脱和其他一些雇主同样的劳资矛盾。在整个美国的劳动工人处于极度不安分的那段时期，人们私下传言，收银机公司的一部分工人正打算闹罢工。帕特森先生的善良被他们误认为是软弱的表现，一些人甚至还想成为公司的主人。在他们看来，他们想怎么样就能怎么样，帕特森先生一定会屈从于任何事情。在对待工人的问题上，他已经有过一次错误，他提供给工人们的一些优待，比如说淋浴设备和午间娱乐已经成为一种被逼无奈的结果，这样的形式主义当然会招致人们的不满。然而，帕特森看到了自己的错误，并很快改正了它。

当他听说有一部分工人要组织罢工，他将全部工人都召集起来，向他们解释道，对于一些工人的不满，他表示理解，并告诉大家他本人对一些事情也不是很满意，所以，他宣布，休息一阵子可能会对大家和他都有好处。他关闭了整个工厂，并没有宣布何时再度开工，然后就去旅行了。

刚开始，那些罢工策划者为他们的"胜利"欢呼雀跃，但是两周后，一部分工人开始对那些恶意抱怨的人提出批评了。又过了一周，仍然没有开工的指示，有人开始询问到底何时才能重新开工，但是并没有任何明确的答复传来。等到月底的时候，导致此次停工的主要负责人他们的日子就变得不好过了。有人开始求帕特森先生赶快回来重新让工厂开门。但直到两个月过后帕特森先生才宣布他将返回代顿，他还向工人们透露了消息，有人邀请他将自己的工厂设在更为方便的地方。

整个城市都做好了准备迎接帕特森先生的回归，人们请了管乐队，夹道欢迎，为他接风洗尘，对他称赞不已。他镇静的反应更加让市民感觉到，代顿不能没有帕特森。他没有参加任何一个欢迎仪式，相反，他向代顿市民提出了一系列建议，这些建议会让代顿变得更加美好、更有效率、更健康。

他的工厂又重新开工了,再没有人吵着要罢工,从此后他再也没碰到过劳资问题。也只有在开始担心会失去帕特森先生以及他的工厂时,人们才明白他的价值所在,失去他就意味着每周会失去几千个装有工资的信封。

工厂重新开业后,国际收银机公司的订单大幅度增加。与此同时,帕特森先生系统的销售人员训练也有了可喜的成果。国际收银机公司的每个雇员都信心百倍地努力工作,用双倍的力量将其他竞争者排挤出去,有时候,销售人员的热情已经超过了自己的谨慎。

当年风行一时的国家信托调查在美国迅速蔓延开来时,他们同样也没有放过国际收银机公司,因为它也是一个快速发展起来的近乎垄断的机构。帕特森先生的回答是,他是收银机的专利持有人,所以有权通过各种法律手段和金融手段来捍卫自己的专利权。这场斗争是无情的。至于美国政府的对与错,我在这里不愿多做评论,当地的初级法院宣判公司的几个高管和几个工人负责人一年监禁,但是,高级法院宣布该裁决无效。政府并没有就此罢休,而是打着《舍曼法》的旗号,从民权的角度入手,开始了新一轮诉讼。这一次,他们并没有同公司的管理人员持续一两年的斗争,打击整个公司的信心,这一次,他们想要诱使帕特森先生对自己多年来想要建立一个垄断组织的阴谋主动提出服罪,然而帕特森先生却一贯认为,自己有理由维护专利权的排他性。

帕特森先生告诉我说,在他为自己的生活和家庭赚取了足够的金钱之后,唯一支持他不断同来自政府和工人的障碍做斗争的信念就是,他觉得自己是在做一件有建设意义的事情,他在为无数个雇主在对待员工方面树立了典范。

对于美国公众来说,帕特森先生取得的至高无上的成就在于他获得了"代顿拯救者"的光荣称号。1913年3月25日,这是一个值得纪念的日子,在那一天里,整个代顿市遭到了洪水的袭击,被淹没在17英尺高的水面下。

在洪水到来的前几个小时里,是帕特森通过电报、电话,通过马匹、骑车，通过奔忙的信使和各种可能的通信手段，向全市人民通告这场迫在眉睫的危险，并沉着地指导大家如何应付这突如其来的洪水。同样还是帕特森，将他的全体行政人员和工人干部召集到工厂大厅里。他登上主席台，向现场所有的人展示了国际收银机公司的组织结构金字塔图，然后宣布："国际收银机公司从现在起解散，现在我宣布成立市民救灾协会。"接着，他用一块木炭勾勒出了救灾委员会的组织图，任命了各个分队的负责人，并安排了他们的工作内容。从帕特森的工厂里源源不断地送出了木筏和船只，平均7分钟就出来一个，这些木筏和船只的材料均取自于他的木材厂。

帕特森成了人们公认的整个援救工作的总指挥，俨然一位大将军，用一流的技巧、速度和效率指挥千军万马在作战。当美国军队指挥官伍德将军和驻地部队秘书匆匆赶到救灾现场时，他们看到帕特森的临时救援队竟然起到了这么大的作用，不由得感慨道："我们能做到的也无非就是这些工作。"

即使是在那样可怕的夜晚，代顿依然有希望之光在微微闪烁，就在那天夜里，就在一所临时搭建的产科医院里，29个婴儿诞生了。

要想描述帕特森先生的个性，恐怕还要费点笔墨。他的经商方式和他全部的生活方式都是新奇的。他的大脑日日夜夜在工作。他的手边时常备有纸和笔，他随时会把自己突然想到的东西记录下来。每天早晨，他都会向自己的秘书交代十几个命令，这些命令要传达给不同部门的领导。他将这些命令写在一张很大的图表上，这个命令被完全执行后，他就会用一条红色的粗线段将其勾去。这些图表的设计就像是双开式旋转门，只要转动一下，帕特森先生就能一眼看到计划的执行的全部情况。我注意到了一个尚未被勾去的计划名称，上面注明的日期是几个月前，计划的名称是"将九洞高尔夫球场改建为十八洞高尔夫球场"。我就此询问了一下。

"这项计划正在执行中。"后来我得知，这个十八洞高尔夫球场主要供工人们使用。

他很喜欢座右铭，自己也常常想一些出来，然后将它们挂在整个工厂里，这些座右铭给工人们智慧和鼓励，座右铭的内容也会不断更换。

帕特森先生一般是在早晨6点半起床，喝上一杯热水后就开始吃早餐。之后的一整个上午都像攻城槌一样连续工作。午餐他通常会吃一些水果和蔬菜，然后午休两个小时，下午继续工作。晚餐他会吃一些坚果、水果和蔬菜，他已经连续好多年不吃肉、鱼、禽一类的食物了。他的家布置得典雅古朴，采用毫不张扬的旧款装饰。这座房子就位于工厂旁的一座小山丘之上，俯瞰着整个厂区。这处令人心旷神怡的宅子是他的祖辈留下来的。他有一儿一女，都已长大成人，并且对这个家族企业也很感兴趣。他的女儿最近结婚了，但她婚前一直都负责厂里女工的福利工作。

洪水过后，约翰·H.帕特森几乎是独自在重新组织代顿市的民政管理工作，他所启用的城市管理计划取得了显著的成果，但是，谁也无法肯定再过多久政治家们会对这里重新实施他们的管理。但有一个事实是不容置疑的，代顿的管理已大大强于过去，而且市民们手中的钱也更禁花了。然而，帕特森先生的经验告诉他，就算是出于好意，那些体格健壮的自由共和派市民们也会厌恶这种做法，所以，从策略上来讲，他并不愿意对市政管理方面的事情做出任何决策。然而，他的影响力、他的典范作用以及他的理念已经对优化城市事务的管理产生了深远的影响。事实上，他一直在思考工业福利、公众娱乐、合作医疗方面的问题，并起到了促进作用。他不仅善于观察思考，而且还是个实干家；他想象力丰富，精力旺盛；做事情总是落到实处。他那种与生俱来的、早年间曾惹来许多怨恨的主人派头早已随着经验的增加而转变为成熟老到了。

他告诉我："我觉得自己的生命只剩下几年的时间了，我现在生活中主要的目标就是去影响其他人，特别是那些雇主，希望他们能更多为工人们考虑，因为金钱买不来一个人的思想，金钱最多只能促使人将事情做好。这是我的经验之谈。我宁愿用钱来给后人留下一个阳光充足的露天场地，让他们享受到大自然的美好，也不愿将钱囤积起来留给自己的儿孙们。"

对于国际收银机公司的业务范围大到了什么程度，在这里已无需多说，我只想说出一个事实，他在世界很多国家设有分厂和代理商，全世界加起来总共有1万多名员工，每年生产6万多台机器，已经向全世界发达国家售出了180万台收银机。

关于如何获得成功，我向帕特森先生询问了几条建议，以下是他列出的几条：

"年轻时就应该学会战胜困难。农场其实是一所最好的学校，因为它教会你成功的根本所在。也就是说，他会培养你的：1.艰苦工作能力；2.判断能力；3.良好的习惯；4.实践经验；5.金钱的价值观。"

乔治·W. 珀金斯

乔治·W. 珀金斯，从小职员一直做到纽约人寿保险公司总裁，银行家、金融家。同时也是美国进步主义运动的领袖之一，主张福利国家建设和反托拉斯。

只有一个人曾拒绝过 J. P. 摩根公司所提出的合作要求。

摩根在晚年时期第一次看到这个人时，就向他提出了合作意向。在此之前，他们之间只有过一段为时不长的非业务性谈话。

更让人觉得离谱的是，这个人从未有过银行方面的经验。

摩根先生雇用银行家 H. P. 戴维森这件事的过程就他个人而言，就已经是浪漫味十足了，但是，他第一次见面就提出来要和乔治·W. 珀金斯建立合作关系，恐怕要算得上高级金融史上最富戏剧性的一幕了。

当时，珀金斯先生是纽约人寿保险公司的副总裁，并且已经被任命为帕利赛兹公园筹建委员会的成员，正在想办法筹集资金。摩根的一个合作人曾几次要求珀金斯先生去一趟摩根的办公室和他见个面，这次，他又提起了这件事。珀金斯先生此时也打算接触一下银行家，让他们筹集一部分资金，此番提议正中下怀，他答应了。摩根先生在他的私人办公室里接待了珀金斯先生，这是一间只用玻璃隔板同其他的合伙人办公室隔开的办公室。

珀金斯先生开门见山地讲了自己的计划，并告诉这位银行家，他们需要筹集12.5万美元，摩根先生应该是他们的资助对象之一。

"我会给你2.5万美元。"摩根先生很痛快地回答。

珀金斯先生对他表示了衷心的感谢。然后又问他能否指点一下，谁还可能会提供资助。

摩根先生立刻回应道："嘿，如果你能为我做一点事，我会给你剩下的10万美元。"

珀金斯先生有点吃惊，结结巴巴地回答："摩，摩根先生，我恐怕为你做不了什么。"

"有，当然有。你可以来这里，坐在那张桌前，开始工作。"摩根先生一边认真地说着，一边指了指玻璃隔墙另一面的那张大办公桌。

珀金斯先生感到很不理解，迷惑地望着摩根先生。

摩根解释道："我的意思是，你来这里，做我的合伙人。"

然而，最令摩根感到震惊的是，珀金斯竟然对他说："不，我办不到，我现在是纽约人寿保险的人，我必须在那里工作。"摩根先生之所以震惊，是因为还没有哪个年轻金融家能够拒绝他的邀请。

在那之后又过了一年，摩根先生才总算是说服珀金斯先生加入了他的公司，但珀金斯的条件是，必须保留自己在纽约寿险的职位。

听了这个故事后，我问珀金斯先生，为什么没有立刻抓住这个机会，成为美国最大的国际银行的成员？这个职位可以算得上是美国银行业公认的最高目标。

"因为我来到这个世界上不仅仅是为了赚钱。"珀金斯先生回答道。听他的口气，他这样做并没什么值得大惊小怪的。"我在很早以前就明白，一个人的出发点如果只是为了赚钱，那他永远也走不远。因为他这样做要么就是毁了自己的健康,要么就是牺牲了自己的朋友,到头来什么也得不到。我从一开始就在保险行业里打拼。保险不是慈善机构,而是一个需要同全人类打交道的行业,通过它你可以为人们做些什么。你会觉得自己是在致力于一件有助其他人的事业。

"在保险行业,我从一个办公室打杂人员做起,一直做到全世界保险业中最高位置——年薪7.5万美元。我的心还在保险事业上。我尽全力推动纽约人寿保险公司让它进入全世界保险业里最杰出的公司行列。我在欧洲投入了大量的时间和精力,说服很多国家发给我们营业许可证,我们已经成功得到了地球上每一个文明国家的经营许可。这是一项巨大的、困难的但是却极富诱惑力的任务,所以,就算是为了J. P. 摩根公司这个令人艳羡的合伙人职位和薪金,我也不想放弃它。"

当他去找珀金斯先生时,摩根先生知道自己在做什么,虽然他们以前从未见过面,但是这位纽约最大的银行家十分清楚,一个新人、天才已经在不知不觉中闯入了金融世界。珀金斯先生除了对人寿保险行业的运作方式采取了根本上的革新外,作为一个金融家,他还充分证明了自己首屈一指的能力。在俄国期间,珀金斯先生遭遇到了很显然无法逾越的障碍,然而他却灵活变通地同俄国政府做了一笔交易,如果俄国政府允许他们的业务进入这个巨大的国家,那么他的公司将负责为俄国政府发行大量的债券。珀金斯先生带着这些债券返回美国,用高超的技巧完成了债券的发行工作,为自己在纽约寿险财务委员会赢得了一席之地,这可是当时纽约许多大集团盘算已久的位子。

珀金斯先生很早就显露出了自己在金融方面的精明与独到之处。

在一个风雪交加的夜晚,当时刚刚成为保险业务员的珀金斯踏着厚厚的积雪一步一步艰难前进,他要去乡下的一个面粉磨坊,去那里向磨坊主以及他的哥哥和儿子推销保险。

刚开始他们不感兴趣,但是也没有完全排斥。最后,珀金斯发现,他们只是不愿以现金的形式参与,于是就主动提出来以欠条的形式来做他们的第一笔保险费。这个诱饵让他们上钩了。当这一天的工作结束时间到来时，珀金斯注意到，他们正在往保险柜里存放足够数量的现金。

"我想你们有时候也会买打折产品吧。"珀金斯说道。

那是肯定的，他们买过。

"那么现在，我要打折卖给你们一些绝对好的东西。我要打折将你们的欠条卖给你们。"

5分钟后，珀金斯口袋就变得鼓鼓囊囊了，他揣着大把现金走出了大门。

"我说，年轻人，"这位年长的德国磨坊主在后面叫住他，"我希望我能知道你到了40岁时在干什么，到那时你会寄给我一张照片吗？"

39岁时，当年那位初出茅庐的保险推销员所赚的薪水已经超过了美国总统，到了40岁，他就已经是摩根公司的成员了。

他是怎样做到的呢？还有多少人能取得像他这样的成功呢？

珀金斯先生强调说："最重要的是，你要把工作看作是一种趣味活动，就像篮球、足球运动员打比赛时那样，就像下棋一样，带着极大的热情和兴趣，带着让比分超出的决心全身心投入。如果你能在思想上抱有这种态度来看待工作，那么你就会获得更多，在工作过程中就会感受到更大的乐趣和满足感。任何一个人，不管老少，只要他能用这种理念对待自己的工作职责，他就不会再为5点后的加班感到担忧，他会很乐意将手头的工作做完，达到这样的目的后，他会感到一种真正的快乐。"

"我从自己的父亲那里还学会了另外一件事，换一件事情做差不多能起到一个假期的作用。那种人必须有一定量的休息，什么事情都不去做的想法是错误的。要想保持活力，健康的工作方式能起到最好的作用。

"我自己的方式就是，把每一天都看作是生命中唯一的一天，尽可能地在那一天多做些事情。不要关心时间或酬劳，要为工作自身的价值而工作。就像踢球那样，其他的一切事情都不要去管。

"一张桌子的前端往往空间最大，同样，一棵树只有长得高过了林子里的其他树，才能汲取到最充足的空气和阳光。年轻人要做的事情，就是要利用自己全部的精力，努力在实际能力上不断超越。当然也没有必要操之过急,揠苗助长。年轻人也不应该太过在意自己的工资,我就从来没有要求过加薪。如果你真的是一块材料的话,迟迟早早你都会得到你应得的一切。

"但你必须极为精通某些事情。不管你是办公室勤杂人员也好,速记员也好,或者是行政人员也罢,你必须比你周围的人出色,比他们干得好。你不仅要勤动脑,还要勤动手。不要害怕去做一些额外的工作,除非你是要去剧院看戏。冬天,我一般看不了几次戏,并不是因为我不喜欢看戏,而是因为还有更值得的事情等着我去做。"

一直以来,我都认为珀金斯先生对促进现代经济系统做出的主要贡献在于,他发明和引进了雇员利润共享计划。于是我就问起他是如何想到并执行这个理念的。

"需要是发明之母。"他回答道,"同时我还意识到,雇员利润共享还能为工作助兴。这无疑是解决劳资矛盾的最好办法。我在进入摩根集团之前就采纳了这项计划。

"这项计划是这样来的,当我接管纽约寿险的代理机构的工作时,我发现情况简直糟糕透顶。当时每个州只有一名保险总代理,整个州所有的保险业务员都由他来委任,而且都归他来管理。如果哪个总代理辞职的话,他就有可能带走大部分业务员。而且,当时还存在一个普遍的现象,有些业务员为了得到第一笔保险金,就会想办法编造各种谎言,他们在某个地区得逞后,就会卷铺盖走人,然后再去捉弄另一群人。

"这个时候,我就感觉到有必要采取一些措施,将总代理和业务员的利益同公司的利益绑在一起,有必要给他们一些强烈的诱惑,把他们留在公司,并且让他们正确对待自己的工作,绝不能让人们对保险产生误解。人们一旦对保险形成一种错误概念,这些渐渐积累起来的麻烦和纠结就需要很多办公人员去纠正和解决。

"大部分代理也是一样,很不知道节俭,花光了赚到的每一分钱。我组织了经过反复讨论的'纽约寿险原则'来更正这些顽疾。我对每一个代理解释道,如果他们每年都能够结余一部分钱,把这些钱投入到共同基金内，这些钱就会占到共同基金一定的比例。然后，公司再拿这笔钱去投资，尽可能多地去赚钱，将回报分给那些上缴的人。

"这一计划获得了以下有价值的结果：它教会了保险代理人节约；它自然而然地把代理人留在了纽约寿险公司；接着，当他们知道自己会继续留在这个公司后，就会讲真话，当他们不再愚弄投保人时，这些保险代理也就没有理由离开那里了。也有那么几个保险代理有节约的习惯，但是他们的投资总是不那么得当，随之而产生的担忧反过来就会影响到他们的工作效率。这笔'纽约寿险原则'资金得到了合理的投资后，收益十分明显。

"在随后而来的保险业大调查中，其他公司都陷入了一片混乱，而我们的公司却稳若泰山。

"我们取消了全国每个州的总代理，他们也只不过就是些掮客而已。公司在全国各地都设有自己的办公点，以底薪为基础，雇用一个有责任心的人来负责各地的业务，对代理人进行直接的管理。公司知道每个代理人的名字，并且掌握着他的业绩记录。在这种系统之下，就算哪个代理人辞职也不可能带走一大批人。由于这种安排提高了效率，必然会为公司同时也为投保人节省了很大一笔开支。"

所以，珀金斯先生所发明的这一套雇员利润共享计划后来被他引进了美国钢铁公司和国际收割机公司。从此，其他一些公司也纷纷效仿，有的是全盘照搬，有的是稍作调整。因此，在我看来，这正是珀金斯先生竖立起来的一块丰碑。

对于大多数金融集团和公众来讲，珀金斯先生简直就是个谜一般的人物。他在摩根公司干了10年后就退休了，然后宣布自己要在余生致力于帮助改良社会状况、解决经济和公众方面的一些问题。在罗斯福主张进步的标语下，他还进行了一些不落俗套的政治活动。所有这一切事情不管它是真实的也好，是人们的传言也罢，都招致了一些激烈的评论、批评甚至是质疑。一个华尔街的百万富翁，放弃了自己赚钱的时机，抛开自己已经建立起来的政治关系，竟然宣布要成为一名积极的、实践的人道主义者,这样的做法实在是令人们感到费解。他一定是有什么难言之隐,否则这个世上哪会有这么好的事情?

我向珀金斯先生提起了这些事,然后问他:"到底是怎么回事?"

他点点头回答道:"我知道,我的行为对于那些不了解事实真相的人来说,的确很难以理解,但是一旦他们了解了我的出身,了解了我对生活和赚钱的态度,同样也知道我在刚开始时曾拒绝过摩根的邀请,那么我的行为就不再那么不合逻辑了。在我的父辈中,有两个人是密歇根州最杰出的人,一个是戴维·沃尔布里奇,另一个是乔治·沃尔布里奇。前者是密歇根的老牌州议员,也正是这位戴维·沃尔布里奇在卡拉马祖举行的第一届共和党会议上被推选为共和党主席。最近,休斯先生去过一次卡拉马祖,那里的人们向他展示了一根手杖,亚伯拉罕·林肯亲手将这根手杖送给了我的祖叔父戴维·沃尔布里奇。我和我父亲中间的名字都叫沃尔布里奇,因此,我的性格中生来就有一种共和的,或许还有很大一部分独立的成分在里面吧。

"我的父亲虽然并不是一个十分富有的人,但他却对慈善及类似的工作深感兴趣。他是伊利诺伊改革委员会的主席,在1860年建立沙子(Sands)教会学校期间同德怀特·L.穆迪交往密切。将这所学校以'沙'来命名是因为他们的建筑和学科体系都有牢固的根基。它变成了芝加哥最大的一所学校,前来进修的学员多达1200人,只有费城的约翰·沃纳梅克学校和它有相同的规模。他还组织了其他一些教会周末学校,还有一些在货车车皮里进行的铁路周末学校。我最近戴着的一块手表是铁路周末学校的全体教师送给我父亲的,这是一块转柄上发条的手表,这种表在全美国也没几块。

"那么,现在当你听到我竟然是监狱委员会的成员,我竟然会对托马斯·莫特·奥斯本的工作感兴趣时,是不是就觉得很自然了呢?我父亲早在50年前就相信荣誉能够起到的鼓励作用,他也相信,对于那些曾有过过失的人,只要表现好就应给予奖励。我记得我只有6岁时,乔治·佩森·韦斯顿的第一次新英格兰—芝加哥徒步旅行时,要从我们居住的芝加哥南边经过。我的父亲就为附近工读学校的男生们提供乐器，让他们组成一个管乐队。经学校主管同意后，从学校里抽出一半男生陪着韦斯顿进入了芝加哥市，队伍最前面的就是工读学校管乐队。当时很多孩子看到他们后，都感到害怕，想要逃开。最后，报纸媒体毫不客气地将父亲批评了一通，说他给城市带来了危险。你看，他就是这么个敢于革新的人！"

乔治·沃尔布里奇·珀金斯出生于1862年1月31日。一直等到10岁他才被送去上学，父亲这样做的理由是，他不会让孩子背着一桶煤上楼，怕万一伤着孩子的脊柱。更重要的是，他怕过多的压力会对孩子的大脑造成伤害。在学校里，乔治总是因为没能按照规则做事而惹来麻烦。他能够快速而准确地按照自己的方式回答问题，而当时这种创新却得不到鼓励。15岁公立学校毕业后，他坚持一定要去工作，而不是去读中学。

他的第一份工作是在水街的一个水果店里把柠檬和橘子分开来。每当回忆起那段日子，他总会很幽默地评价道："从此我做的事情多多少少有点像从橘子中挑出柠檬来。"这种工作又脏又没前途，才智和创意在这里毫无用武之地。几个月后，他在纽约人寿保险公司找到了一份办公室打杂的活。干完自己白天的工作后，几乎每个晚上他都会出去寻找"机会"。没过多久，他就拿到了不少保单。

接下来，他发明了一种全新的分类账目，这种"珀金斯记录法"还颇有名气。他取消了其他账簿上许多不必要的条目，采用完整、方便的方式来记录每一笔保险。此外，他还在其他方面做了许多彻底的革新。他第一次去纽约时，是和其他分公司的会计一样，要向主管会计做工作报告。主管会计是一位上了年纪的德国人，由于珀金斯的革新实在是太多了，所以，当他介绍自己时，主管竟然厉声说道："原来你就是那个打破公司规则最多的出纳员？"

珀金斯先生事后说，这位前辈的训斥吓得我"好几年连大气都没敢出"。

17岁时，这位在芝加哥办公室打杂的小珀金斯成为克利夫兰办事处的记账员助理，21岁时，就被任命为出纳员。在这样一个职位上，既没有多少发挥想象力的空间，也没什么和人接触、做生意的机会。所以，24岁时，他辞掉了这份工作，成为丹佛地区的一名推销保险的业务员，这是一份灵活机动的工作。两年内，他就成为丹佛地区保险销售总代理，每年赚取的佣金很快就到达了1.5万美元。紧接着，他又被提升为整个西部地区保险代理的总监察，年薪为1.5万美元。

这是一场大刀阔斧的战斗。正如前面提到过的，当时的保险代理系统简直一塌糊涂，情况更为严重的是，纽约各大报纸开始对几家主要的寿险公司展开了恶意攻击，在这种情况下，必须要采取强有力的、主动出击的行动。珀金斯顺势而动。

足智多谋的珀金斯正酝酿着新的办法，鼓励和刺激那些灰心丧气的代理们重拾信心。他灵机一动，马上实行了"简报"方案，这种方式注定会在整个保险界中普及，同时也注定会产生许多效仿者。刚开始时，它是一份四张的通函，其中后三页包括了每周的各种综合信息，第一页则是来自这位年轻的、了不起的保险代理总监督本周的信息。如今的那些早报晚报编辑们也要感谢珀金斯先生当年的这个创意。每个星期一早晨，这份简报都要被寄到每个保险代理的家中。

在珀金斯先生的想象中，此时那些代理们一定正坐在椅子上，阅读着当地的报纸，嘴里叼着烟卷，过得悠然自得。而珀金斯的这些信息则直指那个看到它的人，它构思精妙，足以唤醒你的斗志，让你扔掉烟卷，披上外套，去寻找那些潜在的投保客户。它是督促你担负起职责的号角声，它是激起你斗志的铃声，它能勾起人类的男子气概，它视懒惰为耻辱。它唤醒人们的雄心壮志，还有最重要的一点，它其实只是个小把戏。

纽约寿险公司的代理们，或者说大部分代理们，立刻就充满了活力，他们变得比以前任何时候都忙碌。一些爱发牢骚的人纷纷写文章抱怨，说报纸上的攻击正在毁掉整个保险业，然而这些人却得到了令他们哑口无言的回答。芝加哥西部到底有几份报纸登有这样的文章？答复中给出了确切的数据，此外，答复中还指出，和将要投保的人数比起来，报纸的数量简直是微乎其微。其实这个小小的调查，也是珀金斯先生想出来的妙招。

于是，必然的结果就产生了。珀金斯先生所达到的价值无可估量的业绩很快就被传为整个保险行业的佳话，3年后，也就是他整30岁那年，他被提升为纽约人寿保险公司的第三副总裁，年薪为2.5万美元。不到一年的时间，他就荣幸地被选入信托委员会。1898年又被提升为第二副总裁，年薪为3.5万美元。紧接着，他又被提升为金融委员会成员，1900年当选为金融委员会主席。在某种程度上，这个职位要比纽约寿险公司总裁担当的责任还要重大。

就在同年，1900年，他成为摩根集团的成员。1903年，他被选为纽约人寿保险公司的副总裁。

1910年12月31日，珀金斯先生从摩根公司退休，理由是"要把更多的时间留给那些公益或半公益性质的事业，以及利润共享或其他收益计划"。

珀金斯先生在涉足银行业的这10年间，所取得的成就令世人瞩目，其中包括：成为美国钢铁公司财务委员会成员，并引入了具有划时代意义的利润共享计划；帮助国际收割机公司对一些农业机械生产商实施大规模兼并；作为该公司的财务委员会主席，在他的带领下，整个公司的财务状况保持着高效平稳的运作。

在摩根先生所有的合伙人当中，珀金斯先生是最为活跃、忙碌的一个，他们两个人虽然个性迥异，然而，他们之间这种密切而和谐的合作关系一直保持了整整10年。珀金斯先生退出后，华尔街上一时之间谣言四起，说珀金斯是因为有几次股市的操作不当而被迫辞职。诚然，一个还不到50岁的身体健康且充满着活力与事业心的人，就这样突然让自己的银行生涯戛然而止，似乎的确是件很极端的事情，也难怪那些不了解珀金斯先生生活态度的人们会普遍相信这种谣传。然而，自成一派、推陈出新正是珀金斯先生与生俱来的个性特征，做一些让人瞠目结舌的事又算得了什么？

即使是他在银行业中最为酣畅淋漓之时，他仍不忘向人们宣讲当时并不被人们普遍接受的观点：资本家应该对公众负应有的责任。比如说，10年前他在哥伦比亚大学做了一次《现代公司》的演讲，正是在此次讲话中，他正式提出了这一观点："未来的公司性质将会有一半是服务公众的，服务于公众，所有权也在公众手中，工人们将得到公平、公正的对待，那么他们也必然会将公司看作是自己的朋友和保护人，而不是永远的敌人。最重要的一点，他们一旦对公司建立起了这种信任，就会将自己的积蓄以买入股票的形式参与到公司中来，成为公司的股东……就企业而言，可以说美国就是一个拥有50个分公司的大公司。早一天实现这一切，我们就早一天获得一种正确的方式来管理这种半公共性质的企业。这样一来，我们就可以给公众以充分的民主和保护，而这种民主和保护又是基于共同合作管理公司之上的。只有通过这种方法，才可以在公司的管理过程中杜绝一切恶意事件。"

现在，珀金斯先生虽然是在为公众利益而工作，但是，比起为自己的利益而工作的那个时候来，他更加努力了。最近，他一直在忙于同日益上涨的食品价格做斗争，他在这方面做出的努力已经赢得了官方的认可和官方的职位。当其他人尚在夸夸其谈之时，他早已经付诸了行动。他为纽约人民带来大量食品，并以低廉的价格投放市场。他是35个非商业性社团以及各种公共福利、教育、艺术协会的成员。他几乎是单枪匹马就实现了当地一项巨大的环境美化计划，按照计划，不仅要在纽约的河两岸建起帕利赛兹公园，而且还要沿着哈德孙河的西岸从利堡到纽堡之间建起一个跨越两个州的公园。

刚开始的时候，一些目光短浅、唯利是图的人往往会对珀金斯这种要把下半生奉献给公益或半公益事业的做法嗤之以鼻，珀金斯用自己的实际行动让他们统统闭嘴。

坦白说，我以前对珀金斯先生也抱有一丝偏见，因为他多少给人以办事唐突、脾气急躁的感觉，在这方面我吃过他的苦头。然而，有一个事实却是谁也无法否定的，他是一个富有的、积极的、有影响力的商人，却能够在相对比较年轻的时候放弃赚钱机会，带着无尽的热情投身到无私的帮助他人的事业中来，他是一个杰出典范。

欧洲有许多类似于珀金斯先生的人，他们都是一些富有但是却不忘致力于为公众谋福利的人。然而在美国，人们却在想尽办法疯狂赚钱，虽然也有一些人比较慷慨，肯拿出一些自己实在没地方花的钱来，但几乎没有一个百万富翁会像对待自己的贪欲那样，全心全意服务于自己的同胞，至少在战前是这样。

1899年，珀金斯先生同自己的妻子，来自克利夫兰的埃维莉娜·鲍尔小姐结婚，婚后育有一儿一女。他们的儿子小乔治·W.珀金斯1917年毕业于普林斯顿大学后，立刻投入了青年基督教协会的战争工作中。

乔治·M. 雷诺兹

乔治·M. 雷诺兹,芝加哥大陆商业国民银行总裁。出身农民,最后出任美国财务部部长。

你能否想象得到今天还会有哪个年轻人在天不亮就起床,匆匆赶往银行,为银行的地板打蜡抛光,清理门上的黄铜把手,然后再把银行门前街道上的泥铲掉,好让它成为全镇上最干净的地方。

或许你也不太了解,许多年仅十二三岁的小少年们就已经具备了一定的远见,开始定期订阅全国各地的各种报纸,希望能够了解自己所在的村庄以外的广阔世界,积累一定的知识,为自己有朝一日梦想成真做准备。

乔治·M. 雷诺兹跟随着自己踏实的脚印,从一个农民的孩子一步一步成长为美国纽约以外最大的银行的总裁,他辉煌的故事激励着千千万万的年轻人。这家银行就是芝加哥大陆商业国民银行,它拥有4亿美元的财力。正是这位曾经的农民被塔夫脱总统任命为财务部部长,他还被授予了其他许多荣誉称号,其中包括拥有1.7万名成员的美国银行协会会长。当著名的奥尔德里奇货币委员会访问欧洲之时,他作为金融顾问也应邀出席。

坚强的意志、旺盛的工作热情、不断的进取、耐心、不泯的乐观、长存的开朗、对人性的透彻了解、民主精神以及忠于人性美好的一面，是他获得成功的主要因素。雷诺兹先生已经在"个性考验"这所学校中学到了知识并通过了测试。

"生活如种田，你播种了什么，就会收获到什么。"这是雷诺兹先生的看法。"今天多数年轻人中存在的问题是他们总想着刚刚播种就有收获，这有违自然规律。要勤于耕耘，仔细打理，到了该收获的季节，收获会自然来临。虽然耐心不是什么美德，但却是必不可少的要素。"

雷诺兹先生很早就开始了自己的耕耘，但是，他的父亲一开始却没把他放对地方，他希望乔治能成为一名商人。所以，他在艾奥瓦州的邻镇帕诺拉买下了一个商店的部分股份，把他15岁的儿子安排到了柜台后面。农民的家庭主妇们会到店里买鸡蛋和黄油，乔治的任务除了数鸡蛋、称黄油卖货之外，还得负责采购茶叶、咖啡、糖、烟草和棉布。正是这些棉布打乱了雷诺兹爸爸的整个计划。每一个主妇在购买棉布时，都毫无疑问地希望自己购买的布匹颜色鲜艳永不褪色。

那个时候，证明自己的棉布印染质量好坏的标准方法就是让店员从一匹布上撕一小块下来，用力在嘴里嚼，然后把布团从嘴里取出，再在顾客面前将它展开，表明布块上的颜色依然好端端地待在上面。

然而，乔治一直以来的理想却是要冲破村里商店的这道墙，他痛恨干这种用牙齿去咀嚼布匹的工作，恨得咬牙切齿。这种工作对于他来说，简直没有一点前途，对他丝毫没有吸引力。

又是一个星期六，一整天里，他都在忙着称黄油、数鸡蛋、卖杂货、铰布头。忙完这一切后，他晚上回到了家里，坦白告诉自己的父亲，他一千、一万个不愿意继续待在商店里，与其这样他宁愿在农场里干农活，因为他知道自己入错行了。

星期天一早，父亲就卖掉了这家杂货店里的股份。

乔治一下子变成了农民。他耕地，他驾驶农用车。那个时候，艾奥瓦州要求每个农民都去干一段时间的修路工作，小雷诺兹也加入了一个修路队，以每天2.5美元（理应是3美元）的工资在附近干活。他是一个有耐力、健壮、肩宽背阔的年轻人，虽然还未满16岁，但仍然称得上是他们中最优秀的劳力。

稍有闲暇，他就会不断读书，收集各种来自帕诺拉镇以外的更广阔世界的信息。只要一有机会，他就会来到果园里，坐在苹果树的树阴里，如饥似渴地汲取着来自报纸上的各种信息。这些报纸有《圣路易斯环球民主报》《新奥尔良流通报》《辛辛那提资信报》《亚特兰大商报》《旧金山时报》《波特兰俄勒冈人报》《丹佛落基山新闻》。

最后，他总算是在加斯里郡的一家银行找到了自己的位置。他父亲持有这家当地小机构的一些股份，他每个月的薪水为12.5美元。他知道，自己已经站在了一个正确的起始点上，他做好准备打算向上爬。他的打基础工作包括了前面讲过的为银行地板抛光、清理打扫银行门前的街道，所有这些职责都不在合同范围内，我可以告诉你，他的职位是记账员。

我问道："你从第一天起就爱上了银行这一行？"

"是的。"他回答，"我十分喜欢这一行，它让我立刻就对其他的社交娱乐活动失去了兴趣。我觉得晚上在银行里加班要比参加当地的聚会或其他社交团体活动更能从中得到乐趣。我读过的报纸和其他一些书籍告诉我，一个人如果不勤奋工作，就无法获得有价值的成就。所以，我决定要努力工作。"

许多个晚上，他在八九点钟结束了自己在银行的工作后，仍会匆匆赶到自己父亲经营的一个小谷仓里，换上工装，挥动铲子，将稻谷装入火车车皮，为第二天可能运到的稻谷腾出空间来。

鉴于他在银行工作中出色的表现，他很快就得到了一次协助办理贷款的机会。商业活动吸引着他，他很想亲自一试身手，现在机会来了。

在冬日里的一天，一个来自艾奥瓦北部的陌生人下了火车后，在银行里打了个电话，询问在哪里可以购买到2000考得（1考得约合3.6立方米）木材，距此75英里外的一个砖窑需要用它来烧砖。雷诺兹看准了这桩木材生意，认为一定会有很大的利润，于是，这位羽翼未丰的生意人迅速算出了运费等成本，同意为他组织货源。根据雷诺兹的估算，这次交易每考得他至少能赚到两美元，也就是说，总共能赚4000美元。

唉，可惜啊，他这个刚刚学着做生意的学徒却忽略了这样一个事实：每年春天一到来，冰雪消融后，马车就根本无法通过布满黑淤泥的道路。因此，当冰冻的路面解冻后，他订购的那批木材无法发货。砖窑窑主吵着要他的木材，敦促他要是这批木材送不到就会毁掉他好几个窑砖，万一真要这样，他就会起诉雷诺兹，让他赔偿这部分损失。

雷诺兹四处奔波，不惜出高价运费从周围的郡县调运木材。他的4000美元转眼间就要消失得一干二净了。

但他是个坚定的人，他不能看着自己煮熟的鸭子就这样飞了。最后，他决定自己亲自运送木材来省下这笔运费！

从银行下班后，他每天晚上都打着灯笼去铁路站台上，尽可能多地将木材堆起来，一直堆到车皮门口。然后他再从木头上进入车皮里面，将一根根木材拖入车皮，码起来，一直到装满一整车为止。第二天一大早，他又去重复同样的工作。6天后，他完成了所有的装车工作，将整整2000考得木材运了出去。每一考得木材相当于8英尺长、8英尺高、8英尺宽的一马车木材，所以你可以想象一下，雷诺兹亲手为这2000考得木材装车意味着他要重复多少次同样的劳动。

整个社区的人都在嘲笑雷诺兹这次著名的木材合同，但是，他在60天内就赚到了2500美元，所以雷诺兹也不太清楚到底该被嘲笑的是谁。

回想起这件事来，雷诺兹先生说："我并没有感觉到吃了多么大的苦，只是两只手上布满了水泡，银行的记账簿上，我的笔迹稍有点逊色罢了。"

更大的世界仍然在召唤着他。帕诺拉有那么几个有眼光的人发现，小雷诺兹身上有一种定能让他出人头地的东西。他出生于1865年1月15日，为了庆祝他的成年，他决定出去看看更大的世界。两个有钱人为他提供了足够的资金,再加上他自己的一部分积蓄,一共是4万块。他把这些钱以支票的形式装在贴身口袋里,就这样先是考察了堪萨斯州,接着又是内布拉斯加州,在黑斯廷斯他展开了农业贷款业务。他坐着平板马车、骑着马,通过各种交通手段,跨越了整个南内布拉斯加和北堪萨斯。他留意着周围的一切,看到的、听到的,他在地图上标出所有的溪流和河流以及盐碱矿等。他将贷款批准给农民,无论哪里有市场,他都会处理农业贷款。这是他第一次真正看到这个世界,和这个世界上的人交往,他认真研究人性,并坚信它定会是日后通往成功的一种科学手段。

许多人不赞同他的这种性格倾向。两年后,他的父亲买下了加斯里郡国民银行的控股权,他同意回到帕诺拉。这一次他是以出纳员和经理的身份进去的,距他第一次进入这家银行时隔8年之久。没过多久,他就让这家银行的财力翻了一倍。虽然他只有20岁出头,但他已经是帕诺拉镇最优秀的市民之一了。

他希望帕诺拉繁荣昌盛起来。他在旅行的过程中曾经看到,其他的镇上已经建起了电厂和水厂。帕诺拉为什么不呢?说真的,这个小镇只有1000户居民,但这又何妨?雷诺兹将他的计划放在市长面前,市长是个保守沉稳的人,他否决了这一宏大的计划。雷诺兹不动声色地在镇上进行游说活动,最后发现大多数的投票人都是支持他的,于是雷诺兹冷静地告诉市长,如果他要辞职,不会有人拦着他。市长辞职后,继任的是"雷诺兹市长"。

28岁时,他成为得梅茵国民银行的出纳员,这家银行的业务范围更广、机会更多,竞争也更为激烈。他的才华在这里又一次得到了印证。还不到两年,他就登上了这家银行的总裁位子。年仅30岁时,他就成为在世界上具有影响力的杰出人物之一。

他超常的记忆力常令人叹为观止。他能叫得出名字、认得出来的美国银行家数量比其他人多得多。他多年来积极参与美国银行家协会的工作,他走过的地方数不胜数,他平易近人,对各个阶层的人怀有真正的兴趣，这一切让他在这一行中建起了一个最大的朋友圈。

他声名远播，因此收到了许多来自其他城市银行机构的职位邀请，但都被他拒绝了。最后，芝加哥大陆国民银行向他发出了邀请，让他去做出纳员。这家银行有雄厚的实力和响当当的声誉。

1897年12月1日，他进入这家机构时，它的资产为200万，储蓄总额为1400万。如今，这个银行有了两家分行，累计资产总额及盈余已逾4000万美元，储蓄总额约为4亿美元。

雷诺兹先生从一个出纳员开始干起，先是成为副行长，在随后的1906年被任命为大陆银行的行长。在这里，他将自己无穷无尽的精力、他承担艰苦工作的持久耐力、他的积极主动、他的雄心壮志发挥得淋漓尽致。大陆银行首先于1898年兼并了两个小银行，分别是国际银行和环球国民银行，在此之后的1904年，它又合并了储蓄量超过了1000万美元的北美国民银行。1909年，他并购了储蓄额为3400万美元的美国信托储蓄银行，1910年是储蓄额近7200万美元的商业国民银行，1911年是爱尔兰银行协会，它的储蓄额为2600万美元。

20年前雷诺兹先生来到这里时，他所在银行的储蓄量就已经超过了芝加哥储蓄总额的半数，20年间，芝加哥储蓄总量从2.4亿增加到了15亿，这当中大陆商业银行起到了三成的作用。

雷诺兹先生还是大陆商业信托银行的行长以及爱尔兰银行协会的会长，这两家银行直接归其母公司管理。

雷诺兹先生的梦想之一是要建立一个芝加哥最大、全国最好的银行。他花了1200万美元让这个梦想成为现实。这座银行的占地面积超过了世界上任何一座办公楼建筑，银行的大厅地板面积为160英尺×324英尺，中部的天花板高度为70英尺，这在世界上是绝无仅有的。它有92扇窗，建筑的走廊长3英里，顺便再说一句，在银行的投资中，这座建筑第二年就增值了8.5%，从此以后连年增值。

有关该银行业务范围的一些概念可以从一个事实中了解到，该银行拥有1100名雇员；国民银行仅一天就要处理10万张外部支票，而每天柜台结算处理的支票数量则多达20万到35万张。雷诺兹系列银行的顾客总数超过了10万人，其中包括5000多名储户，即使是在纽约也没有哪一家商业银行能吞噬这么大的数字。

当雷诺兹以一名出纳员的身份来到芝加哥大陆银行之时，每天还没到开门营业时间他就已经进入了自己的工作。为了彻底熟悉自己的业务，他几乎对每一封进入银行的信件都要仔细查看，实际上，将近75%的外发信件都有他的亲笔签名。他工作起来简直雷厉风行，只需扫一眼就能马上明白周围的情况。他的敬业精神极具感染力，在他的激励下，周围的每个人都工作得更快更好了。

他能够不断步步高升，这里面似乎有点"幸运"的味道。

他的出生地在当时还是一个欠发展的偏僻小镇，周围都是些小企业，与大型工商业和金融中心几乎毫无瓜葛。然而，年仅12岁时，他就冲破了地域的限制。他订阅全国报纸的那种敏锐；他为了帮助自己所在的小银行，甘愿去干打杂女工和道路清洁工的活；在银行工作12小时后，他仍愿意为自己的父亲的稻谷装车；他在第一次做生意，即那次木材生意时所表现出来的灵活和勇气；他深知了解人性和广交朋友的价值，所有这一切，再加上隐藏在这一切里深层次的精神，意味着雷诺兹注定会在这个世界上享有很高的声誉。

他的生活态度是什么呢？又是什么理念促使他不断朝着最高的理想奋进呢？他认为哪些事情会对一个人取得成功有所帮助呢？

在一个忙碌的工作日，他抽出半小时时间，面对面直接而迅速地回答了我这些问题，这是他一贯的作风。他回答道：

"渊博的知识是一项巨大的资产。当我只是个帕诺拉镇上的小银行职员时，第一次参加了银行界的会议，开会前，我看到一些银行家在打高尔夫球。我参加会议之时，从不打高尔夫，我只谈正事。

"我对人性的了解也起了很大的帮助作用。如果你了解人性，你就能够处理好人与人之间的关系。

"我从来没有处心积虑地想成为一个极为富有的人，心里清楚自己的工作做得很好，这就是最大的回报。这份良知会让自己在夜里睡得很踏实。

"一般的年轻人总希望自己能在一两年后就成为副总裁，但是耐心是不可或缺的。如果一个年轻人总在努力获得大家的一致认可，忘我地投入工作，从不在意下班时间，那他理所当然会获得应得的成功。能取得巨大成功的人，是那些事情做得比别人好，看待事物和人性更加透彻一些的人。

"如果一个人选择每周玩五六次扑克牌，活跃在社交圈内，那么他就不要抱怨自己在工作中平淡无奇。而另一方面，如果一个人不顾一切或不择手段致富，那么，当他面对众叛亲离的结局时，也无须感到诧异，因为他的良知已经泯灭或被摧残。

"如果一个人本身不具有某种优秀品质，那他就别指望能在别人身上培养出这种品质来。

"服务于别人所带来的满足感是最大的满足感。

"所以总结起来，起决定因素的还是一个人的性格。人的性格包括许多品质在里面，比方说干练、情绪饱满、礼貌、谨慎、才智和对人性很好的了解。这些品质会带来效率，效率则会带来成功。'八面玲珑'的人是人类中的极品，要比一些专家还难得，因为他们不仅要管理专家，还要管理其他人。"

雷诺兹先生一向反对连续几年不休假的做法，他一直坚信，休闲与放松、户外活动以及足够的阳光和锻炼能够带来更好的工作效率。他不仅自己常常休假，而且还必须确保自己的办公职员拥有慷慨和规律的假期。此外，所有的办公室职员每周还有一天的全天假日，且常年如此。

有关银行工作，雷诺兹先生说："公正坦率要比托词借口更令人长久。如果一个银行家拒绝批准某项贷款，他就应该直接说明原因。这样借款人就永远不会感觉到，除了得到这笔贷款之外，他还在其他方面欠银行家一个人情。对于一个成功的银行来说，贷款人和储户同等重要。在恐慌时期，最好的策略是想办法去帮助客户，而不是去挤兑他们。信心是一个银行最大的资产。"

　　随便再说一件事,雷诺兹先生的银行同许多铁路和工业公司都有业务联系,但是,所有这些公司中,他并没有持有任何一家公司的股份。他觉得,只有做一个旁观者才能时刻保持清醒,才能在做一些重大决策时不会被某些东西蒙住双眼。这样既有益于自己的银行又有益于客户,也只有这样才能够让他会更好地服务于自己的股东。然而,他仍是自己刚进入银行业时那家银行的总裁。

　　雷诺兹先生和他的妻子连续多年来一直将自己收入的十分之一用于慈善事业。他很早就结婚了。每每说起自己职业生涯中的这个阶段,他总喜欢这样说:"这是我日常工作中最好的一部分。"

　　实际上,雷诺兹先生的成功有一半要归功于雷诺兹太太,她在帮助腿脚残疾和流浪儿方面做出了积极的贡献。此外,她还是个很有天赋的音乐家。他们的独子厄尔·H. 雷诺兹已经算得上是父母的好帮手了。厄尔简直就是他父亲的翻版,同样也是个十分成功的人。他拒绝在父亲的公司里工作,他要证明自己的能力。现在,他虽然年仅 29 岁,但已经是人民信托储蓄银行的行长了,这是一家储蓄总额达到了 8 位数的银行。

约翰·戴维森·洛克菲勒

约翰·戴维森·洛克菲勒，美国实业家，慈善家，因革新了石油工业和塑造了慈善事业现代化结构而闻名。1870年创立标准石油，在全盛期垄断了全美90%的石油市场，成为历史上的第一位亿万富豪与全球首富。1914年巅峰时，其财富总值达到美国GDP的2.4%（9亿美元，美国GDP 365亿美元），普遍被视为世界史上首富。

约翰·戴维森·洛克菲勒是我所见到过的最令人印象深刻、眼光最为开阔、思想最有深度的男人。如果说拿破仑"有帝王的胸襟"，塞西尔·罗兹"梦想囊括非洲和欧洲"，那么，洛克菲勒就是一个能将整个宇宙都考虑在内的人。他衡量一件事情的准绳是整个地球和全人类。他自始至终的检验标准都是：它会给人类带来怎样的影响？他的目光和行为早已不再限定在某个地区、某个省甚至国家内。

比如说，他告诉我："支持一个医院是地方上的责任，首先应该由当地人来考虑。同时，医院也只为当地人服务。但是，如果能培养出一队热忱、聪明、头脑灵活、专业知识丰富的医疗人员，使之能够进行研究，最后研究出一种能够服务于全人类的全新医疗技术，那就不再是某个地区的责任或由什么地方的人来考虑的问题了，这就成为一个富翁应该考虑提供帮助的事情。"

我问道："能力所能带给你的最大满足感是什么？"

当时，我们俩正在打高尔夫球，洛克菲勒先生在回答问题之前，用力打出了一个他自己擅长的直线式长球，然后，仅仅给出了我一个间接的回答。

"如果说通过我们的付出，一批作风良好、医术精湛、谦虚上进的医生被培养出来，这就已经证明了我们所花费的财力和精力是值得的。就在一两天前，我收到了一份报道，说我们已经发现了一种方法，能够治愈一种由战争引起的叫作气体坏疽症的可怕疾病。通过测试，科学家已经充分肯定，新研制出来的血清能够很大程度上预防这种已经威胁和夺去数千名士兵生命的破坏性疾病。这不正是我们的医生们做出的及时而有价值的工作吗？"

就算洛克菲勒先生一整天侃侃而谈，也不会用到半个"我"字。他总是使用"我们"，除非是拿他自己的事情开玩笑。有一次，那还是在我不十分了解洛克菲勒先生的时候，他回答了我一个问题，这个问题和他早期职业生涯中的一次事故有关。因为他总是使用"我们"，所以他的回答让我多少有点迷惑，于是我就问："那么'我们'是指谁？"他有点窘迫。我从报告中得知，这件事是他一个人做的。他顿了顿，拘谨地、含糊其词地回答道："啊，哦，后来我的弟弟威廉一道来了。"

还有一次，他在我的逼问之下只好承认，某件事情的确是他一个人而不是"我们"完成的。洛克菲勒先生不大喜欢我这种方式。

他提醒我："你一定要注意，如果你打算要写我的话，不要搞得多么特殊，和你打算要写的其他人一样就行了。"

我之所以要提到这些小插曲，是想要阐明一下洛克菲勒先生留给人们的第一印象——他与生俱来的、毫不做作的谦虚，他的低调的方式，他没有一点点张扬感的谈吐。几年前，有人希望在他提供的信息帮助之下，能够写出一部有关洛克菲勒的生平和工作方面的全传记，这着实给他带来了不小的压力。

洛克菲勒先生用真诚的语言说："不，我从来没有做过值得用一本书去写的事情。"所以，迄今为止他的传记还没有出来。

我能够听到洛克菲勒先生亲口讲述一些关于自己早年的奋斗和经历，言谈中还不时地折射出他对待生活的一些哲理，并且能够听到他就"获得成功"这个永不落伍的话题表达出自己看法，真的是比其他人幸运多了。"不要让我长篇大论"是洛克菲勒先生出于谦逊给我的另一个叮嘱。他公开声明自己不希望被人看作一个摆权威架子、在各方面都独断专行的代表人物。"不要相信我儿子嘴里的我，他对我有偏见"是洛克菲勒先生的另一个劝告，这番话是他当着小约翰·戴维森·洛克菲勒的面，用开玩笑的语气说的。

下面是这位商业史上最杰出的人物在打高尔夫球时、开车时或者在饭桌上不经意间所流露出来的一些有意义的话语：

"对于刚进入社会的年轻人来说，最为重要的事情就是要建立起信誉来，也就是一种声誉和品质。他必须获得别人对他的百分百信任。

"在我的事业生涯中所碰到最困难的问题，就是没有足够的资金去做自己想做的事情。如果给我足够的资金我一定能将这些事情做到。在你指望别人能借给你钱之前，你首先必须要建立起自己的信誉度。

"我所获得的第一笔贷款数额为2000美元，那个时候，这是一笔数目不小的钱。银行将款贷给我的原因是行长熟悉我的生活方式，了解我的习惯和我的勤奋。他从我的前任雇主那里得知，我是个值得信赖的年轻人。

"如今，年轻人和其他一些人总希望别人为自己多做点什么。他们总希望能得到红利和各种各样的特权。

"年轻人要想出人头地，就应该彻底了解自己从事的行业，认真、细致、勤奋地工作，然后将钱积蓄起来，要么买下公司的股份成为大股东，要么另外建立起属于自己的公司。

"万事都要靠自己，绝不能指望重要工作会无缘无故落到自己头上。

在认真完成好现有的分内的工作之后,你可以通过做一名有能力、有头脑的工人,建立起自己良好的信誉,尽可能地积累每一美元而让自己强大起来。

"就现在的公司经营方式而言,购买一定的股份很容易,因此要参与进去并获得利润。

"说到机会,现在每个人拥有的机会是60年前的10倍。那个时候机会少,用来抓住机会、利用机会的手段更少。现在,我们周围到处都充满机会,充足的资金流和健全的信贷系统可以帮助每个人抓住商机。"

我问洛克菲勒先生,您是怎样想到要成立标准石油公司的,标准石油公司是美国规模最大的现代联合企业。他对这个问题给出的回答,让我又一次深深感觉到了他总是刻意地归功于别人、将自己付出的努力轻描淡写的特点。

"我们并不是第一家采纳联合企业这种理念的公司。"他纠正了我(他惯用的"我们"二字总带给我一些理解上的麻烦),"西部联合电报公司首先开始购买了两三条电报线路,然后形成了一个大的电报公司。标准石油公司在这方面其实并未达到应有的成果。当时的石油行业实际上很混乱,所以几乎每进行一次精炼,就会面临着破产的危险。成品油的价格一度比生产成本还低。竞争一度是致命的,残酷已经不算什么了。我们吃过很多苦,有过很多辛酸,事情曾一度到了无法进行下去的地步。所以要想拯救这个行业,就必须要采取一定的措施。

"我写信给自己最大的竞争对手,问他是否愿意在某个时间某个地点和我见一次面。尽管我们一年多没有说过话了,但他还是同意了。就像我告诉过你的那样,那个时候的确是你死我活的竞争。我们讨论了整个石油行业的情况,他意识到,有必要采取一些果断的措施来避免整个行业普遍性的毁灭。他同意以一个合理的价格卖出自己的公司然后加入我们。随后,我们又以同样的方式收购了其他几家公司。"

我问道:"洛克菲勒先生,您从哪里搞到那么多资金?您告诉过我那时资金处于长期短缺状态。"

这个靠自己超越常人的智慧创立了全球最大企业的商界元老笑了笑，眨眨眼睛说道："还真有它有趣的地方。我们对一个公司做了合理的评估后，就会确定一个双方都满意的价格，接下来，我们要么就付给他们现金，要么就给他们标准石油公司的股份。"说到这里，洛克菲勒先生放声大笑起来，他似乎不打算再多说什么了。但是，我觉得他一定还有什么有趣的事要讲。

"是的，现在看起来这个问题有点可笑，但那时候对我们来说却是一个需要严肃考虑的问题。我会派头十足地拿出支票簿，做出一副无所谓的样子对对方说：'我是要给你写一张支票呢，还是给你标准石油公司的股份？'结果就像我预料的那样，大部分人还是很明智地接受了股份。当然，对待那些个别的不善于经商的买家，我们会尽力劝说他们，让他们明白，就算持有最少量的股份，到头来也会获得更多的利润，因为我们本身就非常自信。"

我又问道："当现金短缺而不是盈余时，您又是怎么做的？你那时一直处在严重缺乏资金的状态中。"

"我们会想尽一切办法凑齐资金的。到了这个时候，我们已经知道该如何来获得银行的贷款了。"这就是洛克菲勒先生的回答。

紧接着我又问道："标准石油公司能够取得令世人瞩目的成就，这份成就要归功于什么呢？"

洛克菲勒先生给出了令人感到意外的答复："归功于其他人。"

我请求他对这个回答给出准确的解释。在连击两球之后，我们逐渐开始向发球区以外的场地走去。洛克菲勒先生停下来，把头向我这边倾了倾，用略带机密的口气对我说：

"来，我给你说几件事。人们一直认为，我是个了不起的工人，不顾严寒酷暑，起早摸黑地工作。实际上，我过了35岁之后，就成了一个现在被人们称为'懒散'的那种人。每年夏天，我都会在位于克利夫兰的家里度过，把时间花在种植花草树木、修路、做一些园艺工作上，我骑马,享受和家人共同度过的时光,通过私人电报管理我的企业。从我第一次进入办公室的那一刻起,就从来都没有把自己全部的时间和注意力都用在工作上,我总是对周末学校、教堂工作和儿童福利方面的事很感兴趣。或者也可以这样说,我乐意为那些不太友好的、孤独的、可怜的人做一点事情。对于那些偶然来到我办公室看看我,公司的事情自己全盘包揽,忙到没时间考虑其他任何事情,甚至都没办法过上正常人的生活的企业家,我从心底为他们感到难过。

"我们的成功很大程度上要感谢公司汇聚了一批最具商业头脑的人。他们有才能、真诚、工作努力,他们有能力,而且很诚实,尽管每个人都有自己的个性,但是却能为了一个共同的目标而合作,建立起一个健康成功的企业。虽然有时他们的观点会有所不同,但是我们的政策是'没有暗箱操作'。如果必要的话,我们会在会议桌前坐上整整两天,直到所有人都达成一致,最终形成一个计划为止。公司一直都求贤若渴,没有恐惧、没有嫉妒是我们这里的真实情况。"

洛克菲勒先生稍作思考后,又补充道:"这么多个性迥异、才能出众的人竟然能够在一起合作这么多年。如果你觉得他们是靠某种见不得人的勾当达到这一目的的话,那岂不是太可笑了吗?如果这些人多年来都不是在做着荣耀体面的工作的话,又是什么力量能够把他们牵在一起,长期以来都不出现裂痕的呢?"

在整个商业界,洛克菲勒先生遭到的谩骂与攻击是最多的。当我仗着胆子向他提起这件事时,我还以为他会一改温和友善的语气和他在谈话中贯穿始终的宽容态度。没想到,我的问题仅仅是把洛克菲勒先生性格中宽容、大度、豁达、博爱的一面引向了另一个高度。

他用平静的声音回答道:"是的,一直以来,我们在很大程度上被人歪曲,并因为一些子虚乌有的事情遭人谴责,其实这些事情我们连想也没想过。尽管我承认,写在媒体上和流传在社会上的一些传言的确给我们造成了很大很深的伤害,但是我从来没有对此怀恨在心或为此痛苦,因为我知道,那些没能够取得和我们一样成就的人会感到不满或委屈,这是人之常情。所有这一切我们都应该能够预见得到，并做好承担这一切的思想准备。我从来都不曾怀疑，当人们了解到事实真相后，自然会给出一个公断来。整个事情在几年内可能不会水落石出，但是，只要从现在起的25年后，人们最终能够理解，去根据真正的事实，而不是被歪曲的事实对我们做出一个判断，我就已经很满足了。我从不怀疑公众判断力的公正性。"

有一天，我们之间的谈话转到了"给予"这个话题上，这时候洛克菲勒先生表现出了很大的兴趣。我对他说起，我在同美国最知名的金融界和商界领袖交往过程中，发现他们总是很强调洛克菲勒先生所取得的成就和他的慈善行为所发挥的作用——他的行动已经深入到每一个能够引起人类罪恶和邪恶的根源中去，并且为根除这些现象做出了不遗余力的努力，而不是仅仅考虑到如何缓解这个世界上的各种罪恶。

"正如许多人认为的那样，给予对于我来说已经不是什么一朝一夕的事情了。"洛克菲勒先生带着格外的热忱回答道，"我从每个月赚25美元时候起，就经常性地将自己的部分收入捐献出去。我从未停止过这种行动。我妈妈教会我要帮助别人，我也很幸运在这方面能够得到妻子以及后来儿子的支持与合作。如果没有全家人同心协力的鼓励和支持，我们可能连最小的成果都达不到。因为我们一直认为，在如何合理地施舍钱财方面所做的研究和需要花费的精力丝毫不亚于赚钱所需的精力。

"在我刚刚开始经商之时，我就在想，我要进入一个最好的、最大的领域，一个能为整个世界提供有用的东西，从而能够把整个世界作为潜在市场的行业。所以，我们也在想，在给予的时候，应该把目光放在能为整个世界带来好处的方面，也就是说，要把全人类看作一个整体。这一点一直以来就是我们的指导原则，我们要尽可能地为更多的人类带来幸福。我们并不是要仅仅给乞丐一些施舍物，如果能做一些事情根除产生这么多乞丐的原因，那么我们就获得了更为深刻、广泛、有价值的成就。同样的道理，如果为世界上最好的医生提供设备，让他能够年复一年地进行实验和研究，同时，为了能够让他的工作顺利进行，花费经费前往世界的某个部分也是必要的。如果通过这种科学方面的研究，能获取一种新的知识，从而研制出一种新的治疗方法来根除某种疾病，那么，这项工作所带来的利益也就成为全人类的宝藏。"

洛克菲勒先生认为教育是能够解决许多世界性问题的灵丹妙药。因为无知是世界上大多数悲惨和痛苦的根源，而用知识取代无知是通往漫长的消除各种悲惨状况的必由之路。因此，推动教育是洛克菲勒先生做出的巨大贡献。

我提到了美国教育总局正在酝酿中的取消各大学希腊和拉丁语课程的计划，该计划已经在试行，并且引起了骚乱。

洛克菲勒先生饶有兴致地回答道："事情已经引起了轩然大波，但仅仅这一点就能起到很好的作用。它会让事情的每一个方面都浮出水面，这样一来，各方面都会有所收获。我自己本身既不会希腊语也不会拉丁语，但是我的一个女婿却十分喜爱拉丁语，总是用拉丁语和一个朋友通信。我之所以向你提到这些是为了表明，我对任何交流方式都不存在偏见。"

"在你所认识的商人中，谁是最了不起的？"有一次，发生在前方路段的爆炸挡住了去路，我们不得不停止驾驶，这正是一次谈话的绝好机会。我们就把车停在一个小树林边上，洛克菲勒先生立刻就对他最大的爱好——树木发生了兴趣。我建议性地说出了一两个人的名字，而洛克菲勒先生却仍然还在寻找适合用来做标本的树木。

最后，他终于开口了："前两天报纸上刊登了一篇有关盖茨先生的文章，你看过了吗？"那篇文章我看过了。"那么，从现在起，你在写任何关于我的事情时，别忘了说明，盖茨先生是我们一切慈善行为的天才指导者。他能够成为我们中的一员，首先是因为他所从事的事业需要具有层次相当高的天赋和杰出的经商能力，其次是他的那颗善良的心和他与生俱来的能够把好钢用在刀刃上的金钱分配指导能力。我们都欠盖茨先生很多，他的帮助应该得到普遍的认可。在我所认识的人中，他的经商技巧和乐施好助方面的整体能力要远远高于其他人。"

从这一点上，我可以推论出，弗雷德里克·T.盖茨先生，这个曾经在洛克菲勒第一次为芝加哥大学提供捐助的协商中起到了很大的作用，而且多年来一直和小约翰·戴维森·洛克菲勒共同管理着洛克菲勒家族的慈善事业的人，多年来一直是洛克菲勒先生最有价值的一名私人助手。

对于"人"这个话题，洛克菲勒先生这样说："人，并非机器或植物，他可以形成一个组织。合格的商人应该能够组织人们以低成本生产出大量优质产品。有三件事情是成功的必然条件。他们应该采用恰当的辅助手段来经营自己的生意；他们应该仔细保存和利用全部的副产品来防止浪费；他们应该知道如何以最为经济有效的手段来推销自己的产品。此外，他们还应该有足够的实力来成功地管理工人。"

我又提到了"投机"这个话题。对此，洛克菲勒先生报以坚决的态度，并且情绪激动地表达了自己的观点。

"过去，每次华尔街发生什么事情，人们总免不了把矛头指向我们，说是我们投机造成的。事实并不是这样。"洛克菲勒先生声明，"标准石油公司从没有控制过任何一家银行或信托公司或铁路公司或其他任何一家与自己的业务无关的公司。我的某些个人投资并没有获得令人满意的结果，但是，当股票下跌时，我们并没有弃之而不顾，作为个人投资者，我们通过注入更多资金和设法改进它的管理而挽救它，不让它继续下跌。这也就是我为何会持有某些矿产股的原因，当然，最后的结果就是我满载而归。

"标准石油公司的成功很大程度上要归功于一个事实，那就是多年来，所有和标准石油有关的人都将自己的全部精力奉献给它，让它能够不断地在其他国家得到发展，建立起子公司。一直以来，我一次次地否认标准石油公司在股市中有过投机行为，这让我感觉到很累，所以，我不想再多说了。毋庸置疑，这件不幸的事应当由那些抱着投机目的进入股市，并进行投机操作的公司来负责任，标准石油公司从没做过这样的事。

"我一直反对标准石油公司的股票上市，就是因为我不希望他们成为那些投机者的玩物。让工人们集中精力搞好自己的公司要比花时间去盯着股票行情收录机好得多。你是知道的,石油企业很容易有突然的、幅度很大的波动,比如说,一个新油田的发现可能会导致油价的大幅下跌,同时,老油田的枯竭也可能会导致油价的上涨。如果我们的股票上市的话,可能会成为那些投机赌博者的头号利用工具,所以直到今天,我们的股票也没有在纽约股票交易市场上市。"

不管我们讨论的是生活中的哪个方面,社会也好,宗教也罢,抑或是金融企业之类的话题,我发现洛克菲勒先生总是站在放眼世界的角度去看待它们,他总是那么胸襟开阔、宽宏大量,从来不曾谴责过谁,总是尽量将自己的成就一笔带过。

其实,洛克菲勒先生并不认为自己是一名优秀的建筑师,亲手建立了有史以来最强大的公司,他也不认为自己是世界上最富有的人。他对自己的财富持有一种超然的态度,每次谈及它们时,总给人感觉这一切完全不属于他,他只能把这一切奉献给人类的进步,为人类创造更好的生活。他会说"那些富有的人",就好像他压根不属于这个阶层似的。在他看来,从真正意义上来讲,这些钱并不是他个人的,而是一笔基金,等待最有能力的人聚在一起,共同商定如何能将它们用在为最多的人谋取最大的幸福上。

洛克菲勒一家,包括父与子,在连续几个月来,生活方式都严格遵照战争时期的供应标准。这个世界上最富有的人,家里的一日三餐比奢侈一些的平常美国人更简单,花费更少。洛克菲勒父子并不认为,因为他们有钱就可以想买什么就买什么,想消费什么就消费什么。他们每餐最多有三道菜。有一次在餐桌上,洛克菲勒先生这样说:"我们必须力所能及地为几百万处在饥饿中的人节省粮食。"

在这里,我要对时下那些说洛克菲勒先生只吃面包和牛奶的谬论提出反驳。我和洛克菲勒先生共进晚餐已经不止一次了,我可以证明,他至少同我吃的一样多。

就洛克菲勒先生对各种问题给出的回答,我很想在这里继续写下去,但是,由于篇幅有限,我接下来只能对洛克菲勒先生的职业生涯给出一个大致的叙述。

约翰·戴维森·洛克菲勒来自一个古老的法国(诺曼)家族。1650年,洛克菲勒家族的第一个人从荷兰移民来到了美洲大陆。洛克菲勒先生的祖父娶了康涅狄格州的著名英格兰女王艾格伯特后裔家族中的露西·埃弗里。他们的长子威廉·艾格伯特·洛克菲勒的妻子是伊莱扎·戴维森,所以,约翰·戴维森·洛克菲勒是他们6个孩子中的老二,家中的长子。

洛克菲勒家族的孩子们在父母的教导下,从小就知道节俭的价值、勤奋工作的必要性以及谨慎做人、三思而后行是一种智慧。父母用酬劳的方式鼓励他们出色完成自己的工作,约翰·戴维森·洛克菲勒在很小的时候就表现出了他的商业头脑,家里让他喂养一窝火鸡,这一窝火鸡在大多数情况下能够自己觅食,所以,当他把这些火鸡卖掉后,所赚到的钱几乎就是纯利润。然后,他把这部分收益以7%的利息贷出去。人生第一次完整的经商经历一直被洛克菲勒先生所珍藏,这是他一生所获得的宝藏之一。那时候,他还不到9岁,他还会给奶牛挤奶、看管牛羊、在田地里工作,还会做普通的家务活。

约翰·戴维森·洛克菲勒1839年7月8日出生于纽约泰奥加郡的里奇福德,在他三四岁时,全家来到了摩拉维亚附近奥沃斯科湖的一个农场。10岁时,又迁到了奥韦戈附近的沙士克哈纳山谷,14岁时,来到了俄亥俄州的克利夫兰。他的小学学业是他妈妈一手教他完成的,后来他上了中学,15岁时离开学校,然后又上过克利夫兰商业学院的短期课程。

16岁时,他开始找工作。他先后去商店、工厂、办公室去应聘,但是都没能成功。最后,一个名为休伊特—塔特尔的公司录用了他,这是一个做期货生意、代理商经纪人以及生产加工的公司,公司安排他做一名办公室勤杂人员,并兼职做助理记账员。这一天是1855年9月26日,他在以后每一年的这一天里,都要进行周年庆典。公司并没有和他定好工资待遇，连续3个月来他都在对收入不明底细的情况下工作着，而且公司所安排的工作也并不十分符合他的能力。但是，有一件事始终令他感兴趣，那就是他终于有机会为自己的雇主做一些事情了，他的报酬完全是次要的。年终的时候，他拿到了50美元作为这14周的酬劳并且以每月25美元的工资开始了新的一年。第二年，一年工资2000美元的记账员辞职了，年轻的洛克菲勒以500美元的年薪接替了这一职位。到了第三年，他收到了550美元的年薪。到了第四个年头上，他要求800美元的年薪，但是公司只付给他700美元。就这样，他决定辞掉这份工作，自己开始做生意。当时他还不到20岁，但是，他已经利用这几年时间取得了很大的进步。洛克菲勒先生一边回顾一边对我说："我尽可能地学会了公司的每一项业务。每一笔来到我这里的账单，我都要仔细核对，我一定要确保，我的老板没有受到任何欺诈，我把这件事当作是自己的事情一样认真对待。我们除了生产以外，还经营各种进出口贸易，我记得有一个船主，他总是要提出一些货运赔偿金，我决定要调查一下。我坚持检查所有的单据和货运，后来发现他一直以来提出的索赔完全是不受支持的。我抱着一个合作人的态度和兴趣认真对待每一件事情，从中学到了很多。我真正明白了生意到底是怎样经营的、各种账目是怎样系统记录的以及办公室管理的每一个方面，当然我也看到了一个公司应该怎样去融资。接着，我又有机会看到该如何对待客户。"

与此同时，这个年轻人正在商业圈以外渐渐树立起自己的威信。首先，他成为周末学校里一名充满热情的成员。16岁那年，他被选为艾利大街基督教堂斗争任务理事会的一名执事，也就是现在的尤克立德大街基督教堂。还不到18岁，他就被选举为教堂理事会成员，他的弟弟威廉继他之后成为执事。这个小小的教堂的抵押贷款马上就要到期了，因此面临着关闭的可能性。约翰·戴维森·洛克菲勒决定要拯救这个小教堂。他把教堂的情况写下来，贴在教堂大门上，然后同每个前来捐助的人倾心交谈，或者向抵押保证人表示一定能还清债务。他还亲自从自己的口袋里掏出一定数量的钱，来为其他募捐人树立榜样。最后，他理所当然地获得了成功，他成为周末学校的领导者，后来又成为主管。他继续寻找那些孤独的年轻人，把他们带到教堂的大家庭中来，用自己微薄的力量帮助着那些穷苦的人们。当他日后进入商界，完全靠他自己时，他的这种认认真真建立起来的声誉会为他带来很大的支持和帮助。他的勤奋、他充沛的精力、他的热情、他的机警、他的能力和他的乐观都给与他共过事的人留下了深刻的印象。

1895年，他和比他年长10岁的莫里斯·B. 克拉克合作，进入了生产行业。洛克菲勒先生自己积攒了800美元，他的父亲以10%的利息借给他1000美元，好让他凑够入股的资本。

"我去拜访了附近一带的农民和其他一些人，同他们谈了话，告诉他们如果有机会的话，我们很高兴随时为他们提供服务，我们并没有要求他们改变现有的购买对象，只是给他们留下了名片，希望在以后他们想要联系我们时能够用得到。"洛克菲勒先生回忆道，"这种用个人的影响力来招揽生意的结果大大超过了我们的预期。大量的业务涌向我们，仅仅在第一年里，我们就做了50多万美元的生意。"

洛克菲勒先生开始对石油业感兴趣时，还不到22岁。那个时候克利夫兰已经有了几个提炼厂，这些提炼厂主要生产照明用原油。而当时的洛克菲勒也已经是一个精明老到的商人了，他一直在寻找着新的商机。他预感到，这个新兴行业将孕育着无限的发展潜力。他做了调查和计算，最后明白了一个事实，这个世界上有一种物质，它很有可能会走进每家每户的生活。1862年，他马不停蹄地帮助成立起了安德鲁斯—克拉克精炼油公司，并和克拉克共同出任公司的财务和业务经理。三年之后，他将自己在期货代理公司的股份全部转让给了M. B. 克拉克，然后又买下了他在安德鲁斯—克拉克公司里的股份，然后加入了塞缪尔·安德鲁斯，和他共同成立了洛克菲勒—安德鲁斯公司，继续在石油行业发展。

"那个时候，我们就意识到，有一种东西是全世界都需要的。但是我们却没有想到我们的公司会发展到这么大。"洛克菲勒先生谦虚地承认，

"可以这么说，实际上我那时一直忙于自己的理想，一直在努力工作，所以实际达到的总是比我想象的要多。那些和我一起工作的人以及我自己只不过就是尽可能好地完成自己每天的工作，做一些看起来最为明智的事情，努力计划一个更大的未来。我们并不是一味地追求在金钱方面的增加，我们只是希望公司能够稳固、安全地发展。我的父亲曾经给我上过一课，就在我的公司刚成立，处于最艰难困境的时候，他来找我，要求我偿还他给我的贷款。当然，他这样做的目的是要测试一下我的随机应变能力以及我应对突发状况的能力。在我匆匆忙忙为他搞到这笔钱之后，他笑着把它又还给了我，告诉我他并不是真的需要这笔钱，他很高兴看到我有能力还清债务。"

在公司尚处于筑底阶段的那几年里，如何弄到足够的资金和信贷来满足洛克菲勒的企业手头数量巨大的业务需求是一个最难以解决的问题。银行是有限的，它们所能提供的贷款最大限额远远满足不了他迅速增加的需求量。有一次，一个银行的行长在街上碰到了洛克菲勒先生，很严肃地告诉他，他的贷款数额太大了，他必须去和董事们亲自面谈才行。洛克菲勒先生回答道："能够见到董事长真是太棒了，我正打算申请更多的贷款呢。"洛克菲勒先生又加了一句："他从来都没请我去过。"

随着公司的不断发展，威廉—洛克菲勒精炼油公司同原来的洛克菲勒—安德鲁斯精炼油公司合并后，于1866年成立了一个新公司。公司的股东为威廉·洛克菲勒、洛克菲勒和安德鲁斯。后来，又在纽约建起了洛克菲勒公司，主要从事这两个公司的出口业务。大约在1867年，H. M. 弗拉格勒和S. V. 哈克尼斯来到了公司，于是，他们将先前所有的公司都进行了合并，最后形成了一个名为洛克菲勒—安德鲁斯—弗拉格勒的公司。人们在石油行业已经大捞了一笔，因此，这个行业已经是过度饱和了。开采出来的石油已经大于市场的需求量，即使洛克菲勒公司不断地开发国外市场，可仍然没能使国内的生产量限制在消费需求之内。石油的销售价格降到了生产成本之内，许多企业损失严重，许多人因此而破产了。还有一些人只要能找到收购者，就会不顾一切把自己的公司卖掉。整个行业面临着一场毁灭。

1869年，洛克菲勒—安德鲁斯—弗拉格勒公司被兼并成立了标准石油公司，公司的资产为100万美元，由洛克菲勒出任总裁。他对自己经过深思熟虑后选择进入的行业从来没有失去过信心。大火可能会让价值不菲的工厂毁于一旦，重要的油田可能会在一夜之间枯竭，令高价购买的设备一文不值，银行可能会拒绝为这个不稳定的行业提供贷款，油价可能会下跌到灾难性的水平，市场可能会胶着不前，外国油田可能会让整个美国的产量相形见绌。然而这一切从来没能够令洛克菲勒先生动摇过。

30年前，摩根就领悟到了用钢铁公司所采用的一整套方式去做生意的要领，并在自己的公司如法炮制。洛克菲勒是一个目光长远、勇气非凡、思维灵活的人，自然也会将这一系列经营理念引入自己的领域中。濒临破产的公司一个接一个被新成立的标准石油公司兼并，它的资产先是翻倍，随后是几倍的增长。公司的业务范围一直在向东、向西、向南发展，打破了国界的限制，通过骆驼或人力的运输，甚至将这种新型可以燃烧照明的材料销往了中国最边远的地区，并且为当地的人提供了免费的油灯。

石油行业是一个高风险行业，一场大火在几个小时内就可以让一个工厂化为灰烬，一个出油口会在没有任何征兆的情况下突然枯竭。所以，只有在全国范围内开设了工厂的公司才有足够的实力承担这样的风险；只有大的公司才能够花得起几百万美元来改进设备，不断扩大原有的市场范围，降低生产成本；只有像标准石油那样的公司才能够铺得起几千英里的输油管道，省去桶装原油极高的运输费；只有这样的公司才能建起那些随时可能被丢弃的精炼油厂；只有这样的公司才能造得起专供出口使用的昂贵的油罐汽船和负责国内运输的油罐卡车；只有这样的公司才能够面对激烈的竞争把代理商派到世界各地，去建立新的市场；只有这样的公司才能克服每个公司都有可能面临的突如其来的灾难，定期准确无误地提供大量的石油；只有这样庞大的公司才有能力在全国范围提供设施，让几百万个小型消费者直接从生产商那里得到供应。

正如洛克菲勒先生在不动声色中观察到的那样，"我们的公司并不是自发地在增长。我们并非什么都不做就坐在那里等着分红。我们公司的增长的理由和其他成功企业的增长的理由是相同的：我们基本的指导原则是正确的；我们公平地对待每一个人并且能迅速应对突发状况；我们研究事实；我们耐心等待机会同时也创造机会；我们不遗余力不惜一切代价生产最好的产品；我们不会目光短浅到用高不可攀的价格缩小自己的市场，相反，我们会不停地想办法将价格降到最低限度，从而对更多的消费者起到鼓励作用；我们绝不允许成功或者暂时性的挫折令我们失去领导地位；我们总是异常谨慎地保持良好的财务状况，抵制一切让标准石油公司的股票上市的建议，因为它有可能会给投机带来机会或引起股市的波动。我可以用更轻松的姿态来谈论公司后期的成就，近几年来公司的规模已经发展到了让人无法想象的程度，但是，我个人并没有太多参与对它的管理。90年代初，我在55岁之前就已经退休了，从那以后只是非常偶然地才去视察一次办公室。"

在这里，我绝不是要描述标准石油公司的成长历史，而是希望以个人微薄的力量描述一下洛克菲勒先生的优良品质，让大家了解到他是一个谦虚的人、大概讲述一下他早期的奋斗、他异乎寻常的勤奋和把握机会的敏锐度、他对全人类的同情心、他对自己手中的金钱抱有一种代管人的态度、他深邃的洞悉能力、他用明确的态度揪出各种罪恶的根源，而不是仅仅去做一些缓解工作。我对洛克菲勒先生的评论也只能限定在我对他的了解之内，我并不是要对标准石油公司的每一件事或其中的某件事做出评判，也不想对那些遵循洛克菲勒先生谆谆教导的人说长道短。

然而，我却可以说，而且我必须要说，在我所见到过的所有国内外的杰出人物中，没有一个人像洛克菲勒先生那样在经商和慈善活动中拥有如此宽阔和深远的见识；没有一个人对如何利用自己的财富和影响力永远造福人类而感到如此焦虑不安；没有一个人表现得比他更具人道主义和同情心；没有谁能够像他一样总是度人以君子之心；在对待每件事情上，他都没有一丝一毫的傲慢与居高临下；没有人比他更平易近人，随时打算着为别人做一点有用的事情，或者对一个微不足道的人和孩子说一句鼓励的话语。

洛克菲勒先生在他78岁大寿的前一天对我说："老天留给我让我能够做自己喜欢的事情的日子已经不多了，可是，我不管走到哪里都能发现令人感到幸福和心满意足的事情。我的儿子已经对我们一直以来为之努力的事业产生了浓厚的兴趣，我们这个国度里一些最崇高的人正在奉献着自己的力量，他们中的许多人是商人，他们通过参与医疗机构、基金和其他一些机构的活动，不求回报地为这方面工作做着指导，对此，我感到无比的欣慰。"

朱利叶斯·罗森沃尔德

朱利叶斯·罗森沃尔德，西尔斯—罗巴克公司零售奇迹的缔造者。罗森沃尔德基金创办人，芝加哥科学与工业博物馆的创办人。

现代最大的商业销售奇迹开始于明尼苏达州一个工作勤奋的车站站长，最初的时候，他通过信函的方式销售了几块手表。如今，这个公司每天售出的商品需要有70节车皮来向外运输。

它在1916年的销售额超过了1.4亿美元，也就是说，日销售额几乎达到了50万美元。所有这些都是零售，比如说一双鞋、一套衣服、一条裙子、一台缝纫机、一块手表、一磅茶叶、一架钢琴，等等。每天一大早，邮递员就会将7到14万封订购信送往公司。

公司总部和各个工厂里的直接雇员为3万到4万人次，而间接雇员的数量恐怕就更多了。22年前，公司一半的股份价值为7万美元，如今，在没有任何扩股的情况下，公司股票的市值已经增加到了1.4亿美元，这还不算每年几百万美元的分红。

所有的商品都不是通过柜台出售，每一张订单都无一例外地附带着一张支票或邮政付款单作为结算方式。该公司的宣传材料遍布整个美国，每年的印刷量远远超过了任何一家机构所发行的材料，就连《圣经》出版社每年的销售量也没能超过它。1916年，《圣经》的销售量为4000万本。

说到《圣经》，前两天我在芝加哥听到了这样一个故事，一个周末学校的教师在课堂上问他的学生："我们的'十诫'是从哪里来的？"结果一个瑞典小女孩十分肯定地回答："来自西尔斯—罗巴克！"

这下子好啦！小女孩一语道破天机，她所说的正是现代商业奇迹——芝加哥西尔斯—罗巴克公司。

站在这个商业奇迹背后的人不是别人，正是朱利叶斯·罗森沃尔德，他是该公司的总裁。

如果你称罗森沃尔德先生为"奇迹创造人"，他会不高兴，因为他并不觉得自己做了什么特别的事，他打心眼里拒绝认为自己获得了什么了不起的成就。

当我向罗森沃尔德先生表示，他获得了斐然的成就时，他却打断了我的话，说道："一个人的力量是微薄的，他无法执行自己或他人的想法。那些处在最高层的人物得到的赞誉往往最多，然而令他受到夸赞的那些理念常常却是来自其他人的脑海。如果没有别人来实践他或其他一些人的想法，那么仅靠他自己又能做成什么大事呢？真正在做事情的，是围绕在最高人物周围那些有能力并且愿意为他做事的人们。在建立西尔斯—罗巴克公司的过程中，我只起到了很小的作用。"

一天，一个朋友和罗森沃尔德先生同驾一辆车子回家，此时正值西尔斯—罗巴克芝加哥主基地的下班时间，1.3万名员工如潮水般涌出大楼。

这位朋友便问他："罗森沃尔德先生，有这么多人为你工作是种什么样的感觉呢？"

他回答道："为什么问这样的问题？我从来没有觉得他们是在为我工作，我一直觉得他们是在和我一起工作。"

公司刚迁入现在这座宏伟的大厦时，有几个行政人员看到他们总裁的地板上竟然没铺地毯,沙发前也没有方毯,感觉很不习惯。所以他们几个私下凑在一起,买了一块非常华丽的东方地毯,然后走进总裁办公室,表达了一番后,送上了这份漂亮的礼物。尽管他感到万分的迷惑,但他仍然对他们表示了极大的谢意,并努力做出一副很开心的样子。

这块地毯就这样紧紧地卷着,静静地立在墙角。一周过去了,又一周过去了,然后,地毯不见了!如果亚麻油地毡对他的员工来讲很不错的话,那么对他也就很不错了。

芝加哥的一位杰出人物向我说起罗森沃尔德先生时,说他是"芝加哥的最佳市民"。

朱利叶斯·罗森沃尔德最出名的地方就在于,他并不具有超人一等的经商能力,他也没有敏锐的商业目光和嗅觉,作为一个经商的人,他也没有什么明显的超越常人的能力。罗森沃尔德的伟大之处不在于他的企业,而在于他本人;不在于他有什么,而在于他是什么。他的个性、他的特征、他的真诚、他的诚实、他的民主、他的善于思考、他善良的心地、他对众生的怜悯、他竭尽全力去帮助那些不幸的人们,不论肤色、种族与年龄。

在他的企业中,罗森沃尔德先生十分注重并致力于正确的经商原则。西尔斯—罗巴克规定,商品目录表上对所售商品做出的每一条陈述与描述都必须同实际物品完全一致,这些检查对比工作由公司特别雇用的专家来完成。此外,公司还投入大量资金在各地设有实验室,这些实验室负责对每一件运到的商品用科学和化学手段来进行检验,只要是略有瑕疵的商品就会被拒收并立刻退货。这条规定令许多商家在发货之前一定要再三考虑他们的产品能否通过这种最严格的检验。任何客户只要对所购商品不满意,都可以退货退款,来回的运费由商家来负责。所以,销售人员一定要时刻谨慎,因为承担风险的人不是顾客,而是他。

每一种你能够想得到的商品,大到平房小到纽扣,都可以在西尔斯—罗巴克公司购买到。平房也可以邮购?是的。

这些又是怎样做到的呢?这家优秀杰出企业的成长历程又是怎样

的呢？

35年前，明尼苏达州的R. W. 西尔斯还是一个年轻的火车站站长，那个时候他就有一种通过信件销售手表的想法。他的广告做得巧妙而机智，所以他的生意也很红火。他对自己许下诺言，等他攒够了10万美元，他就要退休。最后他做到了。但是连续半年的闲散终于让他明白了一个道理：理想的生活状态应该是有事可做，并不是无所事事。但是他已经决定了自己的名字在3年内不会出现在任何一份邮购订单上。最后，他同一位名叫罗巴克的手表制造商朋友签订了合同，给新成立的公司取名为A. C. 罗巴克公司。到了第3年合同期满之时，罗巴克这个名字已经具有了一定的知名度，所以，罗巴克先生虽然并不是合伙人，但公司仍然继续沿用了他的名字，并改名为西尔斯—罗巴克公司。西尔斯是一个敏锐、积极的商人，当公司迁往芝加哥时，他又在自己的业务范围内增加了各种新品种，其中包括衣服。然而，所有的销售仍然是通过邮寄实现的。

当时，朱利叶斯·罗森沃尔德在芝加哥从事服装行业，他是希尔斯先生很大的一个供货商。对衣物的邮购需求量迅速扩大，没过多久，当时只有西尔斯先生一个人的西尔斯—罗巴克公司的资金就跟不上业务的需求量了。最后他提出来让罗森沃尔德先生入股。

罗森沃尔德先生深知看到机会，并抓住机会的重要性。从很小的时候，他就表现出了非同一般的创新精神、企业家精神和勤奋。还没满11岁，他就对商业产生了一种好奇心。他曾经在自己的家乡挨家挨户上门推销过一些小物品，他出生于伊利诺伊州的斯普林菲尔德，他的父亲在当地的一家制衣企业工作。他最擅长销售当时很受欢迎的彩色图片和彩色石印图片。然而，他却更愿意老老实实去赚钱。比如说，他曾为教堂的管风琴充气，好让女管风琴手随时使用。

说起自己的少年时光，罗森沃尔德先生万分感慨地说："林肯总统纪念碑在斯普林菲尔德落成那一天，我销售宣传册赚到了2.25美元，这一切仿佛就是在昨天，格兰特总统是我第一个亲眼看到过的总统，也是我第一个见过的戴着儿童手套的男人。"

那个时候,朱利叶斯已经不小了,他开始关注一些和服装行业有关的问题了。15岁时的暑假里,他受雇于一家服装店,这是他的第一份正式职业。

我问道:"你是怎么花这第一笔钱的?"

他回答:"存起来了。"我注意到,他在回答这个问题时,略显迟疑。

我继续刨根问底:"那后来呢,你拿这笔钱做什么了?"

"我把它都取了出来,然后用这将近25美元为母亲买了一套茶具来庆祝她的结婚20年纪念日。"

16岁时,他离开了学校,进入了纽约一家名为哈默斯劳兄弟的服装批发公司,这家公司是他的两个叔叔开的。他生活很节俭,等到他21岁时,就已经存了一部分钱。父亲给他一些资金援助后,他就在第四大道距离布罗考兄弟不远的地方开了一家服装零售店。虽然这里不是金矿,但通过他不断地努力,这个商店的利润还相当可以。有一天,罗森沃尔德先生和一个专门生产男士夏装的服装厂业主谈话时,这个生产商无意中说起:"我们至少有16封订购电报,而我们的产量却满足不了订单的需求。"

罗森沃尔德先生继续讲述道:"他的这番话留给我很深的印象,他的订单竟然多到了来不及生产!半夜里,我醒来后再也无法入睡,就在那一刻,我突然意识到服装加工是一个值得投入的行业,所以我决定卖掉服装店,开始加工男士夏季服装。"

罗森沃尔德找到了同样来自伊利诺伊州的朱利叶斯·E. 韦尔来做合伙人,告诉他,在芝加哥还没有服装加工企业,所以这是最好做的一行。刚开始的时候,罗森沃尔德和韦尔两个人既是生产商又是批发商,作为初入行的人,他们需要克服许多困难,但是一两年之后,他们的生意越做越大,并且有了很大的利润。从1885年到1895年这10年间,罗森沃尔德先生对罗森沃尔德—韦尔公司的发展投入了全部的精力。后来,他退出后重新组建了罗森沃尔德公司,专门从事普通衣物的加工生产。到了这个时候，西尔斯已经成为他最重要的客户。

1895年，罗森沃尔德同意以7万美元的价格和另一个人共同买下西尔斯—罗巴克公司的一半股份。一开始，罗森沃尔德先生并没有成为西尔斯—罗巴克积极的合伙人，仍将注意力停留在他自己的公司上。这笔新注入的资金使这个邮购公司的业务量在不到一年的时间里扩展到了50万美元，西尔斯以个人的力量已经无法管理好这个公司了，所以，1896年，罗森沃尔德先生开始着手西尔斯—罗巴克的管理工作，他担任公司的副总裁和财务总监。1908年，西尔斯先生退休后，他成为该公司的总裁，几年之后，西尔斯先生去世了。

早些时期，西尔斯—罗巴克和其他一些邮购公司一样，对自己的广告措辞和商品目录都不是十分挑剔，所罗列出的商品与实物也并不是完全相符。那个时候全国上下的商业道德标准普遍不如现在这么高，罗森沃尔德先生告诉自己一定要提高商业道德标准。他的道德法典很快就转化成了利润。"诚实为上策"的原则在这里得到了充分的证明。

蒸蒸日上的西尔斯—罗巴克又引进了其他一些改进后的经商方式，它扩大了经营范围，它开始自己设厂，现在工厂里的员工已经达到了2万人。它拥有最好的买家，并赋予他们几乎是无限的机会。它延长了自己的邮购产品目录单，尤其是全年供货的商品，并增加一些季节性产品和特殊产品。它在不断提高产品质量的同时还采取了一条具有革命性的策略——不满意就退款。这个让人信心倍增的策略令销售量一次次创下新纪录，从1900年的1100万到1906年的5000万，到了1914年，销售量一下子就蹿到了1亿美元，仅在最近的3年里，销售量就提高了40%。

又有谁承想得到，鞋子竟然也能邮购？但是这个设想已经在不久前得到了证实，月销售量很快就超过了100万美元，这一数字大大超过了世界上任何一家零售商店的销量。多数鞋子都是在他们自己的工厂里生产出来的。

人们应该还记得西尔斯—罗巴克并购大英百科图书公司的过程，以及它后来组织的一次图书界规模空前的促销活动。此次促销活动为1916年的销售额贡献了500多万美元。想出这个主意的人其实并不是罗森沃尔德先生，而是他的副总裁，另一个具有非凡能力的人艾尔伯特·H.洛布。

西尔斯—罗巴克工厂里的劳动力节省装置、操作系统和机械设备都是我所见过的最好的，甚至一些最先进的汽车厂也无法与之相比。

罗森沃尔德先生并不像许多总裁那样，把所有的权利都握在自己的手心里。西尔斯—罗巴克公司里的部门经理的权利范围之大是多数公司的部门负责人所无法想象的。公司鼓励他们想出一些新的办法来，并让他们放开手脚去尝试，直到取得结果为止。

罗森沃尔德先生说："我们要给别人做事情的机会。"

"我们给他们鼓劲，为他们提供帮助来实现自己的想法。即使有时候他们也会偶尔犯错，结果也比总是由一个人控制着整个公司要好。"

罗森沃尔德先生对雇员的举止行为要求十分严格。他给予全厂几千名女工父亲般的关爱，并立下了铁一般的严格规矩，任何企图利用职权之便打破规矩的男性雇员，不管他是多么重要的人物，一概不会被原谅。虽然西尔斯—罗巴克为职工提供的健身娱乐设备是任何一个公司都无法媲美的，但是，公司却禁止举行能够让男、女工人熟悉起来的野餐或其他社交活动。实际上，当你走进西尔斯—罗巴克厂区时，首先看到的是垒球场、网球场和其他的运动场地，厂房前面还有一座座美丽的花园。公司的餐厅有精良的烹饪设备，以低廉的价格为工人们提供可口的饭菜，男工人和女工人在同一个餐厅吃饭，但不可以在同一张餐桌上进餐。

对于罗森沃尔德先生而言，餐厅的饭很丰盛，他也在餐厅吃午饭。有一天，一位参观者和罗森沃尔德先生一起吃饭，这时他注意到一位男工人和一个女孩坐在一张桌子上吃饭，于是，这位总裁立刻就问怎么回事。当他弄明白他们是同在这个公司工作的父女俩时，立刻找来餐厅经理，让他另外安排一个桌子，这样一来，像这种情况他们就既可以一起吃饭，又不破坏公司的规定。

几年前,西尔斯—罗巴克公司的几千名职工就获得了以发行价购买本公司股票的机会,现在,他们手里的股票价值已经翻了4倍还多。或许,罗森沃尔德先生在和同事们的关系上最成功的地方就在于他的"雇员储蓄和雇员利润共享计划",专门研究这个专业的学生说这是一项前所未有的好计划。简单来说,如果某个工人将自己工资的5%投入到一个共同基金内,那么他就有权享受到公司每年净利润的5%。在一般的利润基础上,通常工人们投入的是1美元,而收到的将会是2美元。比如说,一个工人每周的工资为20美元,每周向基金里投入1美元,那么15年之后,他投入的780美元,就变成了3428美元。30年后,他投入的1560美元将会成为1.0566万美元。工人基金所包括的情况对加入它的工人来说是十分有利的。

此外,所有年收入在1500美元以下的职工都可以享受到"年度补助"。工人进入公司满5年后,就可得到工资总额5%的年度补助,以后每多一年,补助就上涨一个百分点,也就是说,等到进入公司第10个年头时,就可以拿到占工资总额10%的年终补助,从此以后每年都是10%。打个比方,一个每周工资为25美元的工人,如果有10年的工龄,那么他就可以得到130美元的补助。第一次拿到年度补助的工人同时还可以得到一枚金质徽章,到了第10年年底,还有另一枚徽章,第15年、第20年都有相应的徽章。公司里不论是长期工人还是办公人员均佩戴着表示自己工龄的徽章,这份荣誉犹如佩戴着维多利亚十字勋章的英国士兵。

罗森沃尔德先生在解释自己引入雇员利润共享计划的初衷时说道:"奢侈是美国人根深蒂固的罪孽。我们的计划将让一些工人重新感觉到将自己收入的一部分存起来是值得的,它鼓励和帮助工人们积累一些东西,还可以让他们摒弃一些没必要的东西,对他们的个性也会产生良好的影响。过了几年,如果他们想要取出自己的积蓄是完全可以的,用不着等到头发白了。在这里工作5年后,如果一个女工想要结婚,她可以连本带利取出自己的积蓄,男工人在满10年工龄后,也可以自由取出自己的积蓄。"

"但是，不要以为我们为工人所做的一切都是出于慈善的动机，至少不完全是。我们让工人利润共享，让他们拥有股票，或者低价为他们供应午餐，给他们提供医疗服务，提供健身场所、假期，等等，所有这一切都是因为我们认为它是一件好事，值得去做。"

罗森沃尔德先生这一番话听起来有些公事公办、冷冰冰的感觉，但不知为什么，也许是出于对他的尊敬吧，我总觉得他这些勇敢的话语不能代表事实或全部的事实。我认为他这些富于人道的做法是出自他的内心而不是出于经济利益。换句话说，这其中也包含有一些感情因素在内。

罗森沃尔德先生承认："弥漫在整个工厂里的那种快乐气氛是能让我继续管理这个公司的巨大吸引力之一。"

在我参观整个西尔斯—罗巴克公司的过程中，我深深地被工人们那种显而易见的快乐打动了。我看到一个正在不停地往印刷机里送纸的年轻女工，我想这样的工作一定枯燥至极，没想到她却微笑着回答："不枯燥，我觉得就像是在玩一样轻松。"

"那你的手不会觉得痛吗？"

"不痛，你看我的手指头，上面套着套箍呢。"

如果一个公司能够拥有工人们极大的忠诚度和满意度，即使是日复一日、年复一年地重复同样动作往印刷机里送纸，她都感到工作像玩一样轻松，心满意足地做着这份工作，那么这个公司势必已经解决了劳资问题的一个方面。

让我再来举一个例子说明一下罗森沃尔德先生对待工人的态度，他感觉到，从某种程度上来讲，他应该对职工的福利负起一定的责任。1906年，当公司从芝加哥南部迁入现在的办公楼和工厂时，罗森沃尔德先生非常担忧周围的沙龙会影响到工人们。有人以这种"家长式作风"不应干涉到自由成长的公民个人习惯为由，提出了反对。但是，罗森沃尔德先生是总裁，他说了算。经得大家的同意后，公司最后颁布了一项规定，工人不许进入距离工厂8个街区内的沙龙，初犯者警告，再犯者开除。

有一个沙龙恰恰就在距离工厂的第8个街区上，为了吸引来来往往的工人，它竖起了一块牌子，在对着工厂的这一边写着"第一次机会"，而在对着外边的那一面写着"最后一次机会"。

罗森沃尔德先生在1912年8月12日举行了他的50周岁生日庆典。这次庆典上他总共为各种有价值的机构捐赠了70万美元，其中捐给芝加哥大学25万美元，为芝加哥西区的犹太慈善机构捐助了25万美元，5万美元捐给了芝加哥附近的社会工作人员乡村俱乐部，另外还捐给塔斯基吉的一些分支机构2.5万美元，这些机构包括郊区黑人孩子的学校。在1911年年初，他提出来要在美国的每一个区都专门为黑人建起一座青年基督教协会会馆，他个人出资2.5万美元，在5年内通过公共募捐的形式筹集到剩下的7.5万美元。已经有十几个城市取得了筹建资格。

1917年3月，美国犹太救援委员会宣布了一项决定，各大报纸都纷纷将这项决定描述成为有史以来送给犹太人最大的礼物。在此次募捐运动中，罗森沃尔德先生同意为委员会提供募捐额的10%。也就是说，委员会如果筹到了100万美元，那么其中就会包括他提供的10万美元，所以，此次募捐的100万美元中，有10万美元是罗森沃尔德先生捐赠的。

在过去的两三年间，他已经在郊区社区里建起了150所小学校，主要集中在南部一些极为贫穷的地区。他的援助对象既不分种族也不分宗教信仰。罗森沃尔德先生是塔斯基吉委员会的理事，晚年的布克·T.华盛顿了解到只有他才是自己最忠实的支持者，这种支持不仅仅来自经济方面，而且还帮他解决了许多管理和种族方面的问题。

在芝加哥时期的一个小插曲让我看到了罗森沃尔德先生朴实无华的做事风格，我认为这件事在这里值得一提。芝加哥一个教会的优秀领导整天事务繁忙，工作任务繁重。一天早晨，一辆崭新的汽车停在了这位神职人员的家门口，司机走出来，他让女佣告诉自己的主人，他的汽车正在门外等着他。他告诉女仆，一定是什么地方弄错了，他从来没有订购过汽车。然而司机却坚持说，这辆汽车就是他的。调查清楚后，他才知道，是罗森沃尔德先生为他买下了这辆汽车，并且还全盘包揽了汽车的保养费用。

罗森沃尔德先生是芝加哥犹太慈善协会的主席,还积极参与许多民政、慈善、教育实体举行的各种活动。他还是芝加哥公共效率局理事会的主席,并在芝加哥和平协会里起着重要作用。当威尔逊总统选他为新的国防委员会成员后,他立刻将自己大部分的精力投入到了华盛顿,日夜奔忙于为战场上的美国官兵们配备物资。他对各种生产领域尤其是服装加工领域的详尽了解和实践经验对于美国政府来说,具有无法估计的价值。

芝加哥大学有一座朱利叶斯·罗森沃尔德大厅,但这个大厅的命名是在未经许可的情况下进行的。他不会让任何一座建筑或任何一个机构以自己的名字来命名,就算它们是自己资助的也不行。但是芝加哥大学在命名这座大厅时,他正好在巴勒斯坦,所以他捐献的这座大厅自然而然就变成了"朱利叶斯·罗森沃尔德大厅"。

我向他提议道:"西尔斯—罗巴克公司其实应该叫作罗森沃尔德—洛布公司才对。"

"不,不,不,"他立刻反对道,"我可不希望在墓地的里面和外面都竖起一块墓碑,人一旦离开这个世界后,马上就会被遗忘。"说到这里,他停顿了一下,然后继续说:"或许,这样就最好不过了。"

我在罗森沃尔德先生的办公室期间,碰巧看到了温馨美好的一幕。电话铃响起,抓起听筒,罗森沃尔德先生脸上立刻绽开了笑容,然后,他兴奋地告诉我:"是我妈妈打来的电话,她马上就会来。她已经4年没有到这里看过我了。"然后,他就一直不停地朝窗外张望,就在母亲出现的那一瞬间,他像个孩子般立刻迎了上去。那一刻,他不再是西尔斯—罗巴克公司的总裁,他只是那个朱利叶斯,所有公司的一切事物都被他抛到了九霄云外。

后来,他的一个同事透露给我:"每天早晨上班前,他首先要去看看自己的母亲。不论他在办公室多么繁忙,每天从郊外厂区下班回来后,第一件事也是去看他已85岁高龄但身体仍很健康的母亲。有一次,他这样对我说:'上帝让她多留在这个世上一天,就是多给我一份礼物。'"

朱利叶斯·罗森沃尔德是我所见过的最优秀的美国公民。

约翰·D. 瑞安

约翰·D. 瑞安,实业家,铜矿业寡头,阿那康德铜业公司的总裁、蒙大拿电力公司的创建者。

"是他临危受命,接管了这个企业。当时,政治腐败猖獗,两大矿业巨头之间硝烟弥漫,随时会爆发一场更大的战争。企业之间充斥着竞争与敌对,个人小企业和劳工均不受任何法律的管束。他首先击败了自己的政治对手,然后又买下了生意对手的全部股份,接着,他消除了各个分公司之间的嫉妒和分歧,最后他建立起了世界上最大的铜矿企业,日产紫铜100万磅。不仅如此,他还将这个公司发展成为一个综合性工业企业,其中包括许多重要的铁路、煤矿、木材和日用品公司,同时它还几乎是世界上最大的铅矿、锌矿开采企业。"

以上所总结的人就是约翰·D. 瑞安,他是阿那康德铜业公司的总裁,该公司铜的产量占到了全世界的六分之一。此外,他还是蒙大拿电力公司的创建者以及许多铁路、工业、金融公司的负责人,这其中就包括了美国国际公司。光是他的各种头衔就在《美国企业名人录》中占了整整一页。

这位目睹了蒙大拿州日新月异变化的商人继续总结道:"后来,他又全身心地投入到电力行业中,建起了今天美国效率最高的水电站,蒙大拿95%的电力都是由这个电站供应的。因为他生产的电价格低廉,可以说是全美国最低的价格,所以,这一点在很大程度上促进了蒙大拿州的整体发展。"

"虽然人们总体来说并没有意识到这一切,但有一个事实却是不容忽视的,在美国铁路电气化的普及过程中,他比其他任何个人或组织做出的具体贡献都要多。他率先彻底实现了自己公司的铁路电气化,它让圣保罗出色地完成了整个落基山脉路段的铁路电气化项目的施工,这也许是他对人类文明和进步做出的最大贡献。"

"他是怎样成功做到这一切的?他通过各种办法,小心谨慎地达到目标,他能够做出正确判断。他完全是依靠个人的人格魅力,他能够激起各个阶层和团体的信心,劳工也不例外。他坚定不移地用公平合理的原则对待每一个人。"

我认为自己对约翰·D. 瑞安在业绩等各方面的了解还是较为全面的,所以,希望他能够说点什么,也好给予那些一心向上的年轻人们一些激励或指导。

"不,"不料,瑞安先生却举双手反对,"我没做过什么值得去谈论的事情,也不值得年轻人去效仿。你不可以随便用一个栩栩如生的故事,就把我描写成一个在矿井里穿着工作服、挥汗如雨的工人,因为我从没当过矿工。在学校里我也不是什么神童奇才,我也并没有比其他许多人更努力。"

"那么,我是不是应该认为,你之所以能有今天,是因为自己的影响力……"

"影响力?"瑞安先生打断了我的话,"影响力对于一个年轻人来说是最大的不便之处,会让他觉得自己不需要尽全力去做事情,这样只能给他带来坏处。当其他工人得知,某个人上面有人时,会用轻蔑的眼光看待他,这对其他人造成的影响也是不好的。而且他的工头或其他领导要么偏袒他,要么把他放在他不能胜任的位置上。然而,如果老板是个与众不同的人,那么他会很不情愿提拔你,就算这种提拔是你理应得到的,他也会犹豫再三,因为老板不愿意其他工人有看法,认为老板在优待你。所以说这种影响力对整个公司来说都是不利的。有些年轻工程师、大学毕业生或其他任何人来找我,让我写一封信,好让他在我的工厂里得到一份工作,这时候,我就会把以上对你说了的话讲给他们听。"

本篇有关约翰·D. 瑞安的人物特写同其他类似的文章大不一样。这其实是有原因的。在此之前,瑞安先生从来没有在出版界面前提起过他的职业生涯,这导致了许多有关他的文章里都是些杜撰和虚假的东西,根本就不是事实。通常,他被人们描述成为一个在矿井下干活的很了不起的年轻人,由于他具有摆平西部矿区所有牛仔和矿工的能力,所以很快就在矿区名声大噪。也正是由于他的这一特殊能力,他才被纽约的一些资本家看中,作为最佳人选,派他去管理那些动荡不安的煤矿。他在那里很快就施展出了自己的才能,所以,没过多久就成为煤矿的经理。当政治家表现得不那么守规矩时,他又用同样的办法渐渐制服了他们。后来,他又彻底战胜了曾一度是蒙大拿铜业大王的F. A. 海因策。因此,这位年轻的"烈骑"被任命为标准石油公司矿产企业的总负责人。这就是那些想象力丰富的作家们笔下的约翰·D. 瑞安。

要戳穿这些传言似乎有点悲哀,但原因并非这些和约翰·D. 瑞安职业生涯相关的浪漫故事毫无真实性可言。一个没有任何经济、技术、金融背景,只有一些旅行销售经验的年轻人,凭借着坚持不懈和正确正当的才智,在尚未步入中年之时就拥有了好几个银行,成为世界上最大的铜业公司的总裁,建起了美洲大陆最有影响力的电站,并被选为多家大型的金融、铁路以及工业公司的董事会成员,所获得的财富或许已经达到了8位数,难道这一切本身不就是件传奇性质十足的事情吗?

但是,千万别把这一切只看作是造化的无常。一切有因必有果。

我告诉他,人们常常把他说成一个十足的食人魔王、一个力大无比的"参孙",只需要伸出一根小拇指,就能将那些不听话的矿工全部摆平。他,瑞安是勇气的化身,是男子气概的出色典范。

"荒谬至极!"他再次打断我的话。"我在矿上的时候,从来没有和谁吵过架,我这辈子也从没使用武力来征服过别人。"

那些为杂志写稿的作者笔下所塑造出来的瑞安先生与他本人简直截然相反,他其实并不具备其中任何一种英雄品质。下面我来讲一下故事里真实的一面。

约翰·D. 瑞安出生于一个采矿世家,他的父亲是苏必利尔湖区铜矿分布区的发现者。约翰出生于1864年10月10日,在他出生后不久,他们就举家从他的出生地密歇根州汉考克迁移到了卡鲁梅一赫克拉矿区。然而,采矿行业对他来说并没有什么特别的吸引力,他的父母希望他去上大学,而他却宁愿开始工作。他的叔叔在密歇根铜矿矿区拥有数家日用品商店,17岁时,他进入了其中的一家。连续8年来,这位未来的铜业巨人就这样待在柜台后面称白糖、量布匹、打包,按照当时的习惯,每天工作12小时。他的叔叔是当地商业界的一个领头人物,瑞安从他那里多多少少得到一些商场信息,了解到一些经商的本质。但那时,他还没有想过要成为一个元帅级别的人物。

由于健康问题,他的一个弟弟和妹妹都被迫去了丹佛,并在那里生活。当时25岁的约翰决定也要留在丹佛,试试自己的运气。然而,他的好运并没有来得太快,两个月过去了,他仍然没有找到一份适合自己的工作。

对于生命中这段灰色的经历,他是这样描述的:"我在丹佛整整待了6个月才找到一份适合自己的工作。但是,我的适应能力还是很强的。"那个时候,他是一名沿街推销润滑油的旅行销售人员。从蒙大拿到墨西哥,他走遍了整个落基山地区,连续几年来都不曾体会过家庭生活的滋味。

我试探着问道:"当时的生活一定是艰难、沉闷的,是吧?"

"那是当然。那绝对不是一条安逸之路,也不是一种称心如意的生活。但那时我还没有结婚,所以对我来说,生活要比其他一些年轻人容易一些。再加上许多矿工都认识我的父亲,矿工们的来来往往也很频繁,我碰到了很多父亲的朋友,这一切都对我的事业有所帮助。

"在那段日子里,我结识了一个名叫马库斯·戴利的好友,当时他的阿那康德铜业公司正处在成立阶段,他是我的客户,我在卖给他润滑油的同时渐渐与他熟悉起来。"

同人们的普遍印象正好相反的是:瑞安先生未曾为戴利工作过一天,在戴利有生的日子里,他也从来没有在阿那康德铜业公司工作过一天。实际上,戴利不止一次让这位来回奔忙的销售员来阿那康德公司工作,但是都被瑞安拒绝了。所以,在瑞安30岁时,他的月收入仍然在100到150美元之间徘徊。

32岁那年,瑞安和自己的同乡内蒂·加德纳小姐结婚。婚后的瑞安很显然有了更大的志向,因为当马库斯·戴利去世后,这位昔日的润滑油推销员竟然产生了一种要拥有戴利银行股份的想法。他拿出自己全部的积蓄,又向朋友借了一部分,买下了所有小股东手里的股票,这让他的能力得到了全面的发挥。

作为赫赫有名的戴利公司麾下金融机构董事会负责人,瑞安来到了蒙大拿州,这让他有机会接触到这一地区各个阶层的人。他必须承认,在那段剑拔弩张的日子里,他的确干得很出色,因为还不到3年的时间,约翰·戴维森·洛克菲勒最勇敢的合伙人亨利·H.罗杰斯就要求瑞安负责蒙大拿州联合铜业公司的总体事务。

在美国,这样的工作在哪里都不好干。当时的联合铜业公司有过几次很严重的党派斗争,所以,迫切需要同弗里茨·奥古斯塔斯·海因策做个了断,工人们的情况也很不稳定,随时都有罢工的可能性。整个州处在动荡不安中,每个人都被划分了阵营,要么是站在联合铜业这边,要么就是在海因策那边。

令人感到不解的是,瑞安在石油行业的所有行为都是在和标准石油公司的人对着干,他后来的一些活动也是如此。

1904年,瑞安成为联合铜业公司的最高管理人员,负责对所有子公司的管理。他的工作既包括对铜矿业务的管理，也包括对工人们的管理。瑞安接管后的第一次选举来临时，海因策阵营大败而归。瑞安总结道，不管怎么说，海因策是一个光明正大的斗士，他意识到自己已经一败涂地，因此也就有心情坐下来用和平的途径解决问题。

所以，瑞安就公开同海因策谈判，要求收购他在蒙大拿的全部企业。而此时的海因策也无心恋战，迫不及待地想要出手，但是，他希望此次交易能够留给人们这样一个印象：他之所以同意将公司卖出，完全是对方妥协的结果。

联合铜业公司决定彻底根绝一切与海因策有关的事情，并且不会接受任何可能会产生漏洞而给日后的管理带来不便的谈判。海因策和联合铜业之间的这次交易在美国矿业史和金融史上留下了浓重的一笔，所以，我一定要说服瑞安先生讲述一下当时这件事情在具体操作时的情形。

瑞安先生说道："由于海因策强烈反对这次交易让自己看起来像是被收购，而且他坚持要让自己看起来是兼并人，所以，要想找到一个将海因策公司连根拔除的谈判方式，着实很难。情形一度极具幽默色彩。海因策曾经郑重其事地向工人们承诺过，如果能够得到他们的支持，他愿意为他们战斗到最后一刻，所以，他十分害怕巴特的工人们知道他打算将整个铜矿都卖掉，简直怕得要死。他永远不会和我见面，除非是在最不正规的场合之下。我们从来没有从同一个门里进入过同一个房间，他从来没到过我的办公室，我也没去过他的办公室。每次见面，要么是在律师的办公室里，要么就是在朋友的家里。我们最重要的一次会议竟然是在罗德岛的普罗维登斯举行的，因为他当时住在纽波特，而我则住在纽约。不论是在纽波特还是在纽约，他都不愿冒这种被别人看到我们在一起的风险。

"从谈判的刚开始，我和海因策之间就十分友好。虽然有几次差一点就谈崩了，但是我们之间仍然以诚相待，他在言辞上从来没有对我有过冒犯。

"经过了6个月的协商之后,我们最终在一个晚上谈妥了一切。那天,我们从晚上9点一直谈到凌晨3点,终于在价格问题上达成了一致。"

1906年,联合铜业公司买下了海因策在巴特地区除列克星敦铜矿之外的所有铜矿的企业,列克星敦铜矿当时的债券尚在发行中,所以,海因策无权将其出售。海因策抽身离去后,各个铜矿内部的政治骚动也就渐渐平息下去了,因此在这种情形之下,瑞安就可以从政治运动中洗手出局,然后一门心思去发展联合铜业公司里新增加的企业。

我问道:"工人们有何反应?"

"一直以来,工人问题就没有间断过。但是,我总能把这个问题处理好,我们从未发生过罢工或工厂停工关闭事件。我们的铜矿没有因为劳工问题而耽搁过一天,工人们的工资很高,他们的服务也很好。我们的劳资关系是最令人满意的。实际上,在我经营铜矿的那段时期,我所处理的事务中几乎没有什么不满、投诉事件。"

后来在蒙大拿州的确发生过严重的劳工暴力事件,但这件事是发生在世界产业工人组织和西部矿工联盟之间,起因是为了争夺对巴特矿工工会的控制权。这次冲突引发了严重的混乱和无序,暴乱期间,矿工工会的大厅被炸毁,最后在动用了军队力量的情况下才使该地区重新恢复秩序。这次暴乱铜矿公司并没有参与,矛盾双方是两个工会组织。联合铜业公司最终解决了这个问题。联合铜业公司拒绝承认任何一方的合法性,并公开设立了一个机构,这个机构到现在已经运行了35年,是有史以来持续时间最长的一个。

作为对瑞安先生工作效率的褒奖,他被选为阿那康德铜矿公司的总裁。

约翰·D. 瑞安是美国极少数的对1907年的那次"大恐慌"竟全然不知的商人之一。那一年的8月份,他得了严重的伤寒,发着高烧,连续病了好几个月,直到第二年的3月份才重新回到自己的岗位上,所以外边发生了什么事他一无所知。瑞安这个联合铜业公司顶梁柱刚刚恢复健康,另一位更重要的人物H. H. 罗杰斯却病倒了。当时罗杰斯对自己在西部的这一"重大发现"十分满意,开始对瑞安委以重任。他将瑞安召回纽约,让他帮助管理自己在联合铜业公司一些重要的日常事务。第二年罗杰斯去世,瑞安接替他的工作,成为联合铜业公司的总裁。

瑞安的强项之一是将联合铜业公司所有分散的企业集中起来实行统一管理。这样做提高了效率,可以有足够的资金来使每个公司得到进一步的发展和扩张。他有做大事的能力。

只对一个综合的、强大的公司实施管理,要比同时操心六七个更弱、更小的企业要更容易也更划算。瑞安先生坚信:团结就是力量。

将几个小企业合并成一个大企业是有特别原因的。在蒙大拿,每个小企业各自拥有一小块可以开采的领地,就像一块块田地一样,所以相邻的铜矿之间因侵犯对方的地盘所导致的纠纷时有发生。阿那康德持有几个铜矿大量的股份,由于每个公司股东不同,所以没有摩擦根本是不可能的。有一次,一件涉及2亿美元的经济纠纷被诉诸法律。

这个时候,瑞安的公正、能力和个人魅力已经留给了矿区工人深刻的印象,当他着手开始想办法理顺这种混乱不堪的局面时,他完全有能力让各种各样的企业全部归阿那康德所有。这项工作需要用极为高超的策略技巧来完成。将海因策排挤出去后,瑞安严格禁止对先前的闹事者采取任何形式的报复行为,他的这种宽宏大量在当时就已经赢得了全体矿工们的信任和尊重。假如在那次事件中他表现出狭隘或者报复心理,那么他永远也不可能将各种公司统一在一起。

1910年,联合铜业公司的所有子公司都被并入阿那康德公司,1914年,联合铜业公司最终解体。

如今,阿那康德生产的铜矿占到了全世界总产量的15%,此外,它还是全球最大的银生产企业。它出产的锌在质量上是全球最好的。公司的冶炼加工过程是人们公认最先进的,这也是公司在近年来利润大幅度提升所产生的效应。更为重要的是,阿那康德公司对其他矿产公司也进行了大量的投资,现在,美国各大公司它都有股份,同时它还在西非和智利也有所投资。在所有海外子公司中,智利的公司最为突出,它也是一家工商业企业。

1912年,瑞安在美国西南部进行了一次业务大考察,其中"启示铜矿"给他留下了最为深刻的印象。当时它才刚刚建成,瑞安对其进行了大量的投资,如今,它已经成为世界第三大铜矿。对于这个铜矿的投资,瑞安可以说是捡了个大便宜,因为这个铜矿第一年的利润就大大超过了全部的投资成本和设备成本。

要想说明瑞安先生所承担的责任和取得的全部成果,以上的叙述是远远不够的,他还是其他几个重要金属公司的负责人。

如果说一个人多种了一棵草、多栽了一棵树,也被人们称为乐施好善的人,那么,一个对整个州的资源发展做出了巨大贡献的人绝对可以称得上是慈善巨星了。虽然这种情况都是出于赚取利润的动机,并不是以慈善行为和为公众考虑的精神为出发点。虽然瑞安先生的家在纽约,大部分时间不得不在那里度过,但他的心还在蒙大拿州。他建起了蒙大拿电站,花了6年的时间将它发展成一个高效率的大型电站,为蒙大拿的工业、铁路和商业以低于美国其他州的价格供电,这无疑会为他们带来很大的优势。也许这就是让瑞安先生感到最为满意的事情吧。

有关跨越落基山脉全长440英里的圣保罗铁路电气化的故事,人们也许早有耳闻,但只有铁路工人和电气化工人才真正明白这个奇迹到底是怎样创造的。

约翰·D.瑞安是它的始创者。

蒙大拿电站建成并顺利发电后,为了方便位于巴特和阿那康德各铜矿之间的运输,他决定要实现巴特、阿那康德和太平洋铁路的电气化。尽管这段铁轨路程只有大约100英里,但是却承担着极大的吨位。因为这段铁路是自有铁路,所以,可以拿它来自由做实验。当电气化任务完成后,事后的实验却证明了任务不合格。成本被降到最低,效率被提到最高。来自全世界的铁路专家和电气工程师共同分析研究了这个结果。圣保罗铁路尤其有趣,因为要想让火车拖着货物越过落基山脉的坡度几乎就是一道无法逾越的障碍。现在,通过瑞安公司所提供的电力,这个问题已经得到了解决。

现在,蒙大拿电站为长达550英里的铁路提供电力,而且蒙大拿几乎所有的矿井的用电,都是从这里来的。它还差不多是整个州照明用电的来源。

事实上,蒙大拿电力公司所起到的作用甚至超过了蒙大拿公用事业公司,因此,两年前,国会将这个事实摆到瑞安面前,并命令他说说看,他是否已经垄断了整个州的供电行业。

"是的。"瑞安的回答令调查人员大吃一惊。"它的确占据了整个州电力服务的95%。但是,这种垄断并非对水力资源的垄断,而是对市场的垄断。它之所以垄断,是因为它能够以最低的价格提供最好的服务,所以,其他的水电站或其他形式的电站才会没有了生存空间。"

还没等调查结束,调查人员就发现,蒙大拿州的人均用电量要比其他州或其他国家的人均用电量高许多。这一切都是瑞安企业为他们带来的福祉。

"水力发电的发展、铁路电气化、通过不同方式提高金属冶炼工艺,这三个方面日后将产生的进步是今天人们所无法想象的。"瑞安先生的乐观让我难以忘却,对于这方面的话题,他倒是十分的健谈。在他的概念中,他早已将冶金、工业、运输与人类文明视为一体。一个商人,若不是多年来一直比普通人站得更高、看得更远,他绝不敢做出这样的大胆预测。

在美国国际公司的世界影响力和海外市场日益扩大之际,我向美国国际公司的某个创始人提出了一个问题,为什么瑞安先生会被选为董事会成员,我想知道他的特别之处在哪里。他回答道:"约翰·D. 瑞安是美国最优秀的人之一。当然,他也是矿产行业里最了不起的人之一,他适合从事国际性的交易。但更为重要的是,他有非同寻常的经商头脑。他不是个刻板僵化的人,他总是处在一种工作状态下,考虑着新的计划,然后就去实现它们。在他身上具备西部人典型的那种进步迅速和积极乐观的精神,他将这一点同东部人擅长的金融和企业经营经验紧密结合了起来。"

1917年年初，美国政府需要购买几百万磅的军事用铜，政府代表后来透露，他们第一个找到的人就是约翰·D. 瑞安。这位代表说，他的态度十分令人满意，所以，他们只需要另外再找一个人，也就是丹尼尔·古根海姆就能够解决这个问题，后来，战争部门得到了肯定的答复，他们将以低于当时市场价一半还多的价格为政府提供足够的铜。这位代表对他们两个人的评价是："所有的荣誉都应归于他们两人。"

这就是35年前还在推销润滑油，如今仍未满53岁的铜矿名人的故事。怎么样，他的故事还算不错吧？

雅各布·亨利·希夫

雅各布·亨利·希夫，德裔美籍银行家、慈善家。曾经以巨额贷款资助日本军队击败沙皇俄国，赢得日俄战争。被誉为乐善好施的金融家。

雅各布·亨利·希夫是个很古怪的人。

他从来没有雇用过私人秘书，每封信都是由自己亲自回复，通常首先引起他注意力的，并不是商业信件，而是慈善信件。

他从不剪辑报纸，而且也不看那些和他本人以及他的各种活动有关的文章。

当我发现他已经被列入"美国最优秀50人"行列时，我对希夫先生说："我希望能看一下有关您个人的报刊剪辑，还有那些有关您个人职业生涯的最佳掠影。"

希夫先生回答道："我从来不保留那些和我有关的文章，我儿子或其他人那里也不会有。"

我向他表明，这些东西会起到锦上添花的作用，如果没有，我也只能表示遗憾。

希夫先生却评论道："你要写一篇有关我的文章很容易，你不需要报刊剪辑，更不需要采访我，我们本来就认识多年，你了解我的一切。"说着，他向我眨了眨眼，"如果你愿意，我保证，我一定会读你写的文章。"

希夫先生能够在美国商业名人大厅里占有一席之地，这也是以无懈可击的事实为依据的。

西部地区只有两家最有影响力的私人银行，在过去的30多年来，希夫先生一直都是其中一家银行的行长，他上任以来，做出的最有价值的贡献就是建立完善了美国运输系统，运输系统对整个国家的发展和富强起到的作用不言而喻。

他的银行为许多个运输和工业企业提供了大量的资金，华尔街上流行着这样一种说法，比起别的美国银行来，库恩洛布公司做出的有益投资要多得多，投资失误要少得多。这种说法还是比较真实的。

然而，作为金融家的希夫，在慈善事业上的成就却大大超越了金融上的成就。对于慈善工作，他不仅投入和奉献了几百万美元，而且还投入了自己生命的一部分——他的精力、他的智慧、他的心思、他的时间，或许还有无数个不眠之夜。

当华尔街上北太平洋大恐慌的程度到达了最严重的时候，库恩洛布公司的合伙人曾发疯般地四处寻找希夫先生。那天，他没有去办公室，也不在家里，更没有和希尔曼先生一同去开会。最后，他们发现希夫先生竟然在蒙蒂菲奥里中心参加一个会议。当这位情绪激动的合伙人满腔怨气冲到希夫面前时，希夫先生冷静地回答："这里的穷人比你们这些人更需要我。"

但他的崇拜并非像人们普遍认为的那种犹太方式，而是一种公民意识。他的信条是：一个人从始至终必须一直是一个良好的、忠诚的市民，要带着热情，时刻准备着负起一个公民应有的责任。在他的带动下，市民精神到达了一个更高的境界。他认为，只有一个有价值的市民才可以成为一个有价值的犹太教徒或天主教徒。公民精神高于一切。他为公众提供了那么多服务，他为教育做了那么多贡献，他一直坚持慈善捐助，他努力促进自己种族文学事业的发展，但他所做的这一切在他看来，都是一个合格公民应该做到的事情。

希夫先生的另一个特点是他对朋友忠诚不渝。他不是那种只在你风光时候才会和你结交的人。那些曾经和他有过业务往来的运输、金融、商业、铁路巨子们，在后来始终都和他保持着坚定、密切、深厚的友谊。希夫先生是爱德华·H. 哈里曼早期的财经支持者；随着时间的推移，詹姆斯·J. 希尔同他的关系越来越密切；纽约人耳熟能详的宾夕法尼亚铁路建造者亚历山大·J. 卡萨特把希夫先生看作是一个全心全意的支持者，其他一些和他患难与共的、经得起考验的朋友还有塞缪尔·雷、马文·休伊特、查尔斯·W. 艾略特以及詹姆斯·斯蒂尔曼。后来，就连银行业中最大的竞争对手 J. P. 摩根也承认，希夫是一个影响力巨大的金融家，因此，每当金融界出现一些风吹草动时，他都能起到积极的、稳定人心的作用，他是个值得信赖的人。

希夫是所有美国金融家当中参加过葬礼最多的一个。不论哪里有吊唁活动，他总是第一个跑去提供安慰的人。当然，他也从不会错过向别人表示衷心祝福的机会。

虽然雅各布·亨利·希夫已经 70 岁了，但你可能不会相信这是真的。他骑单车快得能达到法定限速，他走起路来就连韦斯顿都不会觉得失望，希夫先生从来没有想过要在高尔夫球场上打破纪录，也不想为此而拼命，他不打高尔夫球。他把自己健康、灵活的身体归功于做适量的运动、大量的新鲜空气和每天的"腿部运动"。

他出生于法兰克福犹太人社区，这个地方算得上是金融家的摇篮，也因此而出名。他的父母既不是很富有，但也并不很穷，而且他们都与银行业无关。而他的家族里还有另外一个分支，这个家族从事银行业。所以，雅各布在很小的时候就被带到了神秘的金融世界。然而当他步入成年后，却显得有些不安分。内战结束后，他来到了美国，因为这是一片孕育着无限机会的土地。那一年，他 18 岁。

他得到了一份银行职员的工作，但是，他的才能和积极进取绝不允许他就这样长时间被固定在那里。他很快就成为巴奇—希夫证券代理公司的初级合作者，通过自己努力的工作和学习，他的腰包很快就鼓起来了。其实在那个时候，年轻的希夫就潜力十足，被人们公认为是未来的华尔街金融家。为了拓宽自己的经验，希夫去欧洲待了一段时间。

回来后，他加入了库恩洛布公司。当时的库恩洛布就已经是一个很有威望的银行了。不久后，他同该公司高级合作人所罗门·洛布的女儿特里萨·洛布结婚。那一年，他28岁。10年后，洛布退休，他的女婿这时已经成为金融界一个名声显赫的新秀，于是希夫先生顺理成章地填补了这个位置。30年来，希夫先生一直以高超的技巧、准确的预见力和诚实守信带领着库恩洛布银行，在经历了金融界的风风雨雨之后，终于跃上了美国乃至世界上最优秀的私人银行行列。

当券商爱德华·哈里曼开始涉及铁路建造时，他既没有资金也没有经验。但他却拥有一贯正确无误的判断力、政治家的胸襟、艺术家的热情和斯巴达一般的意志。是雅各布·亨利·希夫第一个看到了这位铁路界的拿破仑闯入了竞技场，成为第一个在经济上为他提供帮助的金融家。

当时的太平洋联合铁路已经在连续的打击之下而破产，几乎成了一堆摆在枕木上的破铜烂铁。没有金融家敢对这样的一个企业抱有信心。但希夫先生却对美国的未来充满信心，那时候他就已经看到了今天的美国。于是，他参与了对太平洋联合铁路的重组工作。当哈里曼意识到他是一个真正的天才，前去敲门时，希夫将资金和洛布库恩公司的传统和声望一并交给了他。如果没有他的支持，像太平洋联合铁路这样一个大型企业能否起死回生、铁路沿途城市的经济能否像现在这般繁荣，这还真是个值得怀疑的问题。

当时太平洋联合铁路的股票廉价出售，哈里曼和希夫都大量买进，该股票在10年之内就为当初购买股票的那些人带来了大笔的财富。实际上，仅仅是每年派发的分红就相当于当初的买入价。后来，南太平洋铁路也被它并购，哈里曼—库恩—洛布联合企业成为美国历史上最强劲、最有开拓性、最成功的企业。世界历史上空前绝后的铁路王国马上就要形成了。

晚年的哈里曼每年的收入为1000万美元。1909年哈里曼去世后，他留下了7000万美元的遗产。其他的银行家估计，希夫先生的财产比他要多出很多，虽然他为各种慈善事业捐助的钱款多得无法估计。

俄罗斯对待犹太人的暴行早已激起了希夫先生无法遏制的怒火，所以，日俄战争爆发之时，他积极支持日本，承销日本战争债券。在他的大力帮助之下，将近1亿美元的战争债券被美国人购买。

作为宾夕法尼亚铁路公司的资助银行，库恩洛布公司一次就发行了1亿美元的债券。正是这家银行提供了足够的资金，才能使宾夕法尼亚的铁路最终通往纽约，才能建起像宾夕法尼亚车站这样的现代奇迹。希夫先生十分钦佩卡萨特先生这个大胆的梦想家，他用钢筋混凝土最终将梦想变为了现实。顺便再说一下，在宾夕法尼亚铁路公司和库恩洛布公司长达数年的交往中，从来没过一次哪怕是一点点不正当利润，也没有过造成巨大损失的财经建议，更没有过任何证券操作上的失误。

是希夫先生的公司将5亿美元的宾夕法尼亚铁路股票带到法国，在法国证券交易所正式上市。这是一次困难重重的谈判，但最终还是取得了互利于双方的结果，非常令人满意。战争爆发后，美国方面要求赎回这部分股票，最后大部分股票都被赎了回来。

库恩洛布银行还大力支持过其他的一些铁路，其中有巴尔迪摩—俄亥俄铁路、芝加哥—西北铁路、特拉华—哈德孙铁路、伊利诺伊中部铁路、太平洋联合铁路、南太平洋铁路等。

希夫先生有几个最有头脑的搭档，在这一点上，他真的是很幸运。这几个人分别是：奥托·H. 卡恩、保罗·M. 沃伯格（他的女婿）、杰罗姆·J. 哈诺尔和莫蒂默·L. 希夫。莫蒂默不愧为名门之后，大有青出于蓝胜于蓝之势。

对于希夫先生的慈善工作，我也有所了解。虽然希夫先生在捐助方面不惜一掷千金，但在日常生活中却不会浪费一分钱。他的习惯也是他与众不同的一个方面，每次打开信件后，他总要把没有写字的空白信纸留下来做便笺簿。毫无疑问，大多数年轻人读到这里的时候，会忍不住被他这种行为逗乐,但是,仔细想想,在如今奢侈浪费已成习惯的日子里,这难道不是一种美德吗?就连一个百万富翁都没有瞧不起节俭的习惯,那些并不十分富有的人又有什么资格嘲笑节俭呢?也许正是因为希夫具有小心翼翼地将每一分钱都存起来的能力,才能让他积累到几百万吧。

希夫先生是巴纳德大学的第一任财务负责人,他还为哈佛大学建起了"闪米特文学"博物馆,在纽约建起了犹太人技术学院。他是赫希男爵基金的副会长,是美国犹太理事会成员。他还是蒙蒂菲奥里中心慢性伤残人协会的主席。

在强烈的公民责任感的驱使下,他成为费城政治组织"七十委员会"、纽约市民组织"十五委员会"、弗吉尼亚政治领导组织"第九委员会"的重要成员。因此,在后来的几年里,他又被纽约市长选为市长特别委员会成员。他还被阿姆斯特朗市长任命为教育委员会成员。他是纽约商会的副会长,担负着商会内部重要的职责。他一直计划要建立一所商业学校,如果其他人也像他一样肯为我们的城市做一点贡献,那么,纽约恐怕几年前就有了这样的学校了。

大学、医院、图书馆、慈善组织、红十字会以及商会都得到过希夫先生慷慨大方的馈赠。他的捐赠并不是像泼水那样没有明确目的,他的捐赠往往是一场及时雨,有的时候这些捐赠是以每年一部分的形式给出的。为了纪念他来到美国的20周年,他并没有把钱花在固定的一个部分,而是为巴纳德奉献了一座价值500万美元的建筑。

接下来,我要讲的是一段悲剧性质的故事。

希夫先生认为美国的犹太人不应该自己将自己隔离在整个社会以外,他谴责一切有潜在可能的种族隔离行为。他敦促,犹太人首先要把自己看作是美国人,其次再把自己看作是犹太人。

1916年,他在一次演说中带着强烈的感情,对来自部分犹太同胞的批评进行了反驳:"我们和我们的父辈是一样的,从没有忘记过自己是犹太人。但是我们必须清楚,我们同时还是美国人。我们希望自己的后代能够成为美国人，融入美国的社会。我们希望自己的孩子能够读懂我们自己的文字，懂得我们自己的律法和准则。但是，我们同样也希望他们能够用英语去思考，能够读懂英语，并接受美国的方式。"

希夫先生被其中一个忘恩负义的犹太教同胞所说的话伤害得实在太深了，他觉得有些话已到了非说不可的地步了，所以，他声称从今往后，他"不会参加任何带有犹太教性质的活动，包括犹太复国主义、国家主义、国会运动和犹太政治家的活动"。

不了解雅各布·希夫的人永远无法明白他心中所受的伤害到底有多深。说这些话的人本应该感激希夫先生对他们的帮助，然而，此时他却成了他们批评、谴责的对象，这种无情深深地伤害了希夫先生。

他的这段经历让人不由得想起晚年的 J. P. 摩根。在当时的"纽黑文铁路大干线案件"中他被人告发有密谋嫌疑。当时的摩根就像现在的希夫，都已经是70岁的人了，却要经历这难以抚慰的伤心与难过。他病倒了。他不由得放声大哭，伤心欲绝地哽咽道："想想看，我活了这么一把年纪了，政府却把我看成一个罪犯，一个该去蹲监牢的人，这是什么道理啊⋯⋯"当年若不是查尔斯·S. 梅林挺身而出，将责任全部承担，真不知道摩根这位上了年纪的金融家是否还能够恢复过来。

他们给希夫先生定的罪名是：纽约的犹太人该怎么做，希夫不应该太过干涉。我很难肯定，希夫先生是否认真考虑过用正确的方式去做一件正确事情的必要性，或者，他是否曾经想到过，他所拥有的权力已经足够让人们误认为他是个独断专行的人。说实话，我觉得他对新闻媒体和公众所采取这种不多见的态度，不是十分的明智。也许他从未想到过这样做会引起人们对他的误解。

但我可以肯定的是，他是美国犹太人最好的朋友之一，多少年来，他为美国犹太人付出的心血几乎和自己的银行一样多；欧洲最杰出的犹太人都把希夫先生视为全世界犹太人的最高领导，视他为现代摩西（《圣经》中率领犹太人摆脱埃及人奴役的领袖）；若不是希夫先生这么多年来为他们出谋划策、为他们出钱出力、对他们进行规劝，美国犹太人在教育、慈善、设施方面根本不可能到达今天的水平；他默默无闻地用自己的钱帮助了无数贫穷的犹太人、非犹太教徒、黑人以及白人；有相当大的一部分人熟知他的慈善活动，这些人对他有无限的热爱。

简言之，我可以肯定的就是，任何种族都会因拥有像雅各布·希夫这样的人而感到骄傲。

1916年6月，纽约大学授予雅各布·希夫工商理科博士学位，在颁奖典礼上，副校长斯蒂文森总结了希夫先生的贡献：

"雅各布·亨利·希夫，在这片接纳并养育你的土地上，你已在金融和商业活动中取得了有目共睹的成就，成为这个领域中的佼佼者。为你的雄韬伟略和胆识、为你的正直诚实和价值、为你忠于知识、为了你信守自己种族与宗教的传统、为了你超越国界与种族界限的无私奉献，纽约大学决定授予你工商理科博士学位，你的名字将被列入我校校友名单。"

1917年1月10日将是希夫先生的七十大寿，犹太人、市政、商业和其他一些组织都在为这一天的到来做着精心的准备。但是以他的个性，他是不会参加任何纪念宴会的。为了避免一切因他而起的忙乱，他在生日的前一天夜里悄悄离开了纽约！

正当他打算溜之大吉之时，我恰巧来到了他的办公室。我当然会问清楚为什么他会留下那些等着为他祝寿的人们，独自离开，他给出的回答充分表明了他的个性。

"有的人希望能够像我一样一生做了这么多事，但他却不具有像我一样的能力。是上帝赐予我力量，让我能够为其他人做一些事情，所以我毫无理由为我应尽的职责接受别人的赞扬和庆贺。"

在他七十大寿这一天，他的支票飞向了若干个有价值的组织。他到底捐了多少钱，他不肯透露。但是事后据被资助单位称，总数达到了500万，其中有4笔每笔都是100万。

希夫先生作为一个有价值的公民、一个有影响力的人物，在他生日这天，来自各行各业的人都向他表达了庆祝和赞誉，引用米切尔市长的话来说就是"城市的进步最主要来自于过去25年间的公众运动"。《美国先锋报》几乎整版都登载了来自欧洲和美国杰出犹太人对希夫先生的赞赏和感激。《以色列赞格威尔报》用这样的语言贴切地表达了人们的感情："借此生日之际，首先要祝贺这个世界能够拥有希夫先生，其次要祝贺他本人来到这个世界上70周年。"美国财长麦卡杜对希夫先生的评价是，"金融家和利他主义者极为稀有的结合""既是哲学家又是慈善家""一个有进取心的爱国者，总能将国家利益置于集体利益之上，有价值的事业中总少不了他。"另外还有一句话说得也很不错，要想对希夫先生做出正确的评价，那恐怕就意味着要写一部有关犹太人近40年慈善史的书了。

欧洲战争的爆发给希夫先生带来很大的震撼，同样让他震撼的还有另外一件事，希夫先生声称："俄国革命可能是犹太历史上最重要的一个事件，因为从此后犹太人摆脱了俄国人的奴役。"这件事也改变了他对犹太人民的未来所持有的看法。

俄国革命过后，希夫先生在一次讲话中对听众说："这几周来发生的事情让我想了很多，我感觉到，犹太人至少应该有一个自己的家园。这句话也许会让许多人大吃一惊。"

"我说这样的话，并不是要让犹太人有一个自己的国家。我认为在这样一个首先是充满自我主义、其次是不可知论、无神论和其他一些意识形态的制度下，根本就不可能建立一个犹太国家。我只希望犹太人能够完成自己的使命，在这个世界上能有一方净土，好让犹太学术、文化得到进一步发扬，不要掉进物质主义的染缸里，要让全世界的人民都了解到它的美好。"

"当然，最理想的地方就是巴勒斯坦。就算真的会有那么一天，那也不是一两天或一两年就能实现的事情，虽然说目前俄国的这场战争将这个目标又推进了一些。那么，我们的职责就是要让犹太文化的火种永远延续下去。"

当美国犹太救济委员会为战争中的犹太受害者发起一项1000万美元的资金筹备运动时，希夫先生向几百名犹太人中最优秀的人物发出了晚宴邀请，他用打动人心的呼吁、用自己1亿美元捐赠的示范作用，当场就筹到了250万美元。他强调，为了庆贺俄罗斯"承认犹太人通过革命获得解放"，他要将自己这笔捐赠用于医院的建造。

1917年夏天，希夫夫妇在R. I. 纽波特度过。为了表达对他们的热爱，当地的发言人说了这样一番话："许多尊贵的客人曾来到过纽波特，对此我们深感荣幸。今天，又有两位终身致力于慈善事业的客人来到这里，他们的到来让我们再一次感到了无上的光荣。"

那么，就用以上的这段话作为雅各布·亨利·希夫这篇简短个人特写的结束语吧。

查尔斯·米歇尔·施瓦布

查尔斯·米歇尔·施瓦布，钢铁业巨头，在他任伯利恒钢铁公司总裁期间，将公司做到了全美第二大钢铁生产公司。

这个世界上只有一个人会将自己年薪百万的聘用合同撕个粉碎。

当美国钢铁公司接手卡内基钢铁公司之时，作为责任之一，同时也接过了一纸合同。根据这张合同的规定，每年要付给查尔斯·米歇尔·施瓦布这个稀缺人才的底薪，正是这个令人咋舌的数字。

J. P. 摩根不知道该怎么办才好。有史以来最高的年薪也不过就是10万美元，他感到进退维谷。

最后，他把施瓦布找来，给他看了这张合同，然后吞吞吐吐地问，这张合同该怎么办？

"这个嘛……"施瓦布说着，抓起合同将它撕了个粉碎。

这张合同已经让他在上一年得到了130万美元。

施瓦布先生对我解释道："我并不在乎他们付给我多少薪金，我认真做事的动机不在于钱，我相信自己所做的一切，并且很愿意看着它们带来成果。我毫不迟疑地取消了那张合同。"

后来，摩根对卡内基说，施瓦布的所作所为是多么的宽宏大量啊。卡内基评价说："查利是我认识的人中唯一能做到这一点的一个。"

他立刻按照那张未到期的合同，全额偿付给施瓦布应得的薪金。

从此，卡内基公开宣布："我的财富主要归功于两个人，比尔·琼斯和查利·施瓦布。"

让我再补充一点，施瓦布多年来都对卡内基的合作者精挑细选，实际上，这个精明的苏格兰人唯一肯将公司的管理大权全权授予的只有施瓦布一个人。

尽管他的财富已经超出了人们的想象，但是，施瓦布仍然是钢铁行业中工作最为努力的工人。原因何在呢？我来做出回答。

"我为什么要工作？我工作是为了什么？我的钱可以说是多得花不完。我没有孩子，这些钱不知道要留给谁，我的妻子也不需要它们，因为她自己也很富有。我工作是因为我在工作中能找到乐趣，在工作中有所发展和有所创造能带给我满足感。工作中所产生的人际关系也是一个原因。一个不是因为热爱工作，只为了钱去工作的人，既不会赚到太多钱，也不会在生活中找到太大的乐趣。"

关于这件事，报纸上净是些愚蠢的猜测。在这里让我，不，是让施瓦布先生来澄清一下。三年之后，他为什么辞去了钢铁公司总裁的职位？

其实真正的原因很简单，从不说假话的施瓦布先生告诉我：

"我这一生从来没有和摩根先生有过任何分歧。一直以来我们都是还算可以的朋友，我辞职的原因是我无法再继续放开手脚按照自己一贯的方式做事。我受到了一些董事和分公司的干扰，他们让我无法发挥自己全部的能力。如果我觉得应该在匹兹堡建一个厂，我绝不希望某个重要的董事告诉我，这个厂应该建在芝加哥。如果工厂里出现了罢工情况，涉及了某个重要领导，我不想被告知因为怕影响到股票而去解决它。所以，我退出了。"

还有更重要的事情等着他去做。如今，施瓦布排在了美国工业中最有创造能力的人中，而且他也是美国最受欢迎的商人。在当下的美国人中，他得到的头衔最多，比如说，"最伟大的钢铁制造商""最成功的推销员""身价百万的人""钢铁托拉斯的创始人""最年轻的总裁""年轻人的培养者""美国克拉普战斗机的创造者""美国的守护神""无可救药的乐观主义者""有着最迷人微笑的人""为伯利恒创造奇迹的人"。

或许我们应该把这篇文章叫作"真实的施瓦布"。他富有传奇色彩的职业生涯已经导致了太多有关他的杜撰，如果能驱散这些"故事"直截了当将他的陈述记录下来，未尝不是一件快事。

施瓦布一家来自于宾夕法尼亚的威廉斯堡，1862年2月18日，查尔斯·米歇尔就出生在那里。当这位未来的钢铁之王还是个十来岁的孩子时，他们一家搬到了宾夕法尼亚艾伦盖尼斯高原拉瑞多的一个风景如画的小山村。在当地的学校毕业后，他在圣弗朗西斯大学度过了两年时光，就像其他一些注定要成大器的人一样，他迷上了数学。同时，他觉得化学也很有魅力，他还喜欢研究一些工程方面的问题。

但是，他并没能够按部就班地找到一份白领阶层的职位，充分发挥他的知识和天赋，16岁时，他被迫坐到了他父亲的长途大巴驾驶员座位上，开始了往返于拉瑞多和克勒松车站之间的司机生涯。但是他丝毫不觉得气馁，一边开车一边不时地从嘴里蹦出些俏皮话来。

其实，他的第一份真正的工作是在布拉多克的司佩琪迈尔的一个杂货店里做一名打杂的小工，这个商店的店主是施瓦布爸爸的一个老朋友。从他在商店里系上围裙的第一天起，他的眼睛就盯住了那里的大型钢铁厂，那是卡内基兄弟公司名下的埃德加·托马森工厂。但是同时，尽管他不喜欢这份工作，他却努力地让那家商店活跃起来。他用微笑面对客户，同他们攀谈，他跑在客户面前鞍前马后，帮他们拿包裹，为他们跑腿，尽可能地取悦客户。晚上，在斯派尔伯格家里，他弹钢琴，为他们唱歌，教小孩子音乐，让这个家充满欢乐。"他很上进，也很聪明，什么都想学。"这是他的雇主对他的描述。数学并不一定就比管理一家杂货店更高深。他开心地赚着自己每月的30美元（不包括食宿）。

有一天，钢铁厂的总监，安德鲁·卡内基的最得力助手，全美国最著名的钢铁制造商威廉·R.琼斯来到了商店里。

"我当时请求'比尔',让我去他工厂里干活。"施瓦布先生讲道:"他问我:'你会开平板车吗?'我回答:'我什么都会开。'于是,第二天早晨我就去工厂里开平板车了,工资为每天1美元。"

6年后,当年这个每天1美元的平板车司机成为工厂的总监,这个工厂在当时是全美国最大的钢铁厂!

"人们都说是你的钢琴声吸引了卡内基。"我试探地问道。

"根本没那回事。"施瓦布先生略带激动地说,"我这辈子也没给卡内基先生弹过琴,是'比尔'大卫有一天把我带到卡内基面前说:'安迪,这儿有一个年轻人,他和我一样了解这个工厂。'"

卡内基也和"比尔"大卫一样,喜欢上了这个年轻的工程师。工人们也喜欢他。只要"查利"在场,每个人都会觉得很开心。他的热情,他的开朗,他的勤奋感染着周围的每一个人。他克服困难的能力被人们津津乐道。他继续学习化学和工程学,为了测试金属在经过不同条件处理后的韧性和特征,他做了无数次实验。正如卡内基后来承认的那样,"他比世界上任何人都了解钢铁"。

他的下一个台阶是整个卡内基公司的工程部负责人。在这里他为整个行业提供了一次技术革新。他酝酿着一个新的计划,打算建起一个比现在所有工厂都大的新厂,霍姆斯蒂德钢铁厂。他要引进现在各行各业都已经普遍采用的流水线作业,也就是说,一头将原材料送入设备,在经过连续的加工流程后,另一头就会有成品钢铁出来。那个时候,他手下已经有六七千号工人了。

当时,他年仅24岁!

1892年大规模的罢工过后,卡内基在管理上遇到了前所未有的问题,工厂方面根本无法同工人交涉,霍姆斯蒂德工厂的再次开工面临着困难。最后,他们只得求助于年轻的施瓦布,任命他为那个工厂的总监,看他能有什么办法解决这个问题。

行动起来!施瓦布只有一件事可做,把每个工人变成工厂的热情支持者,把工厂变为这个世界上最令人感到愉快、最有钱可赚的地方。施瓦布的微笑、施瓦布的真诚、施瓦布的容光焕发、施瓦布的热忱、施瓦布的热情再加上施瓦布天才的能力,赢得了工人们一致的拥护和爱戴。小皮特可从来没有表现得这么有一套、这么会和人打交道、这么有领导才能。

作为回报,他被选举为卡内基公司的总裁,这是整个钢铁行业最高的奖励,是他应得的。从他第一次以每天1美元的平板车司机的身份出现在卡内基公司里到登上总裁职位,其间也不过就是15年的时间。他通过对金属和对人做本质上的研究,通过用意志和微笑努力工作,通过开发各种方法,让钢铁生产更快、成本更低、产量更大,通过让工人开心地工作,更加忠于自己的任务,他获得了这一切。35岁时,他站在了钢铁行业的最高端。

他的名誉是国际性的。当他还是个平板车司机时,英国就已经是世界钢铁市场的主宰了,现在,在他的努力之下,这种状况已经改变了许多。在他的精心策划下,霍姆斯蒂德工厂尽管付给工人的工资是欧洲工厂的3倍,但仍然能够应对来自欧洲的激烈竞争。实际上,美国现在已经在很大程度上削弱了英国的市场影响力。

英国最大的钢铁制造商阿瑟·基恩责备这位年轻的美国天才,说他不应该为工人提供过高的工资——远远超过了全世界任何一个国家任何一个工厂的工资范围。施瓦布告诉他,什么都不可能让他离开自己的恩人和朋友卡内基,经过了这么长的时间后,他对待卡内基早已如同父亲般孝顺、亲密。施瓦布对任何人都没有提起过这件事。

后来,基恩和卡内基在英国钢铁协会的晚宴上碰面后,向卡内基讲述了这件事。

当时卡内基的回答是:"如果他对你能有这么大的影响,那么,他对于我就更重要了。"

卡内基刚刚返回美国,就找到施瓦布,告诉他自己最看重的就是他的忠诚,然后和他签订了一个底薪为每年100万美元的长期合同。

但是，查尔斯·米歇尔·施瓦布有着更大的梦想。为什么不让美国成为全世界最大的钢铁生产国呢？这样在国外市场上就可以挑战并击败英国。

他在充满创造力的大脑里，勾勒出一幅谁也想象不到的景象——世界上最大、最有实力的工业公司，运营协调而统一、原材料能够自给自足、资金充足、人才济济并且在全球都设有子公司。

既然想好了，就开始行动。他的第一次提议遭到了摩根及其他一些人的反对。但是正如卡内基总喜欢说起的那样，"施瓦布能越过一切障碍。"

在1900年12月为他而举行的一次晚宴上，他带着满腔的激情将自己的宏伟计划展示给全美国最大的金融家们和企业家们。他就像一个威风凛凛的预言家，为人们描绘出了一个波澜壮阔的全新的钢铁时代。

他口中描述的令人神往的钢铁托拉斯设想俘获了摩根的注意力。几个月之内，价值百万美元的美国钢铁公司成立了，由施瓦布出任总裁，并且拥有价值为2800万美元（公平价）的股票。那年他39岁，是名副其实的"最年轻总裁"。

在这个巨大的钢铁工厂建成并平稳运行了3年之后，施瓦布出于健康原因决定辞掉总裁之位。辞职之际他对公众宣布："我打算将全部的精力放在身体的恢复上，康复之前，我不会再出任任何职位。"

尽管没有完全闲着，但是在重新进入商业圈之前的两三年间，他一直都在宾夕法尼亚的南伯利恒静心休养。

全世界都知道，伯利恒钢铁厂一直在创造着奇迹。全世界的人都在想一定是施瓦布创造了它们，但是，他们都想错了。这个奇迹是被其他人创造的，是15个年轻的合伙人创造的。所以，施瓦布先生勇敢地将它公布于众。

当我提起这个问题的时候，施瓦布先生表示："我的职业生涯其实并没有什么值得一提的。我并不相信天才，当所罗门说：'比赛不是为了更快，战争也不是为了更强壮'时，我相信他是对的。在人的一生中，环境、机会都对成功起着巨大的影响作用。"

"当然，真正的成功还是取决于一个人的本质。一个人一定要有他自己的个性，这一点非常重要。他必须勤奋、专心、有判断能力，如果一个人生来就没什么聪明才智的话，他是不会有所作为的。他的声誉必须来自于完整的尊严，他必须诚实，他必须要获得人们的爱戴，他必须是其他人可以托付和信赖的人，乐观开朗、能够鼓励激励别人也很重要。

"只要一个人肯去做，那么，别人能做到的他也一定能做到。

"我很幸运，正好来到了一个处于发展阶段的行业，这个行业为我们提供了数不清的机会，就这些。另外，我还肯冒风险。"

"怎么个冒风险法呢？"我又问。

这让施瓦布先生说起了伯利恒工厂的建立。当施瓦布先生最后一次接手伯利恒钢铁厂时，这个厂已经破产了。此前，他曾经购买过一次该厂的股权，后来，到了钢铁公司后，他就把这些股份卖给了运气不佳的美国造船公司。美国造船公司破产后，他又重新将这些股份买了回来。

"当我第二次接过伯利恒钢铁厂时，我并没有从外面请著名的钢铁界人物来管理，我从工厂内部挑选了15名年轻人，让他们做我的合伙人。我相信利润共享原则，我相信他们最终能够帮我解决工人问题。安德鲁·卡内基是这国家利润创造能力最强的人，他将一半的利润以红利的形式分给了他的员工。

"如果你想要让自己的事情被做得很好，那就不要把它交给名气太大的人去做，而是要找一个有潜力的人去做，他会全身心地投入，不遗余力去做。

"我所选择的这15个人中，没有一个是失败的。我为此而感到骄傲，也为他们而感到骄傲。其中有一个小伙子是一个吊车司机，当时每个月只赚75美元。他现在的收入是其他钢铁行业任何一个员工的5倍，是一个百万富翁。这个人就是尤金·G.格雷斯，是现任伯利恒公司的总裁，也是为公司的成功做出贡献最大的人。他比我当初强50倍。"

我笑了。

"是这样的。"他肯定道。

施瓦布先生并没有提到他离开自己位于曼哈顿环河路富丽堂皇的家,隐没在宾夕法尼亚的一个小村庄,卸下名人的盛装,整整8年来顶着各种资金和其他方面的压力,夜以继日地工作,一直到破产的伯利恒钢铁厂起死回生,步入稳定的发展为止。

"我带着自己全部的钱和可以借到的钱回到了伯利恒,"施瓦布先生继续讲述他的冒险,"我在每一张发布的重要文件上都签下了自己的名字,当时,我还带去了格雷发明的结构钢技术,许多公司都拒绝了这项技术。但是,我认为自己是正确的,我花了1500万美元来证明这项技术的正确性。这难道不是在冒风险吗?但是它却让我们在整个美国和全世界结构钢领域里都处于领先地位。一直以来,东部地区都没有什么太成功的钢铁企业,但是,我坚信伯利恒具有迈向成功的每一项要素。能够证明我自己的判断是正确的,我感到很满足。"

我在这里并不打算详细描述施瓦布先生近10年来是如何起早贪黑地待在自己的工厂里,鼓励他的工人们;他是如何研究出高效率"目的性花费计划"和"利润共享计划"的,从来不曾有哪个大企业采用过这种计划;他是如何一次次地来到太平洋和大西洋彼岸,最终拿到比别人更多、更大的订单;当战争爆发之际,他是如何直接找到基奇纳,告诉他几个有用的事实,然后带着足够的业务返回伯利恒,从此让它步入了繁荣之路。对于伯利恒钢铁公司,我只能说得上几件事和他的几次活动来。

施瓦布已将超过1亿美元用在了公司的发展和子公司的收购上。

1916年通过了总额为1亿美元的对此后几年的预算计划。

公司的工人总数(包括子公司在内)为7.5万人。

他的年工资支付总额超过了8000万美元,每个月将近700万美元。

战争时期,他并不仅仅和德国人合作生产克拉普战斗机,而且还是生产军用发动机的制造商。

现在,随着子公司的不断增加,以及在智利和古巴建起分厂,它的规模仅次于美国钢铁公司。

它包揽了两个海岸沿岸所有造船公司40%的业务。

据非官方统计，战争期间，来自盟军的订单为5亿美元。

今天，伯利恒钢铁公司是美国的保障。1917年7月，施瓦布先生说：

"现在，伯利恒钢铁公司每年投入2000万美元完全是出于政府的使用。在和平时期，这样的工厂会毫无价值。但是更多的时候，我们不能只站在商业的角度看问题。我知道，我们应该这样做，我们正在这样做。

"我认为，伯利恒钢铁公司的军工厂、钢铁加工厂、船舶器械厂在这样一场危机中，是一项可观的民族资产，因为整个美国的船只中，我们生产的船只占了近40%的吨位。我们的理想是，让这份资产能够最大限度地发挥其作用，从而确保我们国家、我们的盟军在这场伟大的战争中取得压倒性胜利。

"一个企业要想持续获得成功，生意就必须有利润可言。但是企业的荣耀就在于把企业做成功，以便有实力去做那些有责任必须去做的事。我们伯利恒钢铁厂也在尽量经营一些有利润的生意，但是，不管有没有利润，伯利恒钢铁厂甘愿为美国政府服务，我们甘愿奉献出在自己支配范围内的一切人力物力资源。"

同样在这一次销售人员会议的谈话中，施瓦布先生也说了这样一番话，他的人品由此可见一斑。

"我可能会说服你从我这里购买大量的商品，但条件是我能够说服我的企业，下至每一个普通的工人愿意经济有效地生产这些东西，否则，我的推销技巧毫无用处。

"在伯利恒工厂，我们所付出的最大努力就是要让每个工人都充满信心和热情。

"伯利恒工厂繁荣昌盛了。但是，最令我感到欣慰的事情是工厂里的每个工人也富裕了。1915年的时候，工厂里每个普通的雇员收入是900美元多一点，然而到了1916年，每个工人的平均收入超过了1200美元，一年就增加了30%多。从1917年1月1日开始，我们给工人的工资又上调了10%。

"之所以能够实现这些高薪收入，原因就在于工人们尽一切可能地得到利润共享机会，这些利润是他们帮助创造的。这也就是我们的工人不仅富裕而且对工作充满热情的原因之一。

"劳工问题还远远尚未解决，但是，如果整个行业中的管理者能够制定出一条统一的法规，使工人们不仅报酬丰厚，而且很乐意去积极工作，那么它将无疑是一条造福于人类的福祉。"

伯利恒总股本为1500万的普通股，已经从战前的25美元涨到了1915年的每股600美元，这让许多施瓦布的追随者成为百万富翁，令其他的战争概念股黯然失色。公司现在每年的股息为30%，总市值已经增加到了6000万美元。

战争初期，施瓦布持有价值为5300万美元的股票，据说大概是9万股优先股和6万股普通股，10年之内保持第一大股东的地位不变。

他对这些股票没兴趣，钱也不是他的目标。他的理想是建起一个他在1900年的那次晚宴上就梦想过的公司，一个能帮助美国步入世界强国之列的公司。

和卡内基一样，施瓦布是一个慷慨的慈善家。在他的捐赠记录中，最大的几项包括：在拉瑞多建起一座美丽的天主教堂；在克勒松建起一座修道院；将他曾经驾驶大巴的年久失修的道路改建成一条标准公路；在布拉多克建起了一座教堂；开设了霍姆斯蒂德工业学校；在韦瑟利建起一座学校和礼堂。所有这些都在宾夕法尼亚州，另外在史坦顿岛还建起了一个健身公园和学校。据报道，不久前，他为拉瑞多圣弗朗西斯大学捐助了200万美元。他未被记录在案的捐赠可能数量更多。

施瓦布太太在1883年结婚前叫埃玛·丁奇（钢铁大师A.C.丁奇的妹妹），她也因慈善和音乐艺术方面的成就而出名。她帮助施瓦布先生一起做实验，帮助他获得钢铁方面的知识，从而为他早期的成功奠定了基础。

约翰·格雷夫·谢德

约翰·格雷夫·谢德，马歇尔·菲尔德公司董事局主席及总裁，被誉为世界上最大的纺织及日用品批发零售商。

"一直以来，您所遵循的策略是什么？"我向眼前这位世界上最大的纺织及日用品批发、零售商发问。

他回答："我们并没有策略，我们只是有一些固定的原则。当原则正确时，也就谈不上什么策略之类的东西了，一切将会按部就班。"

说这番话的人是谁？你也许连他的名字都没有听说过。为什么呢，那是因为在他身上，谦虚是唯一超过远见的一项优点。

有一天，一个自幼在汉普郡边远落后农场长大的年轻人走进了芝加哥最大的一家商店，然后对商店的负责人说：

"菲尔德先生，我能在您的商店里工作吗？"

"你都会些什么？"这位商店店主问道。

"我能够大批量地销售您商店里的任何一种商品和货物。"这个年轻人自信地回答道。

"那好吧,我可以给你一份工作,每周 10 美元。你现在就可以开始工作了。"

许多年之后,多数美国人心目中最伟大的商人马歇尔·菲尔德被叫到了参议员委员会,要求他出示"丁力关税法案"里的必要证据,于是,芝加哥最了不起的商业巨人就以这样一种有趣的方式浮出了水面。菲尔德先生开始讲述:"我手里拿着一封信,我相信,写这封信的人将会成为美国最优秀的商人。"

每个人都惊讶得睁大了双眼,难道说眼前站着的这位并不是美国最优秀的商人?难道还会另有其人?

人们带着种种疑问将这封信从头读到尾,想看看信的结尾署名到底会是谁。署名是:

John G. Shedd

20 多年来,只有写这封信的人才是马歇尔·菲尔德公司真正的、实际意义上的领导人。所有知情者都一致声称,马歇尔·菲尔德公司的业务能够不断成长,不断科学发展,最主要是归功于约翰·格雷夫·谢德非凡的预见力、无尽的创造力、突出的实践能力和首屈一指的想象力。虽然在 1906 年公司的创建人去世之前,他在名义上并非该公司的负责人,然而在此之前的 12 年来公司内部的实际事务全部都是由他来管理。他的工作方式一直保持低调,所以,除了公司内部人员之外,很少有人了解事情的真相。

这位新汉普郡的年轻人到来之前,商店的年销售总额还不到 1500 万美元。

如今,在谢德总裁的带领下,马歇尔·菲尔德公司的年销售额已超过了 1 亿美元。每年,他们要销售 100 万件商品,做 2500 万次交易。在特价销售的日子里,从早晨 8 点半到下午 5 点半,每天前来购物的顾客多达 30 万人次。商店的楼层面积超过了 55 英亩,铺在地板上的地毯长达 30 英里。它的用电量相当于 15 万户人家的总耗电量,在销售旺季，商店里的82部电梯10小时内运送的顾客比芝加哥南部和西部大都会铁路24小时内运送的乘客都要多。每天都有350辆卡车和货车运送货物，如果平铺开来，这些货物的覆盖面积可达到350平方英里。若是在假期忙碌的时候，还得另外再加50辆卡车。在12月份，光是零售商店每天要运送的货物就多达10万件。

在谢德总裁的手下，总共有2万名雇员。其中包括零售店里1.25万名，批发店里有4000名。

当时，公司在北加利福尼亚设有工厂，加工生产棉花和木制产品，从事各种布料的零售。同时他们还在伊利诺伊州的锡安城开有生产蕾丝、蕾丝窗帘、手绢、床罩的工厂；在芝加哥的工厂主要生产各种各样的日用小商品。

正是谢德先生的预见能力使得公司看准了商业趋势，才能使马歇尔·菲尔德公司敢于大量生产自有商品；正是由于他的这一革新才使得该公司一直保持稳定、健康的发展，而其他大多数大型零售公司却因缺乏这份远见而纷纷破产。

几年前，谢德先生就意识到中间商的好日子快要过去了，所以他宣布，"我们的座右铭应该是'从工厂到客户'"。或许，正是这位商业天才的这一举措才使马歇尔·菲尔德公司摆脱了同其他零售商相同的命运。他追求无止境的创造天赋、原创的独特设计、不断地朝着马歇尔·菲尔德"完美质量"的目标理念前进。

同时，它也为谢德先生实践自己的发明天分开辟了一个新渠道，因为对他来说，一个生来的商业领袖在经商活动中掺杂一些富有创意性的东西，就好比是一个艺术家在绘制一幅杰作中的想象力一样，都能给人以真正的愉悦与满足。我还从没见过哪个雕刻家或画家对待自己的大理石或油画布就像谢德先生那样，用令人感动的热情和爱去对待每一款贴有马歇尔·菲尔德的商品。这些商品极为普通却极为重要，比如说由公司设计的方格条纹布和其他棉织物等。对于大多数人来讲，一码的棉布就是一码棉布而已，没有其他。但对他来说，一码棉布体现着思维、艺术和创造力，它是全体工人为之骄傲的产品。很明显，和这些色彩鲜艳的棉织物一起织入的还有热情与智慧。

谢德先生不大爱讲话，但是过了一会儿，他开始对这本介绍名人成长历程的人物特写专辑发生了兴趣。在我们的谈话过程中，他妙语连珠，给出了一些颇具睿智的话语。

"你看墙上这些照片，"他指着自己私人办公室墙上挂着的一幅幅看起来神情严肃的人物照片说，"他们都是菲尔德先生的合伙人。并不是每个人都是跟着他从基础开始的。其中有两个十分成功的部门经理，一个是从每周4美元干起，另一个是从每周2美元半开始。他们都不是上过太多学的人，但他们却极为聪明，很有洞察力，他们理应获得这一切。他们带着创新精神、奉献精神和强烈的欲望去工作，工作的目的不仅仅是为了自己能够取得进步，而且还是为了整个公司的进步。他们将企业的利益放在第一位，所以公司繁荣了，他们自然也就发达了。

"绝大多数的年轻人总是在考虑自己怎么开始，而很少考虑自己最终要到达什么位置，这差不多是大学毕业生的通病。多数大学生刚开始就希望得到高薪职位，却从来没有考虑过自己的最终目标。他们很少愿意从起点低但终点高的方面去考虑。

"大自然的法则早已规定好，人无法刚开始就到达顶部，一定要从底部爬起。正是因为有这种从底部做起的必要性，我们才会给那些很棒的年轻人一个超越普通人的机会。

"你若突然把一个人放在高层管理的位置上，那他必然会摔下来，摔得头破血流。

"马歇尔·菲尔德的合伙人都有一个很明显的共同点，他们之中学历最高的也不过就是高中毕业，没有一个是大学生。我向往高等教育，如果可能的话，我会选择去上大学，虽然说当初如果我上了大学，可能就不会像今天这样，在商界获得一点小小的名气。现在问题就出在，多数年轻大学生进入工作单位时，心里总想着自己是大学生，脸上的表情也不断提醒别人，'我是大学生'，这样一来，他就不愿干那些脏活累活，也不愿意从做生意的基础部分学起。他们刚刚开始就尽可能去找赚钱最多的工作,而不是在一个极具潜力的公司里从起步阶段干起。

"和过去的众多小企业比起来,如今的一些大企业为年轻人提供了更多的机会,让他们能赚更多钱。在过去,一个资产为10万美元的公司,每年能付给你1万美元就算是很好的回报了,而如今,一个大的企业往往会有好几个年薪在1万到5万美元之间的职位。

"像我们这样的公司最大的优点就是,它已经有50年的经营历史了。在过去的50年中,没有一个工人因为不认真工作被开除过,也没有一个工人因公司不景气被裁员。长期稳定的收入要比频繁变换工作更有利于储蓄。

"如今这个世界并不缺乏机会,缺乏的是效率和对机会有所准备的人。一个效率高的公司在公司内部就可以找得到全部的办公行政人员。

"然而,另一个事实是,好的商店都是好的管理的成果。

"一个蒸汽机坏了就会影响到整列火车的运行,同样的道理,任何一个环节的效率低下都会影响到整个公司的经营。

"一个企业光有规模是不行的,重要的是一个公司的发展速度。如果一个企业只是依赖着诚实、有效的经营,服务于一方社区,那么最好不要规模过大。

"对于我们来说,只有一个中心思想,只有一个为之努力的目标。我们把它叫作马歇尔·菲尔德理念,这就是我们的理念——"

谢德先生说着,指了指挂在墙上的一幅画框,画框里写着:

马歇尔·菲尔德公司理念

在恰当的时机,用正确的方法做正确的事;做事情一定要比别人做得更好;杜绝错误;看问题要全面;要充满勇气;要作别人的榜样;因为热爱,所以工作;主动达到别人的要求;开源;坚信没有战胜不了的困难;要占据天时地利;做事情要出于情理而不是出于不得已;只有达到完美方可感觉满意。

"我们一直在把这些理念反复灌输给雇员,那些无法接受或者做不到的人是无法在公司待下去的。每天都按照这些理念行事对个人和整个公司都有好处。所以,'服务'就是我们的全部目标。

"每一个靠不懈的努力逐渐扩大的公司都在不断寻求效率最高的人来担任公司的要职,所以一个公司最主要的任务就是要找到合适的人才,并将其安排在合适的位置上。如果一个公司能够在公司内部培养、训练出一些雇员来,让他们担当重要的职位,那么全公司的员工就都有升职的机会,这无疑会让全公司上下的雇员都觉得自己在这个公司的价值能够得到发挥。

"有时候,很有必要同一个雇员讲明理由,他现在的工作对他很适合,如果给他更高的职位,他很可能无法很好胜任而成为一个不称职的人。"

约翰·格雷夫·谢德的职业生涯没有丝毫碰运气的成分,也不是很随意就走到了今天这一步,他的成功完全不是机会使然。从刚一开始,他就制订了各种计划和原则,朝着完美目标坚定不移地前进。他在出海航行之前就为自己选好了一个目的港,然后驾驶着帆船直接驶向那里。

他出生于1850年7月20日,出生地是在新汉普郡阿尔斯特德的一个农场里。他很小的时候就不得不在田地里和谷仓里干壮劳力才能干的力气活。他所在的农场地理位置偏远,几乎与世隔绝,而且处在半赤贫状态。他没见过世面,没有开发智力的机会,也没有得到进步的机会,所以,生活对他来说并不是十分美好。在那个时候,农场没有汽车,卫生间没有浴盆,家里也没有其他一些现代家用设备。虽然说近年来,这些东西早已为农村生活带来了革命性变化。这个在农场长大的孩子对自己未来的生活之路做了认真严肃的思考,最后他决定自己要成为一名商人,一名诚实、勤恳、了不起的好商人。还不到17岁,他就离开了父亲的农场,前往佛蒙特州贝洛斯福尔斯的一个商店去工作,每周1.5美元管食宿。从一开始,他就觉得自己卖起东西来十分得心应手。

谢德先生告诉我:"我把第一年所赚的75美元几乎全部存了起来,有种有了钱的感觉。"后来,他在自己家乡的一个综合商店又找到了一份每年125美元的工作，但是，这一次他每周还得出2美元的食宿费，交给一个照顾他日常生活的新英格兰主妇。2美元虽然不多，但他却被照顾得很好。后来商店里发生了一场大火，迫使他不得不重新另找工作。但是上帝保佑他，他被一个原来是竞争对手的商店以每年175美元的工资雇用。

谢德先生这样评价道："那个时候，我觉得自己已经走上了康庄大道。"等他20岁时，他的能力已经非常的突出了，佛蒙特州拉特兰的一个纺织用品店以当时最有诱惑力的价格得到了他。他的年薪为300美元，包食宿。

然而，拉特兰最好的纺织用品商店的店主却是本杰明·H.伯特，这位声名远播的商人早在那个时候就早已在经营原则与实践方面远远超越了普通人。谢德，这个来自花岗岩之州的新人及其能力都没有逃得过他锐利的目光。为了得到他的服务，伯特先生开出了双倍的薪水，并且还同意给他销售提成。这里的环境很适合他，他发现自己在心智上和经济上都得到了发展。

然而他有更远大的目标，拉特兰这个地方并不是自己寻找的终点。他并不想做小地方的大人物，他要到更大的地方去检验自己的能力，一个能够在激烈的竞争下，将他的全部智慧与能力发掘出来的地方。他对各种纺织品勤加研究，顾客的满意能为他带来最大的快乐，他生来就是一个优秀的推销员。此外，他还有另外一件给他带来足够自信的武器——他存了一笔钱。

最后，他带着极大的遗憾道别了他的导师、他的恩人伯特先生。直到今天，伯特先生的照片还摆在他办公桌上。芝加哥是他的目的地。

谢德先生回顾他职业生涯中转折性的一步时，这样说："我决心要在这座城市最好的商店里找一个职位。我早就听说过菲尔德·莱特公司，我发现这家公司是全芝加哥最好的，也是最大的一家商店。于是，我就做了这家公司的店长和销售员，瞧，我现在还在这里。"

谈到他是如何在这个世界上最大的纺织品企业里，从底部渐渐爬到顶部的话题时，谢德先生说得最多的就是他在5个月后的那次加薪。他是从1872年8月7日开始工作的，5个月后，合同中规定的每周12美元变成了14美元。谢德先生解释说，这次加薪是出于他出色的工作。谢德先生补充道："在我的整个职业生涯中，这次加薪带给我的愉快超过了以后的任何一次升职。"

"它让我觉得能为菲尔德先生这样的人服务是件开心的事。"谢德先生说。他不大愿意谈论他自己，倒是十分愿意谈论菲尔德先生。

进入公司后，谢德先生被直接安排在了亨利·J.威林手下，这对他来讲是一件幸事。威林先生是马歇尔·菲尔德最有能力的一个合作人，从他那里，谢德学到了许多优秀的品质和先进的经商方法。谢德精力旺盛，还不到4年的工夫，谢德先生就成为蕾丝和刺绣日用品部门的负责人，那一年他才仅仅26岁。他所表现出来的种种才能——分析情况、看准趋势、高超的销售能力诱使费尔德先生将6个部门托付给他。不久后，他被任命为整个公司的销售总监。这是一个责任重大的职位，因为他要负责管理整个公司每年价值几百万美元商品的采购和销售。他从一个每周工资仅为10美元的职员成为顶级合伙人，拥有王子般的收入，其间只花了21年时间。

1901年，公司股份制后，谢德先生在公司的地位仅次于马歇尔·菲尔德本人，前者为副总裁，后者为总裁。大量的工作就落在了这位副总裁的头上，而总裁本人则感觉多年来身心疲惫，他让自己沉浸在放松休闲中，享受旅游去了。几年来，谢德先生一直是这个公司真正的负责人，一直到1906年菲尔德先生去世为止。所以，他被选为总裁是情理当中的事情。菲尔德先生的职业生涯几乎和他的继任人谢德先生一模一样，同样是来自农场，同样是在新英格兰的商店里开始做起，同样是去了芝加哥成为纺织品销售人员，两个人都遵循同样的理念。菲尔德先生曾经说过，他选合伙人要的是才干，不是资金。实际上，他的合伙人没有一个为公司带来过任何资金。

我问谢德先生："那么一直以来，您的一些主要原则是什么呢？"

他回答道:"提供实用商品,尽可能在质量上领先于其他商家。要不惜一切代价、克服一切障碍让顾客满意,这样,他就会为你的产品做宣传,这是最好的广告方式。业务中尽可能严格执行现金交易,这样会避免坏账。努力了解新发展趋势,并相应调节自己的经营活动。还有一点也很重要,要尽量为雇员考虑,这样会激起他们对公司的忠诚度。"

谢德先生是芝加哥第一个引进周六半天假期的管理者,他还倡导雇主和雇员都要从事健康有益的娱乐活动。"我认为高尔夫球是现代社会最大的一件幸事。"谢德先生对我说,"高尔夫运动可以让那些身负要责的人从繁重的公务中解脱出来,人们在这种露天运动中不仅可以恢复精力,还可以结识新的朋友,扩大社交圈。这一切不仅可以让人的大脑得到放松,还能促进他们的博爱精神。"

从下面几个方面,我们不难看出马歇尔·菲尔德的雇员拥有的优厚待遇:一个专有楼层的一大部分仅供内部员工使用;职工有专门的阅览室,公司里设有芝加哥图书馆的一个分馆;公司还有医务室和护理人员等;音乐、休息室、介绍纺织品加工生产过程的教育宣传片等一应俱全;午餐厅和自助餐厅每天为 3000 名工人提供午餐服务。公司有一个 150 人的合唱团、一个棒球队和一个健身房。公司还为商店里的年轻人们提供高等教育机会,并颁发相当于高中毕业的文凭。每年夏天,每个雇员都有一次带薪休假机会,假期为两周。公司鼓励年轻人加入民兵组织。用一句话来说就是:马歇尔·菲尔德公司提供的待遇足以令其他公司的员工感到羡慕。

另外,谢德先生还是几个铁路和金融机构的董事。他并没有逃避自己作为一个公民的职责,在这个问题上,他是这样认为的:"现代社会的情况比较复杂,所以对于那些忙忙碌碌的商人来说,充分参与到公众和公民活动的机会相对就少了一些,这难免让人觉得有点遗憾。任何一个放任自流的公司都会走上下坡路,然而,我们却采用了这样一种组织方式,尽量让那些有能力的年轻人多干一些,好让年纪稍大些的工人们免于加班加点。20 年前,下午不上班简直就是一种犯罪,然而现在不同了,下午的时候偶尔骑车去一次郊外,去打一场高尔夫球并不是什么办不到的事情,也不会被人看作是愚蠢的行为。"顺便说一下,谢德先生不仅很擅长高尔夫球,而且骑术也很高,在他着手开小汽车前,曾热衷于骑自行车。

谢德先生对芝加哥青年基督教协会、医院、其他一些有价值的事业做出了大量的捐赠,但是他在做这些事情的时候总是悄悄进行,所以,一般的公众没有多少人知道这些事情。谢德先生是一个极为谦虚低调的人。谢德先生从小酷爱读书,但却苦于得不到很好的书籍。这段回忆一直留在他的记忆里,为了弥补这一缺憾,他为自己的故乡阿尔斯特德捐赠了一座图书馆,整座图书馆是用汉普郡花岗岩建起来的。

谢德先生在事业稳定之前,在没有找到适当的终身伴侣之前一直保持独身。1878年,他和自己的同乡玛丽·R.波特小姐喜结连理。虽然他们没有儿子,但是却得到了"几乎是最好的东西",他们有两个女儿,大女儿劳拉·谢德嫁给了伊利诺伊州芝加哥市森林湖的施韦普先生;另一个女儿海伦·谢德嫁给了芝加哥的里德。谢德在芝加哥的家建筑结构独特,就连建筑学院的学生都叹为观止。

我将自己心中的疑问告诉了谢德先生:"为什么您始终没有把公司的名字更改过来?"

他回答道:"我一直认为,像我们这种历史比较长一点的公司,公司的名字本身就已经成为一种无形的资产。如果能够继续管理得很好,每年都加强对公司的形象的维护,那么就算继续沿用原来的名字又有什么关系呢!"

不知你注意到了没有,做得最多的人往往正是那些最淡泊名利的人。

爱德华·C. 西蒙斯

爱德华·C. 西蒙斯，西蒙斯五金公司总裁，是始终把帮助客户取得成功的五金公司传奇人物。

"请问，您这里是不是需要一个勤杂工？"

"你会干什么？孩子。"

"和我一样大的人能干什么，我就能干什么。我的帽子应该挂在哪里？"

"哦，我的孩子，如果你干起活来就像你说起话来一样麻利，那我们就用你。"

这个男孩名叫爱德华·C. 西蒙斯，故事的地点是圣路易斯的一个五金商店，时间是 1855 年的最后一天。

当年的这个小家伙的确是干得不错，他让圣路易斯成为世界上最大的五金生产中心，业务量超过了纽约、芝加哥、费城和波士顿总共的业务量。他的五金店在 24 小时内平均每分钟就能卖掉三把斧子、两把折叠刀和好几把锯子，全年如此。它为美国提供了大量的五金工具和刀剪工具，在此之前，这些工具基本上都要从欧洲进口。和平时期，每年都要有价值成千上万美元的刀剪工具销往英国、法国、德国、俄罗斯、澳大利亚、南非和亚洲、南美洲等地的一些文明及半文明国家。他的事业十分成功，没过多少年，他就雇用了全美国最多的旅行销售人员。为了解决发货问题，他在公司的主基地建起了一个最大的铁路运输站，一次能装 60 节车皮。伯利恒钢铁厂并非只依靠查尔斯·米歇尔·施瓦布一个人的精力和智慧发展起来的，标准石油公司也不是洛克菲勒一个人的功劳，然而，西蒙斯五金公司却完全是爱德华·C. 西蒙斯一个人的劳动成果。

他又是怎样做到的呢？

他将自己全部投入到了公司的酝酿和发展中，亲自上阵。他的全部活动都是以人为本的，他还将这种理念灌输给自己的销售人员。他总能激起同事们对他的热爱，他更能得到顾客对他的尊重，甚至是某种超越了尊重的东西——爱。

50 年前，他就是一个很有远见的人，那个时候，有远见的商人并不多。他敏锐的目光能够看到需求方的变化趋势，同时也能感觉到卖方的微妙变化。那个时候他就明白一个道理：顾客的满意度是一笔财富。他也是第一个用这种理念来培养自己的销售人员的商人，这个理念具体来讲就是：对于顾客，永远不要只把兴趣停留在"我能卖给他多少东西"上，而是应该尽可能地帮助客户获得成功。西蒙斯的销售人员常常为零售商提供帮助，尤其是那些刚刚开始经营的零售商，这种帮助的价值往往是无法用金钱来衡量的。

他还首创了一句格言警句："推销员的首要任务是要帮助自己的客户取得成功。"这已经成为他公开的经商原则。他能够看到未来的发展趋势，他乐观、机敏、积极，能够为人类不断进步的文明和商业趋势开辟新的道路，充当先驱者。

我对西蒙斯先生早期打基础时候的一些事情比较感兴趣，因为这些事情往往更能说明问题，所以我问西蒙斯先生，谁是比较了解他的早期经商方式的人，没想到他反倒问了我一句，你认为会是谁呢？

一个在他手下干了许多年，然后变成了他最强劲、最成功的竞争对手的人。

一个生命快要走到尽头的人，竟然选择让自己最大的竞争对手来描述自己的性格特征和早期的经历，那这个人一定是一个问心无愧、一个一生清白的人。

对，西蒙斯先生就是这样一个人。

不要以为老早以前商业道德标准和经商的实际做法就已经到了今天的高度，也不要以为西蒙斯先生是在假装圣洁或胆子太小再或者思想境界过高，所以才没有参与到当时那种混乱不堪的、泛滥成灾的商业欺诈中去。

他绝不是个没有魄力的人。那个时候人们唯一知道的经商原则和座右铭就是"能抓多少就抓多少"，而且，当时像"不满意退款""公平交易"之类的改良型经商理念还颇为新潮。西蒙斯先生早在二十几年前就为这种理念最终占据上风做出了贡献。他的职业生涯跨越了新旧两个时代。

1839年9月21日，他出生在马里兰州的弗里德里克，10岁前同上一代人一起从费城迁到了圣路易斯。他对口袋折叠刀情有独钟，他周围亲戚或朋友没有一个像他那样不断地摆弄折叠刀的。所以，当他16岁离开家去独自找工作之时，他自然而然就去了能够看到自己心爱之物的商店——出售折叠刀的蔡尔兹—普拉特公司，然后就引出了开篇时的那段话。这个公司是圣路易斯最大的五金商店，他第一周的工作是将货架上所有的货物都拿下来清理干净然后再摆上去。他的工资是每周3美元，具体来说，他的合同是这样定的：第一年为150美元，第二年为200美元，第三年为300美元。他的打扫工作做得十分彻底，所以老板常常夸奖他，就让他做了一个跑腿打杂的人。每一次机会都能让他加深对这一行的了解，再加上他对刀剪一类的东西生来就特别感兴趣，所有这一切都为他日后建立全世界最大的折叠刀工厂西蒙斯五金公司奠定了基础。

等到他学徒工期满为止，他已经能够在另一个名为威尔森—利弗林—沃特斯的五金公司找到一份更好的工作了。他这样做的理由是，在这个规模稍小一点的公司里，他可以更快、更有效地将自己的能力和个性体现出来。下面是他刚去那里不久和老板之间的一段对话：

"利弗林先生，您能不能让我来负责商店的钥匙？"这把钥匙是那种旧样式的钥匙，将近一英尺那么长。

"你拿那把钥匙做什么？"老板没好气地问道。

"因为看门房的来得很晚，我就是想多干点活。"

"看门房的什么时候来？"

"7点半。"

"那你什么时候能来？"

"6点半。"

"好吧，如果你愿意这样做的话，那你就拿着吧，不过你很快就会感到厌烦的。"

他并没有厌烦。相反，年轻的西蒙斯已经感觉到了机会正在悄悄来临。那个时候，并没有推销员把货送到顾客手上，只有顾客去找卖主。当时也没有铁路。商人们乘坐的轮船到达圣路易斯的时间正好是半夜，他们投宿在几个大一点的旅馆里，这几个旅馆离公司只有三个街区之遥。几个因城市噪声而睡不着的商人经常在早晨五六点钟就起床了，起来后喜欢四处走走，而这位时刻保持头脑清醒的年轻职员本身恰好起床也很早。西蒙斯算准了如果他这个时候把商店打开，可能有其中的一两个会顺便进来看看。早起的鸟儿有虫吃。

就在第一天早晨，就有一个密苏里人进了商店，他停下来看了看堆在门前的一堆碎石子。西蒙斯走上前去，礼貌地说了声"早上好！"这位密苏里人也很愿意和他说话，于是，这位很敬业的年轻人巧妙地告诉这位来自密苏里的商人，这是他第一次尝试这么做，他迫切希望能有点收获。

等到看门人和其他人前来上班之时，威尔森—利弗林—沃特斯早已同这位密苏里商人做成了一大笔交易，在以后的许多年里，他们一直保持着贸易关系。

门口牌子上的公司名称很快就改成了沃特斯—西蒙斯公司。这就是西蒙斯五金公司的前身。

而如今西蒙斯五金公司的建筑物加起来超过了纽约最大的胜家大楼。这个刚开始默默无闻的公司到底是如何发展成为今天这种规模的？这已经成为这段历史的主要话题。

从很早开始，西蒙斯先生就学会了掌握各种五金工具。与此同时，他还学会了掌握人的心理，他知道如何才能够牢牢抓住同事们和顾客们的心。是他第一个将专门的旅行推销人员引进了公司。连续多年来，他雇用的销售人员超过了全国任何一家公司，现在已经超过了500名。他如何教育这些销售人员，如何影响他们，如何激起他们的兴趣，如何培养他们，如何给他们合理的回报，这一切都反映着他的个性和他的智慧。

他一直以来都是一个乐观主义者，总是带着一个大写字母"O"。他从未间断过给他的销售员们写鼓励信，每周都要亲自同他们进行一次长时间谈话。西蒙斯的"每周一信"成为美国商业史上第一份公司内部杂志，它字里行间流露着乐观、言语间迸发出智慧的火花，它为销售人员提供了同客户"闲聊"时的素材，它列举了销售时可能会碰到的种种分歧，它向销售人员建议要有良好的生活和道德准则，这些话语从来没有虚伪的腔调，它从来都不是一份冷冰冰的商业文件，而是一封温暖人心的家书，让人感到亲切、为之兴奋，就好像是一位关怀备至的父亲，在帮助自己的孩子在这个世界上找到一条属于自己的道路。

一位前销售精英告诉我："我们是多么盼望他的每周一信啊，因为我们早已经习惯这些信件了。就连西蒙斯先生自己也不会想到这些信对那些连续半年，甚至一年都在外工作的销售人员究竟能够起到什么样的作用。在他的劝告之下，很多人戒了酒。他还教会我们，靠小聪明耍手段是不会长久的，每一次较量，最后胜出的总是诚实。"

"他用别出心裁的办法激励着我们。1873年大恐慌过后，整个贸易系统都毁掉了。我们这些销售人员都失去了信心，我们简直觉得就此放弃算了。我还清楚记得西蒙斯先生在他给我们的信中讲了一个古老的故事，有两只青蛙掉到了装有牛奶的脸盆里，怎么爬也爬不出去。有一只放弃了，最后就淹死了，另一只始终不放弃，它不停地踢这个盆，最后终于将它打翻了，这下子，它不费吹灰之力就跳了出来。这个故事，当时真的是深入人心。

"每个圣诞节，他都会在自己家里为我们举行晚宴，那个时候，我们是将近500号人。这也是一次让我们团结在他周围的机会。他从来也没有老板的架子，他就是我们中的一员，就像我们的兄长一样，迫切希望帮助我们进步。"

销售人员一直都同西蒙斯先生保持联系，告诉他客户方面的消息。他在信中有时会告诉大家某个公司破产了，这样的信虽然是非正式的，但它却是出自内心的，西蒙斯先生是世界上最会写信的人。他总是抽出时间来思考，很大一部分原因是他就像自己所说的"一只早起的鸟儿"，另外，他还是一个伯乐，他十分乐意将机会给予那些有能力在任何方面获得成功的人。

在早些年间，按照当时的习惯，商人们总是亲自跑到圣路易斯去做季节性采购，西蒙斯先生也总是亲自出马，欢迎他们来到西蒙斯五金公司，并且对他们示以适当的友善。他的桌子上总是摆满了各种新奇小礼物，通常都是从巴黎或欧洲其他一些城市买来的。当商人们启程返回时，每一个光顾西蒙斯五金商店的人将被送上一份纪念品，当他打开礼物时，他将诧异地发现，自己的名字竟然被镌刻在了纪念品上！就在他们谈话之际，西蒙斯先生悄悄将顾客的名字和其他一些信息写在一张纸上，这种方法几乎是百分百奏效。时至今日，他仍然在取悦前来参观的商人的艺术上不停地动脑筋、花心思，他了解他们中大多数人的喜好、品位、兴趣。他一定要确保，前来参观的客户在逗留期间过得合意、有收获，在某种程度上来讲感到若有所悟。和那种例行公事的宴席和客套话比起来，客户们往往更喜欢那种"心灵的大餐和推心置腹的交谈"。西蒙斯先生是个很好的聆听者。

在别人还没有想到时，西蒙斯先生就在自己公司引进了利润共享计划。每年年终，销售人员都要将自己的业绩报告单交给西蒙斯先生，这时候，按照销售比例，他们将得到一份慷慨的回报。每年年终，每个销售人员的业绩报告将被仔细核查，然后再根据核查结果发给他们额外的一些补助，销售人员将这笔补助叫作"手气"。一位年纪稍大一点的雇员告诉我："我第一年刚开始时，'手气'真的很好，几乎和我的薪水差不多。我当时简直吃惊得目瞪口呆，但是，我很快就决定，自己一定要再接再厉得到最高的奖励。"

为了更方便实施自己的雇员利润共享计划，公司于1874年实行了股份制。这是整个美国历史上第一家实行股份制的公司。雇员有机会购买公司的股票，并获得丰厚的利润。公司的资本从原来的20万美元一下子就增加到了450万美元，后来又增加到了600万美元。这样的数字足以令当地最有实力的银行感到嫉妒。

西蒙斯先生时刻挂念着自己职工和客户的福利，这也让他在另一个方面又一次充当了先驱者的角色。是他第一个有系统地安排公司的销售人员住在自己所在的销售区，融入当地社区生活，这样一来，销售人员就不再是常年流浪的人了。而且比起那些今天在、明天就可能会消失的推销员来，当地的商人也更愿意同自己所了解的长期稳定的销售人员打交道。

西蒙斯公司今天的一整套运作系统就是在此基础上演变而来的。它将整个国家划分为若干个销售区域，并安排销售人员住在那里，熟悉当地的环境和居民，这其实是最合理也是最有效的销售方式。每个销售区域的总部都有一个销售经理，销售经理了解当地的商情，并且能够讲当地的语言，他负责亲自接待当地的客户，并处理一些订购邮件。

西蒙斯公司的销售人员对他们所在区域的农业、工业和社会情况十分了解，他们定期向公司汇报当地的收成情况、贸易趋势和政策倾向等，所以汇总起来后，整个国家哪里发生了什么诸如此类的信息和情况都可以从中获得。

在圣路易斯总裁办公室的墙上，挂着一幅美国地图，上面布满了彩色的圆圈。在圆圈中间贴着销售人员的照片。圆圈所在的地方表示销售人员的所在地点，圆圈的颜色表示该销售员属于西蒙斯的哪个分公司。圆圈后面的彩色箭头则表示该销售人员的业绩情况。因此，这幅地图能够带来一目了然的直观效果。公司的整个系统已经发展到了n次幂效应。

公司一直在鼓励员工的首创精神。有时候，这位公司创始人即使是不太同意一些人的意见，但他也会给他们一次尝试的机会，他会这样说："我不完全同意你的看法，但是你可以试一下，也许你是对的，我是错的。"然后他会全力配合员工努力使这项计划获得成功。而且一旦取得成果，他定会给出奖励。

37年前，西蒙斯就有勇气花3万美元来完成第一部《五金工具手册》的编纂，这部手册为他日后的销售带来了100万美元的利润。现在，公司每年都要发行一本2500页的工具手册，手册里收编了7万个词条，给出了2.2万条解释。手册里还有详尽的工具分类、描述和价格，以便零售商为顾客提供简洁明了的信息。

"兵贵神速"是西蒙斯先生一向推行的方式。他希望能够在收到订单的当天就能结算、发货。为了达到这一目的，他几乎动用了所有可能的设备和方式，从开封和密封的机器再到机械传送设备将装有货物的箱子直接从包装车间送到铁路货运站。实际上，确保发货的及时性是一件十分关键的事，只有这样才可以确保他的客户能够同邮购公司竞争时获胜。西蒙斯公司不仅在圣路易斯自备批发部，而且在费城、明尼苏达、苏城、托莱多、卫奇塔也建起了类似的批发中心。

后来，西蒙斯发现自己所购买的商品无法达到他要求的质量，于是，1870年西蒙斯先生宣布他要自己建立整条生产线，生产质量最好的五金工具，所有的工具都采用统一品牌。他为自己的产品取名为"基恩库特尔"并把它作为了注册商标，现在"基恩库特尔"已经成为全球闻名的一个品牌。

在此之前，五金行业有许多欺诈行为，产品的价格高于其实际价值。那个时候西蒙斯做出的这个决定具有划时代的意义，它为整个行业带来了一场革命，为人们带来了诚实经营的全新理念。

一个生产商提供给西蒙斯先生的斧子质量不是特别好,但是,他却用十分粗鲁的语气回敬了西蒙斯先生的责问:"你买也得买,不买也得买,你根本买不到比这更好的。"西蒙斯先生可不喜欢被逼到死角,他喜欢将自己晚上思考的东西在白天变为现实。

他讲述道:"那天晚上,我怎么也睡不着,就用木头削了一把漂亮的斧头模型,然后用铅笔在上面写下了几个字'基恩库特尔—E.C.西蒙斯生产'。这就是我们的注册商标和我们的以质量取胜策略的由来,我们的公司也就是建立在这个理念之上的。"

我们的注册座右铭是众所周知的,"时间会让我们忘掉价格,却让我们记住了质量。"引进这样高质量、相对价格也较高的产品需要勇气和很大的决心,但西蒙斯先生最后胜利了。正如他常常提到的那句话一样,"最终的结果是检验智慧的标准",要建就建一个坚如磐石的企业,而不是在沙滩上建起一座城堡。

由于篇幅有限,我只能将西蒙斯先生的格言警句和座右铭选一部分在这里列出,通过这些充满智慧的语言,我们也许能够对他的经营之道略知一二。

"做生意其实就是在执行一种理念。"

"不论做什么生意,速度是关键。"

"失败与成功之间的界限就在于我们是在做基本正确的事情还是在做完全正确的事情。"

"团结就是力量,分散必然是虚弱。一旦选定了一行,就要一直走下去。"

"每天临睡前花15分钟时间回顾当天的事,然后为明天做个更好的计划。"

"永远为顾客着想。"

"一分勤奋相当于两分聪明。"

"经商中,个性起着决定作用。"

"最让我感到开心的事是让原本贫穷的人在成为我的销售人员后过上

了富裕的生活；让平庸的人变成销售明星。"

"经商永远要持有鼓励的态度。"

"有争端就要立刻解决。一个只肯占便宜不肯吃亏的商人永远也难成大器。"

"如果有哪个同事或客户陷入了困境，能帮就尽量帮他一把。"

"产品的质量、企业的自信和你自身的自信、人的预见能力和适应能力，这一切都是一个企业能否成功的关键。"

大多数靠自己白手起家获得成功的企业家，就算是后继有人也会在自己身体条件允许的情况下能干多久就干多久。然而，西蒙斯先生却不是如此。他早在1879年就从公司的管理中退了下来，把这一切交给他的三个精明强干的儿子。他们分别是瓦兰斯·D. 西蒙斯，现在担任总裁；爱德华·H. 西蒙斯和乔治·W. 西蒙斯，他们都担任副总裁的职位。虽然如此，西蒙斯先生仍然还要给他们一些建议，同他们合作，仍然不时提出些看法。最近，他说过这样一段话：

"我工作是因为我热爱工作。工作让我有机会将自己60年积累的经验传授给年轻人，让他们少走些弯路。"

爱德华·C. 西蒙斯已经为美国和美国的发展竖起了一道丰碑，他的几个儿子也正在不断朝这个方向努力中。如今，各种日用品价格都在上涨，而西蒙斯五金的价格却始终没有改变，这无形中就已经是一种降价了。他在这一点上比其他任何一个现有的商人做得都好，因此，他这一举动着实为人们带来了好处，尤其是那些五金零售商们，他们一直将他的建议和忠告当作在夜晚指路的北极星。

在企业经营过程中，他们每天都按照西蒙斯所建立的原则去管理公司，同时，他们也在使用着西蒙斯为他们创造的设备，这些设备在如今复杂的经济环境中显得更为便利、更加经济划算。当然，最终得到好处的还是终端用户，还是我们的千家万户。

他已经将对人类的热爱和帮助别人的欲望用最实际的形式表现了出来，我们每个人都能够在每天的日常生活中感觉得到。

詹姆斯·斯派尔

詹姆斯·斯派尔，叱咤风云的华尔街银行家，却一生热衷慈善事业。

宴会主持人正在介绍纽约的国际银行家、热心公益事业的公民——詹姆斯·斯派尔。他详细描述了斯派尔公司、他们的欧洲家族以及这位年轻的金融家如何用数千万美元支持科林斯·P.亨廷顿，以使我们的西部帝国结出累累硕果——使之横跨中央太平洋铁路和南太平洋铁路的过程中所起到的积极作用。他回顾了斯派尔和他的同事们是如何使欧洲慷慨地将大笔资金投入到这个年轻国家的发展事业上的。他对斯派尔先生长达一个世纪之久的保护当事人利益的声誉进行了评论。他赞扬了斯派尔先生所从事的公共福利活动，并以对斯派尔先生与生俱来的民主思想和人类同情心进行意味深长的评论作为结束语。

斯派尔先生起身反驳道，"这位尊敬的主持人尽管对我赞誉有加，但却忘了提及我曾经做过的最明智的事情。"

所有人都目瞪口呆。尽管他们中的大部分人都认为主持人的介绍已经概括得相当全面了。

斯派尔先生稍作停顿，接着说道，"我曾经做过的最明智的事情就是选择纽约作为我的出生地。"

接着，斯派尔先生继续讲述一个来自西部的美国人第一次在欧洲旅行的经历。他和许多英国人一起乘坐一辆前往凡尔赛的马车。他想让所有人知道他是一个美国人，这种心思是如此之急切，以至于他从口袋里掏出一面美国国旗来，并在双膝上将之舒展开来。坐在对面的一位英国人被此举深深激怒了，他高声讥讽地说道——所有人都能够听到——"某人看起来不可一世了，就是因为他碰巧出生于一个特殊的国家"。这位美国人随即回答道，"我并不是因为生于美国感到特别自豪，而是为所有没有能够在美国出生的那些人感到遗憾。"

过了四分之一世纪时，美国的各公司开始吹嘘它们的那个令人肃然起敬的时代。几个世纪前，斯派尔家族就开始在法兰克福赢得声誉。到了17世纪，詹姆斯·斯派尔的一位曾祖父就已经是一位非同寻常的人物了。随后几个世纪的历史表明，帝国宫廷银行家伊萨克·米切尔·斯派尔被法国扣为人质，以保证向法兰克福这座自由城市的人民所征缴的战争税得以支付。

斯派尔家族在美国建立之前就具有慈善精神。法兰克福就有以18世纪的斯派尔家族命名的慈善性建筑。这个长长的记录并没有中断，最近，斯派尔家族成员又捐献了数百万美元用于教育和科学事业。因此，金融和慈善事业就深植于詹姆斯·斯派尔的骨子和血液里了。

"金钱能确保幸福吗？慈善家的生活就是幸福生活吗？"我问斯派尔先生。

斯派尔动情地回答说，"不管你做什么事情，都不要叫我'慈善家'或此类的称谓。在美国有数百万男人和女人正做着同样的事情；事实上，有许多人比我们做的还要多。我相信这些人从慈善事业中获得了同样多的幸福与满足。那些有资格，同时又拥有比乐于花在自己身上更多金钱的人们所具有的一大优势——或许是最重大的优势——就是，他们有更多的时间和金钱可以用于其他目的。在这方面我所做的所有事情，在很大程度上都归因于我夫人的激励和榜样作用。"

全世界都知道，斯派尔夫人对于有价值的商业不但奉献了金钱，还亲身参与其间。她的同情之心和所从事的活动不但惠及儿童、穷人、失业者和其他不幸的人们，而且还扩展到不会讲话的动物。作为纽约妇女动物联合会主席的她在建立动物医院的过程中功不可没。许多穷苦的人在动物医院为他们的马求医问药。马匹可是其家庭的面包和奶油的主要来源。

在所有继承了财富的人当中，詹姆斯·斯派尔有着我所曾知道的最民主的理想。他厌恶带有矫揉造作、伪善和虚伪意味的任何事物。当时，他对劳动者的支持令华尔街的某些巨头感到震惊。他对于那些独断专行、心胸狭窄的领导人的肆意态度常常引发人们的诟病。

但是，大量事实证明了其所持立场的明智。他的信念不是源自任何廉价的作为一个劳工的朋友所给予的施舍，而是源自其深刻的洞察力和异乎寻常的远见卓识。他比他的某些同行更能理解和把握人类的本质。他的视野非常宽广，足以看到问题的两个方面。而他的与生俱来的正义感促使他义无反顾地为他认为正确和公平的事情进行拼搏。比如，在州际商业委员会设立之时，他要求各铁路不要抵制联邦的监管。他支持邮政储蓄银行和包裹邮寄业务，因为他相信这两种业务都将惠及整个美国以及所有生活在美国的人们。

1915年，他以一名普通骑兵的身份在普拉茨堡服兵役，用实际行动展现了其民主思想以及乐于同各阶层的公民同胞们并肩战斗的愿望。正如一些新闻记者喜欢在斯派尔夜晚从一天极其繁重的工作中回来时所报道的那样，他为此付出的代价不仅仅是出些汗水的问题。他认为普遍兵役制是使我们的公民团结起来的巨大力量，并赞赏伍德将军的观点，"机会平等意味着义务平等"。

斯派尔先生对美国高高在上的金融业令自己被无情地孤立起来的做法并不认同，因为他认为银行家是半公共仆人。他也不认为透明度已经足够好了——他是使金融业提高透明度的早期的坚定支持者。他认为最重要的是要将所谓的人民群众和所谓的各个阶级团结起来，通过使之互相融合、相互了解和相互学习来增进其相互理解。他几乎倾尽全力为实现使富人与穷人、受过教育的人和未受过教育的人、外国人和美国人团结起来这一主要的、处于支配地位的理念奋斗着。

斯派尔先生在大学社区服务中心发表的一次讲话中说，"人们需要相互了解和理解，以便能够正确地看待并同情相互间的环境和目标。一位著名的法国人曾经说过，Tout compredre c'est tout pardoner, 意思是理解任何事情就是谅解任何事情。当你充分理解了导致另外一个人提出其观点的思想、环境和条件时，哪怕你不同意他的某些结论，也会更多地去同情他的感觉，更少地去对他横加指责。冲突往往是由误解所致。"

斯派尔先生感到，纽约人，尤其是纽约金融家们使自身同人民过于疏远了。比如，他认为铁路建设的监督员们应当树立一种对铁路所覆盖的疆域进行考察的观点。前不久，当巴尔的摩＆俄亥俄的监督员们聚首巴尔的摩时，他们在晚宴上受到杰出公民们的赞誉。斯派尔先生应邀讲话时，他还说了下面的话：

"我们意识到，从某种意义上说，我们这些生活在纽约的人都是外乡人，因为我们不怎么外出旅行，也不怎么去观察我们的国家以及生活在这个国家的男男女女们的状况。不幸的是，对于纽约存在着一种错误的印象，而纽约人对美国的其他地方的情形也是两眼一抹黑。像我们现在这样的对你们的拜访就是最好地消除这种情形的办法。我发自内心地感觉到，当纽约之外的美国人通过私人交往对我们了解得更多，他们就会发现我们既没长角也没长蹄子；就算我们这些纽约银行家们是恶贯满盈的动物，我们也有着同所有其他美国人同样的心灵与感觉。"

1902年赠予师范学院的斯派尔学院是美国第一个将安居工作同教育联系起来并使校舍成为社区的社会中心的实际计划。斯派尔先生于1891年帮助组建的大学社区服务中心社团是此处建立得最早的定居点。其目标当然是使各阶层的人们团结起来以帮助所有人。1894年组建的互助储金会也是出于相同的想法。斯派尔先生帮助筹集到第一笔10万美元。他现在是该协会的主席。该协会的工作资金有1100多万美元，它发放了贷款，使550万人平均每人获得了33美元，自从其建立以来共发放贷款1.85亿美元。

正是斯派尔先生于12年前同德国建立了罗斯福教师交流项目，其目的同样是要增进国际友好与理解。后来，斯派尔先生还出资使柏林的美国研究所维持下来，以充当在德的美国学生与在美的德国学生们的向导、学者和朋友。

美国安全设备博物馆、美国平民基金会以及经济俱乐部（他是该组织的主席）等组织在使劳工和资本联系得更加紧密，并使得大家相互了解更加深刻方面发挥了作用，这使得斯派尔先生对于这些组织保持浓厚兴趣。

詹姆斯·斯派尔并没有在豪门望族家中寻找伴侣，而是同埃林·L.洛厄里结为连理。她当时在纽约经营一家茶馆。她是威廉·R.特拉维斯的一个侄女，她的聪明才智、她的才华横溢、她的机智幽默以及她那颗对所有人都充满善意的心赢得了斯派尔先生的爱。在那以前，她除了从事其他社会活动外，还在组织和帮助劳动妇女俱乐部方面发挥着重要作用。多年来，斯派尔夫人一直是纽约最受爱戴的女性之一。

美国比德国具有更广大的自由空间、更宽松的民主实践环境、更大程度的机遇与平等，恰恰是这些因素使斯派尔先生决心在德国生活了21年后——从3岁到24岁——返回到美国生活。美国的斯派尔银行的奠基人是菲利普·斯派尔。他于1837年来到纽约，后来他的弟弟古斯塔夫斯·斯派尔，也就是詹姆斯·斯派尔的父亲也加入进来。美国内战爆发后，对战时经费的需求急剧膨胀。和罗斯柴尔德（欧洲银行家族）不同的是，菲利普·斯派尔公司狂热地将宝押在了北方，并在欧洲为美国政府债券开辟市场方面发挥了不可估量的作用。这种举动可谓名利双收，既展现了爱国主义情怀，又为其公司以及海外的大批代理人们赢得了巨额利润——按美元计算，该公司购入债券的价格仅为36美分，这些债券后来重新涨到与票面价值相等的水平。正是1861年这个时候，詹姆斯·斯派尔在纽约市降生了。他在法兰克福接受教育，后来又在伦敦和巴黎的国际银行以及斯派尔家族生活的小镇里的历史悠久的银行内接受了全面训练。

虽然斯派尔先生的父母亲已经返回了德国，而且人们也想当然地认为詹姆斯也会留在家里，但是他却下定决心要生活在星条旗下，因为他的父亲直到去世时已经是一位忠诚的美国人了。23岁的时候，詹姆斯乘船前往美国，加入到纽约的斯派尔公司，并很快成为其头头。

和他一起来的还有他的果敢。开始的时候，纽约有影响的金融家们很少注意或者根本没有注意到这位乳臭未干的年轻人。他们认为他不过是个富人的儿子，不必去工作以增加其财富，而且对美国金融业的错综复杂性也不甚了解。那时，金融界的主要人物是 J. P. 摩根和杰·古尔德以及伟大的铁路建设者詹姆斯·J. 希尔和科林斯·P. 亨廷顿，这些人都在稳步向前发展，虽然后者没有得到好的普遍的金融支持。

一天上午，一个看起来只是个孩子的人的造访令杰·古尔德大吃一惊。可这位来访者却精心制订了一份对当时正处于困境的圣路易—西南铁路进行重组的计划。杰·古尔德控制着初级债券，而斯派尔公司则被选为一个委员会的成员以保护德国持有的首批抵押债券。访问还没有结束，古尔德，这位干练的退伍军人已经对这位年轻的访客有了更多的尊敬。长话短说，斯派尔先生的计划最终获得通过；碰巧的是，计划的措辞令这位年轻银行家的代理人们完全满意。

亨廷顿很快就认可了这位年轻人的能力与勤奋。这位初来乍到的年轻人同时也断定，亨廷顿本人以及他的南方太平洋铁路和中央太平洋铁路非常值得继续给予金融和道义方面的支持。这两个人成为亲密无间的朋友和合作伙伴。斯派尔家族不但从德国，还从其位于阿姆斯特丹和伦敦的分支机构中提取数百万美元投入到亨廷顿的产业当中，以使其具有坚实的金融基础，并满足其对政府的完全偿债能力的需要。在当时，这被认为是了不起的事情。那时，联合太平洋铁路显然要将其债务合并入美国政府当中，但斯派尔家族和 C. P. 亨廷顿认定，中央太平洋铁路应全额偿还债务。

当时麦金利总统已经被国会指派为一个委员会的主席，以解决这些铁路债务。斯派尔向总统保证，中央太平洋铁路一定会找到完整的解决方案。美国与欧洲间有着千丝万缕的联系，这份必须在一定时间得到总统正式签署的协议到最后一刻还没有准备好。斯派尔先生在所有东西都准备好的那一刻立即带着文件前往华盛顿——他没有机会疏忽大意了。当他在路上时，一场暴风雪席卷而来。他的火车中途被困。克服了艰难险阻后，斯派尔先生终于在关键时刻来到首都。

除了勇气外，斯派尔先生还具有判断力。他对国际资本的驾驭能力使其对美国交通运输设施的发展做出了重大贡献，斯派尔公司因此很快被公认为美国三大最具影响力的国际银行之一。

"支持你的代理人，"斯派尔先生将之作为家族箴言一直在谆谆教诲后辈。1896 年，当 B&O 公司不履行协定之义务时，斯派尔公司通过购买他们出售的息票在美国银行界引入了一项新的政策。此举后来被其他高阶债券发行公司所效仿。在随后的时间里，部分地区出台了严格的法律法规，美国铁路可谓祸不单行，使得美国运营里程的六分之一破产了。斯派尔公司不遗余力地捍卫那些投资于他们的人们的利益，并最终取得成功。

斯派尔的朋友们都叫他"吉米"，他是个乐观的人。他对他的同事以及他的国家充满信心。有时候，当他的许多银行家兄弟们因为某些事情——比如在对铁路公司和其他公司制定更严格的法律法规这类事情上——而灰心丧气，对未来感到绝望时，斯派尔先生则一直保持着信心。1912 年，他作为经济俱乐部的主席在一次题为"我们的铁路受到公正对待了吗？"的辩论中说道：

"美国人民热爱公平竞争，并希望受到公平对待。让他们了解所有这些事实，我相信我们能够高枕无忧地信赖他们的判断力和幽默感，最终做出正确和公平的事情。他们一直是这样做的，因此他们在这件事上也会一如既往地这样做的。"

一有机会，斯派尔先生就渴望做其分内之事，将事实摆在公众及其代表们面前。

譬如说，当圣路易和旧金山铁路进入到全国范围的破产进程当中时，斯派尔先生是如此热切地使其投资人们受到公正的对待，以至于他放弃了每年的休假，亲自来到密苏里铁路委员会争取国家圆满的解决办法。他的行动非常成功，这使得他的股票持有人在这次危机中全身而退。当有人对斯派尔公司在罗德岛事件中所采取的行动提出质疑时，斯派尔先生则直接前往华盛顿，坚持去州际商业委员会，对所有关于其公司的诽谤予以坚决反击。

不论其对手多么强大，当其代理人受到威胁时，斯派尔先生不会寻衅滋事，但也不怕战斗。他坚持认为，对于银行家和其他处于信托位置的人们而言，对不公正的攻击忍气吞声是最不明智的，哪怕有时候保持沉默也是一种"尊严"的体现。但是，当他非常认真地承担起其责任与职责时，又以良好的幽默感和打破危机四伏的僵局的技巧而闻名遐迩。

据记载，在一次关于非常重要的外汇上提出解决方案时，另外一方讲了很多有关渴望"和谐"的话。但是，所列出的条款并没有保护斯派尔的当事人的利益。因此，当有人请他发表意见时，他回答说，只有将"伤害"从"和谐"中清除掉后，他才会支持"和谐"方案。

斯派尔公司曾经是，现在也是完全意义上的国际银行家。他们在资助南美洲项目方面处于领先地位，在玻利维亚和厄瓜多尔的情形都是如此；在迪亚斯和利曼图尔统治时期，他们向墨西哥政府提供了数百万美元以在墨西哥这个有开发潜力但政治上却不幸的国家建设铁路；1906年，当罗斯福先生任总统、塔夫脱先生任国防部长时，他们资助菲律宾的铁路建设，后将这些铁路卖给了菲律宾政府。他们还为新兴的古巴共和国提供了首批3500万美元贷款以用于建立该国的信用。

正是靠着斯派尔家族所筹集到的资金才使得伦敦地铁系统发生了革

命性变化。这个家族在美国的领袖兄弟埃德加·斯派尔爵士是这个庞大的项目的金融后盾,并成为整个企业的董事长。当要寻找一位能力出众且足以承担起这样一个非常复杂、涉及面很宽泛的项目的务实之人时,詹姆斯·斯派尔通过担保告知,他通过一位克利夫兰的朋友物色到了严格合适的人选。此人最终为伦敦的董事们接受下来。他不是别人,正是底特律有轨电车公司前任经理,后来成为新泽西公共服务公司经理的阿尔伯特·斯坦利。他现在是阿尔伯特·斯坦利爵士,并且成为劳埃德·乔治的左膀右臂之一,在英国内阁中担任商业部长和贸易委员会主席。斯派尔先生为这一"发现"感到骄傲。

由于斯派尔先生所具有的宽大、博爱之胸怀,他并不知晓种族、信仰或肤色方面的区别,因此在政治上是明显无党派倾向的、独立的。1892年克利夫兰大选时他是德美改革联盟的副主席和司库,还是1898年出席印第安纳州合理货币会议的商业代表团的成员,市民联盟特许成员、控制坦慕尼厅的七十人行政委员会的积极成员,并且是斯特朗市长领导下的纽约市教育委员会的一名成员。

最近20年来,他没有担任政治职务,却将其大部分时间投入到教育和其他半公益的商业。在他们的简约却环境优雅的、靠近斯卡伯勒——哈德孙河的乡间宅邸,斯派尔夫妇经常招待成群的劳动妇女、教育协会的人士以及其他活跃于人类服务的人们——1914—1915的冬季,斯派尔夫人任职米切尔市长的失业委员会妇女分会的主席,这些光彩照人的实践活动使得其在这些事情上的兴趣愈加浓厚。

斯派尔公司是纽约第一家为其雇员缴纳养老金的私人银行。加入斯派尔的银行是金融街一半工人们的梦想,这在生活费用高昂的岁月里尤其如此。或许是因为斯派尔先生坐在他的父亲曾经坐过的同样一把椅子上这件事同他为工人们着想一事有些联系吧!斯派尔大厦是纽约首批低层办公大厦,也是建筑杰作。它是模仿位于佛罗伦萨的历史悠久的潘多尔费尼宫建造的,该宫殿由著名的拉斐尔建筑师设计。

在斯派尔位于纽约第五大道的家里有一些精美的绘画。但是它们当中有一幅或许是人工痕迹最轻微的作品受到了特别优待。这是一幅斯派尔先生的画像。此画作并非由哪位大师所做，而是由一位在埃尔德里奇社区大学上艺术课的东部男孩所做，作为礼物送给斯派尔先生的，以代表该机构及其孜孜以求渴望知识的人纪念斯派尔先生20年来所做出的贡献。

詹姆斯·斯蒂尔曼

詹姆斯·斯蒂尔曼，国家城市银行的董事局主席和总裁，花旗银行的缔造者，被誉为金钱之王。

"糖果先生"为全欧洲特别是法国南部的孩子们所熟知。他是孩子们的朋友，他的使命就是使孩子们快乐。

他是位热情奔放的汽车旅行家。但是他在驾车方面的乐趣却随着驾车一路前行而在年轻人们的内心播撒快乐而大大增加了。他的汽车主要是为了这个目标组装起来的。车上安装了一副架子，上面有一个大大的篮筐。每天篮筐内都装满特别制作的最优质的巴黎式的夹心软糖。还有一些地方可以放其他许多小礼物。

当"糖果先生"的汽车从马路上驶来时，位于里维拉乡村的孩子们就会欢快地尖叫起来。汽车停下来，糖果先生就大方地向他们派送他的好玩意儿——叫作"糖"的小东西。

有时候，偏远地区的孩子们对"糖果先生"并不是很熟悉，对于这位陌生人把车停下来并向他们派送别致的礼物的做法难以理解。他们分析不出这个陌生人向他们慷慨地派送糖果及其他礼物的动机。他们欢欣鼓舞地收获了新生活的瞬间。

教区牧师、学校教师以及众多贫困孩子的家长们都知道"糖果先生"并找机会对他给许多年轻人的生活所带来的明媚阳光表示感谢。

"糖果先生"不是法国人，他是美国人。"糖果先生"就是詹姆斯·斯蒂尔曼。多年来他一直是美国最具影响力的国家银行家、花旗银行直布罗陀—莱克基金会的缔造者，共同和摩根一起开启了大商业时代，并且是在19世纪最后几年和20世纪第一个10年期间在改变美国的金融命运方面发挥的作用仅次于摩根的巨头。

美国公众从未将詹姆斯·斯蒂尔曼看作是一位感情丰富的人，一位靠使成千上万的孩子们幸福快乐来寻觅其主要乐趣的人，或者是一个主要是出于爱国主义的动机采取规划着开办他的银行，并使其祖国成为世界上非常前卫的金融与商业国家。斯蒂尔曼先生被那些对其不甚了解的人们看作是一个冷酷无情、生活俭朴、刚正不阿、对社会活动不感兴趣、慈善事业方面名不见经传、一心只为赚钱的人。

但是，实际情形是，他几乎是我所遇到过的感情最为丰富细腻、渴望未来他的祖国及其机构的发展而非为一己之私利而去做事情的人。我从未见过任何比他更如此兢兢业业地使自己隐姓埋名，同时给其周围的人们带来声誉的人。

的确，公众对于斯蒂尔曼先生的误解在很大程度上是由于这种躲避媒体的追捧、避免任何形式的抛头露面、一直默默无闻、深居简出、事事不张扬的工作作风。这是其整个职业生涯所恪守的一贯作风，并且自从他将美国花旗银行总裁一职交接给弗兰克·A.范德利普以来就不曾改变过。范德利普是几年前由斯蒂尔曼先生遴选出的副总裁。

他的一位退休同事说，"斯蒂尔曼先生在工作时间穿着一件外套。他的稳重、他明显的冷漠、他的矜持、他的霸道在那时看起来是必不可少的。如果他敞开大门，就不会有时间投身于他所从事的伟大的建设性工作了。真正的斯蒂尔曼是一个非同寻常的人物。他是一位讨人喜欢的伙伴。在工作之外的时间，他活跃得像个学生。并非如公众所想象的，他不是个具有铁石心肠的人，而是一直在体贴地为其他人做着事情。他经常帮助年轻人，但做的是那样低调，以至于没有人知道。"

像斯蒂尔曼先生这样一位成就卓越的人，结束其职业生涯时都没有给公众足够的机会去熟悉其真正的自我及其真实的品质，还有那颗在外壳下搏动的心——据认为出于事业需要带着这样的外壳是不必要的——似乎是件憾事。

当我谋求劝说斯蒂尔曼先生，认为他应当扔掉商业伪装，让公众如同我一样去了解他时，他回答说："我乐于让我的工作来证明自己。从商业意义上讲，我在8年前已经去世，现在不再是公众兴趣的目标了。要写的这些人是那些正在努力拼搏的人们。我不再是积极上进的员工；我唯一的愿望是当追随我的那些人感到需要我的建议时，我就会将我的经历告诉他们。"

最后，我劝斯蒂尔曼先生再谈一点。

"我关于银行业的概念是，银行的资源应当像将军对待士兵那样加以对待。"他就我的问题回答说，"你必须在储备金方面处于强势地位。你必须随时准备好向任何需要的地方派出增援部队。你必须将你的美元士兵投送到任何能够创造最大利益的地方。

"银行之对于国家的作用相当于心脏之对于身体的作用。银行必须通过经济命脉将资金灌输进来，使这个机体有效地运作起来。如同身体要依赖心脏的正常工作一般，一个国家的商业依赖于银行的良好运转。

"我并不认为银行无足轻重。我也不认为银行只是赚钱的工具。我把银行看作是实现人民福祉和国家繁荣昌盛所必需的某种东西。"

斯蒂尔曼先生已经预见到了19世纪最后25年工业的大发展和合众国在国际金融事业事务领域所注定要占有的地位。他开创了银行业的新时代。

当其他银行纷纷减少其资金时，斯蒂尔曼先生却大胆地增加了花旗银行的资金，先于1900年从100万美元增加到1000万美元；又于两年后增加到2500万美元。没有大型银行就没有大型商业。拥有巨额资本的银行并非与拥有数十亿美元的公司相伴相生的。

斯蒂尔曼先生的大胆举动在银行界引起了震动。其他银行家并没有看到，一场工业与金融革命即将来临。斯蒂尔曼有着其他银行业竞争对手无法比拟的预见性、洞察力和判断力。他敏锐地觉察到，大型商业组织需要类似规模的银行。一定要有足够强大的银行以支持这种产业结构。

斯蒂尔曼所开创的先河当然为其他银行家所效仿。一个接一个的银行连续增加而不是减少了其资本金。

斯蒂尔曼的成功举措，连同其无与伦比的资本与商业联系使其公司冲在了最前沿。虽然斯蒂尔曼先生执掌该公司时期规模还不及其他公司的一半——其1891年的存款额只有区区1200万美元——但是两年后，它成为纽约最大的银行，存款额超过3000万美元。和其他历次经济恐慌一样，1893年的经济恐慌使许多储户转向了花旗银行，因为在经济不稳定时期，商业利益集团们感到将钱存在花旗银行而非其他更加不稳定的银行更加明智。斯蒂尔曼先生对于银行如何运作有自己的明确而成熟的想法。一个基本的观点是，首先，银行应当非常强大；它不应当只具有法律所规定的最低额储备金，而应当拥有使其坚不可摧的黄金储备。

他过去常常对他的同事如是说，"银行不是别的事物，而是一大堆债务。"只要他处在了总裁的位置上，就开始用黄金将银行的金库填得满满当当。1893年，当其他银行向伦敦转移黄金时，花旗银行却花钱远涉大西洋将黄金买回来。一年内，斯蒂尔曼将花旗银行的黄金储备从不到200万美元增加到800多万美元。因此，1893年经济恐慌期间花旗银行表现得坚如磐石。到1897年时，其储蓄额已经达到了9000万美元，这是合众国一个崭新的纪录。

斯蒂尔曼先生正发展成为一位银行政治家。他不满足于处理自己国家的最重要的流通业务，而是把目光转向了海外。为什么不将美国花旗银行的业务拓展到其他国家呢？由于国家银行法的有关规定，不允许将银行的分支机构建在海外，但是却可以在世界上的重要国家建立有影响的业务联系。

斯蒂尔曼的一位退休员工告诉我:"我们现在所见到的固定形式早在19世纪末期就已经为斯蒂尔曼先生预见到并规划出来了。他预见到,这个资源富饶、能量无与伦比并且拥有无限野心的国家注定要成为全世界的金融中心。他看到,商业日益国际化。规模庞大的国际超级公司所赖以建立的基础就是由花旗银行及其同盟银行奠定的。

"他还意识到,巨型公司联合体即将问世,为了应对这场革命,就应当建立规模更大的银行。"

因此,斯蒂尔曼先生决心增加银行资本的做法是最有远见的。因此他的维持高达40%的黄金储备的做法也是最有远见的,尽管有时候有人表示反对——拥有如此巨额的闲置资金必然会减少利润和分红,因为将黄金锁在金库内而不是用于增加利润这本身就是一种损失。但是,斯蒂尔曼先生所建设的是银行的未来。如其所看到的,他所做的一切就是为他所预见到的产业结构奠定基础。他的座右铭不是"赚钱"而是"茁壮成长,一直朝前看"。

华尔街有一条谚语是这样说的:"斯蒂尔曼所拒绝的贷款比其他任何银行家都要多。"他之所以能够诚心诚意地拒绝帮助其他公司陷入更深的债务当中,是因为他通过将自己银行的资本和剩余额增加到4000万美元而树立了令人肃然起敬的典范。

他曾经对许许多多想要透支的商人和制造商们说,"你们需要的是更多的资本而不是更多的债务。"

在其活跃的银行职业期间,斯蒂尔曼不仅仅保持住了过去银行运作模式的传统——不但在他的社会和职业领域如此,而且在脑力劳动这个问题上也是如此,因为今天的花旗银行在很大程度上是建立在由斯蒂尔曼精心挑选并垒砌在坚固岩石之上的一座范德利普式灯塔。但在后来的岁月里,斯蒂尔曼先生变得老成了。尽管他过去曾经激发了人们对于银行的影响力的尊重,可现在他却赢得了他们的喜爱。1912年时,为了纪念银行诞生100周年,他向花旗银行俱乐部捐献了10万美元,各位董事又追加了10万美元。

斯蒂尔曼先生更适合在大学工作，因为他希望以此为业。但是他父亲当时病重，这迫使其放弃了所选择的专业，进入了他父亲在纽约公司的办公室工作，并很快熟悉了相关业务。在很短时间内，他便和公司的高级合伙人威廉·伍德沃德实现了成功交接。在伍德沃德于1889年逝世前，他和斯蒂尔曼先生相约在第二年从忙碌的商业活动中解脱出来，斯蒂尔曼先生践行了这个约定。

斯蒂尔曼先生如何成为花旗银行的总裁一事很有意思。

摩西·泰勒是那个时代纽约最具有影响的美国船主和商业大亨。他是花旗银行的总裁，他和斯蒂尔曼的父亲很早以前就是好朋友。斯蒂尔曼家族的孩子们过去经常听到"花旗银行"这个名字并对之充满憧憬与向往。当他们要玩一种开办一家"花旗银行"的游戏时，他的父亲就会给他们拿来各式各样的为他们制作的花旗银行的游戏币。这种钱主要是供许多年轻人保存的，在许多许多年前就不再流通了，但依旧作为一种储币，人们对之的珍视程度超过了黄金。这个标有"花旗银行"字样的盒子如今已经成为詹姆斯·斯蒂尔曼最珍爱的收藏之一。虽然其中的硬币价值只和其作为金属的重量相当，但却是用黄金也买不来的。

这个斯蒂尔曼小伙子所做出的最重大的决心是，当有一天他长大成人后，就要成为花旗银行的一名董事。他不但在40岁前实现了自己的梦想，而且在他41岁时被任命为花旗银行的总裁。

摩西·泰勒的职位后来由他的女婿珀西·R.派恩继任。他很快就发现银行里的詹姆斯·斯蒂尔曼有作为董事的非凡才能。当派恩先生的健康状况每况愈下时，斯蒂尔曼先生对从事银行的经营表现出了浓厚兴趣。他特别适合这项工作，以至于当派恩先生逝世时，各位董事们坚持认为只有他可以取代派恩先生的位置。

斯蒂尔曼先生无意于成为一名金钱之王。他更愿意在闲暇时去旅行、从事艺术创作、过一种优雅讲究的生活，他希望有时间活着。从严格的商业意义上讲，美国花旗银行总裁一职对于斯蒂尔曼先生来说是小事一桩。作为一名商人，他已经取得了成功并且拥有不菲的财富。

但是情感因素发挥了作用。斯蒂尔曼在孩提时代就喜欢用花旗银行的游戏币玩耍；现在形势需要某个人来引领该银行的命运，处理该银行货真价实的金钱。泰勒先生和派恩先生几乎都如同一位父亲般喜爱斯蒂尔曼。因此，斯蒂尔曼自己做出了对这份情感的回应。

他对于美国花旗银行资金的直控书写了历史。

但是，这项工作并没有占用其全部时间，吸引其所有注意力。现在，对银行家们而言时髦的事情是当农民。斯蒂尔曼先生现在是一位蘑菇农民银行家。在整整30年前，他就建立了一个大型的牛奶场，自那以后一直经营着。

斯蒂尔曼还是美国快艇业的先行者。早在当前纽约快艇俱乐部那些佼佼者当中的有些人还穿开裆裤的时候，斯蒂尔曼先生就已经是该俱乐部的副会长了。他负责快艇业务，并以一名退伍老水手的娴熟技巧驾驭着这些快艇。他现在是许多快艇俱乐部的高级会员。

当自行车出现时，斯蒂尔曼先生又成为该项运动的追随者。现在，他对汽车同样狂热。

斯蒂尔曼先生的名气在社会圈子中根本不能用数字表示出来，但他在美国内外所拥有的朋友人数之众可能任何在世的美国人都只能望其项背。许多杰出的外国人都向他征询建议，其频繁程度要比公众想象的还要严重。

虽然现在他每年都有部分时间生活在欧洲，但斯蒂尔曼先生是位不折不扣的美国人。他是大陆协会的真诚会员，他父亲和母亲的先辈们都曾经在美国独立战争中服役，这是他引以为荣的一段记录。

第一次世界大战爆发以来，从未遗弃法国小朋友们的"糖果先生"，不再给他们发糖果，而是会同法国的权力部门制订了一份详尽的计划，使数千需要帮助的家庭在财政上获得救助。1917年，普恩加莱总统宣布，他已经收到了斯蒂尔曼先生开具的一张100万法郎的支票（合20万美元）用于救济那些获得战争荣誉勋章的人们的孩子们。之后不久，斯蒂尔曼先生又出巨资发起了一场为救助战争受害者筹集资金的运动。

1917年,他多数时间都在法国度过,并一直在竭尽所能帮助这个伟大的共和国。在返回纽约时,他这样描述法国,"他们绝对不会被击倒。这样一个英勇善战、团结一致的民族是绝对不会被击垮的。"

斯蒂尔曼先生说,"当你看到在法国所做的一切时,你就会忘记自身,忘记所有的事情,一心一意地想着去帮忙、帮忙、帮忙。"

但是,斯蒂尔曼先生不想对他作为"糖果先生"所从事的活动进行任何评论。当我问他时,他淡淡地笑笑,说道:

"如果我曾经忽略了我自己的事情,那是因为我爱这些孩子们。"

这还不是斯蒂尔曼先生为法国及其青年人所做的全部。斯蒂尔曼先生感到,美国的建筑师们成为世界上最优秀的建筑师,主要是因为他们获得了无数到巴黎学习的机会,为此,斯蒂尔曼先生捐资50万法郎作为基金,以奖励那些在建筑方面表现出杰出天赋的法国学生。这一微不足道的国际举动还是深入到了法国人民的心中。"詹姆斯·斯蒂尔曼"这个名字已经被镌刻在法国各个艺术学校的墙壁上,流芳百世。斯蒂尔曼先生也没有忘记美国国内的学子们。有感于哈佛大学数千名学生没有医疗设施,他在几年前便让哈佛拥有了足够的医疗设施。

我问斯蒂尔曼先生,他的丰富多彩的职业生涯和休闲生活教会了他什么样的生活哲学。

他回答说:"消除自我是哲学的最完美形式,也是幸福的最重大的秘诀之一。"

西奥多·牛顿·韦尔

西奥多·牛顿·韦尔,美国电话电报公司总裁,韦尔视电话服务为一项公共设施服务,并由此将电话网络集合到贝尔系统之下,为电话惠及于民做出了巨大贡献。被誉为一生致力于电报电话业务的改革家。

西奥多·牛顿·韦尔是一个曾经和所有美国人——北部的、南部的、东部的和西部的——友好相处的人。

这花费了大量心血、远见卓识、想象力、热情和勇气,还有10亿美元的金钱。

将近40年前,当亚历山大·格雷厄姆·贝尔的粗糙发明还只是个玩具时,韦尔就已经想象到了一幅充斥着电报网的美国图景:每位公民都可以同另一位公民通过电报进行交流,不论二者距离有多远。

1916年,一个伟大的工程协会没有在一个城市召开其全国性会议,而是通过电话同时在许多座城市进行其会议议程。由某个城市提出动议,另外的城市附议,所有城市同时通过。

还有比这更加辉煌地实现早年的梦想的吗?

当我谈到他的梦想变成了现实时,韦尔先生自己的看法是,"与本来应当实现的那些事物相比,已经变成现实的只是九牛一毛。"毋庸置疑,在他心里已经有了一个后来提到的政府蓝图。

我争辩道,"可是,同你的同时代人相比,你已经做了比其他人多很多的事情。你是如何能比普通人多做那么多事情的呢?"

"年轻时绝对不要不情愿地做其他人的工作;而当步入老年时也绝对不可做那些任何其他人可以为我做得更好的工作。我一直喜欢全面地把握我所承担事情的全部细节,然而当我面对一般性问题时却厌恶过多细节的干扰。"

美国所拥有的电话数量是世界所有其他地方电话拥有量的两倍还多。仅美国农民的数量就超过了英国、法国和德国全部人口之和。

美国的电话业务发展到何种程度了呢?

目前,美国大约有一亿部电话,或者说,全国平均两个家庭就有一部电话。

每天电话交谈的次数在 2600 万次到 2700 万次之间,或者说是每年 90 亿次。

"美国电报电话公司"拥有 190 万英里长的电话线,展开的话是地球与月球之间距离的 80 倍,这足以绕地球 760 次,足够在纽约和旧金山之间铺设 5500 根电话线。

其资产超过 10 亿美元,使之成为美国两大"10 亿美元"产业公司之一。

该公司的收入是每周 500 万美元。

它每周向其 10 万多股民支付 50 多万美元的红利,这些股民当中有三分之一是贝尔公司的雇员,一半是女性。

该公司共有 15 万多名雇员,随着业务的发展,其雇员数在以每月 1000 人的速度增长着。

西奥多·牛顿·韦尔是如何成为"电讯的伙伴"的故事一直激励着年轻的美国。

其父亲是教友派教徒的后代,母亲是荷兰人血统,他们都生于新泽西,几代人以来,他们祖先一直生活在那里。当他们的儿子于 1845 年

7月16日降生时，他们正临时居住在俄亥俄州卡罗尔县。两年后他们搬回到新泽西州，直到1866年时一直生活在那里。1866年，他们在艾奥瓦州定居下来。在离开新泽西州前，韦尔已经开始和他的一个叔叔学习机械。在艾奥瓦开辟了一间农场后，他将农场留给了他的兄弟们，并听从了霍勒斯·格里利的建议——"年轻人，到西部去吧。"他需要些探险经历和关于世界的知识，他还没有参悟到现实生活的艰难性。

还在新泽西州莫里斯敦时，韦尔就已经开始从事电讯业务了。他的一位叔叔阿尔弗莱德·韦尔一直和F.S.B.莫尔斯在一起，并在经济上支持他从事可操作的、机械性的电报开发业务。联合太平洋铁路使年轻的韦尔成为一个篷车车站的代理商和接线员。

不久后，他进入了铁路邮政局。在那个年代，这根本算不上是一个"邮政局"。在火车上没有真正的邮件分类系统，也不能把信件投送到任何地方，而仅仅是一些大城市，也没有使列车转换更加便捷的时间表。装邮件的麻袋被随意地倾倒出来，到处都是。

韦尔努力设计出了一套更好的系统。他将每一个时刻表都收集起来，对所有铁路站点进行研究，并算出了从任何其他地方到达一个地方的最快捷的路线，并编辑出一套铁路邮政指南。这使他能够以前所未有的速度处理邮件。

偶然发生的小事则可彰显品格与职业。有一场大雪堵塞了铁路线，一列接一列的火车不得不停靠在一旁。命令下来了，要求将所有的乘客、包裹和邮件从车厢的这边转移到另一边，以便列车可以掉头，以克服这种拥堵状况。当时需要搬运的邮政麻袋有数百个。从技术上讲，这是铁路工人们要做的事情，但是他们根本忙不过来。韦尔建议，这30个或者更多的邮递员应当忙乎起来。他们拒绝了；因为在雪堆上搬运装卸冷冰冰的邮政麻袋不是他们的工作。韦尔和三两个愿意帮忙的人开始工作，并完成了所有任务。

华盛顿注意到了这位改革者。如果他可以如此对其所在地方的邮件投递业务进行重组，那他为什么不能为美国的其他地方做同样的事情呢？他被召到华盛顿，成为邮政局的助理局长。尽管他是该局最年轻的官员，但不久还是被任命为总局长。

他对美国全国的邮件投递业务进行改革。但是，投递改革措施危害到某些铁路和某些政客的利益。他们要求他为了特殊利益集团的利益修改其时间表。他告诉他们，他不是为铁路工作，而是为联邦政府和公众的利益工作的。这引来了麻烦。

肯塔基州的参议员贝克一直坚持试图威逼韦尔改变其计划，但是韦尔毫不妥协。渐渐地，国会中有人企图削减这位麻烦缠身的总局长的旅行经费。这引发了一场激烈辩论。令韦尔感到震惊不已的是，贝克参议员承认，他虽然和这个年轻人仅有一面之缘，但是却发现此人做起工作是意志坚定——他投票支持韦尔，帮助他赢得了胜利。

同时，发明家贝尔和他的主要赞助人，其岳父加德纳·G.哈伯德也正面临着大部分先驱者们的命运。他们的"玩具"在费城举办的百年纪念博览会上展示出来，并且展现了新颖的娱乐效果。但是，当他们寻求从商业角度将之推介出来时却遇到了阻碍——伦敦《泰晤士报》称之为"最新的美国骗术"。使事情更加糟糕的是，当时美国最有影响的公司之一——西部联合电报公司开始攻击他们，在所有环节给他们设置障碍，最后甚至走到了在爱迪生发明的经过改进的发报机帮助下组建一个竞争性电话公司的地步。哈伯德需要一位斗士，一个果敢、坚定、有头脑的人。他了解韦尔，并且知道韦尔就是他想要的人。

韦尔后来干巴巴地评论说，"我放弃了3500美元的工资，只是为了一份没有工资的工作。"作为美国贝尔电话公司的总经理，据统计，他的工资只有5000美元——这很罕见。

韦尔是一名电报专家，但对电话却有着不可动摇的信心。他知道电话不仅仅可以用于地方事务，而且某一天将会覆盖整个美国。他立即开始为实现那个目标工作起来。

早先时，他劝声名显赫的查理·格利登从洛威尔到波士顿建了条电话线。接下来他建议公司"建一条从波士顿到普罗维登斯的电话线"。他们嘲笑他。这是一场艰苦卓绝的战斗,但是他坚持勇往直前。

财务记录显示了这样的记载:"借给贝尔50美分,借给韦尔25美分。"

天哪!这些电话线最终建成后,在开始时却不能运转!

在提及那些日子时,我最近问韦尔,"你变得灰心丧气了吗?"

他意味深长地笑着说,"如果我气馁了,也绝不会让任何人知道的。"

下面是一则体现贝尔电话公司总经理的执着精神与远见卓识的故事:

"告诉我们的代理商们,我们提议将不同的城市联结起来,以便进行私人通讯并组建一个庞大的电话体系。"

"真实的困难是可以克服的;只有那些想象中的困难是无法征服的。"他过去常常告诫那些心浮气躁的同事们。

从波士顿到纽约的电话线是韦尔的下一个冒险行动。一个叫作州长公司的公司组建起来了。该公司由五位州长和两位门外汉组成。在他们失去信心后,该公司接管了这条线路。当公众真切地意识到这次新的冒险行动意味着沟通的便捷时,这条线路获得了成功。

在韦尔穷追猛打之前,处于绝望中的贝尔人已经同意以10万美元的价钱将其卖给西部联合公司。现在,西部联合公司愿意每年出资10万美元除掉韦尔!他们用有影响的铁路公司提供的具有诱惑力的职位诱使韦尔离开,可韦尔还是继续战斗下去。他一直留在贝尔公司直到该公司克服了所有障碍,激发了对自己及其服务设施的信心,并且可以斥资从一个城市扩展到另一个城市。

1887年,韦尔经过顽强战斗并取得胜利后在佛蒙特州北部买了块200英亩的农场,他计划在不能进行他所向往的旅行时就生活在那里。

他的商业生涯就此终止了。但是韦尔先生的生活由三个部分构成。

在一次前往南美洲的旅行时,他参观布宜诺斯艾利斯时,被利用新近建成的水库所提供的水电将该市的有轨铁路改造成为电气铁路这种可行性所打动。他买了一条破败但具有战略意义的线路(那时还在运营的数条线路之一),将之改造成为和各州其他道路同样完美的道路。他还自掏腰包买了几条超前的线路,并在美国和英国资本的帮助下建成了一套完善的交换体系，还赚了钱。

作为一条支线，他在不同城市安装了电灯和电话系统。

他的活动使得他频繁前往欧洲。有段时间，他将业务总部设在伦敦，虽然他在巴黎和意大利花了很多时间，因为他发现这两个地方都很迷人。

但是佛蒙特一直让他魂牵梦萦。因此，他卖掉了外国的产业，获得了不菲的利润，并再次回到斯皮德韦尔农场（以其母亲的前辈命名的），决心将其余生用于科技农业的发展事业。

他使其农场从200英亩扩大到6000英亩，韦尔则以曾经在贝尔电话公司的战斗中所投入的全部热情经营着他的农场。他饲养着最好的马、牛、羊、猪和家禽。他采取适当的作物轮种手段，他使用了化肥。简而言之，他在很大程度上成为农民的典范，表明在绿色山地之州从事农业生产同样也可以有回报。

最重要的是，他教会其他农民如何从他们的土地中获得最大的收益。为了在此工作中提供帮助，他向佛蒙特州捐献了土地，重新组建了林登研究所并组建了林登农业学校，对其设备进行监管，在其发展过程中发挥了非常积极的作用，并花大量时间用于使学生和他们的家长们进一步获得福利。其目标过去是，现在依然是将女孩变成优秀的家庭主妇，使男孩成为有技术的农民。他还通过实例激励科学的、有利可图的农业的发展。

西奥多·牛顿·韦尔和他的夫人以及唯一的儿子回归到这种恬静而有意义的生活中来。

韦尔先生生活的第三乐章开启于1907年5月。

在这不幸之年的春天，金融的隆隆炮声使银行家和商人们感到心惊胆战。因为嗅到了贷款过度扩展的味道，资金正被揣进钱袋子。股票和债券崩溃了，新的债券没法卖掉。公众的不满情绪直指大公司。

美国电报电话公司的处境比其他大多数企业更加艰难。不太具有竞争力的对手甚至扬言，州议会正在制定严格的法律，法院充满敌意，联邦政府正被迫考虑"肢解"或接管"电话托拉斯"。

这些董事能够到哪里——向谁——求援呢？

当然，有一个人可以使他们摆脱所有的麻烦。但是他已经年过花甲，退休了，不再需要更多的钱，并且正享受着和美的田园生活呢。

他们到处寻觅，没有谁进入他们的视野。

被逼无奈之下，一个董事代表团来到了佛蒙特的林登。他们发现了一个扶着耕犁的时髦的辛辛那提人。他们请求他出山来拯救这个他曾经用其最美好的年华建设的公司。他们强调说，这个国家的福祉都处于危险之中。

这位退休的电话奇才无法接受他苦心经营的庞大体系即将败落的说法；或者即使注定要破产的话，他也准备随着它一起垮台。

他们对于他的真诚与爱国主义的诉求得到了积极响应。他的生活伴侣已经于两年前去世，而他唯一的儿子是一名高大健壮哈佛运动员，一年后也被伤寒夺去了性命。自那以来，农场的生活已经只有孤独了。

"我会去的。"韦尔答应道。

他直接筹集到2100万美元的新资金——并且在随后的6年时间里凭借高超的技巧又筹集到2.5亿美元。靠着他所采取的及时行动，该公司平静地度过了可怕的1907年10月到11月的恐慌。

他坦率地宣称支持"一套体系"，并表明两个或多个关键体系的有用性；他公开宣布自己支持对所有公共设施进行监管的做法，并愿意忠诚地同公共服务委员会进行合作，这些征服了公众和立法方面的反对派。

他通过向一些公司提供电话交换设备，将贝尔公司的设备销售给另一些公司，并愿意向那些想要出售的公司支付公平价格等做法使其对手平息下来。

他对雇员们日益慷慨大方，将数百万美元预留出来用于老年人的养老保险、患病和突发事件的福利，这使其赢得了雇员们的热情支持。

他改善了贝尔公司的服务，并以前所未见的速度和广度使贝尔的业务得以扩展，这使得他获得赞助商们的一致好评。他那时并且一直以来的座右铭是："在公众的要求之前进行建设，引领潮流而不要亦步亦趋。"

韦尔证明自己不仅仅是交流与沟通的大师，而且还是一位商人政治家。

然而，韦尔还有着更伟大的雄心壮志。在30年前，他就有了将邮件送达美国各地的梦想。现在，他认识到了某些更伟大的事物，一种与20世纪的精神相一致的事物，那就是速度。

西奥多·牛顿·韦尔认为，大多数战争都是由于误解所致，而如果国家之间、个人之间学会相互了解，彼此理解，互相和平共处，他们就不会有相互进行拼杀的愿望。他的生命之使命就是使人们之间的联系更加紧密，不论他们相距多么遥远，也要使之联结在一起，并消除距离与延误。

电话朝这个目标的实现迈进了很多，但是韦尔的天才使一个更加广阔的设想诞生了。

对他来说，"20世纪快递公司"和其他著名的铁路快车对于运输邮件而言其速度太慢了。它们的运行速度每小时还不到100英里；而韦尔渴望的是每分钟行进数千英里。

为什么没有远程书信呢？我们能不能只需花费几张邮票的钱就将所有重要的信件通过电话线由一座城市传到另外一座城市呢？

作为计划的第一步，韦尔在1910年的一天签署了一张3000万美元的支票用于购买西部联合电报公司的控制权。激进的改革很快就展开了——夜晚寄信价格较低，迟发电报收费较低，电话电信业务，等等。

同时，革命性的远程书信被搞出来了。但是电报—电话的合并事宜被合众国政府首席大法官以违反法律为由否决了。两者的分离使美国和美国人错失了将使书信写作发生革命的沟通体系。

简言之，韦尔先生正在完善他的利用其庞大的、晚间常常闲置的电话线网络，通过一种新型的、节省时间的装置一夜之间就可以将书信发走的计划。接收方将这远程书信装入信封并投递到邮筒中以便当地的接收人在第二天一早就可以在其办公桌上看到该信。这样一来，纽约或者附近的商铺就可以向当地的西部联合美国电报公司办公室发送远程书信，或者在工作时间之外向他们发送邮件了。这些信件将以每小时数千个单词的速度在一夜之间被传送到芝加哥、圣路易、旧金山或其他地方，然后再由那端的人再次进行投递。

通过免除了所有采集与传输的费用——只收两美分的邮费——并通过使用闲置的电话线，远程书信的费用几乎不存在了。

这样，美国之内的所有城市都被置于隔夜邮递距离的范围之内。

但是美国司法部顽固不化，这样就丧失了一份对美国来说非常重大的利益，而其创始者则感到非常失望。

然而，韦尔先生绝不是一个令任何事情使其感到不快的哲学家。

韦尔的一位朋友说，"有关韦尔的最令人吃惊的事情是，他具有一个24岁男士所拥有的全部热情、想象力和果敢精神，并能够将这些同其70多岁的成熟实践结合起来。结果是令人震惊的。怎么说呢？结果是，啊，西奥多·牛顿·韦尔。"

韦尔先生热爱工作的同时也热爱玩耍。他骑马；赶着一支马队超越了佛蒙特的山川和谷地；夏季的部分时间生活在他的快艇上。他参与了为波士顿大歌剧院筹款的活动。借用韦尔的一位好友的话说，"他比我知道的所有人都能够更好地点一份晚餐。"

韦尔先生承认，"我一直想方设法地享受生活。"他有这样一句格言："充分利用一切东西，而不要因为你不能得到的事物而烦恼。"另一句格言是："成功不是由物质方面的收获而是由踏踏实实、一丝不苟地做事来衡量的。"

结果是，他成为古稀老人的典范：宽大的前额垂下来一大绺白发，他的眼睛明亮而安详，他的脸上经常带着微笑。

1917年6月，纽约大学授予韦尔先生商业科学荣誉博士学位，以彰显对他的敬意之情。

他拥有令人心满意足的知识，他对于增加美国生活的娱乐性方面做出了突出贡献。他对未来充满信心，以至于他相信，当生活在地球这端的人们可以像我们现在和邻居谈话那般，轻而易举地和地球那端的人们谈天说地时，时间就近了。

科尼利厄斯·范德比尔特三世

科尼利厄斯·范德比尔特三世,范德比尔特家族的杰出代表。发明家、金融家、军官,建立美国强大海军的倡议人。

科尼利厄斯·范德比尔特三世可以同一个没有辉煌家族背景的人讲话,此人正因为其加入到一个其成员以他们的蓝色血液为傲的社会正当性的协会而受到嘲弄,"先生,我是一位祖先。"

这位范德比尔特王朝的成员迥异于一般的富家子弟,他已经展现了自己独立生活、开辟自己的生活道路并成就自己事业的能力。

在早年他就表现出自立、勇气和不受财富所控制的品质。他甚至以其继承权为代价和一位自己选择的女人结了婚,证明了他的男子汉气概。他没有像许多典型的纨绔子弟那样沉溺于懒散的生活,而是披挂整齐地投入到铁路机器商店那种尘土飞扬、闷热难耐、忙忙碌碌的工作之中。他用自己的智慧和双手证明,除了他的大学本科学位而外,他不但从耶鲁大学拿到了机械工程的学位,而且他的那些发明非常有价值,竟然被先进的铁路所采纳。他还成为一名志愿军人,不是坐在扶手椅上、火炉边那种,而是在任何情况下都准备好承担起全部职责的那种军人，不管是在后备队训练场、机动部队、墨西哥边境的战场上，还是最近在欧洲战争中都积极服役，在任何时候都要承担共同的命运。他还是一位航海家，曾经驾驶着自己的小船横跨大西洋，进入地中海沿岸的每一处偏僻隐秘的角落，并沿着欧洲海岸线航行，和许多有头有脸的人物以及普通民众打成一片。

在商业方面，他的技术知识连同他的勤奋和金融能力使得他能够早早地崭露头角。对科尼利厄斯·范德比尔特而言，在很大程度上讲，纽约应当建地铁，因为他对伦敦、巴黎和其他地方的地下交通设施进行了详尽的调查，并同奥古斯特·贝尔蒙特一起建立了区间快速运输公司，他现在依然是该公司有影响的董事。

可是，这位发明家、工程师、战士、航海家、金融家、爱国者和百万富翁家族的百万富翁成员却是年轻一代人当中最谦逊、最自律的人。

当我让他讲一讲他是如何成为一名发明家时，他谦逊地说："早在我能够记事的时候，当我还是个孩子时，就已经有了自己的工作室。我生来就喜欢机械学，因为我总是玩耍这些东西，后来则用这些工具和机器来工作。从耶鲁毕业后，我按部就班地修起了工程学专业的研究生课程。在我学习的过程中，我将大量时间花在纽约中央大学的动力与工程系里，试图获得实际的知识。"

"的确，但是其他数千名年轻人也学习过工程学，也在机器厂工作，但却没有发明出任何东西来。是什么使你的心思转移到这方面来，是哪些事物使你想到新鲜的装置并且成为一名发明家的呢？"我刨根问底。范德比尔特先生显然被我的盘问搞得有些措手不及。这对他的谦卑与自我克制的性格造成了冲击。

"我当时尚未承担商业责任。我的心思都在工程问题上，我对这些问题的研究引导我——就像引导其他人那样——去考察是否可以设计出经过改进的方法或装置呢？"

"你拿出的第一项发明专利是什么？"我问。

"我发明的第一件东西是一种新型的铁路煤水车,这是一种节省重量和开支的圆柱形煤水车。"范德比尔特先生本应补充说明但却没有说的是,范德比尔特路、纽约中央大道并没有靠接受其省钱的发明而表现他的独特偏好;联合太平洋铁路和南方太平洋铁路是首批以范德比尔特煤水车为标准的重要铁路。

如果在其生命的轨迹中没有一种幸运的车轮在转动,那么是什么事物让科尼利厄斯·范德比尔特成长为一名发明家?对此人们只有去猜想了。这个时期,由于他在数家企业的投资总额达到了数百万美元,这要求他必须亲自进行监管,于是他就涉足了金融和商业领域。

早在纽约的圣保罗学校上学时,科尼利厄斯·范德比尔特就展现了独特的禀赋与个性。他并未感到自己优于其他孩子们的任何或大或小的特权。他不但表现出非常民主,而且他在其工作室表现出的技术水平、他能够修补好任何需要修理的儿童玩具的能力使他的人缘特好。同时,尽管身材较小——即使现在他的体重也不足140磅——年轻的科尼利厄斯却很有男子汉气概,不会轻易上当受骗,并且也不是那种逆来顺受的可怜虫。他有自己的愿望并且有勇气去维护这种愿望。当稍微长大一些后,他在机械学方面表现出的天才使其成为玩伴们眼中的某种英雄人物。

1891年,他17岁时便考入大学,并于1895年从耶鲁大学毕业,随后又进入谢菲尔德科学学院学习机械工程。他把大部分业余时间都花在了纽约核心办公室,在那里他和其他学徒一样尽心竭力地工作。

之后,爱情走进了这位发明家的生活。他爱上了一位极其尊贵的年轻女人格雷斯·威尔逊小姐。他的父亲却反对其长子自己的选择。这位年轻人显示了和他拥有同样名字的这个著名人物,这位范德比尔特财富的奠基者所具有的全部刚毅、果敢和不屈不挠的品质。他没有选择放弃未婚妻而是决定放弃财产继承权。就像当时有句话所说的,他的父亲"用100万将其劈为两半",将其巨额财产的剩余部分留给了其他孩子们,小儿子阿尔弗莱德得到的最多。科尼利厄斯继续沿着他的研究、工作和发明创造之路走下去。1898年他获得了哲学学士学位,次年毕业,获得教育硕士学位。到那时，他的天才已经获得广泛认可。

家族的财产实现了再次整合，而科尼利厄斯目前所持有的财产要求他投入更多的时间与精力，这使他不得不放弃作为发明家的职业，尽管事实上，即使到了今天，科尼利厄斯的办公室表明他更像是一名工程师和发明家而非金融家。在金融街区他的非常节约的办公室内有各种各样的表格和规划、蓝图和富有新意的机械构思。他是伊利诺伊中央铁路公司、特拉华—休斯敦公司、密苏里太平洋公司、美国快递公司、雷克瓦纳钢铁公司、美国帕克银行、哈里曼国家银行、美国抵押与信托公司、普罗温斯敦信贷公司、区间快速运输公司的董事，并且是互惠人寿保险公司的受托管理人。

"是啊，我完全相信金融业以及它所激发出来的勤俭节约作风。"范德比尔特先生告诉我。

整个金融区的人们都知道，科尼利厄斯·范德比尔特不是一位装饰性的董事。如果不能给予该委员会的事务认真而持之以恒的关注的话，他就不会让自己的名字进入该委员会。一位在各个企业追随着他的金融家告诉我，"范德比尔特上校是位进行指导的董事。他可不是傀儡。他坚持接受全部报告并对之进行仔细研究。每当要选出一个特别委员会来啃硬骨头时，范德比尔特上校总是会进入进来。他是一位工作者。"

你在纽约市市长选择的公民委员会上经常会注意到科尼利厄斯·范德比尔特整个名字。尽人皆知的是，这种委员会当中的一半成员是无所事事的。但是范德比尔特先生不是这种人。比如，1915年时，作为大西洋舰队接待委员会的主席，他夜以继日地工作以确保成功地履行各项职能。他还是前总统罗斯福从非洲回国时的大型接待活动的主席。像著名美国家族的文森特·阿斯特一样，他时刻准备着履行自己的公民职责。

但科尼利厄斯·范德比尔特为公众所熟知恰恰是因为他当过志愿军人。不论身份高低，没有哪位平民能够像范德比尔特上校那样更加兢兢业业、任劳任怨地工作，以加强美国的军事地位。他参军不是为了光宗耀祖，他所做的一切仅仅是希望尽其所能来保卫自己的祖国免受任何形式的威胁。他将此举看作是公民的基本责任之一。

近来有许多人转为"预备役"。科尼利厄斯·范德比尔特不是这种人。早在1901年时，他就参加了第12纽约步兵团，使自己投身于豪情万丈的军队工作中，服役8年后晋升为上尉。当时负责指挥纽约州国民警卫队的罗少将任命其为参谋；1912年奥赖恩少将撤销了罗将军的纽约州国民警卫队司令后，将科尼利厄斯·范德比尔特提拔为该州的检察长之一，中校军衔。

1916年，当总统号召前往墨西哥前线时，科尼利厄斯上校第一个响应。为了满足联邦的规定，所有国民警卫队军官的军衔一律下调一级，范德比尔特上校因此也就变成了范德比尔特中校，第六纵队的检察长。在战场上，实际服役过程中存在重重困难与不适，在泥泞不堪、灼热难忍的边境线上，科尼利厄斯·范德比尔特表现得非常出色。他不是过分讲究的士兵。他不屑于做纵容自己的事情，建立一个贫困子弟难以企及的家庭。当基奇纳开赴南非同布尔人战斗之时，他发现很多贵族军官都带着钢琴和各种各样的随身用品以便这些家伙可以用来自我消遣。如果科尼利厄斯·范德比尔特也在非洲服役的话，基奇纳也就不会有机会因为范德比尔特所携带的沉重行李而谴责他了。

范德比尔特上校的信条是，自愿献身于成为合格的国家捍卫者的人们应当随时准备为国家而战。因此，当在墨西哥边境执行任务的数万国民警卫队队员因为未在其所在的州而丧失了总统大选的选举权时，他试图申请允许其进行选民登记并获得成功。这件事在他整个士兵与公民的概念中占有重要位置。

他非常热切地告诉我，"我是国民警卫队的坚定支持者，它使人得以发展，开发了人们的品质和体魄。国家应当准备好捍卫自己。"

1915年，经一致同意，科尼利厄斯·范德比尔特被推举为组建纽约的市长国防委员会，同时还在全国建立了类似的委员会。1916年3月，在市长与市长国防委员会会议上，他做了激动人心的演讲。

"范德比尔特上校宁可面对德国人的指责，也不愿站在那个讲台上去发表演讲。"他的一位朋友使我确信,"毫无疑问,这是他一生中经受的最严峻的考验,因为他不情愿做任何让自己抛头露面高谈阔论的事情。只有深切的责任感和采取行动的紧迫性才促使他发表了这次公开演讲。"

在他《我们国防的第一条战线——海军》的演讲中,他宣称"国家不能仅仅靠将美国国旗挂在大门上来维护",以此来表现其对那些仅仅将爱国主义挂在嘴边的人们的蔑视。

他说道:"我们的先辈们在第一次危机决定创建这个国家,他们的子孙们在第二次危机中决心使我们的联邦免于内部分化。在这第三次危机中,我们的决策是要确定这个国家是否应当免受外部奴役。

"今天的美国人准备好去履行这份职责了吗?他们没有他们的先辈们爱国,不如他们更乐意做出牺牲。口头上的忠诚已经取代了给予我们的这份遗产的英勇献身精神了吗?有些时候,繁荣和富足已经使我们对于国家的责任感淡化了,我们希望从我们的政府那里索取而不是为之提供服务。

"只是经过了 8 年的战斗之后,我们才取得了独立战争的胜利。期间,39.5 万人应征加入美国军队去抗击从未超过该数字十分之一的军队。1812 年战争时,50 多万人应征参战,去对抗数目从来就没有达到该数字 10% 的军队。

"难以想象,还有什么比一支由未经过训练,除了勇敢外不具备任何军事素质的公民组成的军队更加不堪重任的证据。

"当我们意识到,世界上有史以来最强大的海军只有区区 25 万人时,那么认为美国有可能拥有的任何海军——哪怕是与这个最强大的海军同样强大的海军——在规模上将足以令一个人口过亿的国家破产,或者其所需要的经费金额将足以使我们的预算处于危险之中,这种看法是荒谬的。

"大不列颠王国虽然距离她的敌人只有几英里之遥,但凭借着她的舰队令所有敌人不敢踏上其国土半步。强大的军队并未使俄国或法国摆脱被侵略的命运;意大利的军队驻扎在奥地利的国土上;法国占领了德国阿尔萨斯部分;简言之,陆军并没有使他们的国家免于入侵,而海军能够做到,并且依然能够做到这点。

"不论最终的教训为何,我们不但必须建造我们的可能的敌人所选择的那种类型的船只,而且应当稳步地至少每种船只建造四艘船,以对抗他们的三艘。

"这是我们应当向我们的国会议员们建议的内容,同时坚持尽可能迅速地至少使我国成为第二大海军强国。我们也应当建议相应增加官兵数量以驾驭这些船只。

"让我们意识到并且记住:'国家不能仅仅靠将美国国旗挂在大门上来维护。'"

1916年12月,将科尼利厄斯·范德比尔特晋升为纽约第22工兵团上校的通告是对其作为一名志愿军人15年的活跃从军生涯的全面而公正的肯定。有意思的是,他的从军生涯对其家族的男人和男孩子们产生了重要影响;时至今日,有四位范德比尔特到国家军队中服役。1917年8月,当范德比尔特上校准备出发去训练即将到欧洲服役的预备役人员时,他所受到的接待活动证明他是受人尊重的。

虽然不足以称范德比尔特先生为政治家,但他对公共事务一直保持着理性的兴趣。1900年时,他是共和党萨拉托加会议的代表,而他一贯的勤俭作风很快使其赢得了代表团主席一职。他还是洛市长领导下的公务员委员会的成员。

在其自己的帝国内,范德比尔特夫人也同样是活跃的、有公益心的。她在红十字会中义务服务,并从事比利时的禁忌工作。范德比尔特一家在其位于纽波特的小别墅内和纽约第五大道的家里都举行过众多招待活动,他们的社会活动的特征是简约、常识性。

他们育有两个孩子。科尼利厄斯四世在美国对德国宣战时以私人身份参军。

假设范德比尔特准将能够看到今天发生的事情的话,我更倾向于认为科尼利厄斯·范德比尔特三世将被其儿子看作是不称职的后代。

事实上,他是位祖先。

弗兰克·A. 范德利普

弗兰克·A.范德利普,从农场男孩、车间学徒工到美国最大的国家银行总裁,更因美国联邦储备系统创建者之一而闻名。

"在你的整个职业生涯中哪一步是最艰难的?"

"脱掉我的工装裤。"

这就是这位从前的农场男孩和机器车间的学徒工的答案。今天,他是美国最大的国家银行的总裁,美国国际公司的总裁——该公司正在拓展美国的国际商业与金融分支机构,分支机构遍布很多国家的国际金融公司总裁,米德威尔钢铁与军械公司总裁,还是杰出铁路的董事和建设性力量,工业的建设者。在弗兰克·A.范德利普从贫穷的无名小卒成长为拥有财富与权力的人的历程当中,有很多值得年轻的美国和成熟的美国需要汲取的教训。这是靠坚韧不拔的毅力战胜困难的历程,在生活的每个阶段都富有激情与效率的历程,公平处事与深谋远虑的历程。

我最近问范德利普先生,"你的经历使你吸取了哪些教训?"

"权力不是别的,只是一种做正确之事的责任。因为只有当正确地解决了事情时，事情才得到解决。不论一个人拥有的权力多么巨大，他必须能公平、公正地使用这种权力，如果他的举动反过来将使其感到苦恼。

"而且，年轻人为了成功不但必须把全副精力放在其工作上，而且还要花些时间去了解他的工作意味着什么和事情的计划的关系怎样。"

过去，历史是靠流血牺牲来书写的；将来，历史则主要靠银行与商业活动来创造。

当今的范德利普先生是美国最具杀伤力的金融家。他已经在头脑中规划了一个资本额达5000万美元的金融公司，该公司计划为美国的产品、美国的资本和美国人开发新的领域。美元从国家货币转换为国际金融工具在很大程度上是其公司的杰作。在使纽约成为堪与伦敦比肩的国际金融中心方面，范德利普先生的贡献首屈一指。美国花旗银行以其6亿美元的储蓄额跻身于全球六大银行之列。他在其总裁办公室所从事的业务比世界上任何非政府银行机构所做的都要多。

这就是世界所知道的范德利普。

有一个叫弗兰克·范德利普的人并不为世人所知，他甚至从未向好友们提起过。或许这位名不见经传的范德利普所做的工作与银行家范德利普的成功有些关联。这至少表明他为何能够获得成功。

这位名不见经传的范德利普即是沉默寡言的慈善家范德利普。

当他是芝加哥一名苦苦挣扎的要养活6口人的记者时，就在其出生地附近租了一块地方，在夏季时将一批又一批的城市无家可归者送到那里住下来。圣诞节时，他和他的妹妹不是要"交换"礼物，而是和这些穷苦人围成一圈玩猫捉老鼠的游戏——这意味着真正地做出自我牺牲。

到华盛顿的财政部工作时，他带来几个穷人小朋友，为他们找工作，在自己的家里抚养他们。他们当中的一些人已经做出了成绩。

他曾经并且现在还在将众多有为的年轻人送入大学深造。

他还自掏腰包，花了2万美元在自己的地产上建了一所模特学校。那些能力出众却无法支付低廉的学费的孩子们可以在这里获得奖学金。

花旗银行对其雇员进行教育，并教授从杰出大学选拔出来的学生培训课程的计划是一场至关重要的举措。这也是从同样的精神发展而来的。

一个朋友告诉我,当他和范德利普先生在怀特山上遇到一位穷困的、赤着双脚的小男孩向这位银行家求助时,他们是如何开车送这个小男孩的。车子停了下来,范德利普先生和这位小伙伴说着话。"范德利普先生那个下午剩下的时间都在琢磨着,怎样才能使这个赤脚的小伙子摆脱没有前途的环境,并给他一个机会,以便使其在这个世界上活下去。"他补充说。

范德利普先生是日益增加的著名商业领袖之一,这些人对培养人而不是赚数百万美元更感兴趣。

在他的青年时代,范德利普不得不使自己的意愿适应环境,最终又不得不冲破环境的束缚。

这位股票的先驱,他42年前出生在伊利诺伊州距离奥罗拉市不远的一个大型农场里。弗兰克是家中三个孩子中的老大,在他只有12岁时,他的父亲就去世了。生活的义务与责任早早地就落在了弗兰克的肩上,因为这个农场出产的东西仅能维持生计。他特别渴望学习知识,读完了他能找见的为数不多的几本书。这些书包括一套完整版的《莎士比亚全集》《天方夜谭》以及一些老掉牙的杂志。

因为偶然之事可以启发职业灵感,因此他如何花掉自己赚得的第一笔钱很重要。在附近的一个小村庄里贴着一条广告,说的是花10美元就可以订到5年的纽约《每周论坛》,额外还附送一本《韦伯斯特简明词典》。10美元的钞票很快就寄走了。5年来,这个农村小伙子贪婪地读遍了《每周论坛》上出现的每一行字。

上学时,他的数学是全校成绩最好的,而在拼写上却是个笨蛋。当他16岁时,农场由于抵押过分沉重而被卖掉了,全家搬到奥罗拉。养活这个家庭的重担主要落在了弗兰克身上。因为他节俭的母亲没有动他父亲的人寿保险,哪怕是要送弗兰克上大学也不行。

他在一家金工车间谋得一份差事,每天操作10小时机床可得75美分。他曾经说过,"我干这份工作不是因为这是我想要干的工作,而是因为这是我那时获得的唯一一份工作。"

他立即开始研究他的新任务以及与之相关的事物。最令他感兴趣的两件事情是正开始在世界上创造光明的新兴力量——电，还有制图。他看到制图员利用数学来制图，就决心研究高级数学和制图。但是既没有夜校也没有老师，他通过付给一个人每小时50美分——这是他每天所赚的三分之二——他学到了画法几何学和制图课程。由于家里迫切需要这50分钱，因此范德利普变成了家教，教同车间的其他人代数。

他的抱负推动他继续前进，这位学徒工下定决心，无论怎样凑集还是节省费用，他都要上一年大学。他来到了伊利诺伊大学。斯克罗金夫人——一位典型的狄更斯小说中的人物——收留了他，费用是每周2.25美元——当然不是戴默尼科风格。他精心保存的现金账本表明，范德利普做这一年先生的全部开支只有265美元！通过在周六当技工，他每周可赚得1.5美元；这笔钱可以支付他的大部分房费和寄宿费。

他有些失望，因为这所大学不能给他上电的课程（当时在美国只有康奈尔大学开设这种课程），于是范德利普成功地学完了技术工程这门课后就打道回府了。他写信给爱迪生想要份工作，但却收到了一封铅印的"无事可做"的回信。他感到失望，并责备了这位发明家。

回到金工车间后，他的工钱提高到每天1.35美元。不久前，车间主管告诉他，要提拔他为领班。范德利普没有感到欢欣鼓舞，而是下决心直到在金工车间成为比领班还要重要的人时才会停歇。

他断定，通过邮寄进行的速记课程可能会为自己开启一扇由技术工人变成管理人员的大门。"老师"从芝加哥给他寄来一本书，除了用红笔纠正这位技工所犯的错误外，什么也做不了。在操作机床时，这位年轻人练习着用粉笔在平滑的铁板上写速记符号。这种情景将使以"资助"闻名遐迩的塞缪尔·斯迈尔斯老先生的心兴奋不已。他的母亲耐心地读给他以便能够让他发音。他成功地掌握了这门"飞行艺术"。

大萧条来了，金工车间暂时关闭。但是范德利普不会让自己闲下来的，他立即在一家地方日报社找到了一份工作——"可能是美国最穷的日报社"。范德利普先生曾经这样称呼这家报社。报社的所有者也是编辑，而范德利普被任命为城市编辑、记者、收银员和办公室勤杂员。他的工资是每周6美元——当他能够从赞助商或顾问们那里收集到这笔钱时，他学会了写作和打字。他的工资涨到了每周8美元，但收集来的钱常常达不到这个数目，而在某些悲惨的时候，他不得不白干活。

约瑟夫·弗伦奇·约翰逊——当时纽约大学商业、会计与金融学院的院长——是在国内外大学受过教育的奥罗拉人。当他参观他的老镇时遇到了范德利普并且喜欢上了他，开始引导这位年轻的记者去阅读经济著作。后来，约翰逊先生给了他一份在芝加哥的调查局做速记员的工作。约翰逊先生是该调查局的主管。这个机构向股票经纪人、银行家和其他人提供有关公司的分析报告以及其他有价值的信息。范德利普在这里度过了三四年有用的时光，学会了分析公司账目、抵押贷款、年度报告等事情。约翰逊先生一直是《芝加哥论坛》的金融编辑，范德利普成为其继任者，是该机构活跃的领导人。

接下来，约翰逊使范德利普成为《芝加哥论坛》的一名记者。两周后，他获得了加薪，在一个月之内他帮助城市版编辑做事，不久后就成为助理金融编辑，后来则成为金融编辑。范德利普在25岁时在这里初露锋芒。

他作为调查员时所受到的训练使他能够深入到金融问题的根源。查尔斯·T.耶克斯掌控着芝加哥公共运输业的大权，正在掠夺着这座城市。范德利普无情地不断揭露其一桩桩恶毒的阴谋直至整个城市都骚动起来。耶克斯荣幸地将范德利普称为他所遇到过的最可恶的敌人。

实际上，那时人们对公司的状况一无所知，而公司走到公众面前主要得益于范德利普所做的开创性工作。任何记者都不能参加年度会议。但是，这位富有活力的金融编辑却想到了一个原始的、非常有效的点子。

他自言自语地说，"如果他们不让我以记者身份进入，那么必定会让我以一个股民的身份进入公司。"于是他马上在当地的每一家公司买了一股股票。《论坛报》定期刊出了这些年度会议的独家报道，而其"内部消息"则成为芝加哥人讨论的热点。其他报社花了整整一年时间才搞明白事情的原委。

一天晚上11点钟时——此时范德利普是《经济学家》杂志的部分所有人——他被从床上叫起来，并被告知马上去菲尔·阿穆尔的家。当他跑着赶到那里时，发现芝加哥所有的金融大员，如股票交易所的各位主管、所有银行和其他机构的主席、摩尔兄弟、耶克斯以及其他名人都等在那里迎接他。

有人告诉这些震惊不已的金融作家，摩尔兄弟已经失败，钻石公司已经垮台，股票交易所明天上午即将关闭，一场金融灾难正威胁着芝加哥。他们要求范德利普来处理此事。

他答道，"好吧。我做此事有一个条件：在场的任何人都必须保证今晚不回答任何记者的问题。"他们同意了。

范德利普奔回《论坛报》办公室，告诉城市编辑通知所有早报的编辑们：范德利普获得了极端重要的独家新闻，但是必须依据最严格的谅解备忘录才能发表——

一、必须一字不差地按照范德利普所写的内容发表；
二、允许他来编辑标题。

从来没有人向报社提出这样的建议。但是，除了一家报纸外，所有其他报纸都派负责人取走了这则新闻。范德利普让他们站成一排，请求他们按照约定的条件去做。随后，他驱车一家办公室接着一家办公室地奔忙，监督着这些标题。

范德利普后来承认，"这是我写过的最糟糕的新闻报道。事实的通报不是以一种报纸所喜欢的方式告知他们的。股票交易所第二天将会关闭这件事只是在报道的结尾处以一种含糊的方式提及的。但此事挽救了芝加哥，使之免于陷入混乱和灾难之中。"

当伊利诺伊国家银行垮台时，范德利普再次受邀去公布这则消息。

在这个时期，范德利普的生活特征是努力工作，马不停蹄地进行研究，很少或没有娱乐活动。每天上午10：30开始其一天的新闻工作前，他还要在芝加哥大学上经济学、金融史等方面的早课。30岁时,他还在上学!而且,他必须做许多外面的工作以弥补其工资的不足,因为养活家庭的担子落在他的肩上——他的祖母、母亲、两个姑姑,还有弟弟、妹妹都主要依靠他的工资生活。

当莱曼·J.盖奇被任命为财政部长后,他邀请范德利普这位才华横溢、人脉广博的金融权威与他同行,这是情理之中的事情。他成为盖奇先生的私人秘书,但是他使得自己变得如此重要,以至于数月后就升迁到助理财政部长的位置。盖奇先生对通过邮寄方式和连绵不断的政治上的牵线搭桥者雪片般向他的办公室飞来的求职信感到不胜其烦,遂将整个任命处的工作全权交给了由范德利普先生领导的一个委员会来处理。范德利普在华盛顿站稳脚跟后,这位从前的记者发现自己掌管着组成财政部的5000名雇员。他不喜欢肩上的责任,而更乐于享受这份经历。一位作家将那时的范德利普描述为"慷慨大方、为别人着想、心胸开阔、意志坚定、不屈不挠、公正无私、宽宏大量",而且他还脾气好、热情、乐观向上。

正是在1898年处理2亿美元的西班牙战争贷款时所展示的领导才能使得范德利普有机会赢得声誉。他必须组织一个特殊的办事员团队。他在选拔和训练这些人员并使统计工作系统化方面的工作效率如此之高,以至于尽管认捐额总数达到14亿美元,认捐人为32万人之众,他还是能够在5个半小时之内宣布,认捐额度将在400美元处画线,有些人获得了他们认捐的所有债券,而另一些人则什么也得不到。一天之内填写了2500多个信封,每一位失败的出价人都会在第二天上午收到一张他用来出价的支票。

范德利普的才华并非为美国的金融家们所熟视无睹。美国花旗银行精明的总裁詹姆斯·斯蒂尔曼告诉盖奇,一旦范德利普结束在华盛顿的任期,他就想把范德利普请来。盖奇先生和他的助手们猜想,斯蒂尔曼先生的脑子里已经给范德利普留好了一个私人秘书的位置。但是一年后,斯蒂尔曼先生告诉范德利普,美国花旗银行副总裁的位置在恭候着他。美国最大银行的副总裁竟是一位一生中从来未曾在银行工作过的报社记者!

当范德利普进驻花旗银行时便迎来了其整个职业生涯中最严峻的考验。范德利普在这座古老的银行大厦内一张空空如也的办公桌前坐下来。第一天没有派给他任何工作,第二天还是如此,第三天依然无事可做。同样,在第四天他发觉自己完全赋闲下来了。

在这家公司,他正拿着大笔薪水,却没有为之赚得一文钱。

他感到很郁闷,很凄凉,于是思绪回到了华盛顿。

一个主意在其脑海中闪现出来。

他要将美国花旗银行变成政府债券交易中全国其他银行的代表。

范德利普比在世的任何人都更了解有关政府债券的事情。他知道,其他银行会乐于从所有这些琐碎的程序中解脱出来:购买债券,将其投入流通领域,存储储备金以涵盖票据的发行,等等。他开始口授一封通函送到电台向全国4000家国家银行播发。

他的计划未得众所周知,有人通知他说,美国花旗银行最令人骄傲的传统之一是从来不曾要求开展新业务。

"如果你们以前从未设法开展新的业务,那么现在是时候开始这样做了。"他回答说。他继续落实着他口授的通函中的内容,美国花旗银行成为其他银行的银行,并在全美构建起了最庞大的债券业务。

8年后,范德利普晋升为美国花旗银行总裁,这就是对其的奖赏。

当范德利普先生于1901年来到花旗银行时,其资本额只有1000万美元,储蓄额也不过1.5亿美元;但到了范德利普成为银行总裁的1909年时,该银行的资本额就增加到2500万美元,而储蓄额也超过2.4亿美元。最近,其储蓄额已经突破6亿美元,这是美国其他银行所难以企及的。这些储蓄额相当于美国全部流通资金的七分之一!

联邦储备法案通过后,允许各家银行设立分支机构。花旗银行抓住了这个更加广阔的发展机遇。很快,花旗银行在彼得格勒、热那亚、布宜诺斯艾利斯、里约热内卢、圣保罗、圣多斯、巴伊亚、瓦尔帕莱索、蒙得维的亚、哈瓦那和圣地亚哥等城市建立了分行。其他几个分支机构正在酝酿,同时在所有文明国家进行着调查,目标是让美国银行遍布世界各地。为了支持该计划的实施,花旗银行获得了国际银行公司及其在远东和其他地方的分支机构的控制权。

每一个健全的美国人都希望看到美国成为世界上最伟大的金融和商业帝国。1915年,范德利普先生成功地将美国最具影响力的资本利益集团整合成为美国国际公司,以此作为帮助实现其目标的工具。在这个资本额为500万美元的公司背后不仅有花旗银行的财力和人力资源撑腰,而且有洛克菲勒家族、库恩—洛布公司和其他有影响的银行和个人做后盾。

船舶是一个国家的鞋子。因此,美国国际银行采取的第一项措施就是在国际商船公司、联合水果公司及其90艘汽船、太平洋邮政公司、造船厂等地获得股权。在美国有史以来最广泛的范围内,这家新兴企业正在将美国的金融与商业分支延伸到海外并使在美国国内的设施得到强化的计划日益完善。

范德利普先生的远大抱负之一是使花旗银行成为未来一代银行家们的母校。第一步已经开始做了:从优秀大学中选拔最有前途的学生来花旗银行接受为期一年的课程。在课程行将结束时,这些学生会在外国分支机构和银行总裁办公室获得一份工作。同时也为银行内的小伙子们和年轻人们开设此类课程。诚然,花旗银行几乎是一家大学一样的银行。

赚钱并非这位银行家的全部活动。他不会等到自己有了100万美元后才开始去为其他人做事。

他认为,每位公民都应当将自己最好的一面奉献给国家,这种信念促使他接受了列契渥斯村(Letchworth Village)主席一职。当时,州议会建议隔离这些低能的、患癫痫病的人。他立即秘密地参与到这项慈善活动当中。纽约市前财政局长的妹妹布鲁埃尔小姐花时间为这类人员建立了标准的家园。

教育界、商业界和金融界的人们对范德利普先生的无私奉献给予了肯定。他是卡内基基金会和纽约大学的财产托管人、麻省理工学院的终身财产托管人，并拥有数所大学的荣誉学位。商业界则授予他商会金融委员会主席之职，银行家们则选举其为纽约清算银行的主席。他时常被纽约的市长们选去参加重要的委员会。他的杰出而持久的工作成为美国货币改革的保障，而他在1907年和1914年处理金融危机时的出色表现使他赢得了整个金融界的谢意。

对美国来说更有意义的是，范德利普先生夜以继日地工作以保证成功地筹集到20亿美元自由贷款。众所周知，在一个阶段，支付能力濒临完全丧失的边缘。在经历了开始时的欢呼雀跃之后，当华盛顿被首批源源不断的认购者冲昏了头，并给出了这样的印象：这些贷款很快就会被认购一空，故态复萌了。整个美国变得漠然。那时，纽约的杰出金融家们进入了该领域并创造了奇迹。他们不但使金融界认识到这次任务的艰巨性，而且通过他们的实例，通过他们发起的运动，通过他们发布的广告，通过活力、力量和势头，他们获得了成功，并为其他城市和地区树立了典范和先例。

范德利普先生是这次运动的真正领袖。他到处向乡村银行家们和其他人发表振奋人心的爱国主义的演讲；他指导着整个运动的进程；他每天——经常在深夜——向报纸代表们提供信息和想法；简言之，他工作的努力程度甚至超过了他在财政部任职时处理筹集西班牙战争贷款事务的那段日子。在整个运动期间，他很少有机会晚上回去与其家人团聚。他的工作在后来得到显著认可。当公布第二笔贷款时，范德利普先生应召前往华盛顿指导大众认购事宜。到了之后，他立即就在华盛顿住了下来。

作为一名作者，范德利普先生占有很重要的地位。他的《商业与教育》一书现在仍供不应求。书中包括翻译过来的有关"欧洲的商业入侵"的系列文章。在整个美国，没有哪位金融家的演讲能够像范德利普先生那样激发人们的兴趣。这不仅仅因为他所处的地位，而是因为他在洞察重大金融和商业运动和趋势所展现的远见卓识之声誉。

到了晚年，或许导致范德利普先生取得的非凡成就的最重大的因素是他所具有的异乎寻常的能力——激励并发展其他人与其一起奋斗，或者为其效力。

范德利普先生非常强烈地挚爱着这个国家，他甚至没有城市住房。他的家庭生活是在斯卡伯勒度过的，那里风景如画，引人入胜。范德利普夫人和他一样对教育和慈善活动感兴趣。他们育有6个孩子。

保罗·M. 沃尔格

保罗·M. 沃尔格，德裔美籍银行家，联邦储备委员会于1914年成立后，沃尔格出任理事。1916年，升任委员会副主席。被认为是美联储的"总设计师"。

一群美国最著名的银行家偷偷溜出纽约，搭乘一列私人火车，向南疾速飞驰数百里，只带几个随从，来到一个荒凉的小岛。在接下来的几个星期里，他们的行踪处于高度机密的状态，他们各自的名字都一字不准提。若不是随从认出他们的身份，然后向全世界宣布美国金融史上这一历史篇章，所知之人将寥寥无几。

我将告诉世界一个关于奥尔德里奇货币报告——我们新的货币系统基础——形成的真实故事。

保罗·M. 沃尔格被世人普遍认为是奥尔德里奇计量制的创造者与起草者，但实际上并非如此简单。

奥尔德里奇委员会是由参议员纳尔逊·奥尔德里奇所领导的，这一委员会云集了当时美国最著名的学者。这一委员会的成员在1908年春考察了欧洲各国。在所到之国，这些成员与顾问总是认真勤勉地收集当地的银行信息，聘请最能干的专家编纂最全面的数据。这些整理好的数据，在印刷与装订之后，即刻成为一份独一无二的金融资料。在进行了大量全面细致的工作之后，委员会返回美国。整个国家都在翘首盼望金融界与政界都具有里程碑意义的奥尔德里奇委员会报告的出炉。

在由欧洲与美国的专家作者与调研者收集的资料中，奥尔德里奇参议员并没有想过要单枪匹马地从这纷繁复杂的资料堆里完成这一"巨著"。

相反，他向以下人发出了秘密的邀请。这些人是：亨利·P. 戴维森，J. P. 摩根公司高级合伙人；弗兰克·A. 范德利普，纽约国家城市银行总裁与前任财政部的助理部长；保罗·M. 沃尔格，库恩雷波公司高级合伙人；A. 派亚特·安德鲁，美国财政部助理部长。这些人将与奥尔德里奇一道奔赴一段极为重要而又秘密的旅程。戴维森之前曾作为顾问已经跟随委员会到过欧洲；范德利普是银行与货币组织公认的权威；沃尔格先生则是这方面学识最渊博的；安德鲁此前已为委员会做了大量工作。

在一段极端秘密的旅程之后，这群人乘坐的小船在远离乔治亚州的哲基尔岛上停泊了。

"绝不能让随从知道我们的身份。"奥尔德里奇参议员谨慎地说。

"怎么才能骗过他们呢？"其中一位成员问道。于是，他们就此进行了讨论。

"有了，"一位成员说道，"我们只要彼此叫对方的教名，绝不叫彼此的姓，这样他们就不知道了。"

大家同意了。

于是，奥尔德里奇这位享有盛名、经验丰富的参议员，罗得岛"之王"、美国参议院最有权势的人摇身为"纳尔逊"；亨利·P. 戴维森，这位美国历史上最有才的国际银行家则成为"哈里"；那位美国最大银行的总裁则变为了"弗兰克"；而那位文静而富有学术气的高级合伙人则被称为"保罗"。

纳尔逊告诉哈里、弗兰克、保罗、派亚特，他们要待在哲基尔岛上，切断与外界所有的联系，直到他们为美国研究与制定出一份科学的货币系统。这一系统不仅要集中欧洲各国的精华，使之成为一种典范，让它不仅适用于欧洲面积小的国家，也能为疆域辽阔的国家适用。

就一些大议题讨论之后，他们决定起草一些大家都能接受的大原则。每个成员都同意将中央银行作为任何国家银行系统的最佳基石。就这样，一个个细节浮出水面，大家对每一细节都进行认真反复的思考。在接下来超过一个星期的每天里，这些智慧超群者就一些重要问题争论得不可开交。他们一天并非只是工作5到8个小时，而是没日没夜地在忙碌。每个人都将自己最好的一面贡献出来。负责计量的真正裁决工作主要由弗兰克主持，偶尔也会由保罗执行。

他们离开的时候，也是静悄悄的。这一划时代的奥尔德里奇报告的作者们仿佛一夜之间从哲基尔岛上消失，然后神不知鬼不觉地返回到纽约。

当国会开会时，奥尔德里奇这位德高望重的参议员却病倒了。他召集最信任的朋友——哈里、弗兰克、保罗来到华盛顿，与他一道为这份进入参议院的报告写一个简介。

在这时，这些金融家彼此仍互称为"弗兰克""哈里""保罗"，而参议员直到临死之前仍是"纳尔逊"。后来本杰明·斯特朗二世被人经常问及这事，原来他加入这一"第一名字俱乐部"时所用的名字是"本"。

我想清楚地表达一点，上面所有的这些信息不是从沃尔格口中得知的。我想，他与这个小组的其他成员在读到上面这些文字的时候也将会感到十分震惊。虽然，在具体每件事上的细节可能不是很精确，但是个中的主要事实却是毋庸置疑的。

保罗·M.沃尔格是真正让银行改革在这个国家成为可能的人。他在接受欧洲国家与国际银行的锻炼之后，我们国家与时代严重脱节的货币系统让他极为震惊。

"美国金融系统所处年代的位置大约与欧洲在麦第奇家族的年代相仿。我们从巴比伦国王汉谟拉比所处的年代的砖头可知，庄稼收成的销售与类似的交易是如何进行的。我甚至认为当时的砖头所有权的转移比现在美国银行系统变卖的贬值的纸币更为容易,即便事实并非如此。"

这段话是沃尔格在1907年所写的一段让人难堪的话。但他并非只是一味地批评,而是耗尽自己所有的才智,希望能找到治愈的妙方。

在经过内心激烈的挣扎之后,沃尔格才决定参与进来。他天生腼腆,不愿在公众场合露面或是出现在报刊之上。他对自己的英语运用水平还没有足够的自信,觉得自己还是一个外国人,而非自然的美国人,所以他有点担心顾忌。他提议的改革方案的价值、可行性以及适时性被他的朋友们所认知,于是他被推上前台。这催促他放弃个人的顾虑,履行与自己兴趣不相投却又迫切的公共义务的一个原因是,他意识到这个国家的金融状况正处于摇摇欲坠的火山口上,若不挽救,恐堕落深渊。

在1907年1月,他炮轰了这个系统。他发表了《我国银行系统的缺陷与困难》的精心之作。随后,他又发表了《关于改革中央银行的一项计划》,又引发了一场轰动。在接下来的几个月里,他不断游说,到处演讲,发表文章,直到货币法案正式成为法律的一员。他是中央银行积极的倡导者。早在1910年,他就意识到这其中存在巨大的障碍。他建议成立"美国联邦储备银行",其中最重要的原则就是要体现当时现行的法律,让储备中央化受到各方平衡权力的制衡以及对改良型的商业本票进行再贴现,以此来把原来流通性低的期票变成汇票。这是沃尔格不断强调的两项最重要的改革,这两项改革现已写进了欧文—格拉斯法案。

把沃尔格奉为美国这片土地上首位国家与国际银行原则的权威,这绝不是对其他美国银行家的不敬。

沃尔格对货币改革的真诚与热情可从以下事实窥见一斑:他主动放弃50万美元的年薪,接受作为联邦储备局成员的1.2万美元的年薪。

保罗·M.沃尔格到底是怎样的一个人呢?为什么他要主动地做出这么巨大的金钱牺牲?他是如何赢得作为银行权威这一独一无二的声望呢?他到底有着怎样的历史呢?

这一故事不同于典型的自强成功的美国故事:出身卑微,早年困顿,最终却是凯旋。

保罗·M.沃尔格并没有什么激励他向前的因素，他出身富有家庭，但他却决定克服这一困难。几个世纪以来，沃尔格家族在德国商业享有名望，特别是在汉堡地区。他们家族涉足银行业可以追溯到华盛顿担任美国总统期间。沃尔格的曾祖父在汉堡成立了沃尔格银行，从此开始了家族的银行事业，外人不允许成为其会员。外人其实也没有进来的必要。沃尔格家族的父辈总是注意培养其儿子们学习与扩大业务的能力。

沃尔格在这方面的锻炼可以说是最全面的。他出生于1868年，在18岁时从大学预科毕业之后，他在出口公司工作。他的兴趣所在是研究方面而不是学习简单的物物交换行为。他的工作包括给一捆捆袜子、衣服及其他物品贴上价格标签，随时注意码头上的货物往来，其他的工作也是对体力的要求胜过脑力。但汉堡的码头是锻炼这位日后名扬国际银行家极佳的熔炉。各国的船只与人员从这里来来往往，各类阶层的商人在码头这里川流不息，人们操着各种口音，不同的国家的特点在这里一览无遗。这位出身高贵、敏感而又富于才气的年轻人并没有对此感到畏惧。沃尔格家族没有生产懒汉的传统，当然，他是不会打破这个传统的。

两年这样严苛的商业实践经验让他有资格进入家族的银行，开始学习他之前在各国往来的码头上所见的货物交易初步的理论知识。接下来，他被派到英国这一世界金融枢纽学习具体的操作。在两年的时间里，他在伦敦众多的银行与贴现公司中的一间开始了工作，正是这些公司的业务才使英国在长达一个世纪的时间里保持成为国际银行业的中心。在股票经纪人公司工作了几个月之后，这一职位对这位未来的银行家没有什么吸引力，因为他对股票投机没有兴趣，但这却让他的伦敦之旅获得更加丰富的经验。

法国是沃尔格接受锻炼的下一站。在这里，他扩展了自己对银行具体操作的知识。在返回汉堡之后，他完成了自己的银行方面的教育。结束之后，在1893年，他被派遣在世界各地进行考察。在游历了印度、中国、日本之后，他"踏上"了美国这片土地。在这里，他邂逅了一位让他倾慕的女子，这次偶遇注定改变他未来人生的走向。

在返回汉堡之后，他被接纳为家族企业的一员。这并不出人意料，看看他所历经的商业磨砺：他曾在世界两大著名的金融中心获得过一手的经验，而且还广泛与认真地游历世界各地，他对自己专业进行了全面的研究。对于国内外的银行家在融资方面所提供的服务价值的认识上，他的印象尤为深刻。

两年后，他返回美国，与尼娜·J.罗布小姐结婚，她是库恩雷波公司高级合伙人、已故的所罗门·雷波的女儿。随后，他们每年都要返回美国一次。在1902年，他加入了岳父的国际银行公司，这是由于其岳父母的身体抱恙，想让女儿在身边的陪伴。

加入美国国籍的念头一开始并没有进入沃尔格的脑海。此时，他在自己的祖国已经是有头面的人物了，他是汉堡地区立法机构的一员，也担任着解决商业纠纷仲裁机构的成员。他俨然成为汉堡金融界冉冉升起的明日之星。

在华尔街不断进行着金融玩火的行为之时，沃尔格当时不在纽约已有一个月时间了。活期借款——也就是银行借给人们的贷款——其利息竟会飙升到20%之高。沃尔格对此惊讶的目瞪口呆。这样的事情是绝不会发生在英法德等国的银行系统里的。为什么偏偏会发生这里？影响着一切事情？

他马上坐下，写下了一篇解释这一问题出现的基本原因的文章。然后，他就把这篇文章束封起来！

"我不想成为那些来到这个国家只有几周，就反过来对这个国家说三道四的人。"这是他给出的解释，这也是他性格的一个写照。

这篇文章在接下来的4年里都没有发表。在这期间，沃尔格在美国金融界树立起自己的威望。沃尔格所在的公司支持哈里曼的铁路发展计划让整个国家都在屏息静观，接下来的举措是多么大胆、冒险而又具有独创的计划。宾州铁路公司，作为库恩雷波公司的客户，投资数百万美元，在自然条件恶劣与地理位置不佳的地方开发铁路，其方法就是让铁路通过隧道穿过曼哈顿岛。另一个强有力的铁路系统必须要有资金的支持。工业企业不只需要关注，还要投资数以百万计的美元。

沃尔格知道这些事情存在的困难，也能很有技巧地处理。但他仍是学习银行原则的一位学生、研究者或者是调查者，而不像典型的"华尔街银行家"那样，一只眼睛注视着自己的桌面，另一只眼睛则时刻盯着证券报价机。沃尔格公开表达了对投机行为的反对。他对一位银行家的概念是：银行家必须要具有无可争议的正直感，其主要任务是通过供应足够的资金与信贷来使商业之轮运转起来。

当产生1907年危机的阴云在逐渐聚集之时，未雨绸缪的政府也开始重新关注起银行改革的事宜。沃尔格与其他的银行家及经济学者聚集在哥伦比亚大学埃德温·R. A. 塞里格曼教授家里，共同探讨不容乐观的经济前景。沃尔格在讨论中阐述了自己的理论，这引起了大家的关注。

塞里格曼教授敦促沃尔格发表他的观点。

沃尔格表示反对。

塞里格曼持坚决态度，最终说服了沃尔格。

因此，这位学识渊博的银行家，拥有银行业第一手的知识及实践经验、谙熟欧洲各国的银行系统，而且他还有时间与机会学习这个地域辽阔的民主国家。因此奥尔德里奇参议员把他纳入帮手之一也就自然而然了，因此当民主党上台执政来准备货币立法之时，他们邀请沃尔格作为指导也是顺其自然的事情。他们发现沃尔格有着巨大的能力，却又能根据实际情况来改变自己的建议，而非愚昧地坚持一蹴而就地完成整个改革。

"这是本届政府最佳的任命。"威尔逊总统任命沃尔格为联邦储备局的成员被人们这样评价。

在一些华盛顿政客们的眼里，所有的"华尔街银行家"都是一个样，他们就是一群魔鬼，一群没有灵魂的饿狼，总是想吞噬别人的财富，总是想尽阴谋诡计，握紧拳头，勒住人们的咽喉。他们对沃尔格亦是报以一贯的蔑视与愤怒。他们想让他出丑，然后再拒绝对他的提名！他们要让整群"货币托拉斯"帮派脸面丢尽。

沃尔格对此感到很是愤怒。他已经同意放弃自己作为美国最著名的国际银行高级合伙人的高额薪水，被迫放弃与纽约商业朋友的友谊。他决定从铁路、工业、金融甚至是慈善等机构辞职，原因很简单，他希望自己的例子能激发别人投身公共服务。他坚信在这个紧急时刻，爱国情怀应该被放在更重要的位置。

他自愿做出的这种牺牲遭受的只是猜忌与谴责的攻击。

若沃尔格拒绝威尔逊总统的邀请函，他一度能获得100万美元的收入。

最后，他同意面对自己的质疑者，前提条件是：他的那些与这次提名无关的商业伙伴，不能被列入讨论的范围内。

在接下来的两天里，他被一片质疑声包围，许多完全是侮辱性的。以下是一个例子：

"你想成为这一委员会的一员，若你被最终确认，你代表着什么？"一位参议员这样问道。

"代表这个国家以及这个国家的未来。"沃尔格不卑不亢地回答。

即便之前那些质疑声最响亮的对手现在都意识到，沃尔格的确是代表着整个国家及其未来，而不像那些怀着阴谋动机的华尔街小集团一样。

为了改良这个国家的金融系统的工作及其组织，沃尔格孜孜不倦地工作着；他不遗余力地向公众启蒙一些银行原则；在那些让美国摆脱经济危机的关键时机里，沃尔格在与政府部门合作中，做了大量极为宝贵的工作。现在回过头想一下，华盛顿在过去一年乃至之前，有着沃尔格这般能力超凡的人在掌舵实在是国家之大幸。

1917年4月，沃尔格在芝加哥商业俱乐部发表的《论政府与商业》的演讲中，分析了当前的世界形势。此次演讲旨在希望商界与那些被政府选为履行监督责任的人员之间能进行有效的合作。

在演讲中，沃尔格说："在未来的国家里，特别是战后的欧洲，在工业的许多领域里，最有效的发展还是要靠政府的大力支持，而这只能存在于政府真正握有所有权及操作权的企业里。相比起以往，为了应对战争所带来的沉重的经济负担，各国将建立更加牢固的工业与金融联盟，以应对各国为了实现最高效、经济与节约的目的而不断完善自己的金融体系所带来的激烈竞争。

"在未来这样的一个世界里，我们应该要有自己的一席之地，这需要我们建立健全的组织以及坚定的领导能力。在我们的民主体系里，这不能因为政党的更替就发生变化。而要达成这一目标则需要成立一个公正、持久、独立于党派之外的、由这方面专家组成的机构。这些机构应该既要有不偏不倚的观点，又要有富于建设性的商业见解。他们必须要能充当国会及相关工业的顾问。他们必须要打破政府与商界之间相互的猜疑与偏见的藩篱。他们必须要抵制任何个人或是集团的敲诈或是侵犯，无论这些是资金、劳动力、搬运工或是托运人，债主或是借款者，抑或是共和党还是民主党，他们都应该维护人民的利益。

"在未来，我们有效地处理经济上难题的能力在很大程度上取决于我们能否发展壮大拥有足够专业知识与独立人格的商会与委员会。只有当政府与人们充分认识到这些机构的重要性，这才会变得可能。这样，我们国家中最有才干的人将愿意做出个人牺牲，为公众服务。

"在定义自由最重要的特征时，亚里士多德曾说：'既要管理，又要接受别人的管理。'在 2000 年后的今天，这句话蕴含的思想光芒仍照射着我们。没有管理的自由是混乱，没有人们合作的政府是专制的政府。既要管理又要接受别人的管理才是真正自由存在的唯一可能形式。在这种观念之下，没人受到管理，又没人不受管理。我们既一起管理又相互为彼此服务。我们都为一个主人服务。这是每个热爱自由的人都不会羞于为他服务——我们服务于自己的国家。"

对沃尔格本人来说，为国家解决一个棘手的银行问题比赚取 100 万更让他感到满足。他完全放弃了赚钱的念头，辞去了国内外所有的管理职务及高级合伙人的职务。

他家里的装饰可以说是华盛顿地区最富有艺术气息的，他仍然维持着在怀特·普莱恩斯的老住宅。在这里，他与自己的妻子与孩子度过许多愉快的周末，共享天伦。

费利克斯·M.沃尔格，与他的哥哥一样，也是库恩雷波公司的高级合伙人。他做了许多慈善事业，特别是对美国德裔的群体。在这方面，他得到自己妻子的大力支持。

在1917年6月，沃尔格获得纽约大学颁发的商学博士荣誉学位。

若有更多富有才智的美国人能放弃只专注于赚钱的念头，而让自己全身心投入到为社会服务中去，美国这片土地将成为一个更为廉洁、治理更好、人们心情更加舒畅的国家。

约翰·N. 威利斯

约翰·N. 威利斯，威利斯汽车公司的创始人，汽车业界的先锋。被誉为汽车销售王国的国王，资本运作的第一人。

在美国金融史上，还有其他的奋斗史能够比得上这个吗？

当时，约翰·N. 威利斯作为埃尔迈拉地区的汽车销售代理，到处寻找资金。由于欧弗兰特生产的汽车迟迟不能按时交货，威利斯感到越来越不安，这是发生在1907年12月那些黑暗的日子的事情了。他急匆匆搭乘开往印第安纳波利斯的火车，前往欧弗兰特公司的总部。他在星期六晚上到达。星期日早上，经理语气冷淡地对他说："到了明天，我们公司就要落入破产案产业管理人的手中了。"

"你不能这样做！"威利斯语气强烈地反驳。

"我们也只能这样了，"经理重申道，"原因很简单，昨晚，我们通过支票支付了工人们的工资，现在银行没有足够的资金来应对明天早上人们的兑款。"

"你们还差多少钱呢？"威利斯问道。

"大约350美元。"

在那些让人记忆深刻的艰难日子里,印第安纳波利斯的银行无法支付现钱。正如当时美国多数的城镇,这个小城也只能用临时凭证作为暂时的解决之道。但在明天早上,银行开业之前,威利斯却必须想尽一切办法筹集350美元的资金。

威利斯偶尔经过老格兰德酒店,他停下了脚步,径直走到酒店职员身旁,发生了以下这段对话。

"在明天早上之前,我想借到350美元。"他这样对柜台后面的年轻职员说。

"祝你好运。"职员哈哈大笑。

"什么?"威利斯反问。

"我说:'祝你好运。'"职员重复道。

"但你必须要帮我弄到这笔钱。"威利斯语气坚定。

"别做白日梦了!"职员回答道,仍旧以为威利斯是在开玩笑。

威利斯拿出宾州威尔斯波罗地区一家小银行的一张350美元的支票,语气坚决地告诉职员:"在明天早上这里银行开业之前,我必须要拿到这笔现钱。"这位职员又笑了。

"这张支票有问题?"威利斯质问道。

"没有。但问题是,你到哪里去拿350美元的现钱呢?我现在不能从银行里拿出一分现钱给你。"

从那时开始,威利斯就想着如何进行筹钱的计划。他告诉职员马上冻结进入办公室的任何一分钱,收集酒店所能收到的任何一分钱,清空酒吧间的收入。"在我们拿到这笔钱之前,绝对不要向任何顾客兑现钱。"威利斯这样警告说。业主在得知这笔钱需要如此紧急的原因之后,就马上意识到事情的重要性。在午夜时分,威利斯收集到一大堆一美元硬币、50美分、25美分、10美分及5美分的硬币,这些硬币上面则是厚厚的一沓1美元的钞票,还有许多2美元、5美元与10美元的纸币。

在第二天清早,他将收集到的一大堆钱放到银行柜台前,偿还了欧弗兰特公司的债款，薪水也得以按时支付了。

在8年之后，这位欧弗兰特公司的救世主，因其在公司的股票而获得了8000万美元的收益。

当然，在那个决定性的星期日里，区区的350美元并不能让欧弗兰特公司起死回生，这只能防止当时在星期一可能出现的危机。

威利斯告知公司在一个星期内远离所有的债主，他马不停蹄地赶到芝加哥，储备足够的金钱来应对接下来星期六的薪水支付。在接下来5个星期里，他在印第安纳波利斯、芝加哥、纽约这3座城市不停往返，想尽一切办法为公司筹措资金。那时的欧弗兰特公司的建筑只是一座300英尺长、80英尺宽的铁皮大棚，配备陈旧的机械设备，没有制造一辆完整汽车所需的足够材料。通过不断地游说与劝说，威利斯终于获得了足够的材料让公司能够生产出足够的汽车，让公司运转起来。

没有银行会理睬这家公司——没有一家银行愿意贷款给这家公司。债主总是不断地吵着要还钱——这家公司欠债8万美元，而其账面上只有不足80美元。

但是，威利斯已经决定要躲过这场灾难。即便公司只有很少的运转资金，但他自信自己仍能让公司重新运作起来。他承诺可以供应500辆汽车，并且为公司支付了大笔的押金。

最后，他说服了一位从事木材生意的老商人借给他1.5万美元的现金，这不足以偿还8万美元的债款，也不足以购买原材料、支付工资与薪水。但这让威利斯心头为之一振，于是，他让公司的律师起草一份关于如何解决偿还贷款的方案。根据方案，威利斯将要即时支付1/10的贷款，还要向其他要求偿还部分款项的债主进行分期付款。他手中的一张王牌是提供优先股。这一草案里就体现了这一点。

但世事难料，他的这位木材朋友改变了主意，说自己不想冒那么大的风险。在逆境中，威利斯再次展现了自己的足智多谋，他说服了这位商人借给自己7500美元。但原来的协议规定要向那些难缠的债主支付1.5万美元。这样，威利斯一下子就进退维谷了。但过了不久，他只是简单地修改了一下协议，若是债主要求还款，这"不能超过1.5万美元"。

当主要的贷款者聚集在一起讨论时，他们的立场显得很坚定，他们有人觉得这个协议中一些条款具有侮辱性，但威利斯很从容地处理了这些。他具有多年作为销售员的锤炼，从销售书籍到自行车，直到今天的汽车，这些他都一一经历过。他流利的口才、真诚以及对汽车产业美好的未来的信念打动了那些主要的贷款者，他让他们相信自己公司的前景。最终大多数的贷款者接受以优先股代替全部债款的条款。

威利斯只花费了3500美元就成功解决了欧弗兰特公司8万美元的债务。然后，在没有任何金融负担的状况下，开始了整个公司的重组。

在与制造商及其他向欧弗兰特公司提供配件的供应商打交道的过程中，威利斯同样展现了自己的融资能力与技巧。他召集了公司最大的四大供应商，要求他们向欧弗兰特公司提供他们生产的配件。威利斯描绘了公司美好的前景，让他们相信向欧弗兰特公司提供额外3个月的供应对他们来说是有利可图的。

这些供应商马上表示了同意。借此时机，威利斯向他们提出了一个妙计。

"我希望你们，"他说，"能够帮助我们重建本公司的信用。我会让别人知道你们对我们公司充满了信心。以后若是还有怀疑者，我们将让他们找你们。任何对向我们贷款犹豫不决的机构，我们将让他们与你们对话。你们将负责说服他们，相信我们一切正常。"

这充满独创性的金融手段取得非凡的效果。

在1908年1月，欧弗兰特公司的重组工作完成了。威利斯担任公司董事长、财务主管、总经理以及销售经理等职务。在这一年的9月份，公司已经制造了465辆汽车，以每辆1200美元的价格出售。公司最后获得5.8万美元的净利润。

在接下来的12个月，在这5.8万美元的基础上，威利斯成功地制造并销售了4000辆汽车，总价值为500万美元。最后，公司获得100万美元的纯利。

在讲述威利斯日后的成功之前，我们有必要讲讲约翰·威利斯刚开始是如何对汽车行业产生兴趣的。这是一个相当有趣的故事。

以下，我将以威利斯自己的话来讲述：

"当时，我在俄亥俄州的克利夫兰的一座摩天大楼的一个窗户向外观望，这是1899年的某一天。我看见有个四个轮的东西在街道上穿行，它的前面没有马匹在拉。从我所站的角度来看，它极像四轮马车。我立刻自言自语地说，'这个机器将超越这个国家所有的自行车。当时，我还在自行车行业里工作。我立志要尽快进入这个新兴行业。后来，经过调查，我发现这是一辆温顿牌子的汽车，但我没有机会去研究它。当年，整个美国的汽车总产量不足4000辆。第二年，我所居住的埃尔迈拉地区的一位医生买了这个牌子的汽车。

"我仔细地检查这辆汽车，后来我买了一辆皮尔斯牌子的汽车，这个汽车牌子的公司现在正在制造皮尔斯·阿洛汽车。这辆汽车的结构类似于四轮汽车，在车的后轴有个水壶形状的法国制造的发动机。这个发动机的马力只有2.75匹，一辆好点的摩托车现在都有4匹马力了。这辆汽车的挡位很低，一个小时只能爬两到三英里的山路。它的轴距很窄，整个车身也比现在的福特汽车要小。

"我于是到布法罗去找皮尔斯先生——那时，我已经是皮尔斯·阿洛牌子自行车的代理了。皮尔斯先生告诉我，他们正在对汽车进行试验。我与他一起就汽车行业讨论了两到三个小时。我让皮尔斯先生向我承诺，当他们生产出第一辆汽车后，要卖我一辆。

"不久，我就以900美元获得一辆汽车。我将这辆车作为样本，不断检测其性能。在那个年头，每个人都对这样的测试感到不安，我也只销售了2辆而已。第二年，我的销售量翻了一番，达到4辆。后来，我成为兰博勒汽车与皮尔斯汽车这两个牌子的代理人。在接下来这一年（1903年），我的销量飙升到20辆。正如你所想的那样，当时的汽车产业所处的阶段与现在的航空业的发展阶段一样，这是一个需要不断攀登与大量先驱性工作的行业。

"我知道这个行业是充满着盈利空间的。我急切地想进入汽车制造企业。到了1905年，汽车制造商很容易得到订单，但汽车却很难制造，市面上对汽车的需要难以满足。此时，汽车制造商变得很专横，他们这时就是富有威望的领袖。

"我当时就想，要想赚大钱，就必须要靠制造汽车，而不是在销售汽车。但我并没有足够的金钱，也没有制造方面的经验，我也不是一个机械师。我想，我最擅长的就是要成立一个大型的销售公司，正如以往我在自行车行业时的做法。我获得了一两个公司的全部产量的销售代理权，然后，我就以批发的形式卖掉这些汽车。这样，我就渐渐进入了制造汽车领域。

"所以，在1906年，我成立了美国汽车销售公司，总部设在埃尔迈拉，负责销售总部设在印第安纳波利斯的美国—欧弗兰特公司生产的所有汽车。我必须要支付大笔的押金，因此我必须要省吃俭用，尽可能地节省金钱。在那时，欧弗兰特公司已经成立运转了6年，其最好的销售年份是1906年，总销售量为47辆车。

"在1907年10月的恐慌爆发之前，我们的销售公司得到合同，负责供应500辆欧弗兰特牌子的汽车。当时，我做得不错，急于想扩大生意范围。

"于是，我前往印第安纳波利斯，签订经销马里恩牌子汽车的合同。那天晚上，在返回纽约的路上，我感到很开心。当时，我拿起一份晚报一看，发现纽约信贷公司已经倒闭了，人们的恐慌情绪开始蔓延，这真的是晴天霹雳啊！

"在这场商业风暴来袭之际，我决定静观其变。但欧弗兰特公司的业绩开始出现奇异情况。到了12月份初，前景变得极为黯淡，我决定前往印第安纳波利斯调查事情的原因。你知道我的发现。"

欧弗兰特公司的困境最终证明是"塞翁失马，焉知非福"。公司的一时困顿证明是他日后发迹的开端。

在那时，威利斯的人生经历已十分丰富多彩。他出生于1873年，出生在自然环境不错的纽约卡南代尔地区，而非"含着金钥匙"出生。在他童年的时候，他就很喜欢与自己的小同伴进行一些小的交易。他的口袋里好像总有一些可以"销售"的东西。他第一次的尝试是将马脚上掉落的缰绳捡起来，然后卖出了十几个夹具来夹紧这些缰绳。接下来，他又买了两打的夹具，很快就销售一空了。当他再大一点，比如在11或12岁左右，他与自己的父亲订立了协议，他每个周六在砖头与瓷砖工厂工作，可以获得25美分，在每天放学后工作一两个小时就可获得额外的一些钱。但即便是这么长时间的工作，也没有让他失去对商业的兴趣与爱好。

当时，在他所做的事情里，他几乎都能取得成功，除了一件事。为了更好地利用自己的课后时间，他做了图书代理商，这是他专长的"加菲尔德的生活"。但回报却并不能让他对自己的赚钱能力感到满意，于是，他放弃了这个工作。

在别的孩子还穿着童装长裤之时，他就已经有了上述的一些经历。

当时，他的一位好友在一家洗衣店工作，年纪还小的威利斯就对这种赚钱手段感到很有兴趣。在16岁之前，他说服了自己的父母，让他与自己年轻的伙伴在30里之外的塞尼卡·福尔斯地区开间洗衣店。他的父母希望自己的孩子能在洗衣店尝一下生活的艰辛，寄望于孩子寄宿在外的生活能让他打消对商业的兴趣，从而专心回到自己的学业上来。他们相信不到一个星期的时间里，他就会夹着尾巴乖乖回家了。

这位从洗刷盥洗盆与整理烫衣板走出的"未来之星"很快就发现，他们的"事业"遇到了阻滞，但他们还是凭着顽强的毅力坚持到底。

那时，他们几乎没有什么金融方面的知识可言。最大的"合伙者"也只有18岁。某天，当他们得到一张6美元的支票时，他们根本不知道该如何将其兑换成现金！威利斯最终鼓起勇气，把这张支票拿到银行。那里的人根本不理睬他，银行的工作人员也没有要给他兑钱的想法。但威利斯有着三寸不烂之舌以及奉承的个性，当他最终走出银行大楼时，他的口袋装着6美元的现金。

在那年年底，他们在成功地把洗衣店经营到一个盈利阶段，他们又卖给了别人，每人获得100美元的纯利。在这时，威利斯感到了遗憾，自己没有接受过更多的教育。于是，他返回家，抱着努力学习考上大学的决心，并想成为一名律师。他学习上的表现不错，而且还在一家法律工作室里工作（其中的一个伙伴是罗亚尔·R. 斯科特，现在他是威利斯—欧弗兰特公司的日常事务管理者）。后来，他的父亲去世了，年轻的威利斯不得不放弃自己的大学梦想。

自行车当时已经面世了，他看到了自己作为一名自行车销售员的天赋，知道这是一个很有前景的行业。用卖掉洗衣店得来的100美元，他买了一辆牌子是"新邮件"的自行车作为样板，他适时地成为该自行车制造商的当地代理。此时，他又劝说自己的朋友投资新型的"平安"牌自行车。在18岁的时候，他已经组建了一家销售公司，开了一家商店，在其后面开了一家维修店，生意很是红火。于是，他就在卡南代尔的主街道开了一家更大的营业机构。他几乎可以免费地做广告——挂在当地酒店的来宾登记处醒目漂亮的广告牌介绍着威利斯的产品，这个广告只花费了他3美元，相比于日后投250万美元的巨资为欧弗兰特与威利斯—奈特汽车的费用，这简直是小巫见大巫。

"我当时无疑是走在一条光明的康庄大道上，"威利斯在回忆起自己年轻时的经历时这样说，"我可以卖出无数辆自行车。但我犯下了一个错误，就是容易轻信别人。我发现卖出自行车是一回事，回收资金则完全是另外一码事。现在看来，只有1896年那时的无序的银币流动的风暴才能将我打垮。那是我人生中经历的最美好的事情。因为这件事给了我一个深刻的教训，让我开始有了商业嗅觉。"

作为波士顿机织物与橡胶公司的销售员，他不得不四处奔波。他努力工作，省吃俭用，准备用自己的钱重新投入商界。他的顾客当中有埃尔迈拉装备公司，这是一家体育用品企业，换了四个老板，接连破产了四次。当克朗代克淘金热四处蔓延之时，这家企业的老板迫不及待地想离开。老板很高兴地接受了威利斯的500美元的现金，卖掉了价值

2800美元的股票。威利斯立即安排了一位经理负责管理这家企业，这马上为这家公司的运营注入了新的活力。之后，威利斯一直做着原来的工作，直到一天，当他来到卡南代尔，他遇上斯科特。斯科特问他的公司运行得怎样，威利斯开口就对自己的公司大加赞誉。但在看到当天的晚报之后，他不得不面对自己企业失败的命运。

虽然感到万分震惊，但他并没有感到畏惧。威利斯决定亲自管理自己在埃尔迈拉的公司。他开始专营自行车，并逐步取得了成效。在接下来的8个月里，自行车的总销售额达到了2800美元，其中1000美元是纯利润。后来，他逐渐向自行车的批发经销方面发展，最后取得一个工厂的全部的自行车产量的代理销售权，在不少的地区建立起了自己的代理机构。年度商业额达到50万美元——这对一个年仅27岁的年轻人来说可是个不小的创举啊！

接下来就是汽车与金融业的时代了。

约翰·N. 威利斯的众多工厂以及销售机构的员工有7.5万人之多，这一数目在世界范围的汽车企业里排第二。他也是世界上拥有这么庞大汽车企业的第一人！

在1916年上半年的6个月里，威利斯—欧弗兰特公司制造并销售了超过9.4万辆汽车。在1917年度里，预计每个工作日的产量将接近1000辆。

在欧弗兰特公司的基础上，威利斯不断拓展业务，获得了对其他重要企业的控制。在1909年，他接管了波普—托莱多公司，后来又把欧弗兰特公司的总部转移到托莱多这一地区。在那里，他的汽车工厂雇用了超过了1.8万个员工，仅在奥托莱特电力公司工作的员工就超过2000人——两年前，他购买这个公司时，当时只有区区的42个员工。他还是埃尔迈拉莫罗制造公司的董事长，同时还控制着一家重要的橡胶企业，他还是其他一些企业的幕后老板。

每天，威利斯掌管的工厂为大约800到1000班次的列车提供补给。

威利斯—欧弗兰特公司的有价证券的市值在6500万美元左右，其中年度分红就达 610 万美元。在获得了柯蒂斯航空公司的控制权与获得了一笔战争用途飞机的大订单之后，威利斯就大步跨进航空领域，并且成为这一行业的风云人物。航空业未来的走向谁也不得而知，但威利斯就想成为这一领域的先驱者。而就在 10 年前，他还在为支付欧弗兰特公司员工的工资，为筹措 350 美元而搞得焦头烂额。

但今日的威利斯仍是以往那个具有民主作风、自然的、略带孩子气的他，依旧精神奕奕，神采飞扬，正如当年他去银行努力将那 6 美元兑现时一样。财富并没有冲昏他的头脑。他今日的成就得益于其经年累月的勤勉的工作——直到医生告诫他，若他不放弃这种生活方式，准备到欧洲休闲一番的话，他将成为疗养院的一名"囚犯"。当第一次世界大战爆发的时候，他与自己的妻子及女儿正在法国乘车环游法国。他的豪华汽车被征用去了。威利斯不仅没有感到愤怒，在他离开欧洲时，他向协约国订购了数千辆运货卡车作为补偿！

现在，威利斯仍旧勤奋工作。在组织与安排好自己的企业之后，他会忙里偷闲，乘坐 245 英尺长的豪华蒸汽游艇——根据威利斯太太的名字命名的"伊莎贝尔"号——去游玩一下；偶尔也会去打下高尔夫球；去一边欣赏风景，一边打猎。他收集的名画是当时西方世界最著名的。他既享受自己的工作，也享受自己的娱乐时间。我还从不知道哪位如此富有的人仍过着如此从容的生活。

在参观位于托莱多的占地百英亩的威利斯—欧弗兰特公司时，在这幢耗资 100 万美元的现代大楼上可以俯瞰美丽的威利斯公园，这是这座城市对这位著名人物的一种纪念。在参观期间，我有机会与一位男职员聊了一下。

"威利斯先生不像一位老板，"他告诉我，"他对我们总是很友善的。一天早上，我双手拿着厚厚的信件上楼梯，我无法去开门。威利斯先生看见我，他说：'年轻人，等一下。'他帮我开了那扇门，又为我开了另外一扇门。他总是乐于做这样的事情。"

威利斯公司还从没有出现过罢工的情况。

托马斯·E. 威尔逊

❦

托马斯·E.威尔逊,威尔逊体育用品公司及威尔逊集团公司的创建者。任职威尔逊集团公司总裁期间,将公司的肉类包装业务做到了全美第三大的公司。

一天,位于芝加哥的纳尔逊—莫里斯包装公司要求伯灵顿铁路公司的办公室主任给他们派遣一位年轻人,让这位年轻人记录他们的冰箱与其他汽车的情况。这位主任选择了自己的主任助理作为最适合的人选。在一到两个小时里,这位主任助理就从牲畜饲养场回来了。"如果他们让我负责整个牲畜饲养场,我将不会出去工作了。"他语气坚决地说。随后,他就拿起自己的笔,在办公室继续自己原先作为职员的工作。

"你可以让我去那里,仔细观察一下?"一位年仅19岁的年轻人说。这位年轻人只有一年的工作经验。他的上司同意了。

于是,这位年轻人就出发去了牲畜饲养场。

在描述自己的考察时,他说:"我发现,牲畜饲养场的状况并不乐观。当你到那里的时候,你会发现烂泥上架着木板道。从一块木板走到另一块木板时，污泥会溅到大腿位置。那时的每样东西都是那么粗糙与让人厌烦——这与今日清洁卫生的状况大相径庭。

"在莫里斯公司的办公室里，职员们簇拥在一起，挤在一团，好像人人都踏在别人上面——这与我们公司总部的井然有序形成了鲜明的对比。

"但这里并不缺乏生意，看上去我有很多事情可以做。对于那些热爱工作与富有创意的人来说，我觉得这是一个机会。所以，我接受了这份月薪100美元的工作，之前，我在铁路部门工作时的月薪只有40美元。"

那是1881年某一天的事情了。

在1916年的一个夏日——7月21日的早上——美国人们一觉醒来发现黑体粗大的"威尔逊公司，苏兹贝格—索思公司的继承者"的字体出现在美国各大报纸上、地铁上、各类平面广告上、高架电车上以及数以千计的广告牌上，也同样出现在数百间遍布全国的肉类工厂。

"这个威尔逊是谁啊？"每个人都在发出这样的疑问。

公众对这位一夜之间就取代了原本一家家喻户晓、其产品已为美国人们熟知长达60年的企业的人充满好奇。可以肯定的是，这个人一定具有非凡的声誉与成就。他到底是怎样获得今日如此辉煌的成就呢？

这个人就是当那个口袋空空如也的职员，他没有厌恶在牲畜饲养场的工作，而是不断努力奋斗。

这位职员就是托马斯·E.威尔逊。

让我们大略看看这个充满传奇色彩的故事吧。

当我们看着其中的艰难岁月，当我们观察其每一个迈进的脚步，当我们一步一步追随其前进的方向，我们就会发现这其中没有任何戏剧性，没有任何浪漫色彩，也没有非凡的事情。这个结局是符合逻辑，在情理之中的。在美国的商业故事里，我还没发现一个比这个更加简单、自然与具有激励的故事。

能以这个故事的主人公自己的话来阐述这个故事，对我来说实在是一种荣幸。

"我在牲畜饲养场的第一项工作是负责对汽车的里程进行记录。"威尔逊回应我的询问时说,"我们那时有自己的家畜车、运载冰箱的汽车以及其他的运输工具。这些都是铁路公司让我们使用的。当时,我并没有只是待在办公室里,而是到饲养场去,逐渐对汽车的实际操作产生了兴趣,我对汽车维修也渐渐熟悉了。到了后来,我成为维修工作方面的主管。再后来,我们可以自己制造汽车了,而我则负责这方面的进展。

"我让别人担任我的位置,因为我总是对贸易充满了兴趣。接下来,我接管了整个公司的采购部门——购买各种需要的材料、机械以及建筑原料。

"当我们不断拓展业务时,我就不仅负责担任饲养场的建筑工作,而且还要负责为公司在其他地方选定新的批发机构的分支。整整一个冬天,我都在位于波士顿的总部工作,在新英格兰地区设立了我们的分支机构。"

"你是怎样做到的呢?"

"每走到一座城镇时,我都是仔细考察,看看这里阿穆尔、斯威夫特或是哈蒙德这些公司在从事什么业务。如果我认为某个地方适合设立一个工厂,我将购买或是租赁这些资产。我会要求图案图画部绘制出理想的布局。他们会做好一份大致的计划,由我来负责修改。再根据具体情况来改变计划,在这份计划送到我面前时,计划的各个细节将臻于完善。我属下有三到四个建筑方面的工作人员来协助我。他们负责用测冰器及其他的特殊仪器来执行特别的任务,这是由我们的商业性质决定的。

"在每幢建筑落成之前,我到处寻找最佳的人才,如果可能的话,最好是当地人来管理业务。当我们一切进展顺利之后,我们就在另外一个城市复制相同的成功经验。我建立了不少这样的机构。

"在回到芝加哥之后,我开始负责一些重要建筑事宜的管理,我们的事业在不断壮大。在那时,纳尔逊—莫里斯公司的高级合伙人弗兰克·伏戈尔退出了,纳尔逊的大儿子爱德华·莫里斯已经迅速上升到公司的管理层。他让我负责管理方面的工作,那时,我大约32岁,爱德华·莫里斯比我稍大一点儿。

"在汽车部门、采购部门以及建筑部门工作期间，我都尽可能地熟知公司的实际操作流程，我对销售部门也是相当感兴趣。是的，我一直都是相当忙碌的——而且我自己也愿意这样忙碌。对我来说，时间总是不够用的。尽管我在每天早上5：30就吃早餐了，在6点钟的时候，搭乘饲养场的汽车前往芝加哥。在那几年里，我都在莫里斯公司工作。我只是因生病才休息了5天。

"在这15年间，我从没有过正式的休假。在数不清的周六里，我几乎都要花一部分时间在饲养场的管理上。不，这对我来说一点都不觉得辛苦，这是很有趣的事情。包装行业在不断发展，总会出现新的问题亟待解决——时至今日还是如此。

"最后，我成为最高的负责人，除了监管建筑方面的工作，还必须要时刻关注制造与操作方面的事宜。在做这些事情的时候，我从不感到疲倦。我总是不断在尝试学习整个商业流程与操作，总是随时准备承担责任。

"4年前，爱德华·莫里斯去世了，我成为这家公司的董事长。爱德华·莫里斯的遗愿是让他的两个儿子——纳尔逊，当时只有27岁；爱德华，当时只有25岁——来继承父业，继续作为莫里斯公司的领导层。当时，我并不想一辈子成为别人的员工。虽然我是公司的董事长，拥有一份优厚的薪水，但我对其他一些外在事情产生了强烈的兴趣。

"在1915年秋天的某一天里，我在布莱克斯通酒店接到了来自纽约两位银行家的来电，他们说想与我会面。我与他们进行了长时间的交谈。他们想让我接手管理苏兹贝格—索思公司，薪水则由我自己来定。费迪南德·苏兹贝格在两年前去世了，在去世前的7年里，他都无力对公司进行正常的管理。之后，他的公司由其两个儿子——马克斯·苏兹贝格与亚芒·苏兹贝格打理。他们决定向纽约的银行进行融资，这些银行包括大通国家银行、保证信托银行、威廉·萨洛蒙公司以及海尔嘉顿公司。这两位银行家告诉我，这些参与融资的公司已经控制了苏兹贝格—索思公司，他们想重新进行改组，并希望能以最佳的方式进行发展。在深思熟虑之后，我觉得自己有必要拒绝他们的提议。

"在我拒绝担任苏兹贝格—索思公司的董事长的第二天，我在芝加哥遇到了一位朋友。他对我欢呼道：'那你决定去苏兹贝格—索思公司工作了？'"

"没有，我拒绝了。"我回答道。

"喔，真有你的。我与纽约一些银行家交谈的时候，他们跟我说，你会改变自己的想法的，但你只是自己还没察觉到而已。他们说一定会请到你的。"朋友说。

"的确如此。他们提出了一个方案，在商业上给予我巨大的收益以及其他我想要的东西。他们的提议很慷慨，所以，我今日就在这里了。"

现在，你应该知道美国六大包装企业之一的苏兹贝格—索思公司易名的原因了吧。我们现在还不知道的是威尔逊的同行与朋友对他的评价。

他是一个很自然的人，没有丝毫的矫揉造作。他是一个体力与心智上的巨人。在他的脸上看不到愤世嫉俗的棱角，他那大大的蓝色眼睛流露出其善良的心，而不是一幅冷漠、狡猾、算计的心理图像。

"你把自己不可思议的成功主要归结于什么呢？"我这样问他。

他回答说："我没有什么天赋可言，我也没有比别人聪明多少。我的成功完全是有迹可循的。我享受自己的工作，尽自己的全力。对我来说，没有什么难题是无法解决的。这是你能长久取得成功的基石——时刻对自己保持自信，发挥自己的潜能，做好自己的工作。

"许多人都是在为名利而孜孜以求。他们躺在昨日的功劳簿上不愿醒来，而不是在平常日子里不断奋发，争取更大的成就。你不能把自己的未来拘囿于过往，而是应该专注于目前。一个人在工作之时，必须尽自己的最大努力，要充分认识到，无论自己在做什么，这都全然决定着自己的成功。"

即便在自己的新婚蜜月里，威尔逊也没有忘记自己的工作。在布鲁克林，他看到一处让他印象深刻的地产，他立即去商讨购买事宜。后来，这证明是他一生中最具利润的商业交易。

与来自芝加哥的伊丽莎白·L. 福斯结为伉俪实在是威尔逊人生的一大幸事。他的夫人福斯是名副其实的好帮手。她乐于与威尔逊分享他的梦想，并且愿意为他的成功牺牲自己的舒适与闲暇时间。家庭的事情不能牵绊他事业上的发展。在结婚的时候，威尔逊31岁。那时，他已有一份高薪的工作。他们双方都同意，为了工作需要，他们愿意做出必要的牺牲，无论这种牺牲多么难以预料，或是需要他突然远行。换句话说，威尔逊夫妇愿意为成功付出必要的代价。

威尔逊把今日的成就看成是他们共同的功劳，这种成就让他们实现了各自的梦想。他们在湖林这个地方有面积达300英亩的农场，在这里，他们可以策马奔腾，或是"对牛弹琴"。威尔逊对自己工厂如何更好地饲养牲口有自己的一套理论。在他早年里，他唯一的一次奢侈行为就是买了一匹马。而现在，他有了一排自己喜爱的驯马。他17岁的女儿海伦与12岁的儿子爱德华遗传了父母相同的兴趣与爱好。在清晨的时候，威尔逊一家常常绕着湖林的乡间小道骑马奔驰。

当他娱乐时，他尽情娱乐，工作时亦然。在忙活了整个夏季，威尔逊成功地对公司及其他工厂进行了改组，之后，他给自己放了一个长假。在墨西哥的荒野地区进行了为期三个星期的打猎旅行。在这段时间里，他完全远离自己的工作——这显示他对自己杰出的组织的了解与信任。

托马斯·E. 威尔逊是白手起家的。1868年7月22日，他出生在安大略省伦敦，他的家族有苏格兰与爱尔兰的血统。在他9岁的时候，他们全家搬到了芝加哥。他的父亲从事石油钻井行业，并经营着一家精炼厂，收入中等。后来家庭变故，威尔逊无法上大学接受教育。在芝加哥念完小学与高中之后，年轻的他必须要到处寻找工作。他四处找寻，终于在芝加哥伯灵顿—昆西铁路总部的一间办公室找到了一个职位。

上文已经讲过，威尔逊靠自己的努力才成为莫里斯公司的一名职员。那时，他在包装行业不认识一个有头面的人。时至今日，托马斯·E. 威尔逊被公认为一个全面、实干的包装行业的领袖人物，可以成为数以千计的员工应如何完成一件任务的一个楷模。

在芝加哥没有一个人、没有一个员工或是同行对威尔逊取得的非凡成功心怀怨恨。在作为莫里斯公司董事长期间，他与对手进行公平、公正的竞争，像莫里斯公司对待他那样对待自己的员工。他加入历史悠久的苏兹贝格—索思公司，将其改组成威尔逊公司，这受到了肉类行业的员工与雇主的真诚的欢迎。在这个例子里，成功并没有招致妒忌。每个对牲畜饲养场熟悉的人都会觉得没有比这更好的结果了——如果不是这样发展，事情就有可能向坏的一面发展。

因此，托马斯·E.威尔逊攀登上自己事业上的顶峰也是情理之中的事情。

威尔逊最近的成就是在全国范围内成立体育用品公司。这一产品的质量优良，他并不害怕在产品上贴上威尔逊的商标与保证。

虽然他已经身处高位，我相信他还会百尺竿头，更进一步。

弗兰克·W. 伍尔沃斯

弗兰克·W. 伍尔沃斯，F.W. 伍尔沃斯公司的创办人，被誉为从"乡下佬"到世界上最大的零售商。

一位赤脚的美国农民子弟决心要丢下手中的犁耕，成为一名销售员。他没有经验，显得青涩、笨拙，一看就知道是个"乡下佬"。尽管他非常努力，但还是没有哪个商人愿意为他的工作支付工资。但他有决心与倔强的性格，他宁愿在没有工资的情况下进行工作，仅仅是依靠自己之前辛辛苦苦赚来的 50 美元来存活。他下一份的工作工资不仅没升，反而被减，这证明了他在销售东西方面有多么的失败。尽管他自己也同意老板所说的，自己并不适合当销售员，但却没有放弃，他一直在心中坚持着。

今天，这位"乡下佬"成为世界上最大的零售商。

以下是他在 1916 年的销售业绩：5000 万双针织袜；8900 万磅糖果；2000 万张乐谱；1200 万根安全火柴；900 万个儿童玩具；4200 万箱口香糖；170 万个奶瓶；1500 万块香皂；500 万张唱片；500 万个夹发针；550 万卷蜡纸——这包起来的三明治足够喂饱 1.7 亿人之多；还有 500

万个通用插头；225万盒针织物及刺绣纱线。

还有：

他的顾客超过7亿人，平均每天有超过225万个顾客光顾。

柜台交易的金额（不包括那些通过邮递的方式所得的交易）数目超过8700万美元。在1917年，这一数目将突破1亿美元，这代表着一共发生了15亿次单独不同的交易。

在美国人口超过8000人的地区，他都开有商店。

截至1917年1月，他在美国与加拿大地区的开店总数超过920间。

他控制着英国75家商店，并计划在整个欧洲建立上百家商店。

他雇用的员工人数在3万与5万之间。

他拥有的商店的资产为6500万美元，市值还要超过这个数值几百万美元。

他是世界上最高建筑物的唯一主人，为此，他从自己的口袋掏出1400万现金。

现在，你知道他是谁了。

"你的理想是什么？"我这样问弗兰克·W.伍尔沃斯，5分与10分钱商店的创立者。

"在世界上所有文明存在的地方，都开上自己的商店。"这是他的回答。

当伍尔沃斯立定决心去做一件事情时，无论前路有多大的困难，布满多少让人沮丧的荆棘，或是刚开始遇到多大的阻滞，他都会勇往直前。

"你的商业原则是什么？"我问道。

"让顾客觉得他们在与你做交易的时候，他们是在省钱。友善地对待自己的员工，这样他们才会带给顾客满意的服务。我们做的是薄利多销。"

"那你觉得对自己取得成功最重要的发现是什么？"

"当我放下自己的高傲自大的思想之后，我做的就一定能比别人好。学会让别人承担责任。若是我时时怀着事必躬亲的想法，我就不可能取得巨大的成功。一个成功的人应该选择那些富有才干的职员去工作，给予他们权力与责任——我们拥有世界上最优秀的商业人才，他们充满活力,而且精于自己的本行。"

"那你是如何与900多家的商店进行联系的?你是如何判断在哪里应该设立新的商店呢?"

"在美国与加拿大这两地,我们都有一个共识。我们时刻关注着哪个城镇在增长,哪个城镇在停滞,哪个城镇在萎缩。人们的流动方向的汇报,我们都一清二楚。然后,我们试着分析接下来的动向。例如,当美国钢铁公司决定建立在印第安纳州的加里地区时,在50户人家搬到那里之前,我们已经赶到了,选好最佳的地点,然后就等着人口的迁入。其实,这是很容易预见的。然后,我们每个月就与从美国与加拿大的所有的9个区域召集的代表进行商讨。我们关注着整个地区的整体动向。我们时刻关注这两个国家的时局。有序的组织与合作可以说是我们成功的重要原因。"

"你不是在纽约第五大道公共图书馆对面购买了大块地皮,这可是时尚区的中心啊。你这一创新的举措,不是完全脱离了你以往的商业做法吗?"我问道。这一问题是最近新闻报纸经常讽刺的。

"我们都是大手笔行事的,"伍尔沃斯带点不耐烦的语气回答道,"其实,问题出在纽约人没有足够的眼光。几年后,第五大道将成为类似芝加哥的主街一样。芝加哥主街有很多商店,其生意交易量也比现在的第五大道要多。我们位于第五大道的商店将比在其他地方开的商店耗资更少。7年前,我们在宾夕法尼亚州的栗子街开了一家商店,现在这条街成为全国最昂贵的街道。我们的商店就在考德威尔公司、费城的蒂芙尼公司旁边。现在,这家商店获利颇丰。同样的情况出现在波士顿市的华盛顿大街、旧金山的市场街、圣路易斯的华盛顿大道。许多人认为只有穷人才会光顾5分、10分的商店。这在15年前的确如此,但在那以后,所有人都不断地光顾这些商店。

"某个晚上,纽约一位著名律师的妻子跟我说,她每周都要逛一下我们位于第六大道的商店,而且每次都要为自己、自己的孩子及孙子们买些东西,她在一年之中的消费总额超过600美元。这绝不是一个特例。

我们能够以比其他商店更加低廉的价格出售商品,这是因为我们购买商品的数量巨大。每年,我们都需要不同商品的制造商全年的所有的产量,这样,他们的工厂就可以开足马力,全年运转。因此,生产的成本被降到最低,这样,我们以 10 分钱卖出的商品,别的商店就要以 25 美分的价格出售。我们 900 个商店的经销成本只占了成本中很小的比例。"

当我问及伍尔沃斯最亲密的一位同事,伍尔沃斯先生最显著的优点是什么时,他即时的回答是:"远见——这是他让身边所有的人不断震惊的一点。其次,我想就是他的勇气了。他总是有像一头蛮牛一样的冲劲去工作,他还有激发别人努力工作的能力。员工们的忠诚,他对员工们慷慨与贴心的关怀,这在很大程度上都是取得成功的重要原因。"

与福特一样,伍尔沃斯对向别人借钱有着强烈的厌恶。在他开自己第一家商店的时候,他曾向别人借过 300 美元。自从他还清这笔钱之后,他就再也没有借过别人一分钱了。在兴建高达 60 层的伍尔沃斯大楼时,他没有借过一分钱,他不想被别人催促还贷款,让自己感到丢脸。在早年经营时,若他向别人借钱的话,他可能更快地拓展业务。但他宁愿脚踏实地,稳步前进,而不愿冒进鲁莽地向别人借钱。

伍尔沃斯与福特都预见到向大众提供有价值但又价格低廉的商品的广阔前景,他们都清楚地知道,通往百万富翁的道路是由系统的规划与吸引大量的顾客铺成的。在开始创业之时,他们都遇到让人心碎的障碍,都受到缺乏资金的困扰;他们都展现了非凡的决心、耐心与坚韧;他们都不愿意让自己或是自己的企业任由银行家与金融界的摆布。他们都在自己的行业里取得了无与伦比的成就;他们都还有尚未达成的远大目标,他们对未来的前景的想象不受束缚。在美国,他们成为各自领域最著名的人;他们都在拓展国外的市场,作为覆盖全球市场的第一步;他们都是从贫穷的农场跃升为百万富翁。

他们俩的一个不同点是,福特是位制造商,伍尔沃斯则不是——"我们不会制造任何东西,我们也没有这个打算。"伍尔沃斯说。

伍尔沃斯是如何取得成功的呢?

这是第一次伍尔沃斯先生愿意接受采访,详细地阐述他早年的奋斗史。他并不喜欢谈论自己,但他最后被说服了,愿意谈论自己艰辛的奋斗史,这是因为他希望自己的经历能够激励与鼓舞年轻人,让他们勇于面对人生的困难挫折。在一开始讲述的时候,伍尔沃斯先生就以最坦诚的态度,开诚布公。他以自然、不加修饰的言辞将自己的尴尬与初次失败娓娓道来,没有丝毫的掩饰。他没有将自己说成是英雄,也没有将自己自诩为"殉道者",他只是将自己的经历说出来。他的自传是典型的美国式历程。

以下是根据伍尔沃斯先生讲述自己奋斗的经历、自己的雄心壮志、失败以及最终取得成功的历程整理出来的,下面是没有修改过的访谈文稿。

"我没有出生在一个富有的家庭,因此,我也不需要克服金钱给年轻人带来不思上进的影响。我生来有一副好的身体,因为从1450年之后,我的祖先世代都是自耕农,这是系谱学家后来告诉我的。我出生在纽约以北的罗德曼地区的一个农场。在我7岁的时候,我们搬到了纽约的大本德这个地方。当时,我们的生活真的很贫穷——贫穷到在气候严寒的时候,我都不知道穿上大外套是什么滋味。我从来都不知道怎样溜冰,因为我从来没有钱去买溜冰鞋。一双牛皮做成的长筒靴穿了一年,或者说是半年,因为在另外6个月里,我都是赤脚的。我的父母与祖先都是虔诚的遁道宗信徒,至于从何时开始信奉,我不得而知。我从小就在严格的教义下成长——认为跳舞是一种罪恶。

"冬天,我在学校上课;夏天,我在田地里劳作。在农场里,没有哪些农活是我没有做过的。通常,我在干草场上汗流浃背地劳动,我能够听到附近的孩子在玩垒球。我唯一有机会玩球的时候是在冬季学校的休息期间。一个男孩在农场里成长其实更有优势,这不仅在于农活锻炼了他的体质,更在于在农场生活,你缺少对外界的了解,这并不像城市的孩子,他们的见识太多,通常不加分辨地接受许多坏的事物。

"在16岁的时候,从公立中学毕业后,我在水城的一所商校学习了两个冬季学期。我一直的梦想就是成为一名铁路工程师或是一位商人——坐在柜台后面。我与弟弟经常坐在那张老旧的晚餐桌旁,将桌子背靠着墙壁,在房子里四处搜查可以放上去的东西,然后就玩开商店的游戏。那时,我是多么羡慕那些可以坐在农村商店柜台后面的年轻人。我对农场没有一点兴趣——对农活感兴趣的人——一般来说,都是城里人,而他们在这方面却很糟糕。

"在我上完了商业课程之后,我就想办法在商店工作,我把一头母驴卖给了一位木材切削工人,然后前往7里之外的迦太基地区,到处去询问商店,寻找工作。没人想要我,他们中的一些人甚至不想与我说话。但这只会更加坚定我在商店工作的决心。

"大本德火车站站长在货棚的一角经营着一个规模很小的零售店,我决定为他工作,获得销售商品、车票与做报告的相关经验,还有其他简单的一些工作。我成为车站站长助理——没有薪水。这是我离成为自己铁路工程师这一理想最近的一次。

"你知道,当时我是在没有薪水的情况下自愿去工作的,因为我想获得经验,去学习知识。现在的年轻人并不愿意这样做——他们想在一开始就在薪水最高的位置工作。这是一种极为短视的行为。

"虽然我们在货棚的零售店的销售额每天只有区区的2美元,这份工作却有一个好处:我不仅能够认识车站的人,还能见到在车站的人流沿着这条线上上下下,这条沿线不足50英里,现在成为纽约中央系统的一部分。在步入社会的时候,尽可能认识多的熟人与朋友,这是很重要的,我们还要让别人知道自己的能力。

"在这时,我一直想在一家普通的商店里工作。我的弟弟当时能够在农场里劳动了。所以,我可以离开农场,自己到外谋生。我的一个叔叔愿意每个月付给我18美元,让我帮他在农场劳动,这还包括食宿的费用。尽管这对当时的我来说是一笔很大的钱,我一时也没有什么事情好做。但我还是决定尽自己最大的努力成为一名销售员,无论工资有多低,只要我能吃饱就行。在这时,我已经差不多21岁了。所以,我在商界起步的时间是相当晚的。

"当时,丹尼尔·麦克尼尔在大本德经营着一家乡间商店,他知道我急切想要在商店里工作。他说想让我为他工作,伙食与他们一样,但他不能付给我工资。他说一定会尽力帮我在水城或迦太基地区找份工作,因为那里的前景比较好一点。我永远也忘不了他的善良与对我的帮助。有些人在成功之后就忘记了那些帮助过他们的人,我绝对不是这样的人。我清楚地记得在那些艰难岁月鼓励过我或是帮助过我的每个人。

"每天,麦克尼尔都会去城镇,到了晚上,我就去找他询问有什么新闻。一天,他告诉我说有个人在水城开了一家衣服商店,这个人想见一下我,并想问一下我是否喜欢这工作。我说:'很好啊。'但在我内心里却一点都不想在衣服商店里工作。但在当时的情况下,我急于抓住任何一个机会。这证明是一家不错的商店,但在水城最好的是奥格斯堡—莫尔的干货商店。麦克尼尔说我要等几天,让他看看是否能让我进去那里工作。我跟他说,这就是我的最高理想——进入一家干货商店里工作。

"我迫不及待地盼望着麦克尼尔先生从水城的归来。当他告诉我说奥格斯堡先生愿意见我一面,当时我真的喜出望外了。第二天,你们肯定都知道我来到了水城了,这时候已是1873年3月中旬了。

"当我走进商店时,他们告诉我说奥格斯堡先生正抱恙休养在家。我就问别人他的住所,然后就去拜访他了。奥格斯堡先生在见到我时,他这样跟我问好:'你好,年轻人。你想要什么?——一份工作?'当时,我是一个瘦弱单薄的青年,留着金发,穿着农民式的衣服。他接着问以下的问题:'你喝酒吗?''你抽烟吗?''你会做坏事吗'。我告诉他自己每个周六都要去教堂做礼拜,也没有与那些做坏事的人混在一起。麦克尼尔先生说:'你太没经验了,也显得太稚嫩了。'他的这句话让我内心一沉。他接着说,下午他会去商店,到时我可以去见一下莫尔先生。事后证明,莫尔先生的话让我很是沮丧。最后,他们两个人轮流问了一些问题。当时我就想,自己可能是从农场走出的最没经验的人了。他们并没有掩饰我没有丝毫的销售能力的看法。莫尔先生的话让我彻底绝望,他说:'若是在商店里有什么卑微的工作,你都必须要做。你必须要去送包装、洗窗户,早起去扫地板以及做各种清洁工作,还有各种脏活你都要去做。在我们最终可以信任你接待顾客之前,你必须要做好这些事情。这可能是你人生中最艰苦的一份工作。'

"'我想我能做好,'我回答道,'你们打算给我多少薪水?'

"'你不会还想要薪水吧?'莫尔先生带点反问的语气对我说。

"'若是没有薪水的话,我不知道怎样存活啊!'我争辩说。

"'这个我们倒不关心。'他马上回答道。'你应该在没有薪水的情况下工作一整年作为学费。当你上学的时候,你还要交学费呢!我们可没有让你交学费啊!'

"你们可以想象一下当时我所面临的困境:当自己的梦想就在眼前,仿佛触手可及,但是却突然遭到当头一棒。当时我就是处于这种情形,我既想做这份工作,但却没有工资拿。正当他想要拒绝我的时候,我说了一句:'请等一下。我没有薪水的这段时间要持续多久?'"

"'至少6个月。'他说。

"我叫他等一下,直到我弄清楚自己可以带上多少东西。在一个小时后,我又来到莫尔先生身边,我跟他说我在另一个地方工作可以拿到3.5美元的周薪,在10年里我还积攒下50美元——这些钱都是很零碎的。我说自己急于在半路见到他们,我自己也愿意在没有薪水的情况下工作前3个月,前提是在后3个月里,他们要付给我3.5美元的薪水。他们说我的这些要求是没有道理的,说我必须要为自己的学习'交学费'。我一直这样坚持,最后,他们竟然退让了,说,'我们看看你是否有能力做好这份工作。'他们让我在下个星期一早上上班。我向他们解释说,自己在那天不能早点到,因为我必须与自己的父亲一道前来,他带着一大包的马铃薯,就是为了节省33美分的铁路车票。

"离开自己的父母,独自闯荡世界,自己独自面对这个充满不确定因素的世界,这是我一生中最让自己感到悲伤的经历。这时是1873年3月24日,天气寒冷,朔风凛凛,地面上积了3英尺厚的大雪。当雪橇拖着我们前进的时候,我看到母亲在门前一直伫立着,直到消失在我的视线里。"

"在经过一番努力之后,我们终于穿越茫茫大雪,将这一大袋的马铃薯带走。当我们到达水城时,已经是上午10点半了。我把自己的一包衣服放在寄宿的地方——在那个年代,根本没什么大礼服之类的东西——然后,我就去报到了。我一下子就见到了奥格斯堡先生。'年轻人,你的邻居都没有穿有衣领的衣服吗?'他这样问我。'没有。'我回答道。'也没有人打领带吗?'我再次回答:'没有。''你的这件法兰绒衬衫就是你最好的衣服吗?'他接着问道。'是的,先生。'我说。'嗯,那你最好现在到外面找一件白色的衬衫与有衣领的衣服及一条领带,接着你就来上班吧。'

"我接着将自己重新整理了一下,在我回到商店的时候,奥格斯堡先生已经去吃午餐了。没人能告诉我该怎么做。我只是在那里闲着,觉得自己像个傻瓜一样,等着要做一些事情。一些职员盯着我,不时发出嘲笑的声音——在他们看来,我就是一个来自农村的傻瓜,只有法兰绒的衬衫穿,没有衣领与领带。至少,这是我想象他们当时的想法——后来,他们告诉我,当时他们真的是这样看我的。当大多数的职员去吃我们今天称之为'午饭'的时候,一位老农民走上来,对我说:'年轻人,我想要一筒线。'我根本不知道线放在哪里,于是,我就去找莫尔先生,当时他正在桌子上忙着其他工作。'就在你鼻子的下方,年轻人。'他回答时,连笔都没有停,眼睛也没有抬一下。我从自己前面的一个抽屉里找到了许多筒线。'我想要40码的线。'农民说。此时,我才知道原来线也是有码数的。我在抽屉里到处乱翻,都无法找到40码的线。于是,我又去找莫尔先生。'在你前面抽屉的右边。'莫尔先生的语气有点尖锐。'我找不到啊。'我不得不这样回答。'果然不出我所料。'他在离开自己的桌子时暴躁地说,然后他就给我看看那些正确码数的线。之后,他又回到自己的桌子上。

"'这个线多少钱?'农民问道。糟了,这回还得去问莫尔先生。这个线的价格是8美分,这位农民拿出了一张10美分的纸币。'莫尔先生,我到哪找零钱呢?'我不得不这样问。'来到桌子面前,写张票据。'莫尔先生这样命令我。我拿起一张空白的票据,试着看看自己能否也做得了。但当时的我实在是太笨了。'莫尔先生,我想我不会啊。'我不得不这样坦白。'把票据给我吧,我将演示给你看。'他说。然后我问道:'我要去哪里拿零钱呢?''在那里就有现金,难道你没有看见吗?'莫尔先生不耐烦地回答。

"不久这位农民就离开了,接着另一位农民来问道:'我想要一双露指手套。''莫尔先生,我们的露指手套放在哪里啊?''就挂在你鼻子下面的右边。'这些手套就在那里,但我竟然会看不到它们。这位农民在试戴了好一会儿,终于决定挑选一双过时的家用羊毛手套。'多少钱?'他问道。我告诉他我也不知道,自己说要去问一下莫尔先生才知道。'这些手套多少钱?'此时的莫尔先生可能对我的打扰已是忍无可忍了,他极为不耐烦地说:'你没眼睛吗?没看到那里有个标签吗?没看到标签上面有价格吗?'这双手套的价格是25美分,农民在付钱的时候,拿出了1美元的钞票。

"这一次,我知道了如何写票据,到哪里去找零钱了,所以,我就在没有打扰莫尔先生的情况下顺利地完成了这次交易。我学会在货品的那个位置找价格标签。我总是在专心地仔细地观察。

"随着时间的推移,我再也没有从任何人口中获得一句安慰或是鼓励的话语。我不知道别人对我的工作是否感到满意。为了清楚这一点,我找到了店主,告诉他自己可能真的不适合商业的经营。我这样说并不是想真的离开,而是想获得别人的一点鼓励而已。但店主却回答说:'若你不认为自己能在这一行业取得成功,那你最好还是尽早放弃。'我肯定是不会放弃的。虽然其他职员总是不停地嘲笑我的无知,还总是不让我站在柜台前面,这样我就只能在晚饭时候,才能站一下柜台。他们的这些行为让我的生活变得很不顺意,但我一直坚持着。只有一个年轻人对我很好,他就是巴雷特,他后来成为一名很富有的商人。我们一直是很要好的朋友,直到他前几年去世。

"我心已决,一定要坚持下来。我试着分析自己的强项。我的结论是自己是一个很糟糕的销售员,但我会装饰商店、陈列商品以及将窗帘挂好。我发现莫尔先生有句话说得很对,那就是在第一年里,自己不可能有什么作为。我无法像优秀的销售员那样招揽顾客与销售产品。但当一切走上正轨的时候,我发现顾客自然就找上门了。

"在两年半之后,这家商店的名称改为莫尔—史密斯商店。此时,我的周薪只有6美元。当我听到另外一家商店招收员工,我就去应聘。但当我看见商店里面的东西乱七八糟地摆放时,我决定要一个高的薪酬,希望对方会拒绝我。我要求周薪10美元的工资,出我意料之外的是,这位名叫布什内尔的店主居然同意了。他说:'好吧。那你什么时候过来上班啊?'我接受了这份工作,拥有了这份相当高工资的工作,我觉得自己有资本可以结婚了。

"但是,我发现这家商店与我之前工作的那家完全不一样,工作十分乏味。我尝试着将商店弄得整洁点,让它在顾客眼中更有吸引力。同时,我还拉好了窗帘。有一次,当我花了许多时间弄好窗户的装饰之后,布什内尔先生没有赞扬我,反而训斥我说:'把这些东西都拿掉。我们不需要装饰窗户。'我被要求只要负责销售商品,而这正是我的弱项所在。

"在那里工作了几个月之后,一天,他在地下室找到了我——我必须要在地下室里与另外一个年轻人睡在一起。这个年轻人腰上挂着一把左轮手枪,防止有盗贼的光顾。布什内尔先生不留情面地对我说,商店里有很多比我还小的少年,他们的销售业绩比我还好,而他们的周薪也只有6美元。我说如果让商店装饰的更有魅力一点是否会更好一点呢,我说自己可以做这方面的工作。但他回答说:'我只想你好好卖东西。'

"之后,他将我的周薪减至8美元。"

"这对我是一个巨大的打击。我觉得自己面对着一个冷漠的、没有温情的世界。之前,我认为莫尔—史密斯商店对我很严苛,但比起布什内尔来说，他们简直就是天使。我感到极为沮丧，自己也曾一度觉得要放弃。我写了一封信寄给了母亲，信中充斥着自怜的话语。母亲回了一封充满着最多爱意的信给我。在信中，她给我许多鼓励，最后在信的结语时，她写道：终有一天，我的儿子，你将成为一个富有的人。尽管我觉得当时她对我所做的一切根本不抱任何希望，但她对我的信念却让我心头为之一振。我一直在与这种低落沮丧的情绪做斗争，直到自己差点因病死去。当神经衰弱袭来的时候，我濒临死亡的边缘。在接下来的一年时间里，我无法从事任何工作。在这段身体糟糕的日子里，我终于确信了自己真的不适合从事商业。

"在我身体逐渐康复的时候，一个人急于想要出售他的 4 英亩农田，他的要价是 900 美元。当时我没有那么多钱，只能借到 600 美元，然后再写了一张 300 美元的欠条。我与妻子开始养鸡、种马铃薯以及种植一切可以卖到钱的作物。在努力经营了 4 个月之后，我接到莫尔—史密斯商店的电话，他们说要找我。他们毫不犹豫地给我提供周薪 10 美元的待遇。他们想让我重返那里，助他们一臂之力。

"这是对我之前努力工作的第一次正面肯定，这重燃了我内心的信心。我觉得自己的努力开始收获果实了。我想，自己能力的回归有赖于之前永不放弃的决心。我的妻子暂时仍然留在农场里，她每隔两个星期就来看望我，这种情况一直持续到我们租到房子。之后，我们在水城买了一幢有 3 个房间的房子。在第一年的年末，除了借给自己生活艰苦的父亲 20 美元与医生的费用以及我们第一个孩子出生所需要的所有费用之外，我们积攒了 50 美元。当时，我们的生活真的可以称得上是省吃俭用——没有一件奢侈品，没有娱乐活动，没有去任何演出，没有假期。我从早上 7 点一直在商店工作，直到晚上 10 点钟才下班。从 1877 年之后，我就一直在这家商店工作，直到 1879 年 2 月，我在纽约的尤蒂卡开了属于自己的第一家 5 美分的商店。

"接下来的故事，你们都很清楚了。"

伍尔沃斯的第一家商店开张之后，并没有取得预想的销量。他是如何沉着应对这些挫折的经历是值得大书特书的。一位从西部过来的旅行者告诉莫尔与史密斯，在1878年，"5美分商品"在那里极为畅销。他建议这家商店从积压的存货里进尽可能价格低廉的商品，让这些商品与一些特殊用途的商品混在一起销售，做一个展示会，让顾客知道所有商品的价格都只有5美分。于是，莫尔前往纽约，买了差不多100美元的5美分商品。等到集市的那一天，他们公布了这一独特的销售方式——伍尔沃斯现在都还有那次销售传单的复制版。诸如缝纫机台板、其他的台子与柜台都堆满这些5美分商品，其数量之多在水城是史无前例的。在几个小时内，这些货物被抢购一空。在接下来的周六，继续复制着这一行为，这样5美分商品的热潮迅速席卷水城以及周边城镇。许多人都认为这是通往财富的快捷之道。

在这时，莫尔先生已经很看重伍尔沃斯了。他要求职员们去寻找来开"5美分"商店的适合的地点。当伍尔沃斯说自己没有足够的资金时，莫尔先生同意借给他价值300美元的商品。第一家伍尔沃斯的5美分商店里5美分商品的总额就是321美元——10美分的商品之后也在商店里销售。

商店的经营失败了。这种热潮在过分狂热之后，开始逐渐消退。他带着少许痛苦的经验从尤蒂卡回来了。伍尔沃斯觉得自己现在只能在莫尔—史密斯商店里重新开始工作了。就在这时，莫尔先生再次给予他支持。这次商店的选址是在宾夕法尼亚州的兰开斯特，这个选址是由伍尔沃斯选择的。商店一开门营业，就取得了成功。

不久，在全国各地冒出来的5美分商店都相继经营失败。此时，伍尔沃斯是唯一一位还在这一领域存活的人。正是凭着他的勇气、毅力与高瞻远瞩，这家商店坚持了下来。正是他身上散发的这种坚韧不拔的信念让他当年在货棚那里可以免费地为别人工作；正是这种信念让他可以在水城没有工资的情况下为别人工作3个月；正是这种信念让他在早年不断失败的阴影，一次次勇闯商界；这种信念激励着他不能在失败面前低头，尽管别人都已被失败征服了。

在兰开斯特那家商店开业不久,他于1879年6月在宾夕法尼亚州的哈里斯堡又开了一家商店,让他的弟弟C. S. 伍尔沃斯担任经理。这一冒险举动没有取得成功,最后不得不关门大吉。但伍尔沃斯现在比以往任何时候都更为自信。他发现自己一生所钟爱的事业,同时觉得自己母亲的预言很有可能成为现实。

"在1880年中期,那时我已经相当富有了。于是,我决定享受第一次假期。"伍尔沃斯深情地回忆说,"那时,我有2000美元的财产,这笔钱看上去比现在的2000万美元更多。事实上,我觉得当时的自己比现在更加富有,因为我意识到成功的喜悦与满足。我回到了老水城,我受到当地人们英雄般的欢迎。"

在回到兰开斯特之后,他觉得自己必须为弟弟找另一个职位。于是,他把弟弟安排到位于宾夕法尼亚州的斯克兰顿市的一家销售5美分与10美分商品的商店里工作。现在,他那位已经是百万富翁的弟弟仍在那里工作。过了一段时间,伍尔沃斯的雄心壮志让他决定把业务拓展到费城。但在那里开业3个月之后,商店亏损了380美元,他也不得不撤出这一地区。

此时,伍尔沃斯开的5家商店里,有3家以失败告终。这一经历足以让许多满怀上进的人感到心灰意冷。但伍尔沃斯岂是等闲之辈。当他的表弟西蒙·H. 诺克斯在1882年找他,说要进入商界。伍尔沃斯决定与他进行对等的合伙,在宾夕法尼亚州的雷丁开商店。这家商店现在还在原来的那个位置,仍在经营着。诺克斯在两年前去世,死前他已是一位百万富翁。伍尔沃斯再次进入哈里斯堡,与那里的商店进行竞争。他与另一个人同样是以合伙的方式开店,这家商店现在仍生意红火。在新泽西州特伦顿地区的商店同样是以这样的方式开张营业的。通过与商业伙伴合伙的方式,伍尔沃斯发现自己可以适当地依靠自己的生意伙伴。正是靠着这一方法,他开了一家又一家商店。

尽管在费城有一定的经验,但伍尔沃斯对于如何解决在大城市的运作问题仍是感到不安。他在纽瓦克开了一家规模较大的商店,但在经过

6个月不成功的经营之后,不得不以关门告终。位于纽约的埃尔迈拉地区也同样不给5美分与10美分商店"热身"的机会。

伍尔沃斯在尝试开25美分商店的努力最终也以失败告终,刚开始是雷丁地区,接着是兰开斯特无情地"拒绝"这种创新。于是,他决定还是坚持5美分与10美分商品的经营。在这时,他已经习惯了逆境与挫折。就像欧洲大陆上的将领一样,他总是在想着不断拓展自己的业务。当某一点的阻力大时,他就会很从容地绕过,从而攻击那些阻力稍小的方向。

1886年,伍尔沃斯没有在纽约开商店,而是在钱伯斯大街的104号租了一个很小的办公室,租金是每月25美元。他在这里夜以继日地工作,既要管理好账本,又要为自己所有的商店进货而忙碌,还要在全国各地到处奔波,考察最适宜的开店地址,亲自将每封来信都回了一遍。在第一次大病之后,他的身体就从没有完全地康复过。而现在,他一人在纽约的办公室里孜孜不倦地工作。他的体重降到了135磅,尽管他看上去仍然比一般身高的人健硕。在为成功奋力拼搏之际,他得了伤寒症。在8个星期里,他都无法从事工作。

"这次经历教会了我一个道理,"伍尔沃斯说,"在这之前,我还是一直认为自己应该事必躬亲。我还是喜欢记账,但经过努力,我终于放下自己的自大——抛弃了以往认为自己在进货、展示商品、经营商店或是其他事情都比自己的同事做得好的这些想法。这是我真正成功的开始,这让我可以大展拳脚地拓展自己的事业。之后,我的精力就集中于一些重要事情上——诸如企业的前景、发展规划,指示下属,将权力与责任下放,乐于对企业一般事务进行监管。许许多多的商人一直都没有克服自己的心中的自大情结,他们什么事情都要自己来,结果他们只能为一家小店疲于奔命。

"做生意就像一个雪球:刚开始的时候,一个人能够轻易地将其推动。若是不断向前推,雪球就会越滚越大——如果你不继续地滚它,它将很快就会融化。任何商业都不能长时间地停滞不前。若是任其发展,其趋势必然是难以控制。

"在1879年到1889年这10年里,我只开了12家商店,但我发现商店的数量越多,我就可以给予顾客越多的优惠。我不会借贷去拓展业务,这种观念让我能够脚踏实地,不会妄想一步登天。在1895年,我们在布鲁克林开了第一家大型的商店,商店从一开业就获得丰厚的利润。然后,我们就到华盛顿、费城、波士顿这些城市开店。1896年10月,在波士顿开店一个星期之后,我们就在纽约开店。一些伙伴认为我冒这么大的风险实在是疯狂之举,但我却并不这样认为。在1904年,我们的业务拓展到了西部地区,以芝加哥为该地区的总部。在1905年,我们将这些店合并为一家私人企业,其价值已达1000万美元。在1912年,当商店数目增至300家左右时,我们与西摩·H.诺克斯公司、F. M. 卡比公司、E. P. 查尔顿公司、C. S. 伍尔沃斯公司与W. H. 莫尔公司合并,这样,我们的商店总数达到了600家。

伍尔沃斯的一大特点是他强烈的感恩之心。对于那些在他艰难日子里帮助过他的人,他都心存感激。他的第一位雇主W. H. 莫尔先生现在成了这家市值6500万美元公司的名誉副董事长。在伍尔沃斯事业起步的阶段,莫尔与史密斯曾经给予他极大的帮助,他与他们俩一直是最好的朋友。

在1909年,伍尔沃斯研究在欧洲开店的可行性。在那里,他花了整个夏天的时间在英国的主要城市组织开店的事宜。因为伍尔沃斯将全世界都看成是他可以开拓的市场。在未来的日子里,伍尔沃斯海外的业务发展将可能获得更大的发展。

以下这些数据显示了伍尔沃斯公司的发展:

年份	商店数目	年度销售额
1912年12月31日	611家	60 557 767美元
1913年12月31日	684家	66 228 072美元
1914年12月31日	737家	69 619 669美元
1915年12月31日	805家	75 995 774美元
1916年12月31日	920家	87 089 270美元

不起眼的5分与10分硬币之前谁能想过可以累积出这么庞大的数目呢？

"为什么你要斥巨资兴建世界上最高的大楼呢？"我问道。

"有几个原因。你知道小孩子的课本上有讲到世界上最高的建筑吗？"伍尔沃斯在回答时露出了得意的笑容，"最近我的秘书收到一张从太平洋沿岸寄来的明信片，那张卡片上的地址写着：寄往世界上最高的建筑物。一封从德国寄过来的信上面什么都没写，只是写着机构的名字与'伍尔沃斯大楼'，上面没有提到哪个城市或是国家。我曾注意到在欧洲发行的一份商业报纸上，伍尔沃斯大楼成为美国的象征，上面甚至没有标出这幢大楼的名字。也许，我的想法（指兴建世界第一高楼）并不像许多人想的那么愚蠢。"

伍尔沃斯兴建世界上最高的建筑物的念头，让自己的商店遍布整个世界的雄心壮志以及在战胜一切艰难险阻之后取得最终胜利的动力，这部分原因可以说是受到"那位科西嘉小矮人"的无尽激励。伍尔沃斯的私人办公室对拿破仑"帝国餐厅"进行了惟妙惟肖的模仿，里面陈设着著名的大钟与许多独一无二的物品，装饰着他的办公室。整间办公室的辉煌宏伟的布局让地面上的东西黯然失色。在纽约第五大道的宫殿式的住所里，他摆设了世界上最精妙的音乐演奏器具。在设备齐全的音乐室里，他与自己的朋友陶醉在美妙的音乐里。

他完全实现了自己母亲的预言："终有一天，我的儿子，你将成为一个富有的人。"为了纪念自己的父母，伍尔沃斯在纽约的大本德兴建并捐赠了一座圣公会教堂。

在1877年，伍尔沃斯与来自纽约水城的珍妮·克莱顿小姐结婚。他们有3个女儿，分别是查尔斯·E. F. 麦卡恩，已故的富兰克林·L. 赫顿以及詹姆斯·P. 多纳休。

弗兰克·W. 伍尔沃斯的人生传奇是美国的骄傲！

约翰·D. 阿奇博尔德

约翰·D. 阿奇博尔德，勤杂工出身的石油公司董事长，全美石油领域中，他旗下的石油公司最早引进了精炼油工艺。

约翰·D. 阿奇博尔德在1916年12月5日去世，这篇文章初稿也是在他去世前不久写的。

一个来自俄亥俄州的12岁孩子，渴求知识，但家境贫穷。于是，他自愿到当地的学校帮忙生火与做其他的琐碎活。他只有一个要求，那就是校长要在晚上教他学习拉丁文。此时，他的父亲已经去世了，母亲需要别人的帮助。在学校帮忙生火与在晚上学习了一年之后，他就去了村里的一家商店工作。

一个16岁的少年，满怀理想与冲劲，无所畏惧，独身闯荡宾夕法尼亚州，加入了那时石油开发的热潮里。他来到了泰特斯维尔这一热潮的中心。在这里，他举目无亲，没有一个朋友，口袋也只是装着几美元。他马上开始寻找工作。那时，他还是一个年龄很小的少年，一个从学校辍学的学生，但他成功地在一家石油公司里找到了一份职员的工作。

每天从上午的11点到下午的1点钟，在纽约最著名的一幢大楼里的一张巨大桌子上，一群董事会成员的活动及利益讨论的重要性超过了世界上其他的董事会。这些商人及他们前任们的工作覆盖着世界上所有具有文明的国度以及那些还没开化的地方。他们的组织是世界上的工业与商界的一大奇迹。在那个崇尚经营规模的年代里，这个组织就已经是一个规模庞大的企业。在俾斯麦将德国锻造成一个伟大与高效运作的国家之前，他们就已经将这种高效的商业行为付诸实践了。当其他人热心于本地与国内的市场时，他们已经开始拓展到国内外的市场。当别人对利润低廉与烦琐的商业行为沾沾自喜的时候，他们已经成立了一个以科学方法为指导的庞大企业。这家企业制造陆地与海上的交通工具——时至今日，他们的一个分公司就拥有美国数量最多的蒸汽汽船，还有很多在建造之中。有超过 50 艘的汽船正与世界上七大重要港口有着生意来往。他们销售给外国的金额为美国带来了数十亿美元的外汇，同时也为美国的工人、家庭与企业提供了巨大的经济来源。每年，这家企业要向其股东发放数百万的红利。在打破地方间不同的商业法律之前，他们通常发放的比例是 40%。现在，母公司及其子公司的市值超过 20 亿美元。

在决定这家庞大企业命运的巨大圆桌的前排坐的是那位来自俄亥俄州的少年，那位当年为了学习拉丁文自愿为学校生火与做杂务的少年，那位在 16 岁就独自勇闯世界的少年。

这位少年就是约翰·D. 阿奇博尔德，新泽西州标准石油公司的董事长。

"当你初涉石油行业时，你是否想过自己有一天做到现在的位置？你从一开始就有这么远大的理想吗？"我问阿奇博尔德。

"我一直都心怀大志，"他回答说，"就我个人而言，我是为生活所迫。我的父亲是位卫理公会的牧师。在我 11 岁的时候，他去世了。你也知道一位牧师的家庭的经济状况是多么的不容乐观。我的大哥也是一位牧师与老师，他已有了自己的家庭，所以他也不能帮上什么忙。我的二哥在内战时参军了。所以，我就想着要为母亲分担一下家庭的经济压力。"

这位当年靠生火获得学习机会的少年很小时就清楚地知道自己适合做什么。

1848年7月26日，阿奇博尔德出生在俄亥俄州的李斯堡，他的祖父威廉·达纳上校曾坐着长形布篷马车从马萨诸塞州迁移到这里。在18世纪末期，俄亥俄州还没有铁路，也没有什么制造商，城镇也没有几个。当时只有那些勇敢的探险者才会抵达这西部地区。阿奇博尔德的父亲伊斯雷尔·阿奇博尔德出生于弗吉尼亚州，因此他的儿子继承了传统南方家庭的礼貌、说话柔和、富于魅力的品质。

阿奇博尔德的第一份工作就是在俄亥俄州离李斯堡不远的塞勒姆村里的一家商店做杂务。尽管按照当时的惯例，他是要整天工作的，但他却仍然想办法让自己的学业不掉队。他的眼光在那时就已越出了这个狭小村子的束缚，他不断地提高自己的素质。他的老师在晚上的私人辅导时让他明白一点，接受教育才是应对人生挑战的最重要的武器。老师也不遗余力地教导这位聪明又坚韧的孩子。

他如饥似渴地读着不容易得来的几张报纸，关于在宾夕法尼亚州新近开发的石油让许多人一夜致富的消息激荡着他的想象，吸引着他的壮志。当时全国的原油产量从1859年不足2000桶飙升到1864年的220万桶，而且每桶的价格也在12美元之上，原油经过精炼之后在纽约的售价为每加仑65美分（若是以批发的价格来算，现在每加仑的油价为5美分）。

虽然，他作为商店的杂务工的周薪已从原来的1.5美元上升了不少，在接下来的两到三年里，他的周薪升至5美元，他还是得省吃俭用，除了支持这个家庭之外，他在16岁之前还是省下了100美元。

然后，他就独自勇闯威廉·宾笔下的"理想的黄金国度"了。

对于一个只有16岁的少年来说，特别是对一个身体素质一般的少年来说，这是一个很冒险的行为。但年轻的阿奇博尔德有着异乎常人的禀赋，他有着无限的自信，有着无尽的勇气，根本没有恐惧与疑问滋生的空间。他当时异常兴奋，整个人都为之沸腾起来了。当年那种激励他祖父进入荒凉辽阔的西部的俄亥俄州的勇气遗传到了这位孙子身上了。在他身上还有一种最优秀品质的种子在生长：那就是他对一种新形势的迅速的把握能力，然后顺应时势。

由于石油带来的繁荣，泰特斯维尔成为宾夕法尼亚州的一座大城市。阿奇博尔德是在1864年6月到达泰特斯维尔的，他准备着应对与石油行业相关的一切难题。

他成功地在当时规模最大与最负盛名的威廉·H.艾伯特石油公司找到了一份普通职员的工作。

3年之后，在他还没到19岁之前，他就被允许成为这家公司的高级合伙人。

原因何在？他没有什么"贵人"的帮助，因为他在来到这里的时候，朋友都没一个；他也没有什么钱，他的100美元的积攒用于帮自己的母亲在塞勒姆地区买了房子以及资助自己的妹妹上大学用了。他的年纪也没多大，因为他看起来还没有19岁呢。

阿奇博尔德在石油行业的影响力可以堪比钢铁领域的查尔斯·米歇尔·施瓦布、铁路业的詹姆斯·J.希尔、黄铜行业的查尔斯·F.布鲁克、银行业的弗兰克·A.范德利普、电话行业的西奥多·牛顿·韦尔、电力行业的托马斯·阿尔瓦·爱迪生。总之，他的成就可以与那些极为成功的人物相媲美。他们这些人都是放下自己的自大，步入人生的竞技场，日夜不倦地努力工作，研究自己所属的领域，然后精通这一领域，直到完全领悟理论与实践的关系，对这一行业的所有方面都熟稔于心为止。只有这样，他们才能不断地提升工作的方法，创造更多的机会。

当时阿奇博尔德作为办公室助理，他并没有满足于整天可以坐在办公室，做些数据方面的工作，不需让衣领与领带弄脏。他艰难地走在渗油的油田，穿过深到大腿的淤泥。他在现场学习如何打油井、如何钻原油、如何将石油精炼等技术。他还特意学习了原油的交通运输问题。那时还没有油管这玩意，打出的石油只能用桶装来运输，搬上火车然后再用汽船运送到纽约这些大城市及其他地方。年轻的阿奇博尔德还进一步学习如何对石油进行分析的一系列"指标"，并且还成为这一重要领域的专家。他还迅速学会了如何销售方面的知识。

威廉·H. 艾伯特知道这个小伙子的一系列行动，因此，他让这个小伙子19岁的时候成为高级合伙人。

一年后，公司的另一位高级合伙人 H. B. 波特对位于泰特斯维尔的精炼厂产生了极大的兴趣，公司的业务不断拓展，因此决定在纽约设立一个办事机构。

虽然那时还只有20岁，阿奇博尔德还是被委以这个重要的任务。在繁华的大都市设立办事处，他不仅要处理自己公司的石油业务，还要处理其他公司的一些产品业务。他在这里建立起了广泛的商业人际网。

在那个油价大起大落的年代，营销石油可不是一件儿戏。在十多个城市都建立了石油交易所，在纽约与其他地方的石油执照让股票的投机行为黯然失色。当时的油价极不稳定。在欧洲市场剧烈震荡的时候，"战争储备"并没有让证券交易所有同样剧烈的波动。例如，在1864年，月平均油价从每桶4美元升至超过12美元，在1868年从1.95美元升至5美元，在1870年从3美元升至4.5美元。这时，阿奇博尔德在纽约才刚开始从事商业工作。他对商业贸易的全面掌握以及对交通运输的详尽认识、广泛的人脉——还有他那机智与诙谐的谈吐——这些能力让他在领导那些年龄是他2倍甚至是3倍的员工的时候，显得游刃有余。

阿奇博尔德认为油价应规定在每桶4美元这个价格上，至于通常不能获得这个价格则不是他的过错。事实上，1872年是阿奇博尔德为原油的价格最后呐喊的一年——当时许多新的油井不断发现之后，石油的产量供应过剩，油价一度跌到每桶20美分的价位。

就在这个时候，另一个更著名的约翰·D 遇见约翰·D. 阿奇博尔德。他就是约翰·D. 洛克菲勒，当时他已经是石油界的一位显赫人物。他是从中西部来到宾夕法尼亚州的。当时精力旺盛的阿奇博尔德见到了他，并设宴接待了洛克菲勒。洛克菲勒后来这样描述了这次著名的会面。

他说："要记住一位老朋友或是对他的印象，这并不是一件易事。但我永远不会忘记自己与阿奇博尔德的第一次会面。

"那时,我到处奔波,经常要到一些发生事情的地方处理工作,与石油生产商、精炼厂家、代理商甚至是熟人们进行商谈。

"一天,在一个产油的地区,他们在那里举行了一个聚会。当我来到酒店的时候,里面已经全是从事石油的商人。我在花名册上看到了一行大大的名字:'约翰·D.阿奇博尔德,每桶石油4美元。'

"他是一个年轻又热情的家伙。他向别人解释自己那个标价的原因,希望大家不要产生误解。在那时,要求把油价定在4美元的呐喊是让人惊讶的,因为在那时油价比这个价格要低上很多。他的这种要求高油价的呼喊无疑吸引了人们的注意——大家觉得这是天方夜谭。即使最后阿奇博尔德不得不承认油价没有4美元一桶这个价位,但他那异乎常人的热情、精力与综合能力也是不会有丝毫的减弱的。"

"他总是有极强的幽默感。有一次,他在证人席上被反方的一位律师问道:'阿奇博尔德先生,你是这家公司的负责人吗?''是的,我是。''那你在公司的主要职责是什么?'

"他马上回答说:'要求更多的红利。'这让那位律师不得不问其他方面的问题。他努力工作的能力让人惊讶不已。"

因此,洛克菲勒这位具有超常判断力的"巨人"选中阿奇博尔德。实际上,美孚石油公司的员工早就发现他是位有极强能力与精力的领导者。他们展开了谈判,最后阿奇博尔德在1875年加入了洛克菲勒集团。当时,他已经担任阿珂姆石油公司的董事长以及主要股东之一。在那年秋季,他被选为标准石油公司的董事会成员。不久,他就担任了公司的副董事长,直到1911年。此后,他被选为公司的董事长。

一个体现阿奇博尔德富有远见的例子可以追溯到1899年,当他在工业委员会做证词的时候,他敦促加快企业法规的联邦宪章。"各州的法律缺乏统一,这无疑会影响企业的运作,这也是今日许多大企业为之头疼的一点。"他说,"我谨建议你们能够考虑一下制定联邦企业法律。"

"我现在更加坚信，这是唯一与必然的解决途径。"他向我再次重申这一点。

现在，那些稍有头脑的人对此都没有什么疑问。人们越来越认识到，一家企业必须要在 48 个州里改变其经营模式的做法已变得越来越不可能了。若是能够制定这样的法律，那就不会有这么多被政府解散重组的企业了。那么标准石油公司也就不会被政府控告。这其实是两败俱伤的做法。

阿奇博尔德在石油界的地位仅次于约翰·戴维森·洛克菲勒，这是业内人士的评价。也许大众对他的名字不是很熟悉，这是因为他厌恶抛头露面的缘故。那些为取得同等成就作传的人们往往会漏掉阿奇博尔德的名字。本文关于他的介绍比之前所有的见之于众的文字更加详尽。我了解与访问过不少国家的知名人士，但我从没见到像阿奇博尔德这样不愿意将自己言行公之于众的成功人士。

"我的人生平淡无奇，没什么好记载的。"他以此作为挡箭牌，"我只是对这个国家的资源开发以及拓展国内外的贸易这方面的工作有点兴趣而已。对于其他事情，我没有那么多的时间去感兴趣。"

事实上，阿奇博尔德对其他事情还是很有兴趣的。他是锡拉丘兹大学董事会的主席，自从他参与进这个学校之后，该校的招生人数就从原来的几百人升至 4000 人，其中还包括 1500 个女生，使该校跃升为美国著名学府。他兴建起现在的纽约幼儿园这幢建筑，作为纪念他的女儿弗郎西丝·德纳·阿奇博尔德·沃尔科特，并将之作为公共设施。他还是纽约圣·克里斯托弗收容所与孤儿院的董事，他以自己慷慨大力的支持而为人敬仰。他对大都会艺术博物馆与美国自然历史博物馆的展品都是相当感兴趣的。

朋友说他是难得一遇的讲故事好手。风趣的个性让他在大多数事情里都能看到有趣滑稽的一面。身为慈善家，他不想让自己的左手知道右手在做什么。

讲到了"手",这让我想起报纸里讲述的这个故事:

在1911年,阿奇博尔德乘着自己的"雌狐"号游艇顺着哈德孙河航行时,他放弃了自己手中最好的一手牌,救了在水中挣扎的两个划桨船员。当发现这两位船员时,游艇以最快的速度向他们这边赶来。阿奇博尔德来到船边,手中还拿着牌。他相当兴奋,手舞足蹈,将手中的牌打出,打出的牌就飞到河里面了。他要求游艇靠近这两位当时正死死抓住船体的船员。过了一会儿,他们就被救上游艇,他们的船也被拖上了。

"现在,"阿奇博尔德对他们说,"我愿为你们效劳。你们是想与我一起走,还是让我跟你们走呢?在这期间,你们想做什么呢?"

船员被带到腾戴维尔河附近的胡安妮塔划船俱乐部码头上,他们就上岸了。在上岸之前,他们想答谢阿奇博尔德。但他并不接受。

"相反,"他说,"我还要感谢你们给我带来这么愉悦的一个下午呢——但丢掉的那手牌是我有生以来拿过的最好的。"

1907年,阿奇博尔德在锡拉丘兹大学纽约校友的聚会上发表了题为"肮脏的金钱"的激情演讲。下面是这篇演讲的一段节选:

"如果我觉得自己捐给大学的钱有什么值得可疑的话,我将不会捐献一分钱。我的每分钱都是经过自己艰辛与诚实的努力赚回来的。我再申一次,若自己赚的钱过不了自己的良心,我是绝不会捐献一分钱给锡拉丘兹大学的。"

也许,正是阿奇博尔德有从日常生活里提取幽默的能力,才让他比那些创立标准石油公司的元老工作的时间更久。在见证标准石油公司诞生的那些"元老"之中,他是唯一现在还参与标准石油业务的人。阿奇博尔德出生于1848年7月26日,他在1870年与来自泰特斯维尔地区的S. M. 米尔斯的女儿安妮·米尔斯小姐结婚。他经常说,自己与米尔斯小姐结婚是自己一生最明智的选择。他现在有两个女儿和一个名叫约翰·F. 阿奇博尔德的儿子。

他仍旧像以前那样勤奋,但工作时间缩短了很多。每天早上,他从位于锡达·克利夫的家乘坐游艇出发去上班。现在,他每天都要到处逛一下。

我曾在百老汇大街26号问过一位起重工人:"你认为阿奇博尔德是位怎样的人?"

他显得有点惊讶,然后说:"你肯定知道了。"接着他说出了4个字:"最好的人。"

相比于他的密友与同事的评价,我宁愿相信一位普通员工对一位大人物的评价,这显得更为真实。

在阿奇博尔德的遗愿里,他把50万美元捐给锡拉丘兹大学——这所他一生都致力于其发展的大学,之前他已经捐赠了60万美元。除了兴建了纽约幼儿园,并将它捐赠出来之外,在他遗愿里,他还捐赠50万美元给这个机构。在他逝世之后,他的受益者一致决定给予他这样的评价:"数以千计的男孩与女孩们最友善的朋友,正是由于他的善良与慷慨,这些孩子的人生得以有一个更好的起步。"

名人传记系列

《查理·卓别林自传》

《赫伯特·胡佛传》

《亨利·福特传》

《尤利西斯·辛普森·格兰特传》

《安德鲁·卡内基自传》

《托马斯·爱迪生传》

《沃尔特·惠特曼传》

《伊萨多拉·邓肯自传》

《伊萨多拉·邓肯的最后岁月》

《福布斯富豪传》

欢迎关注,与编辑互动